【当代华语世界时政评论丛书】

今日美政

2020 年美国总统大选纪事本末

AMERICA POLITICS TODAY I

What Happens in 2020 Presidential Election

（卷一）

Eric Potter

博登书屋·纽约

Bouden House, New York

【当代华语世界时政评论丛书】

学术顾问：黎安友
主　　编：荣　伟
副 主 编：罗慰年
Academic Adviser:　Andrew J. Nathan
Chief Editor:　　　David Rong
Deputy Editor:　　William Luo
Published by Bouden House, New York

今日美政（卷一）
　　——2020 年美国总统大选纪事本末
America Politics Today I
　　What Happens in 2020 Presidential Election

作者：Eric Potter

出版：博登书屋·纽约（Bouden House·New York）
邮箱：boudenhouse@gmail.com
发行：谷歌图书（电子版）、亚马逊（纸质版）
版次：2021 年 2 月 第一版 第一次印刷
字数：255 千字
定价：$30.00 美元

《今日美政》序一

张千帆

北京大学宪法学教授

刚刚过去的美国总统大选犹如一块试金石，暴露了众多海内外华人的政治认知障碍。这种认知障碍是在长期的极权主义教育环境下潜移默化形成的，即便极权体制的反抗者也不能幸免，甚至会因为其反极权立场赋予的天然正确而变得更加"自信"和固执。几乎所有曾在中国这片土地上生活过的人都打上了极权主义思维的烙印，以至于不是极左就是极右。极左不值得说了，但今天"逢左必反"的极右也成了自由派微信群的一道亮丽风景。

这次美国大选让我惊讶地发现，原来常在餐桌上谈笑风生的"自由派同道"骨子里却是满满的种族主义、性别主义、个人崇拜和救星崇拜，而且满口"自由""上帝""启示""保守主义"，一副真理在握、"理论自信"爆棚的样子。以前的话题是反极权体制，所以不觉得有根本分歧，但这次针对的是美国，他们对宪政民主的一知半解和无比自负即暴露无疑。即便在欧美居住有年的"高知"，接受的信息似乎和没有走出国门、不谙英文的"土著"并无二致，成天活在简体中文谣言圈里，而这次海外某些简中媒体的造谣能力也令人侧目。大选前后的两三个月，每篇必备一连串！的"重磅爆料"几乎天天在微信圈狂轰滥炸，确实令没有其它信息来源的国人或上了年纪的一代移民难以招架，想不"中招"都难。

海内外"公知"在这次大选中的表现够令人沮丧，但也正是这次大选让我看到了华人圈子正在成长的另一种力量。荣伟兄把我拉进了他的"思想者沙龙"群，后来又进了若干"反川"的海外华人群，其中多数群友是常年在欧美生活的华人。他们的政治表达一改以往对华人或者不问政治"闷声发财"、或者既不谙欧美语言文化也不熟悉民主政治实况的陈旧印象。事实上，近年来海外华人参政的强劲风气本身即足以说明问题，这次大选中脱颖而出的民主党候选人杨安泽就是一位标志性人物，但是过去的了解基本上限于台面上少数成功的华人政治明星。其实在他们背后，已经有了一个不可小觑的融入主流宪政文明的华人基础。他们不仅认同宪政民主理念并对欧美宪政体制有所了解，而且对当地民主政治与法治的实际情况也相当熟悉，因而任凭各种耸人听闻的阴谋论风生水起，也不会为谣言所动。

既然大选信息是理智判断的关键，本书作者的《今日美政》就功不可量了。在大选前后如火如荼的日子，"思想者沙龙"等朋友圈里每天一篇、几乎从不缺席的"今日美政"不仅读来耳目一新，而且简直可以说是令人感动。每天一篇长短不一的评论，只有节假日除外——这位 Eric 作者真的是把介绍美国日常政治当作一个职业来做。这不只是要求他勤奋"手快"，更表明他对美国宪政体制、法治生态以及每天发生的政治事件都十分熟稔，熟才能"生巧"。每一篇"今日美政"都是一个当日发生的生动故事，或涉及一项国会新政，或涉及一个总统丑闻，或评论一项司法判决……我兴致勃勃地读了许多篇，感觉获益匪浅，因为这些经过严格考证的故事不只是读了让你开心，而是让你涨知识。其实，读了"今日美政"过去大约 18 个月的数百篇故事，你对今日美国政治的方方面面就能获得一个相当靠谱甚至深入的了解。

当然，这些故事的叙述乃至选择都不可避免会夹杂作者个人的主观立场。如果换成一个右派，他或许会选择一些不同的故事，或对同样的故事作出不同的评论。这并不要紧，要紧的是《今日美政》的故事都是真实的，叙述是准确的，而这正是此次大选最缺的。在以 QAnon 为首的阴谋论群组和众多简中媒体的添油加醋下，我们仿佛进入了一个西方主流媒体全被"渗透"、自己爱信什么就信什么的"后真相时代"，彼此生活在不能交流沟通、"事实"割裂成不同版本的"平行世界"里。不回归基本事实,我们永远只能深陷在各自的自我"正确"沼泽地里无止境纠缠,我的人当选你指责"舞弊"、你的人当选我指责"造假"——也就是这次大选在太平洋两岸众多"川粉"中造成的乱象。宪政民主的前提是尊重基本事实:你可以讲述你的故事,但请务必保证故事的真实性,而不是立场先行、信口开河。用你的事实还反击或补充我的事实,不同立场的争论才能有的放矢而非"鸡同鸭讲",华人的民主素质也才能更上一层楼。

《今日美政》为华人了解美国政治打开了一个重要窗口。我希望作者能继续坚持下去,用更精彩的故事唤醒更多华人关心、学习和参与民主政治。

是为序。

2021.01.15

《今日美政》序二

西方政治哲学知名学者

不知道从什么时候开始，打开微信倾听 Eric 的《今日美政》音频，成了我早餐时的习惯。那磁性优雅的男声，普通话及偶尔夹杂着英文名词的标准发音，都让早餐显得更加美味舒适。当然，作为一个政治哲学和西方制度与思想的研究者，更吸引我的还是其丰富深刻的内容。

在一个纪录片里，罗素勋爵曾被问到，如果这段影片像死海古卷一样被后人发现，你想对那一代人说些什么？罗素回答，关于智慧，我想对他们说的是，无论你在钻研什么事物或思考什么问题，只问自己事实是什么，以及这些事实证明的真理是什么。永远不要让自己被自己更愿意相信的，或者认为人们相信的会对社会更有益的东西所影响。

在罗素看来这一再简单不过的道理，实际践行起来并不容易。在美国大选问题上，大量的所谓自由派公知、民运人士或维权律师，以及千千万万关心时政的网民，成了谣言的牺牲品，其判断和表演变成了笑话。在互联网时代，每天都有大量的信息，哪些是事实？哪些又是谣言？这种选择不可能不受自己的主观偏好影响，而这种选择，或选择者自以为的事实，反过来又影响了选择者的偏好，甚至价值观。国内保守主义思潮的泛滥以及对川普这样一个政治小丑的膜拜与推崇，正是这种恶性循环的体现。

这就要求一个时政新闻评论者做到两点：一，自己必须有坚实的知识储备和对人类文明走向的正确认知，对美加政治与社会有长期细心地观察，让自己在选择新闻时有对事实与谣言的基本辨识能力；二，在每天海量的媒体和新闻中，进行艰苦的选择对比，把那些最重要的事件找出来，并挖掘它的新闻价值和现实意义。这两点，《今日美政》都做到了。更为难能可贵的是，Eric 每天坚持播报《今日美政》，在谣言充斥的微信群里坚持传播事实和普世价值观，因此不知遭受了多少围攻和辱骂，而 Eric 仍保持优雅的风度，这一点实在是让《今日美政》多次谬赞过的笔者感到无地自容。

　　博登书屋决定出版《今日美政》合集，这既是对这一事业意义的肯定，也是对 Eric 辛勤劳动的认可。更为重要的是，每天一期的《今日美政》，是这个时代最鲜活的记录，茶余饭后，拿起一本《今日美政》细细品读，我们所经历的每一天历历在目，岂不是一种人生乐趣！

　　感谢互联网，让我和大洋彼岸的 Eric 相识，能被邀为《今日美政》作序，更是荣幸之至！

2021.01.25

前　言

我大概是从 2018 年开始撰写"今日美政",最初的动机是希望向更多的华裔介绍美国和加拿大的政治。

在中国,我听到的知识分子中最多的抱怨是:我们缺乏政治权力,我们总是被人安排得"妥妥贴贴,明明白白"。但令人尴尬的是,即使到了民主发达的国家,我们可以有表达权力的时候,却又因为文化和语言的隔阂,我们实际上依然和公共生活,尤其是政治生活隔绝。

这并不是说我们的议员和投票机构不提供中文服务。事实上,我认识的议员们都迫不及待希望听到华裔的声音。他们或配有专职的翻译,或自己就可以用简单但有效的中文进行沟通。问题主要出在我们自己这一头。

这是因为,对于大多数华裔,主要是第一代华裔来说,尽管他们其中很多人接受过良好的教育,但他们对北美的文化和基本的政治历史和政治背景缺乏了解。当你完全不知道冰球是什么运动,以及那些耀眼的明星背后有哪些狗血的故事时,你很难激起去看冰球的欲望。

"今日美政"最初就是一个向华裔介绍美国和加拿大的政治的节目。但幸运的是(也许应该说不幸的是)我正好碰到了美国历史上难得一见的川普。对于这个鲁莽的,敢于向美国体制任何一方面开刀的政治素人,我恰好有了这样一个时机来观察和分析美国政治体制内在的运作机制。令我惊讶的是,美国政体之脆弱,实际上远远超过我们的印象。

这个世界上第一个现代民主国家,正如世界上诞生的第一台汽车。经过两百多年的改造,我们从外表来看这辆车几乎和现代汽车没有区别。但她核心的部件和基本的设计思路，却依然带有明显的历史遗迹。而在美国要进行改革，甚至比中国都要困难得多，这可能是一个帝国必将终老的宿命。

要命的是，我们恰恰面临一个前所未有的变局。技术上，人工智能可能替代所有的人力。要知道工业革命事实上只替代了我们的体力，而人工智能则可能同时替代我们的体力和智力。除了这两部分，我们和一只懂得爱小鸡的母鸡没有多大区别。这可能导致人类社会从根本上改变社会生态链的格局，这使得政治改革在每一个国家都是一种需要认真考虑的事。

在国际环境上，东方最大的国家中国的崛起，使得世界需要重新考虑势力范围和国家间关系的调整，无论是中国还是美国，目前来看双方都没有做好调整自己的准备。即使两国领导人开始考虑这一问题，博弈的心理和缺乏参照的未来，使得双方都在耐心等待对方出牌。

西方社会开始出现人口结构上的改变。美国青少年中白人比例已经低于 50%。新觉醒主义 Woke，多元文化主义 Multiculturalism，都将深刻地改变西方的文化。这和技术进步及制造业外流一起，引起了美国，主要在美国白人中，出现大萧条以来最严重的恐慌。美国在 GDP 年增长势头良好，股市不断突破新高的同时，竟然出现了人口预期寿命下降的现象。足以说明这一恐慌并非心理错觉，而是一种空前严肃的冲击。

这本"今日美政"合编，主要记录了从 2019 年 5 月至 2021 年 1 月底的美国政坛各种事件。或许我们在见证一个关键的历史时刻，也或许这仅仅是另一个更为宏大的历史改变的序幕。

感谢所有日常支持"今日美政"的朋友，没有你们的认可，"今日美政"不会坚持到今天。也感谢 David Rong 先生的一再鼓励，才使得原本在微信平台上的"今日美政"今日成书出版。至于其中家人的付出和牺牲，自铭感于心，不必多言。

Eric Potter
于 2021 年 1 月 25 日

目 录

2020 年上

川普发脾气了

5 月 22 日

在周三的工作安排上，川普原本应该和民主党的两位大佬，众议院议长南希·佩洛西和参议院少数派领袖查克·舒默一起商讨关于美国基础建设方面的措施，这涉及到 2 万亿美元的投资。

但川普突然取消了这次重要会谈。为什么呢？因为他发脾气了。

周三上午，佩洛西议长和众议院的民主党人进行了一次闭门会议，商讨对川普的调查以及是否对他进行弹劾的事宜。佩洛西及大多数民主党人并不支持弹劾川普，因为参议院本身是掌握在共和党手里的。这种弹劾成功的可能性极低。

那么川普为什么生气了呢？因为他风闻到佩洛西在会议上说"川普在掩盖一些事实"。

"我本来想高高兴兴开个会的，结果那人背着我说我掩盖事情，"川普说，"我没法在这种情况下工作。"

佩洛西议长和舒默参议员均表示对川普的行为感到震惊。

"你如果看到白宫里发生的事，你下巴都会惊掉下来。"舒默参议员说。

据知情人透露，川普比约定的时间晚了十五分钟到达会议室，满脸怒容。没有打招呼没有握手甚至没有坐下，而是骂了佩洛西一顿，说了一些"可怕的话"，然后夺门而出。

"你们调查我结束之前，我什么都不做了！没法一起做！"川普说。

有人猜测，这可能是最近美国联邦法庭支持了国会的主张，下令川普的银行和会计公司必须交出川普的报税记录，这使得川普受到很大压力。因为所谓"川普掩盖事实"不仅是一个无可争议的川普常见行为，甚至可以说是最小的罪行了。这就会让川普如此暴跳如雷吗？新闻的评论中有人说"雪花都会让他受伤"。

就这样。这就是今天美国的"总统"。国家 2 万亿的投资计划，对于这位川普来说，恐怕只是另一件儿童玩具罢了。

他们真的想搞基建吗？

5 月 23 日

川普昨天的发飙，大多数人认为是川普个性的缺陷。但也有人认为，这只是川普的另一个表演。这是因为，基础建设这个话题，看上去是美国目前最需要的，但事实上，无论是白宫，还是国会，都没有可行的解决方案。虽然这只是另一个川普在竞选中的空头支票。但关键的问题在于，没钱。

白宫拿出的方案将基础建设的大部分费用推给了州政府，市政府和私人投资者，目的是为了保住现有的减税政策。但联邦政府是无权强求地方政府出资的，这个方案基本上来说只是一个"装饰性方案"，看上去好像是一个方案，但实际上几乎无可能说服地方政府同意。

而国会拿出的方案在川普看起来也无同意的可能，因为这要求联邦政府取消一部分减税方案来筹集足够的资金。这对于川普来说，无异于砸掉他的贞节牌坊。

美国的基础建设基本完成于上世纪 70—80 年代，已经非常陈旧，需要更新。这涉及到公路，桥梁，铁路，机场，学校，上下水系统，宽带接入，退伍军人医院等等。这在国会两党中，是分歧较小的一个目标。

"很不幸，政治戏码又赢了，"美国公路交通建设者协会（ARTBA，成立于 1902 年，涉及 5 亿美元/年经济活动和 400 万就业）CEO Dave Bauer 说。

在 2015 年川普的竞选活动中，他说"我是唯一一个能够改善我们基础建设的人，我知道怎么建设，政客们只知道耍嘴。"当然，我们已经不再惊讶于川普的吹嘘和食言。"他只是一个精神病人，虽然这让我们难堪，但请诚实地承认这一点。"著名电视主持人 Bill Maher 说。

川普的基建计划事实上 15 个月之前就送到了国会。注意，那时候还是共和党人为多数的众议院，但即使是共和党人，都无法同意这一计划。一开始川普还表示可以增加燃油税以筹集资金（这在西方国家是一个常用的手段，是一个暂时性的税种），但随即遭到保守势力的反对，川普立刻改变了态度，表示不再寻求增加燃油税的方案。

目前各种方案事实上都没有获得严肃的对待，根本原因有两个：第一是各方案之间南辕北辙差异太大；第二是更重要的，两党目前势如水火，国会和白宫无法协同工作。这又得说到一个外行进入白宫带来的后果，一个完全不熟悉美国的政治生态的人，会带着一种"砸烂旧世界"的革命光环。但真实的情况是，他们毫无经验，不知道如何操作政治这回事。

川普说："我在被调查的情况下无法工作。"但里根总统，克林顿总统，甚至尼克松总统，他们都在面临非常严格调查的情况下，依旧能够和国会中的反对力量谈判，协商，推动立法和国家的前进。这种政治家素质，一个外来的"革命者"，是不具备的。

而时间很快要进入八月份，在美国大选年中，八月份以后基本上办公的时间就很少了，大家都忙于竞选活动。换句话说，如果你不期望奇迹发生的话，美国基建改造这件事，只有等待下一届政府了。

中国的史普尼克时刻

5 月 27 日

我们似乎都在等自己的下一个史普尼克时刻，即来自中国的挑战刺激美国进行反击。但我们现在实际上可能正在见证一个新的分水岭，发生在北京。川普政府将华为列入了黑名单，这是全世界第七大科技公司，这一举动很可能引起了中国的史普尼克时刻，引起了巨大的震动。

看上去哗唯可能将失去很多与智能手机和相关科技的关键的硬件和软件的供应。这一举动被理解为川普政府试图杀死这家世界第二大智能手机制造商。

中国人会将此看作一个转折点。如果华盛顿可以任意地切断中国和美国的科技联系，那么中国将会决定从上到下地建造自己的技术架构。估计华为已经在开始发展自己的操作系统，这可以使他们不再依赖美国公司，很可能在今年末完成。看看中国的技术实力，可以想象他们正在接受这种挑战。

我们可能会进入一个两极世界，在数字技术和经济系统中。一套是美国的，另一套是中国的。这一分裂将破坏一个开放的时节经济体系，改变深度嵌入的投资和供应链为代表的全球经济。在走上这样一条道路之前，美国最好有一个聪明的战略来对付来自中国的挑战。

首先，川普政府应该有一个明确原则来为自己惩罚华为辩护。虽然有些证据是保密的，但应该让世界知道美国是在保护网络安全和个人隐私，而不仅仅是为了阻挡一个成功的外国竞争者。英国政府认为他们可以使用华为的科技，只需要加一些安全措施，那么我们需要知道，到底华盛顿和伦敦，谁的说法更正确？

其次，美国需要建立全球性的合作来对付北京。我不反对川普政府对中国的强硬态度，但我非常奇怪为什么他们要独立去做，而不是建立广泛联盟。否决 TPP 是一个愚蠢的个人炫耀，只会帮助中国而伤害美国。一位资深欧洲领导人告诉我，川普拒绝了欧洲提出的在贸易上相互协作的提议。

第三，我们是否应该想想这种两极化的世界意味着什么？中国由于其便宜的科技和劳动力价格，宽松的管理和政府协助，华为已经占领了发展中国家。对于发展中国家来说，美国中国都一样。

第四，限制中国是可能的吗？这个世界已经深度相互契合。有没有更聪明的办法？一名技术专家对我说，美国其实可以成为世界通讯界在加密和网络反间谍方面的领头羊。在另一个层面上对付中国。

最后，很难想象美国能够遏止一个 14 亿人口，充满活力的国家。我们实际上更需要自己的"史普尼克时刻"，关注自己的国家来超越中国。

技术上的限制和隔离，比贸易冲突有更严重的后果。我们需要和中国更加紧密地契合，而不是分道扬镳。一个分裂对立的世界，不会繁荣。

（史普尼克时刻，指的是前苏联毫无征兆地发射了第一颗人造卫星"斯普尼克"，引起美国国内的恐慌并开启了美苏之后长达 20 多年的太空竞赛。Eric 注）

这就是卖国

5 月 28 日

在中国历史上最具有争议的政治人物可能就是汪精卫。他选择了和中国的敌人日本合作。但是，汪精卫从来没有公开褒奖日本，辱骂蒋介石总统。

川普做到了。

"金正恩笑骂乔·拜登是一个低智商的人，我认为他说的对！我对金正恩有信心！"川普在日本对记者们说。

注意，朝鲜在法理上和美国处于战争状态，是美国不折不扣的敌国。而乔·拜登是美国的前副总统，目前川普2020总统竞选中最强大的对手。这不但引起美国新闻界的谴责，亦引起很多共和党人的反感"川普就是这样一个不择手段的人""永远不应该和杀人的独裁者站在一起来对付我们美国同胞"，他们说。

如果这仅仅是川普的病态人格的结果，这还不至于太糟糕。但对于朝鲜的短程导弹测试，川普也表现出和美国及日本政府不同的轻松感。川普自己的国家安全顾问约翰·博尔顿表示，"朝鲜违反了联合国关于禁止这一类导弹发射的决议，他们在眼中挑衅。"

但川普表示："这没有什么，我相信金正恩会遵守承诺，我对他有信心……我认为有一天我们会达成协议，我不着急。"

日本首相安倍则立刻表示，北朝鲜此举违反安理会决议。

（安理会？这算什么？我不在乎安理会。我也不在乎朝鲜的威胁。我甚至不在乎国家安全顾问如何看这个问题。我在乎的是：这个火箭小子敢骂我的政敌乔·拜登！这让我十分高兴。美国？美国不值一钱，如果他们不让我当总统的话）

很多新闻媒体对此的评论非常简洁。"这就是卖国。"

我们在亲眼见证着美国的堕落，而这是一个曾经非常伟大的国家。

Allan Lichtman 教授的忠告

5月29日

Allan Lichtman 教授是哈佛大学历史学博士，目前任教于华盛顿特区的 American University。他以预言总统竞选的准确性而闻名，从 1984 年直到现在为止，他已经准确地连续地预言了 9 次美国总统的选举结果。是的，在没有人把川普当回事的时候，他已经预言了川普的当选。

教授说："我目前还没有明确地判断，但对于 2020 年选举来说，除非民主党做到以下 13 点中的 6 点，否则川普还将当选。目前为止，民主党人只做到了三点，得三分。"

这个著名的 13 点判断标准，来自 Lichtman 教授出版于 2016 年的政论著作"预测下一任总统"一书。对于任何选举来说，只要执政党候选人获得 8 分以上，则会连任，而如果反对党获得 6 分以上，则会胜出。就这么简单。这 13 个得分点是：

1. 政党实力。中期选举中，执政党保住众议院。（教授认为这一点上民主党得分）

2. 执政党内部没有强有力的竞争者。

3. 执政党的总统候选人就是在任总统。

4. 没有强有力的第三党货独立候选人出现。

5. 短期经济在竞选期间没有衰退

6. 长期经济来看，人均经济增长率超过前两个总统任期（8 年）的平均

7. 现任政府对国家政策进行了重大修改

8. 在任期内没有明显的社会动荡

9. 现任政府卷入明显的丑闻

10. 现任政府没有重大的外交和军事失败

11. 现任政府有重大外交和军事成果（教授认为这一点上民主党得分）

12. 现任执政党候选人有人格魅力或是国家英雄（教授认为这一点上民主党亦得分）

13. 在野党候选人有人格魅力或是是国家英雄。

Lichtman 教授提出的方案有些出人意料。他认为民主党应该立刻开始对川普进行弹劾。这不是为了弹劾成功，而是为了将川普的恶

行引起公众的注意。这将使民主党得到第四分（第 9 点），同时还可能引起一些连锁反应，使得民主党候选人更有吸引力，出现第三方竞争者，外交困境和经济衰退。

反对者认为，Lichtman 教授的方法和目前实际情况可能不符，因为那是按照 1860—1980 年的总统选举模式和结果总结出来的。而美国大多数民众并不支持弹劾川普。

是堕落，还是苟且？

5 月 30 日

当穆勒完成了长达两年的通俄门调查，交出了一份 500 页的调查报告。我们有理由相信，川普即没有耐心，恐怕也没有能力去读完这份报告。而司法部长巴尔则给出了一份自己的 4 页纸的解读，他对公众及川普说，"穆勒洗清了川普通俄和妨碍司法公众的嫌疑"。而这份报告，川普显然非常满意。

因此他在今年三月表扬穆勒道："他忠实地完成了自己的任务……100%地正确的做法。"

但在周三，穆勒首次公开发表了关于这次调查的声明。其中最引起人注意的是穆勒明确了两点。

第一，司法部有明确的规定，不得起诉在任总统。所以从一开始，起诉川普即不是穆勒调查的目的，穆勒调查只能收集证据。

第二，穆勒明确表示："如果总统没有做出任何违法的事，我们会明确声明。"但在穆勒报告中，有大量证据证明川普妨碍司法公正，没有任何声明表示川普无罪。

穆勒这次新闻发布会，川普大概是看懂了。立刻转而攻击穆勒。

"穆勒爱着 Comey（前 FBI 局长，因坚持调查川普而被川普突然解职），选择他本身就是错的，（他和我）有利益冲突。穆勒就是一个反川普者，他是那种从来不喜欢我川普的人"。现在川普这样说。

在我有限的人生经历中，无论是现实中，还是当代的政治人物表现，没有一个人可以无耻到川普这样可以毫无负担地说前后矛盾自扇耳光的话，是的，他绝对不会因此觉得脸红。这是一个基本人格都扭曲了的人，而一部分美国人，竟然选择他做了自己的总统。

这是美国的堕落，还是人类的堕落？抑或，这是人在压力下（这压力来自中国，我一直如此认为）自然流露出来的卑微和苟且？德国人选择了希特勒，不是因为他们喜欢这个街头的小瘪三，而是因为他们在压力下放弃了原则，选择了苟且。

人类真的前进了吗？

川普为什么在伦敦被抵制？

6 月 4 日

当然，这里有川普个人性格的原因。川普在过去，不但言语粗鲁地攻击英国首相 Teresa May，伦敦市长 Sadiq Khan，工党首领 Jeremy Corbyn。这个大老粗竟然攻击英国王储次子哈里王子的夫人，Sussex 公爵夫人 Meghan Markle。这对于英国人来说，婶可忍，叔都没法忍。虽然川普后来抵赖自己骂过公爵夫人，但现代社会有一种叫录音带的东西，让川普的谎言一戳即破。

所以在川普到达伦敦时，有超过 25 万伦敦人上街嘲讽抗议川普。在伦敦的民调中，不喜欢的川普的人高达 71%。

让我们冷静下来，看看川普到底从哪些地方影响了英国。

首相，在脱欧问题上，川普明确支持英国脱欧。这不但会削弱英国，也会削弱欧盟。当然，这是"美国第一"的自然逻辑。英国脱欧党党首 Nigel Farage 周二表示，川普给予英国的脱欧事业非常有力的支持。

其次，在 May 首相即将卸任之际，对英国首相最有竞争力的两个人是：保守党的鲍里斯·约翰逊，和工党的 Jeremy Corbyn。Johnson 从个人性格上来看很像川普，也是一个"花哨的民粹主义者"（英国报刊语），川普作为一个友邦领导人，明确地为一个候选人站台，这在英国人看来，就是明火执仗地干涉英国内政。这种事情在任何一个成熟的政治家来说，都会避免，但没办法，川普就是这么一个外行。有趣的是，Johnson 对川普的支持显得非常谨慎，刻意避免两人关系升温。这是因为英国保守党内部大量的人不喜欢川普。川普的这种支持，反而使得 Johnson 减分。

而另一个候选人 Corbyn 则和川普水火不容，甚至一起出席女王晚宴都被 Corbyn 推辞了。很难想象，如果 Corbyn 当选，英美关系将会坏到什么程度。当然，这一切都超过了川普的思维能力。川普一直被称为一个"daytrader"，即"走一步看一步的人"。

川普在英国刻意淡化了美国和英国之间，在伊朗问题，花维公司问题，气候问题和中东问题上的分歧。简单说，这些问题川普无法解决。

川普希望在英国脱欧之后，能和英国保持一个正常的贸易关系。但矛盾的焦点在于英国的国家卫生服务（NHS）上，这是一个国营的机构，而川普试图让美国公司加入，使之部分私营化，这引起英国从上而下的反对。

川普承认，在英国脱欧之后，美英的贸易将变得"矛盾重重"。

共和党反对关税

6 月 5 日

周二，国会山。在一次共和党闭门的午餐会上，至少六名共和党参议员公开表示反对川普对墨西哥商品施加 5%进口关税。值得注意的是，无人表示支持川普。

参议院共和党领袖米奇·麦康奈尔表示："可以肯定地说，没有多少人支持这一关税政策。"大多数共和党人将这一关税看做是对美国消费者征税。他们向白宫和司法部官员表示，他们做好准备对此关税投反对票。即使总统否决这一投票结果，他们也做好准备否决掉总统的否决（按照美国制度，总统可以否决参议院的决议。但参议院还可以再次否决总统的否决。否决总统的意见，两院需要 2/3 多数通过）。

这一午餐会的时间，就在川普在伦敦表示将执行针对墨西哥的关税之后几小时。"参议员想阻止我是愚蠢的"川普在伦敦说。

墨西哥代表团即将赴美与美国磋商这一关税事宜。但令墨西哥人不解的是，白宫并没有给墨西哥提出具体的要求和需要达到的目标。这似乎又是一个白宫内部混乱一团的显示，因为即使是白宫内部的官员，也无法说出川普到底要什么。

共和党的传统是鼓励和促进更自由的贸易。不仅议会中的共和党人，包括民间共和党组织，如 American for Prosperity（属于有名的 Koch 兄弟家族）也对川普酷爱使用关税这一倾向表示担忧。他们致信给国会，"考虑到这（关税）会对我们的经济和国家利益带来的潜在威胁，我们相信这是国会应该行动的时候了，使用宪法赋予的权力阻止总统单方面增加关税的进一步行动。"

在法律方面，乔治城大学的法律教授 Jennifer Hillman 认为，川普依据的，1977 年通过的"国际紧急状态经济法（IEEPA）"并没有授权总统使用关税政策，而仅仅是经济制裁和禁运的法律依据。

"这一法案被用来对伊朗，伊拉克，苏丹和利比亚等国进行经济制裁，但从来没有被用作对一个盟友的惩罚。"她说，"这是一个令人担忧的情况，总统从来没有像现在这样滥用权力，我想这就是为什么你看到国会山开始有反应了。"

拜登的改变

6 月 7 日

前副总统拜登自从宣布参加 2020 年总统选举之后，一直是民主党内民调支持率最高的候选人，一些民调显示他的支持率高于位居第二位的桑德斯超过 10 个百分点。

但拜登也一直受到一些质疑，左翼对拜登的批评来自拜登对 1994 年通过的"暴力犯罪控制法"的支持，这一法律的实施结果是不成比例的有色人种被关进了监狱。

另一件拜登经常被批评的事是，拜登曾明确表示支持 Hyde 修正案。这一来自上世纪 90 年代的联邦法案一直充满争议。Hyde 修正案规定，除非危及生命或由乱伦及强奸引起的怀孕，联邦拨款不得用于堕胎。这一法案产生了这样一个后果，那些依赖联邦拨款的贫穷人群（Medicaid 受众），即使本地法律允许你堕胎，你也没有钱来堕胎。这导致本来节育知识就缺乏的贫困人口，又面临意外生育的压力。

周四，拜登在亚特兰大表示，他不再支持 Hyde 修正案。

拜登在堕胎问题上的态度一直是中间偏保守，或者说温和保守的态度。他是一名天主教徒，天主教总体上是反对堕胎的。拜登曾表示自己支持著名的 Roe v. Wade 法案（支持堕胎法案），并强调自己的宗教观点不会用于政治。

拜登的这一态度转变被认为是聪明的，这带动了如 Cory BookerII 和 Beto 等民主党大佬的立刻跟进。统一并加强了民主党在这一问题上的态度。

盖洛普民调显示，大多数美国人对堕胎一事态度不定。只有 29% 的人认为堕胎应该全面合法，而 18% 的人认为堕胎在任何情况下都不应该合法，其余都认为应该视具体事例来定。

堕胎一直以来是美国政治的一个热门话题。随着保守势力的抬头，如前段时间阿拉巴马州通过的几乎是全面禁止堕胎的法案，引起了美国民众不小的震动。最近又有密苏里州和弗吉尼亚州在堕胎问题上有了更多限制。

目前绝大多数美国州在中后孕期之后（18-24 周）对堕胎有一定限制，但有少数几个保守州在 6-8 州即禁止堕胎（这时候大多数妇女还不能肯定自己怀孕）。这一问题的最关键的因素是：宗教。

川普破坏了 30 年以来的努力

6 月 10 日

无论川普最终和墨西哥的谈判结果如何，有一点是可以肯定的，他将破坏在过去三十年中，美国外交政策上最为成功的努力。

墨西哥在历史上，是一个本能的反美国家。她几乎是将自己定义为"美国的反对者"。她认为自己是一个发展中国家，长期以来受美帝国主义的压迫和欺辱。这一定程度上是基于史实的。在墨西哥看来，美国一直在剥削和吞并墨西哥。在购买失败后，美国直接发动了对墨西哥的战争，吞并了几乎一半墨西哥领土，形成今天的加利福利亚，亚利桑那，新墨西哥等州。

而自进入了 20 世纪，华盛顿对墨西哥的主要政策目标在于保护美国大公司的利益，尤其是石油公司。这使得美墨之间的政治关系紧张，双方几乎无法在任何事情上进行合作。

但从 1990 年开始，冷战结束。墨西哥开始开放自己的政治和经济。美国公司在墨西哥获得了更多的业务，美国需要一个稳定的合作伙伴。美国开始意识到，要在移民、毒品、暴力犯罪等方面获得墨西哥的合作，就需要帮助墨西哥称为一个繁荣的民主的国家。

自此美墨关系迅速改变。过去的那种反美情绪在墨西哥迅速消融。美国和墨西哥在各种问题上进行了合作，签署了 NAFTA（北美自由贸易协定）。墨西哥甚至将自己的毒贩交给美国审理。即使现在最左翼的总统 Obrador 当时也公开表示"墨西哥政府是美国政府的朋友"

事实上现在的墨西哥总统 Obrador 就是一个最好的历史写照。要知道，在 2015 年，他的得票率仅 8.4%。而在川普持续对墨西哥的霸凌之后，去年 7 月，Obrador 的以惊人的 53%的得票率当选墨西哥总统。这是自 1988 年以来，首位得票率超过 50%的墨西哥总统。感谢川普，墨西哥又开始极端反美了。

即使是 Obrador，也必须向美国现实地低头。但这种羞辱感，使得墨西哥内部的改革派悄然隐退。"我们一直以来的猜疑正在被证实：美国不是我们的朋友。美国只想从我们这里得到利益，我们回到了 NAFTA 签订之前的状态"墨西哥前资深外交官 Guajardo 为 Politico 杂志撰文写道。

Guajardo 指出，墨西哥可能终止和美国的一些合作。比如说，墨西哥人将毒品犯罪看作是"来自美国人的需求，来自美国金融的支持，使用美国的武器，而墨西哥警察却在牺牲"，墨西哥也在中美洲难民问题上帮助过美国。

墨西哥从某些指标上，是美国最大的单国贸易伙伴。美国进口墨西哥货物的 40%是来自美国公司在墨西哥制造的产品。美国和墨西哥在各个方面都深度纠缠在一起，这要求两者即使在困难的情况下也要寻求合作的道路。但这，可能需要美国有一个不同于川普的总统。

John Dean 来了

6 月 11 日

John Dean 在美国历史上是一个很重要的人物。他是一名律师，曾任四年尼克松总统的白宫顾问，也是水门事件的关键证人。正是由于 John Dean 和控方的合作作证，才最终导致了尼克松总统的辞职。

"John Dean 一直就是个失败者，我在电视上看他，他肯定收了电视台很多钱。"川普如此评价 John Dean。是的，敢于揭露雇主的，肯定是一个 Loser，在川普的世界里。（在美国政治中，白宫顾问属于总统的"家臣"。家臣出来指证雇主，这显然是独裁者不能容忍的）

周一，John Dean 出席了众议院司法委员会的听证会。他表示，在水门事件和通俄门事件上，有很多相似之处。

"在穆勒报告中举出的事例（Dean 提到六项），和指证尼克松总统所使用的事例是类似的。穆勒为司法委员会指出了行动路径"Dean 说。

另外，司法委员会已经和司法部达成谅解。司法部将提供更多的没有删节的穆勒报告内容，而司法委员会也暂时撤回对司法部长藐视国会的指控。

John Dean 呼吁川普的白宫顾问 Don McGahn 出来作证。但 Don McGahn 被白宫明令禁止其出席众议院听证会。

在晚些时候的电视访谈节目中，John Dean 表示自己非常荣幸成为"川普的敌人"。

"我无法想象（46 年后又来众议院为妨碍司法公正做听证）"Dean 说，"我以为水门之后这种事情就不会再发生了。但我今天感到非常不安，是因为我非常担心我们今天的总统……我见证了尼克松的结局，我也会见证川普的结局，我感觉他是我们这个国家的敌人。"

Sarah 桑德斯的隐退

6 月 14 日

桑德斯宣布将在本月底辞去白宫新闻发言人的职务。桑德斯在去年 12 月表示，她希望被人们认为她是一名"诚实而透明"的新闻发言人。但是很遗憾，这不会发生。在桑德斯近两年的任职中，她给人的印象是撒谎和不称职。我们用事实说话。

白宫发言人（也称为白宫新闻秘书）的一个工作职责就是管理总统的行程，让总统在合适的地点说合适的话。但就在上周，川普在参加诺曼底纪念活动时接受采访，他用这个很不合适的时机来攻击自己的政敌。桑德斯的工作需要预见到这种情况并避免其发生，但她没有做到。

白宫发言人更重要的工作是保持和美国新闻监督体系的联系，保持"透明"。在过去的 50 多年里，几乎每天白宫发言人都会对新闻机构进行简报。但是，在桑德斯的任上，最长的间隔达到了 95 天没有新闻简报。而在过去的 300 天时间里，桑德斯只做了 8 次简报。为什么？很简单，因为总统代表人民，而媒体则是人民的敌人。桑德斯恐怕是深信这一点的。

是因为总统和媒体的关系不好，所以白宫就和媒体充满敌意吗？作为对比，我们来看看民主党总统比尔克林顿。在他被媒体穷追猛打的 1998 年，白宫进行了年度最多的新闻简报。

在诚实方面，桑德斯表现十分令人失望。川普撒谎的次数令人震惊，而桑德斯的任务则是为其圆谎。为了配合川普辞退 FBI 局长 Comey，桑德斯向新闻界表示 Comey 在 FBI 内部广泛受到批评。但在后来面临听证，要付法律责任的时候，桑德斯承认这个故事是她编造的。

在桑德斯的领导下，美国政府对美国媒体区别对待。支持川普的福克斯新闻获得更多的白宫青睐，一个新闻媒体成为了政府的传声筒，这是不应该在美国这样的国家发生的事情。

我相信桑德斯被人们记住，是她将"媒体是人民的敌人"这一观念正常化了。

在川普三年的任期内，已经有 58 名政府高级官员或辞职，或被辞退，或不明原因地离职。

美元霸权是否还能持续

6 月 17 日

上周我们见到了一件不寻常的事。德国外长，美国最亲密的盟友之一，在德黑兰宣布，欧洲正在寻求一种替代美元的支付系统，并将在近期内实现。这一举动实际上是英国、法国和德国协同，他们都支持这一新的，被叫做 INSTEX 的支付系统。

INSTEX 在短期内成功的可能性不大。因为美元在全球交易中占据绝对的优势，这也给美国带来巨大的利益，这是难以被替代的。但 INSTEX 发出了一种警告：美国的盟友们正在努力地，一点一点地消除美国在全球的实力。

为什么会这样？很简单：川普政权滥用了这种实力。美国依然在世界之巅，但有些力量正在削减这种优势，比如中国的崛起。但经济学人杂志指出，另外一些力量则是对这种霸权模式的反应。

想一想为什么英国法国和德国开始寻求美元替代？他们都是 2015 年伊朗核协议的签署国。当川普政权单方面撕毁协议，开始经济制裁时，美元全球支付系统成了非常有力的武器，可以禁止任何国家和伊朗进行贸易。被这种滥用权力所激怒，欧洲开始寻找一种新的全球支付系统。

他们不是唯一这样做的。中国，俄罗斯和印度都在努力摆脱美元的霸权。到目前为止，这些努力并不成功。但越来越多的人加入了这种努力，包括欧洲的一些关键国家，这最终会产生一定的影响。没有货币可以永远称王。

再看看川普政府一直以来挥舞的关税大棒。在很多情况下，他们是以"国家安全"的名义实施关税的。但允许使用关税作为外交策略是来自冷战时期为了对抗苏联。加拿大的铝材和日本的 SUV 显然不属于这种情况。正如前任美国贸易代表 Hillman 撰文给纽约时报中指出的："如果美国能把汽车关税纳入国家安全考虑，那么世界上每个国家都可以使用类似借口来限制进口任何产品了。"

美国抱怨中国的贸易不合法。北京总是能找到法律漏洞来破坏贸易自由的原则。但这恰恰正是川普政府目前正在做的。他们使用"国家安全"作为借口，削弱了国际贸易的规则，而他们却指责中国如此做。如果我是一个中国的谈判者，我会很明确地指出，我和川普在破坏国际贸易规则的行为相比，不多，也不少。

再看看川普对中国花维的攻击。到目前为止，很少有国家跟随美国进行制裁，但他们几乎全都注意到，如果他们继续信赖美国的科技，华盛顿可能有一天突然开始限制他们使用。这导致他们开始研发自己的科技以摆脱对美国公司的依赖。

美国依然在世界上享有特殊的地位。但很明显我们正进入一个新的时代，将有更多有力的玩家加入。20 年前，中国的 gdp 只有全世界的 3%，而今天则是 15%还在继续上升。在这种情况下，对于华盛顿来说，有克制地使用实力，尽量利用国际机构，建立更广泛共识，变得非常重要。"要保持现有的自由的统治，一条简单的规则是：更多的自由，更少的霸权"

而川普政权所做的，却恰好相反。

这个政府所做所为，注重于短期收益和忽略了和其他国家的互动。但滥用权力的后果是，这将破坏美国利益深植其中的现有国际体系和结构。这是划不来的，在将来，每一个美国人将为此付出代价。

我是死神

6 月 18 日

参议院多数党领袖米奇·麦康奈尔一直被称为"华盛顿最有权势的人"，虽然他的夫人，川普政府的交通部长 Elaine Chao 目前深陷腐败丑闻，但这并不影响他对共和党人的控制力。

日前麦康奈尔在接受福克斯新闻的访谈中表示，"我其实就是一个'死神'。只要众议院民主党多数支持的'社会主义者提案'，我都枪毙掉"。

这是指目前由于美国参众两院由不同政党把持，众议院通过的法案，在参议院中，麦康奈尔干脆不允许参议院进行表决，完全压制。这一政治手段，在麦康奈尔对抗奥巴马总统时也使用过。当时奥巴马总统提名的最高法院大法官，麦康奈尔表示因为正面临大选，所以参议院不予表决。但一模一样的情况发生在川普提名的人选时，麦康奈尔表示"我们当然要通过。"

说美国的政党政治已经发出腐臭，我认为是不为过的，至少在日趋式微的共和党这一边，是比较明显的。

那么让我们来看看麦康奈尔所谓的'社会主义者提案'到底是些什么提案呢？

一，给 Dreamers 有条件的合法身份提案。Dreamers 是指在幼年被非法带入美国，而后在美国长大接受教育的孩子们。该法案要求这些大多已成年的孩子们只要符合某些条件（如无犯罪记录），即可申请并获得美国国籍。这一法案在福克斯新闻的民调中，获得美国四分之三人的支持。但麦康奈尔认为这是"社会主义者提案"，不予表决。

二，"平等法案"，这是五月份众议院通过的，不得基于性取向和性身份对雇员歧视的法案。这一法案的民调支持率为近四分之三。但麦康奈尔认为这是"社会主义者提案"，不予表决。

三，"维护奥巴马医疗"法案。这一法案的宗旨在于保护已有疾病情况的参保人获得医疗保险。这也是五月份众议院通过的法案。这一法案的民调支持率超过三分之二美国人。但麦康奈尔认为这是"社会主义者提案"，不予表决。

四，"枪支买卖管理"法案，这是今年二月就被众议院通过的法案，要求对于所有枪支买卖者都进行背景检查。这一法案的支持率达到了惊人的 93%，其中共和党人 89%支持，持有枪支者 87%支持。但麦康奈尔认为这是"社会主义者提案"，不予表决。

其他还包括反对暴力对待妇女法，最低工资 15 美元法等，均被共和党参议员以近乎耍赖的方式，拒绝进行表决。死拖，以求拖死。

这就是美国政治的现状，扣给对方一个"社会主义者"的帽子，进行实质上的党派权力之争。如果你是一个来自中国的美国居民或公民，对美国制度充满了美丽幻想，我会对你说："嘿，你是新美国人吧？"

但这不是没有代价的。最近被泄露的川普竞选团内部资料显示，川普在 17 个摇摆州的民调均低于民主党候选人拜登，这甚至导致川普竞选团一口气炒掉了三个负责为他们做民调的公司，以杜绝这种尴尬的信息泄露。

他们会葬送美国的民主政治吗？

川普正式参选

6 月 19 日

周二晚间，川普正式开始了参选 2020 美国总统的竞选活动。第一站，佛罗里达州的奥兰多市。

　　川普选择佛罗里达开始自己的竞选，其用意是非常明显的。佛罗里达一直以来是属于摇摆州，这对于川普非常重要。目前在佛罗里达的民调中，川普落后于民主党候选人拜登 9 个百分点，重点是非党派人士中，54%支持拜登。川普还落后于另两名民主党候选人桑德斯和 Warren，他的支持率只有 41%。

　　民调一直以来都对川普不利。事实上，川普是有盖洛普总统支持率民调以来，唯一一个支持率从来上不了 50%的人，换句话说，川普一直以来不被大多数美国人接受。

　　但投票率是另一回事。川普的煽动能力极强，尤其是煽动受教育程度低的底层民众。川普的谎言在受过良好教育的人看来幼稚可笑，但不断地重复这些谎言，却是在这些底层民众中行之有效的方法，这一点纳粹宣传部长戈培尔博士是赞同的。受到煽动的狂热民众有更积极的投票率，这是川普的重要竞选策略。

　　戈培尔还可能赞同的另一个川普竞选策略是：树立外部敌人。

　　从奥兰多的川普讲话中可以看出，他的竞选策略和 2016 年保持了一致，即明确地传达这样一个信息：我们身边有坏人！他们是腐败的民主党、是那些不喜欢我川普的人，更重要的是，是那些可恶的非法移民和外国人。是他们让你们境遇困难，而我川普则是你们的拯救者。这是川普一贯的手段，指出"谁是人民的敌人"。

　　因此川普同一天的推特中表示，我马上就会有大行动，将会逮捕和遣返几百万的非法逗留在美国的非法移民！一位新闻评论人士指出，突然逮捕几百万人并遣送出境，这不是美国能做出来的事，而只可能发生在集权国家。

　　问题是，美国离集权国家还有多远呢？

我们熟悉川普了吗？

6 月 21 日

川普作为一个政治素人出现在美国的政坛上，而且一上来就成为美国最高领导人，这自然地形成了一种局面：川普不熟悉周围的包括国际的政治环境，而周围的人和其他的国家，也不熟悉川普。

我们是否可以说经过了两年半的相互摸索，我们开始熟悉川普了呢？有一点是可以肯定的。川普不是一个政治精英，而是一个"老土"的美国人。也许他没有听说过门罗主义这个词，但却是门罗主义的一个实践者。除了美国利益，他并不愿意和这个世界进行太多的纠缠。这体现在川普突然叫停了对伊朗的报复。

在美军的预案中，遭受伊朗击落无人机打击的报复计划是袭击伊朗的三处目标。但川普在最后一刻，叫停了这一行动。川普给出的解释，幼稚得近乎可爱。是的，可爱。一个外行的懵懂蹒跚总是会让人觉得可爱。川普说："我问了军方，这种袭击会不会造成伊朗人员伤亡？他们估计会有 150 人伤亡。我说这样不好，就叫停了袭击。"

如果你观察了川普执政以来的一系列外交表现，你会发现，川普处理冲突和矛盾的一个固定模式：强硬，霸凌，压力加满，然后退缩。

这体现在川普对朝鲜的问题上，当时高喊"我的核按钮比你的大得多！"的川普呢？现在川普还提朝鲜吗？

这还体现在川普对中国的问题上，无论是对 zte 公司的制裁，还是关税对抗。川普政府在临近执行之前，都会延期。这种退缩被聪明的中国人看在眼里，很快他们推翻了已经达成的一些让步，使得贸易谈判目前陷于僵局。你猜猜，将要到来的 G20 峰会上，谁会让步更多？

这也体现在北美的贸易冲突中，川普针对加拿大的贸易挑衅中，核心就是 NAFTA 的贸易纠纷机制上，这一机制下美国没有赢过一场官司，但最后，川普在这一核心问题上让步，加拿大成功保住了这一条款。更不要说墨西哥。川普在墨西哥方面表现出非常典型的先霸凌再退缩的行为模式，不是说要给所有墨西哥产品加关税吗？现在呢？不再提了。

我想，这个世界的政治精英们开始慢慢熟悉这个地产商。但问题是，这个地产商能学会了解这个世界吗？

美国是一个文明国家吗？

6 月 24 日

站在文明国家序列之外，你会认为美国几乎是文明世界的地标。但如果在文明世界内部，这个结论却正好相反。

上周末，纽约客发表的一篇访谈，震撼了美国社会。这篇访谈通过一队非党派的，由律师、医生和翻译组成的调查组，意外造访美国边境的一个非法移民儿童收拢所的见闻，向世人展示了一个不符合文明国家标准的政府所为。

这是一个位于得克萨斯州，Clint 县的收拢所。这一收拢所是为成年人设计，容量为 104 人。调查组意外得知这里被收拢的非法移民儿童超过 350 人，于是提出要求造访。

调查组抽取了 50 名孩子进行了调查和访谈。

这是一个大仓库结构，关着 350 名从非法移民身边带走的孩子。开始的时候甚至没有窗户。因为缺乏设施，大多数儿童被迫睡在坚硬的水泥地上，而他们仅有一条至两条军用毛毯。

他们没有牙刷，没有淋浴。仅在这一调查组到来前，通知了收拢所，收拢所才给予这些孩子中的大多数淋浴及牙刷。而他们中一些人几个星期得不到淋浴。

　　调查组发现这些孩子穿着破烂，肮脏不堪，甚至几个人共用一个梳子。这已经导致了头虱的流行。孩子们抱怨吃不饱，并表示会遭到惩戒。而管理人员为他们提供的食物，在调查组看来，是"可怕的糟糕"。

　　孩子们表示这里并没有人员照顾他们，这里普遍存在大孩子照顾小孩子的情况。管理人员会拉着 2—4 岁的幼童，公开在大一些的孩子们中间招募愿意照顾这些幼童的孩子。而当大孩子失去照顾幼童兴趣之后，幼童又被转给另一个大一些的孩子。

　　孩子们生存的状态令人担忧，事实上流行感冒是家常便饭，因为他们缺乏最基础的卫生措施。很多孩子在这里滞留了三个星期以上，而法律规定孩子被收拢的时间不得超过 72 小时，且不得和父母或抚养人分离。

　　美国 1993 年最高法院就 Flores 案的判决中明确表示政府对孩子的收拢必须保证其"安全和卫生"，很显然在调查组看到的情况，完全不符合法律的要求。

　　到目前为止，司法尚没有介入，这是美国保持文明体面的最后屏障。但无论从哪个角度来说，美国都为文明世界带来了羞辱。

川普矛盾行为的一种解释

6 月 25 日

　　在过去的几天里，我们看到川普多次突然改变自己的决定。

　　在对伊朗击落美国价值两亿的无人机作出反应时，川普在最后一分钟取消了按照预案进行的报复性空袭。理由竟然是："我刚知道空袭会造成 150 名人员伤亡"。

　　即使福克斯新闻的评论员 Chris Wallace 也表示"这种解释说不过去"，"如果你不想空袭就不要空袭，如果你想空袭就空袭。但不要给出相互矛盾的信息。这种信息不单让你的敌人感到迷惑，也使你的盟友和人民感到不解"。

上周川普曾一再信誓旦旦要立刻开展清除百万非法移民的大行动。但到了周末，他突然表示这一行动被悬置。理由是"应民主党要求"。民主党党领南希·佩洛西在周末和川普通了 12 分钟的电话。这个川普刚刚攻击过的"讨厌的、充满仇恨的、可恶的女人"竟然在这 12 分钟的电话里就说服了川普改变自己的计划？

这也是一个说不过去的解释。我们在过去多次看到川普一意孤行，甚至不顾自己的顾问和共和党同事的反对。这使得他最近的这些行为显得怪异。

一个合理的解释是：2020 的选举。

川普是一个极度自恋的人，他承受不起任何失败。如果有失败，他倾向于否认那是失败。如果 2020 选举中川普失败，则他将成为自上世纪末以来美国第一位无法连任的总统，这恐怕是川普目前最焦心的事情。

上周 Monmouth 大学的一次民调中显示，只有 37%的美国人认为川普应该连任，而近 60%的美国人认为"应该选一个新的椭圆办公室主人"。

在福克斯新闻的民调中显示，川普竞选的支持率低于民主党人拜登 10 个百分点，低于桑德斯 9 个百分点。对于失败的恐惧和自恋的偏执，使得这位一向自以为是的地产商，也不得不开始考虑自己行为的后果了。

民主党第一次辩论

6 月 27 日

昨晚是 2020 总统大选的揭幕战，第一次民主党公开电视辩论。

由于本届大选民主党参选人数有 25 位之多，民主党设置了一些参加辩论的支持率和获得捐款的门槛，最终有 20 位候选人达标，其中包括华裔 Andrew Yang。公开电视辩论将分为两次举行，每次 10 人参加。

昨晚的电视辩论由于没有前副总统拜登和参议员桑德斯，来自马萨诸塞的参议员 Elizabeth Warren 的强硬态度显得相当耀眼。她的主要政纲是对大型垄断企业加税，减免大学教育的学费和更广泛的医疗保障。Warren 的这些政纲获得较为广泛的支持，使得她在民调中的支持率排名最近一直在上升，仅排于拜登和桑德斯之后。

另一个异军突起的候选人是来自德克萨斯的 Julián Castro。这位 44 岁的前奥巴马总统的幕僚，美国住房与城市发展部主任，对南部边境发生的人道危机表示了深切关注，获得其他候选人的一致赞同。在辩论中获得其他对手的首肯，这是不常见的。

在医疗制度改革上，主持人问道：为了实现国家最终单一支付，你们是否支持取消私人保险公司提供医疗保险？只有 Warren 和前纽约市长 deBlasio 表示赞同。

参议员 Amy Klobuchar 在妇女堕胎权力问题上获得听众强烈支持。

一直很有人望的 Beto O' Rourke 则表现不太出众，他在税率问题和私人医疗保险公司问题上的模糊态度，很可能会让他减分。

每次这样的辩论赛结束，媒体都会争相发表自己的评论，谁赢了，谁输了。有趣的是这一次辩论很多媒体打趣说最大的输家是川普。

这是因为，川普在辩论赛开始前表示："我要去拯救自由世界（川普在参加 G20 途中），没功夫看辩论"，但辩论开始 40 分钟后他在飞机上发推特道"好无聊的辩论！"而这时候正好是现场在悲伤地讨论被淹死的萨尔瓦多父女的惨剧。

川普连控制自己不看电视的能力，都不具备。

伟大的阅兵式

7月2日

让美国再次伟大起来！当然，伟大的美国不能缺了伟大的阅兵式，这和一切伟大的国家是一样的。要让这个国家的人民产生"伟大祖国"的感觉，没有什么比展示自己的枪炮和坦克更有效的了。

所以在这个即将到来的美国独立日上，电视秀主持人川普决定弄一个更大的秀出来。

"七月四日是一个大日子，'向美国敬礼！'"川普周二的推特中说。"我们伟大的军方领导人们激动地等待着向美国人民展示我们全世界最强大的和最先进的军事力量，还会有飞行表演和世上最大的焰火表演呢！"

川普周一还表示，会有大量坦克上街，"我们有全新的谢尔曼坦克和全新的 Abrams 坦克！"这个不学无术的人肯定不知道，谢尔曼坦克是美国二战中使用的坦克，1957 年就已经停产了。但对于一个地产商来说，我们不能要求太多。军事阅兵的成本极高，但目的非常明确：告诉人民，我国如此伟大。

著名的政治评论人 Chris Cillizza 指出，历史上的美国总统不轻易搞阅兵，不是因为他们不爱美国，而是因为他们更懂得是什么使美国真正伟大。

Cillizza 说，"爱国主义和民族主义是有区别的，爱国主义是个人对一个国家的爱和奉献，而民族主义则是认为自己国家民族应该超越其他人群，自己的利益是唯一值得关注的。民族主义旨在与其他民族国家争夺利益，扩张自己的文化。"

川普对美国利益的理解，恰恰是标准的民族主义。他并不关心世界的正义或者希望与其他国家达到共赢，甚至他都没有兴趣去引领世界。他唯一关心的，就是我美国的利益必须最大，必须和任何国家争夺利益。这就是今天的美国最高领导人。

有没有一种帝国没落的感觉？

甚至，有没有一种美国正在步入斯大林国度的感觉？毕竟，世界上哪些国家才热衷于搞军事阅兵呢？

阅兵费用不公开　法官用心实精细

7月3日

即将到来的美国独立日大阅兵，到底要花多少钱？对不起，这是"国家机密"，白宫拒绝透露。

新闻机构也无法得到预算信息，仅了解到国家公园服务处将250万美元的门票和游乐项目的收入（这本用于国家公园维护）转给了白宫作为阅兵费用。这当然只是九牛一毛。

川普被追问阅兵费用时说，"这是一个让你一辈子难忘的秀！和其所值相比，开销根本不算什么。"

对，这是一个伟大的秀。谁获益？川普。谁付账？纳税人。"开销根本不算什么。"，当然。

"大家都知道的一个事实是，我们的总统有一个巨大的ego，他必须要用七月四日的盛大游行来吸引观众注意"参议院民主党领袖Chark 舒默说。

另一位民主党参议员 Robert Menendez 称这是一场"耻辱"。"共和党正在通过削减拨给911救援者的医疗补助。"

军方也有不同的声音，一些现任和退休的将军们表示，他们不愿意军队被作为党派竞争的工具。

***

来自美国最高法院的消息充满了矛盾性。

美国的两党政治开始呈现某种固化趋势。简单说，这个流程是这样的。当一个党执政并全面控制政府和议会的时候，就会开始重新划分当地居民的选区范围，田忌赛马的基本策略，使得最后的投票结果更有利于本党未来的选举结果。长此以往，共和党的地区更加共和党，民主党的地区则更加民主党。

最近两件最高法院的判决均与此背景有关。

一则是最高法拒绝干涉这种重现划分选区的党派做法（此做法被称为 Gerrymandering，历史悠久，但近期较为显著）。这使得将来这种政党固化和两极分化的现象可能更为严重。

二则是最高法驳回了川普政府要求在人口普查上加入"你是否是美国公民"这一问题的做法。这一问题是共和党设计的，目的在于为自己将来的 Gerrymandering 进行更精细资料准备。因为只有美国公民才有选举权。

由于 Gerrymandering 共和党做得更多更彻底，所以最高法的第一个判决是有利于共和党，而第二个判决则是不利于共和党的。最高法首席大法官，保守派和自由派中唯一的摇摆票 Roberts 大法官在第一个投票中选择了保守派（不干涉 Gerrymandering）；而在第二个投票中选择了自由派（禁止询问公民身份）。这是一个精细的平衡。

但美国确实出现了很多帝国衰老的症候。上帝保佑美国。

南部长城被阻止 钢铁长城在开进

7 月 4 日

在今年早些时候，川普曾试图通过强行宣布"国家紧急状态"来使用军费，为自己修南部的万里长城，但被法院阻止。

南部长城项目在民调中显示 65%的民众反对。因此在议会也无法得到预算通过。川普要求的费用为 67 亿美元，但国会最多批准 13.8亿。川普认为他可以通过挪用军费来绕过国会使用经费。

美国国会中的众议院是政府的钱袋子，政府要做什么事，预算的决定权在众议院。这是美国三权分立中最重要的环节之一。因此绕过国会获得资金，这是一件非常政治敏感的事情。

很多民间组织（如美国民权联盟 ACLU），要包括议会，立刻发起了对此行为的诉讼。Haywood Gilliam 法官于五月判决 "政府绕开国会获得自己的预算和我们的共和国最初设定的最基础的权力分立原则不相容。" 川普得不到他希望修长城的资金，遂向上一级巡回法院提出上诉。

日前美国第九巡回法院判决，维持下级法院的主张，维护议会的拨款权。

"出于公众利益的考虑，我们认为尊重宪法赋予国会的拨款权，服从国会在对公众利益的考虑之下多次拒绝边境墙更多拨款的请求，是最好的选择。" 第九巡回庭的判决中如此说道。

* * *

主题为 "向美国致敬" 的大型军事阅兵正在华盛顿如火如荼地举行。当然，还要有 "最伟大的烟火表演"，将要施放的烟火，价值75 万美元。天空中飞行着 B—2 轰炸机，军方表示，一小时的飞行，成本是 12.2 万美元。

很显然，这是一个非常明确的 "美国再次伟大" 的标志。

为此，华盛顿空域禁飞两小时。这是 911 之后第一次。

川普的反对者也聚集在华盛顿，和庆祝的群众遥相呼应。批评者对川普选址林肯纪念堂进行演说表示反对，认为林肯纪念堂在美国有特殊的含义，这是一个表示和解和团结的地方。

但川普带来的是仇恨和对立，这不符合美国的精神。

与此同时，在南加利福尼亚州，洛杉矶东北方向 150 英里处发生 6.4 级地震，洛杉矶和拉斯维加斯都有震感（震中基本上就在两个城市连线中点），无人员伤亡报道。这是自 1999 年以来加州最大规模的地震，目前余震约 40 多次。

访谈 Jared Taylor

7月5日

也许听说过 Jared Taylor 的人并不太多，但提起一直鼓吹种族隔离的 CCC（Council of Conservative Citizens，保守主义公民协会）恐怕很多人会有印象。这个组织是一个坚持美国保守政治理念，强调白人传统，小政府，基督教信念和民族主义。他们反对任何种族混合的企图，即不同种族之间，不应该一起生活，不应该不同种族之间通婚。Jared Taylor 是这个组织的董事会成员和发言人。他同时也有自己的杂志"美国复兴"。Taylor 毕业于耶鲁大学，其父母是在日本的基督教传教士，Taylor 青少年时期在日本度过，会说很流利的日语。

在所谓"另类右翼"（alt-right）运动中，Jared Taylor 被称为是另类右翼运动之父。他通过自己的著作为另类右翼提供了大量理论基础。

上周日，Fareed Zakaria 对 Jared Taylor 进行了专访。Jared Taylor 谈吐文雅，彬彬有礼，像一个老牌的英国绅士。但他要表达的观念，却和现代文明相去甚远。

首先，这些白人至上主义者并不承认现代科学对人种的研究。他们认为白人是一个独特的种族，已经在欧洲生活了 50 万年（现代人类学认为高加索人种迁徙入欧洲的时间在 4500—8000 年前）。Zakaria 指出自己虽然是印度裔，但按现代人种划分，他也属于高加索人种或雅利安人。Taylor 拒绝承认 Zakaria 是白人，但他只说这是靠常识来判断，并没有说明到底白人标准是什么，比如西班牙人是不是白人？如果西班牙人是，那么南美的西班牙裔又算不算白人？在这个问题上，Jared Taylor 似乎没有一个明确的标准，"我们普通生活里就可以判断谁是白人。"他说。

Jared Taylor 有一个明确的担心，就是"白人"这个种族会在 200 年之后消失，他认为这是因为大量其他种族的人和白人混居，最终白人会被淹没。

"但你不认为杰佛逊和林肯都在自己的宣言中宣称每个人都是平等被造的吗？"Zakaria 问道。

"他们自己不相信这些观念。"Jared Taylor 回答说，"杰佛逊和林肯肯定都不愿意生活在今天那么多其他种族之间。"

有趣的是，Jared Taylor 和 CCC 认为自己保守着美国的传统，但对于独立宣言前言中的第一句话"我们认为。。人人生而平等"却不认同。

Jared Taylor 坚持认为，不同人种是不一样的，他们存在智力、文化上的差别。Jared Taylor 并不极端主张赶走其他种族的人，但他坚持认为，不同种族之间应该隔离，应该在美国建立一个白人州，和其他种族隔开，这样才能"保护我自己的种族延续"，同时他反对继续向美国移民非白人。

Zakaria 则向他指出，所谓现在的白人和白人文化，也是在历史中混血交融产生的，并不存在一个纳粹宣称的"纯种白人"。Taylor 对此不置可否，但表示欧洲人不应该和非欧洲人混合，否则自己的传统就无法延续了。

Taylor 对已经混血的人群没有明确的态度，但他坚决反对不同人种之间继续混血。Taylor 表示自己的孩子如果和非白人结婚，他不会反对，"但我会很失望"。

Taylor 并不认为川普明确地有类似自己的理念，但"川普是凭自己保护白人的直觉做事，他的阻止非白人移民进入的政策可以延缓白人被淹没，但他显然做得还不够。"

Jared Taylor 和 CCC 在美国并非是主流的声音，但令人担心的是，"我们现在每个星期都在壮大，越来越多的白人理解了我们的主张。"Jared Taylor 说。

这就是今天，在川普影响下的美国，正在发生的事情。

亿万富翁被捕引起恐慌

7 月 8 日

上周六，美国亿万富翁 Jeffrey Epstein 在纽约机场被捕。他被控在 2002 年到 2005 年之间对数十名未成年人（minor）实施性侵榨甚至组织性交易。在周一披露的起诉书中，显示 Epstein 将年轻女性诱惑入他在曼哈顿和佛罗里达棕榈滩的豪宅内，以付费按摩为理由进行性交易。然后付款给她们请求她们带更多的女孩来供他享用。这些女孩中，年轻者只有 14 岁。

"通过这种方式，Epstein 组织了一个庞大的网络来获取年轻女性为其提供性服务，这经常是每天都发生的事情"检察官的声明中说。

Jeffrey Epstein 是美国著名的金融家，慈善家，但同时也是警局挂号的性攻击者。2008 年曾入狱 13 个月，罪名是组织销售年轻女性性交易。但那次入狱 Jeffrey Epstein 其实是相当自由的，他并不在监狱中服刑，而仅仅是被监视居住，而且每天有 12 小时的外出工作时间。

这一判决目前引起很大争议，公众认为这可能涉及内部的腐败。而这一次起诉的原因，是因为新的调查证据被发现。

但真正引起恐慌的，却是这位 Jeffrey Epstein 在政界的广泛关系网。Jeffrey Epstein 经营一家资金管理公司，掌握数十亿资产的调度。他和克林顿总统及川普都有良好私交。克林顿总统曾乘坐过 Epstein 的私人飞机，而川普于 2002 年曾公开夸奖 Epstein，"我认识他已经 15 年了。他是一个了不起的人，他和我一样喜欢漂亮女人，而且大多数都是很年轻的女人，这毫无疑问。"川普说。

引起公众兴趣的是，起诉 Epstein 的原告之一，Virginia

Giuffre, 本人就被 Epstein 招募去做按摩。而她当时恰恰就在 Mar-a-Lago, Trump 在佛罗里达的行宫里工作。Epstein 是 Mar-a-Lago 的常客，但川普的发言人表示川普和 Epstein "没有关系"。

在 Epstein 的交际圈中，还有英国约克公爵安德鲁王子和维秘（Victoria's Secret）公司老板 Leslie Wexner。

但最紧张的，可能是川普提名的美国劳工部部长 Alex Acosta。在上一次 Epstein 意外轻判中，作为当时检察官的 Acosta 给予 Epstein 律师极大的主动权。Acosta 向 Epstein 律师承诺他不会去见任何证人，潜在的证人或潜在的民事索赔。Epstein 的律师给 Acosta 的回信中表示："感谢您的承诺。"这里需要提一句的是，这名律师本人，就曾经是 Acosta 在司法部工作时的同事。

这一案件将于周一于纽约联邦法庭开始审理。

Epstein 丑闻继续发酵

7 月 9 日

今日美国媒体主要集中在讨论为什么 Epstein 的犯罪事实如此明显，受害人如此之多，但 2008 在佛罗里达的判决中，受到的惩罚如此之轻。

Epstein 的犯罪事实可以说几乎是公开的。大量年轻女性进出他在棕榈滩和曼哈顿的豪宅，甚至引起了一名英国外交人员的注意。上层社会的人们完全明白 Epstein 和这些年轻女孩在做性交易，而这在佛罗里达和纽约是违法的。但是，没有一个人举报他。

这就是阶级社会的特征：位高权重者并不尊重法律。

而受害者，那些起诉他的女孩们，只是普通公民的女儿。是的，Ivanka 这样的富家女孩绝对没有可能为 Epstein 提供性服务。而她们这个阶层的人，却掌握着权力和法律。

佛罗里达司法部门在处理 Epstein 案件时，完全偏袒这位权贵人物。当时的检控官 Alex Acosta（现任川普政府的劳工部长）和 Epstein 达成了协议。什么协议呢？Epstein 承认两项州指控，以换取对联邦指控的豁免。Epstein 承认的州指控为："嫖妓"。这就是说，那些进入 Epstein 豪宅的女孩，全部被认为是妓女（她们的年龄在 13—16 岁之间）。但现在纽约州的起诉资料显示，其中至少有一件性关系涉及强奸。

最令人无法接受的是，即使按照佛罗里达法律，检方如果要和被告达成协议，必须经得原告人的同意。但有势力的 Epstein 通过律师要求 Acosta 不通知原告。而 Acosta 检察官欣然接受此建议，私下和 Epstein 达成协议，而在签字前不通知原告人。真很自然，一方是权贵，而另一方只是一群来自普通老百姓家的小女孩。

不仅如此，Acosta 和 Epstein 达成的"认罪协议"中，还包含永久不再起诉，不再索赔，及终止 FBI 调查的款项。这就是说，根据达成的协议，在本案件事实的基础上，佛罗里达州永远失去再起诉和再调查 Epstein 的权力。

此后佛罗里达联邦法院曾判处 Acosta 此举不合法，但没有被执行，没有产出任何对 Acosta 升职及 Epstein 判决的影响。Epstein 只受到了 13 个月监视居住的惩罚，期间他可以每天 12 小时出去上班。而在纽约州的起诉书中，他的罪行建议服刑期为 45 年，在 Epstein 就相当于终身监禁了。

但是，这里需要注意的是，"认罪协议"的执行范围，只限于佛罗里达州。这导致纽约州是有权再次对 Epstein 开始调查和指控的。

纽约州的 FBI 人员搜查了 Epstein 的住所，发现大量色情资料，包括未成年人的裸体照片。调查官员表示：Epstein 从来没有改变过，即使经过了 2008 年的惩处，他的情色生活丝毫没有受到影响。受害人数可能超过百人。纽约州调查人员表示，给 Epstein 定罪的证据相当充分的，他不明白为什么 2008 年佛罗里达会和 Epstein 达成协议。在美国一般只有定罪困难的时候，检方才会寻求和被告方谈判。

这就是美国的现状。我一直很惊讶于中国的所谓民主人士会将美国作为一个理想社会的标杆。在我看来，美国和中国有制度上的差别，但美国显然不是一个良好的榜样。在文明国家中，美国的各项文明纪录都处于中下游。而那些为美国实现公平社会而奋斗的美国人，那些为美国普通公民发声的美国人，来自中国的奋斗者送了他们一个名字："白左"！

南辕北辙到了荒谬的地步。

有色人种，请回老家

7 月 15 日

川普上周末的数个推特中，持续地，不指名地攻击四名众议院议员，要她们"回自己的国家去！"。这四名议员均是有色人种，均是女性。其中除了 Omar 议员是 12 岁从摩加迪沙移民至美国的，其余三名均是美国出生的美国公民。但对不起，因为你是有色人种，在川普眼里，美国不是你的国家，请你回老家去。

这四名民主党众议员之所以引起川普的愤怒，根本原因在于她们都很年轻，她们绝不妥协地要求民主党控制的众议院开启弹劾川普的动议。

众议院议长南希·佩洛西一直以来反对弹劾川普，这也导致她和这四位年轻议员之间关系紧张。但川普的这次攻击，却可能成为民主党更加团结的契机。

佩洛西周一表示，众议院"不应该允许总统对移民的歧视继续下去，我们的共和党同事应该和我们一起谴责总统这种排外的推特。"

川普的种族主义倾向和言论在美国已经不是秘密。川普心目中的美国，是一个白人至上的美国，这也是美国人都心知肚明的。但问题在这里：

共和党议员没有一个出来批评川普的言论。

共和党大佬林赛·格雷厄姆周一在福克斯新闻上表示："那些民主党议员就是一帮共产主义者，她们恨以色列，她们恨我们美国。"

参议院议长共和党人米奇·麦康奈尔也拒绝对川普的言论置评。

分析人士指出，川普突然表现出更加极端的种族主义倾向，目的是为了自己 2020 年的选战。川普的目标从来不在扩大自己的选民基础，让更多的美国人投自己的票。他的策略是巩固加强自己的基本盘，即支持川普的那三分之一美国人，以增进他们的投票率，赢得摇摆州的选举人团票数。

为此，川普不惜"挑起人民斗人民"，以种族问题来分裂美国，促成美国更严重的种族间矛盾。

川普正在改变着美国的历史，我们也正在看着这一进程的发生。但是，我们能够做点什么吗？

更新：周一，陆续开始有共和党议员谴责川普的言行。他们是：密苏里州的 Roy Blunt 参议员；南卡的 Tim Scott 参议员；缅因的 Susan Collins 参议员；俄亥俄的 Rob Portman 参议员；德州的 Will Hurd 议员和 Pete Olson 议员；密执根的 Fred Upton 议员和 Paul Mitchell 议员；宾夕法尼亚的 Pat Toomey 参议员；印第安纳的 Susan Brooks 议员；纽约州的 Peter King 议员，Elise Stefanik 议员和 John Katko 议员；阿拉斯加的 Lisa Murkowski 参议员；和奥克拉荷马州的 Tom Cole 议员。他们都是共和党人。

Love or Leave It!

7 月 16 日

在美国 60-70 年代的历史中，有一句著名的爱国主义口号 "Love

or Leave It!"意思是"要么你爱这个国家，要么你滚蛋。"在 Tom Cruise 主演的反思爱国主义影片"生于七月四日"中，年少气盛的爱国主义者 Ron 一直对反越战的人，包括他的亲弟弟，高喊"Love or Leave It!"

有趣的是，这一美国人已经深刻反思的爱国主义口号，在太平洋彼岸的中国也得到了回应。一位著名的中国爱国者 Fatian Wu 在一次演讲中也说，"既然你们（批评政府者）不喜欢我们的体制，那你们出国去吧。这样大家都更愉快。"

历史并不总是一直向前。

周一，川普在公开的讲话中表示："你们如果不喜欢我们美国，批评这个批评那个，那你滚蛋好了，不会有多少人想念你们的。"当然，川普肯定不会认为自己在野时对奥巴马总统政府的批评属于"不喜欢我们美国"。

这是不是很讽刺？是不是很悲哀？

但为什么共和党依然支持川普呢？分析认为，这主要是因为共和党没有选择，除非他们能接受 Paul Ryan 代表的经济政策或者小布什总统代表的外交政策。川普所公开表达的白人至上主义，有利于白人内部的种族认同和种族团结。而这其实一直是共和党潜在的一种倾向，这甚至可以追溯到尼克松总统，里根总统和老布什总统的竞选策略，白人选民在共和党是更受重视的。

这种情况的一个背景是：共和党所代表的保守势力，一直以来有深刻的被威胁感，这种感觉也来自民主党更为强势的话语霸权。一项研究表明，在社交媒体上，持民主党理念的人因为政治观点而踢走"社交好友"的比例，是保守派的三倍。也许这并不能体现在选票中，但话语权明显更倾向于自由派一方。感到自己受威胁的一个本能反应就是：找强人，然后，依赖强人。中国人讲：紧密团结在强人的周围。

川普持续地在美国"制造敌人，团结自己"，当然，这个"自己"也主要是白人，"敌人"则是外国人，拉丁裔和民主党。共和党的选民基础之前更多地是受教育程度较高者，而现在则由于川普过于粗鄙和极端，收缩到了蓝领低教育白人群体。

新闻媒体开始讨论川普能不能被称为一个Demagoguery领导人。Demagoguery的含义是，以种族主义爱国主义来煽动民众获得支持的人，历史上的希特勒和很多独裁者显然属于这一范畴。但无论如何，川普刻意制造"我们 vs.他们"的这种语境，确实是在撕裂美国社会，加强恐惧和仇恨。

一个好的政治领导人，给群众一个愿景激励，使他们愿意和自己一起为一个目标而奋斗；Demagoguery的领导人，则制造恐惧，使群众害怕"有坏蛋搞破坏"而不得不团结在强人周围。

众议院通过决议谴责川普

7月17日

周二晚间，众议院以240对187票，通过了谴责川普种族主义言论的决议，全体民主党议员及4名共和党议员投了赞成票。

在川普的咆哮中，最触动公众敏感神经的是"回你自己老家去"这句话。这里需要向不熟悉美国文化的新朋友说明一下，在美国，"回你自己老家去"是一句标准的种族主义言论。它的含义是"美国是我们白种欧洲人的美国，我们不欢迎你们。"很多有色人种和新移民都受到过这样的攻击。

川普的支持者为他辩解说，那只是碰巧了他要批评的人都是有色人种，因为她们"不爱国"嘛，所以请她们回老家也没什么错。但这是一个苍白的辩解。因为我们知道，川普最恨的政敌不是这四个年轻的议员，而是拜登、桑德斯这样的有实力将他撵出白宫的人，或者南希·佩洛西这样的强有力的女性政敌。事实上桑德斯和佩洛西也是第二代移民（桑德斯的父亲是波兰移民，而佩洛西母亲则是意大利移民），他们和那些年轻议员的移民背景情况是一样的。但川普从来没有攻击过他们"回自己老家去。"非常明显，只有有色人种，在川普的脑子里，才不属于美国。是的，这是非常明显的。

那么，"不爱国"是理由吗？也不是。我们知道川普最恨的人中还包括 Bill Maher，和 Michael Moore。在 Maher 的嘴里，美国基本上一无是处，基督教也是一个笑话，而 Moore 制作了影片"华氏911"，质疑911 只是美国政府的阴谋。他们的"不爱国"程度都远超那四位年轻的议员，而且他们也是川普的宿敌，川普曾威胁要起诉 Bill Maher。但川普从来没有对他们说过"回你们老家去！"因为，他们都是白人。是的，这是非常明显的。

这难道还需要狡辩吗？

但真正的危险，不是川普的人格缺陷。真正的危险，在这里：

"回你们老家去！"这种话在以前，都是最底层的白人才会说的话。之前的社会学分析认为，因为这些人在生活中没有任何值得骄傲的地方，除了自己是白人。所以这种攻击本质上是自卑和自我保护的表现。但现在，这句话来自美国最高领导人，来自白宫，来自那些默不作声的共和党人群体。

你有没有觉得什么地方不对劲了？

1989 年 1 月，里根总统在告别演说中说，"你可以住在日本，但你成不了日本人；你可以去法国居住但你变不成法国人。你可以去德国或者土耳其居住，但你变不成德国人或者土耳其人。但是，世界上任何角落的任何人来美国居住，可以变成一个美国人。"在 2019年，三十年后，美国的最高领导人说："回你们自己老家去！"

那个自信的，开放的，宽容的美国，如今在哪里？

最新路透社和 Ipsos 共同的民调显示：就川普的发表这一种族主义言论之后，72%的共和党人表示支持川普。这一比例甚至上升了5%。而在民主党人和无党派人士中，川普的支持率分别下降了 2%和10%。总数上，认可川普工作的 41%，而不认可的比例为 55%。另一项USA today 的民调则显示，58%的受访者认为川普的这些言论"不美国"（un-American）。

共和党人开始走钢丝

7 月 18 日

周三，川普在北卡的竞选拉票演讲中，进一步升级对四位少数族裔议员的攻击。

在指责了这些议员"不爱国"之后，川普挨个点名这四位女性少数族裔议员。围绕着川普的人群发出山呼海啸般的吼声：

"送她回去！送她回去！"

这是否会让你回想起两年前的 Charlottesville 事件中，那些山呼海啸的"犹太人不能取代我们！"的整齐口号？如果你熟悉中国 60 年代的历史，这是否会让你想起革命群众同样山呼海啸的口号："打倒刘少奇！"

我在川普上台不久后表示，川普很可能是领导了一场美国版的，软性的"文革"。美国的这一场运动和文革相比，它们都是由最高领导人煽动，都是为了反建制，而最重要的是，它们都是调动群众以掌控权力，尤其是调动人性中的"敌我识别"。在中国，"我们"是无产阶级，"敌人"是资产阶级和走资派；而在今天的美国，"我们"是伟大的美国人，白人，福音派基督徒，而"敌人"是移民，少数族裔，穆斯林，新闻媒体和民主党人。

美国的政治生态中，从来没有像今天这样，最高领导人将自己的政敌攻击为人民的敌人，让群众高呼将这些政敌驱逐出境。这样的政治生态，我们一直以为只会发生在土耳其，俄罗斯和中国这样的地方。而今天，这一场景明晃晃地发生在我们的眼前。

你批评美国，就是不爱美国；你不爱美国，就不配做美国公民；你和最高领导人对着干，就请你滚出美国。而这一切都起源于一个极具民族煽动性的电视秀主持人，鼓动起来一种叫做身份政治的力量。

中国古代有一个战略叫做"携天子以令诸侯"，而现代民主政治中的民粹主义，本质上就是"携群众以令政客"。"人民是永远正确的！"。只要能鼓动起足够的人民，那么那些吃选票饭的议员们，就只能听命于我。如何鼓动人民呢？没有什么比让人民感到威胁更有效的方式了。"看啊！移民盗取了你们的工作，少数族裔就要超越我们白人人口啦，穆斯林和犹太人要取代我们！民主党人想让美国搞共产主义！"以恐惧和仇恨来团结鼓动群众，历史上大独裁者们的策略，几乎无出其右。但你能相信，这一切就发生在我们眼前，就发生在美国吗？

这就是川普绑架了整个共和党的根本原因。共和党人无力对抗这种"人民战争"。紧密团结在川普周围的共和党人高达75%—95%。

但也有例外的声音。

伊利诺斯州议员，共和党人 Adam Kinzinger 表示"虽然我不同意极左派的看法，但高呼'送她回去'是丑恶的，错误的。""这会让我们的开国先贤们脊背发凉。"有多名共和党议员和参议员都表示不认同川普的做法，但共和党的领导阶层及绝大多数党员们，选择了默不作声。

在短期内，也许共和党会找到一些团结的因素。但长远来看，求诸于仇恨和恐惧，"共和党相当于在吃川普毒药。"

川普周四表示，其实自己也不赞成"送她回去"这种口号。但事实上正是川普自己最先表达了这个意思。不过不要紧，出尔反尔和当面撒谎对于川普来说，只是日常习惯。

Omar 回家受欢迎 民主党医保主选战

7月19日

周四，倍受川普和"爱国群众"攻击的年轻民主党议员 IIhan

Omar 回到了自己的自己所代表的明尼苏达州。

在机场，她受到英雄般的欢迎。支持者高呼："欢迎回家 IIhan。"记住，川普集会中的山呼海啸是："送她回去！"

Omar 随后在自己的推特上表示："回家的感觉真好。"

民主党总统候选人第二轮辩论在即，目前最主要的分歧在于不同的健保政策。

在川普执政的两年半中，民主党最大的成就应该是大体保住了奥巴马医疗（ACA）。并且，很大程度上因为民主党在健保问题上的统一步调，使得他们赢得了 2018 年中期选举的大胜。但现在，民主党内部对健保的一些不同看法，开始展现。这一分歧主要发生在民主党两个最受欢迎的候选人，桑德斯和拜登。

桑德斯的主张延续了他在 2016 年选战中的政策，即全民医保（Medicare for All）。Medicare 诞生于 1966 年，主要覆盖 65 岁以上人士或残疾人士。2018 年覆盖人口为 6000 万美国人。桑德斯的主张是，将此健保政策覆盖全体美国人，同时禁止私营保险公司参与主要的医保项目。民主党排名第三的候选人 Elizabeth Warren 赞同桑德斯的主张。他们认为，全民医保在其他很多发达国家都运行良好，政府作为唯一的最后买单人，拥有了强大的和医药公司及医疗服务机构谈判的能力，可以大幅降低美国的健保开支。但这不可避免地需要给中产阶级加税。"你是愿意自己花钱买医保，还是增加相比之下更少的税款？"他们说。

而拜登则相对温和，表示首先要保住 ACA，逐渐扩大 ACA 覆盖内容，并给予公众选择是参加公费医疗还是买私人医保。他反对加税以实现全民医保。拜登认为如果施行全民医保，则 1.5 亿人将突然失去已经购买的私人医保，他建议给他们选择权是否加入公费医疗。但桑德斯认为，如果不强制全民加入公费医保，则公费医保的人数就会受到影响。任何保险成本要下降，就一定要扩大保基，如果一部分健康人不参加保险，则其余参保人的保费是降不下来的。

民主党选战中的另一个重要人物，参议员贺锦丽的态度则摇摆不定。她不支持加税，但又表示可以考虑取消私营保险公司的业务以加大公费医疗保基。

目前一些民调显示，稍多的群众支持全民医保，即使他们知道需要给中产阶级加税。但党内人士则更担心医改政策如果过于极端，会给民主党争取入主白宫带来负面影响。

谁是更大的恐怖分子？

8 月 6 日

在俄亥俄州及得克萨斯州的枪击案之后，一个问题开始困扰更多的人。现在谁是真正的恐怖分子？

在 2001 年的恐怖袭击之后，美国作出了迅速的反应。侦查基地组织，阻断恐怖组织的资金来源，直接军事打击和制裁支持恐怖主义的国家。这些措施拯救了更多的美国人的生命。但是对于美国国内的极右翼白人至上的种族主义恐怖分子们，美国做了什么呢？

统计数据表明，从 2002 年开始，伊斯兰极端分子恐怖袭击的死亡人数为 104 人。而同时期内，被极右翼种族分子杀死的人数，则是 109 人。（资料来源：www.newamerica.org）保护美国人不受本土极右翼恐怖分子的伤害至少和保护美国人不受伊斯兰极端分子伤害，同样重要。

但是，川普政府做了什么呢？

他们削减甚至解散了国土安全局的相关部门，这些部门的工作，是和地方政府及组织合作，甄别那些可能的暴力分子，无论他们是伊斯兰组织，还是极右翼组织。

更让人无法理解的是，GOP 多次搁置奥巴马总统期间提出的加强枪支管理的提案。这包括对购枪者更为严格的背景审查和禁止有精神疾患者购买枪支。

川普本人多次发表的种族主义言论，敌视移民言论和白人至上言论，也为这种暴力行为增添了燃料。

乔治城大学教授，911委员会成员之一的 Dan Byman 表示："川普的言行，鼓励了那些极端的，种族主义的观点。"

专门研究恐怖主义的作家 J.M.Berger 则表示，极右翼的宣传中交织着"支持川普，支持白人民族主义，反对移民"的核心思想。

有资料显示，俄罗斯针对美国的网络宣传战中，也播种大量种族主义和白人至上主义的观点。

FBI 局长 Chris Wray 在国会作证说，"我们调查的国内的大多数恐怖袭击，背后的动机都是白人至上主义的某些版本。"

在针对基地组织和 ISIS 的恐怖袭击中，美国立法宣布向恐怖分子提供任何物质支持都是非法的，这包括金钱和武器的支持。但对于国内有着同样杀伤力的极右翼白人至上主义恐怖袭击，没有任何这方面的立法，我们对死在极右翼种族主义枪口下的牺牲者，只有同情，祷告，和口头谴责。还有什么别的吗？没有，请相信我。一点点实际行动，都没有。

枪支管理的艰难

8月7日

当人们说"自由需要付出献血的代价"时，他们一定没有考虑到这种情况：以保护自由的名义让民众拥有枪支，而这些枪支成了大规模仇恨屠杀的工具，其中绝大多数被杀者，并非政治人物。

美国陷入这样一个死循环：每次出现大规模枪击案，在震撼人心的屠杀下，人们开始悲痛，开始要求政府出台更严格的枪支买卖管理和购买者的背景调查。而这一努力往往被终止于由共和党把持的议会。因为大多数共和党人相信，人民拥有枪支是对美国传统精神的保护，是对自由的捍卫，这是由美国宪法第二修正案决定的。

事实上任何关于枪支买卖的限制都会引起共和党人的反感。在川普刚刚上台的第二个星期，共和党控制的议会就推翻了奥巴马总统期间关于禁止有精神疾患的人购买枪支的政策。

然后会出现大量的说客，告诉人们不是枪支在杀人，而是人本身的暴力倾向。事实上这次枪击案后川普也怪罪于精神疾患，暴力电子游戏等，总之绝不是枪支泛滥的错。他们还会告诉大众，正确的防治大规模屠杀的方式，是让更多的人拥有更多的枪支。这样，当凶手开始行凶时，人民可以拿出自己的枪支进行自卫。也许这会进化出一种新的美国文化。将来我们见面的时候，不再相互问候"你好吗？"，而会问候"你今天带枪了吗？"这很符合问候的礼貌性，因为这实实在在关系到你一天的生死。如果你拥有枪但没有随身携带，显然放在家里保险柜里的枪支不会帮助你防御沃尔玛里拿着冲锋枪的恐怖分子。

美国长枪协会 NRA 自然是被指责最多的组织。他们是坚定的反对枪支管理的力量。问题是，他们非常有钱。这个全国性的民间组织拥有超过 500 万会员，他们在 2016 年总统选举中，公开承认的捐献给共和党候选人的资金就高达 5500 万美元。而一般认为，真实的数字（即 NRA 通过外围组织进行的捐献）要比这个数字大得多。

NRA 有详细的对政客的评分系统，按照他们对枪支管理的态度来决定他们的级别。不同级别的政客可以得到不同数额的捐赠。而这一切，都是公开的，透明的，符合民主精神的。是不是觉得很讽刺？再看看下面的资料。

各种民调都显示，绝大多数民众主张加强枪支管理。Gallup 民调中，笼统认为需要加强枪支管理法律的 67%，而认为应该在所有枪支买卖中都加入背景调查的人甚至达到 92%。但是，民意并不能转化成对政治家和议员实际的支撑。他们需要的是实实在在的投票和金钱投入。

人民有选票就有多数意见的保障了吗？不，人民在大多数情况下，是脆弱的，是短视的，是健忘的，是一盘散沙。

川普在推特中表示自己支持严格管理枪支买卖，支持购枪者的背景调查。但白宫真正递交给国会的文件中，却并没有提及实施购枪者背景调查。据白宫工作人员称，NRA 的说客刚刚来访过。

人民拥有枪支真的能保证对抗政府？开什么玩笑，如果是那样的话，塔利班拥有的武器远超过美国人民间的武器库吧？他们能对抗美国军队吗？

伟大的传统和幻想中的自由。美国人还要为自己的愚蠢付出多少人命？目前开始陆续有共和党议员发声支持枪支管理，尤其是军用枪支在民间的贩售。这是一个希望吗？

NRA 开始反击

8 月 8 日

川普于周三访问了受到恐怖分子袭击的 Dayton 和 ElPaso 市。虽然其后的记者招待会上川普一如既往地自恋，开口第一句话就是自己如何在当地受欢迎，非常不恰当地将这一悲痛的日子说成是"美妙的一天"。你能期待这个这个长不大的自恋顽童更多吗？

但川普似乎正试图做一些正确的事。

川普多次在公众场合表示自己将支持更严格的枪支购买者背景审查。为此他在白宫内部举行过多次会议，并咨询律师是否可用总统行政令的方式推行。川普坚定的支持者，共和党参议员 Lindsay 格雷厄姆表示，"看上去他决心要做点什么了。在政治上这没有选择空间，他只能走这条路。"

早在 2012 年（如果我没有记错的话），参议院就由 Manchin（民主党）和 Toomey（共和党）共同提出了一个 Manchin—Toomey 提案，要求更严格的枪支购买审查。但此提案一直无法被通过。值得注意的是，这一次川普多次打电话给 Manchin 议员，咨询关于背景审查的具体实施方式。Manchin 告诉川普，最大的困难是共和党议员不支持此法案。

NRA 执行主席 Wayne LaPierre 一直以来是枪支购买审查最激烈的反对者。据不愿透露姓名的白宫工作人员称，周二，LaPierre 进入白宫和川普进行了交谈，LaPierre 告诉川普，如果推行枪支购买的严格审查，将得不到川普支持者的认可。匿名的白宫官员表示，川普在这种情况下，无法下决心。因为对于川普来说，最最重要的，是他的基础选民的支持。

需要说明一点的是，这不是川普第一次表示要加强枪支管理。在2018年2月佛罗里达州 Parkland 枪击案后，川普就表示过要立法加强枪支管理。但随着 NRA 和共和党人的反对，没有了下文。

"我不认为总统和他的共和党盟友们会突然鼓吹更严格的枪支管理。"美国保守党联盟主席，川普的挚友 Matt Schlapp 说。

参议院共和党领袖，参议院议长米奇·麦康奈尔则通过顾问表示，他不会在得到共和党人广泛支持之前将枪支管理议案递交表决。而目前的共和党议员民调显示，73%的受访者支持加强枪支管理。麦康奈尔会因此行动吗？

红色州的郊区危机

8月9日

红色州是指传统上支持共和党的州，而郊区 Suburban 则代表了最大部分的中产阶级，他们在城市工作，但大多数住在郊区。郊区选民的重要性表现在他们的人数和对政治的兴趣，都高于住在城市里的收入较低者和人烟稀少的农村。

在2018年的中期选举中，共和党一口气丢掉了41个众议院议席，这是自水门事件以来最大的一次共和党全面溃败。而事后的分析指出，他们所丢失的选票，绝大多数来自红色州原本应该属于共和党的郊区选区上。

保守的南方州，如德克萨斯，情况较为严重。周一，Kenny Marchant 议员表示将不再寻求连任。这已经是德克萨斯州今年第三位共和党议员表示不再寻求连任。而这三位议员在 2018 年的中期选举中，都仅仅以非常微弱的优势胜出。在深红色的德克萨斯州，共和党面临如此重大的挫败，是一件非常罕见的事。

在加州的红色地区，乔治亚州等地，都能看到焦虑的共和党人。他们需要担心来自民主党的挑战，但更担心的是他们不知道川普什么时候又会发下一个充满争议的推特。

在上周的一次民调中显示，对川普执政的认可，在郊区选民中，男性有 51%认可，46%不认可；而女性则有 37%认可，57%不认可。

川普的人格缺陷和政治上的幼稚及冲动，使得其在移民问题上，枪支管理问题上，和中国的贸易冲突问题上及对待俄罗斯的问题上备受指责。但更重要的是，川普上台后的一系列不负责任的，非政治家的话语，严重地鼓励了美国国内的种族主义倾向和宗教极端主义倾向。这导致美国社会的严重对立，身份政治和党派政治使得"优质的反对派"成为泡影。

这已经引起了共和党内部的担忧。

去年出人意料地赢得乔治亚州议员席位的民主党人 Lucy McBath，她的胜利主要来自受过大学以上教育的白人共和党人及共和党支持者的倒戈。

"McBath 的胜利主要来自我的共和党朋友们开始反对川普，他们甚至因此愿意推举一个反对枪支的人（指 McBath）"54 岁的非党派人士 Gordon Blitch 说，"他们看到了更大的危险。"

美国商会 USCC 的首席政治战略家 Scott Reed 表示，"（这些共和党议员们）的退休引起了极大的焦虑，很多人希望川普总统能够在三天内（不谈别的）只谈经济。"（这对于川普来说，是一个巨大难题）。Reed 警告说，如果共和党再不采取更有效的措施，他们可能会失去参议院。

Epstein 之死

8 月 12 日

上周六临晨 6:30，被控诱导组织并与年轻女性发生性关系的佛罗里达富翁 Jeffrey Epstein 在纽约曼哈顿的监狱中，被发现自杀。虽然最终尸检报告还没有公布，但一般认为他是上吊而死。

Epstein 在 2007 年因同样指控而被起诉，但最终以极轻代价免于刑事处罚。Epstein 从事金融投资业，与多名美国及国际重要人物有密切联系，这包括现任美国总统川普，前任美国总统比尔克林顿，英国王室 Andrew 王子，哈佛法学院教授 Alan Dershowitz，时尚界亿万富翁 Les Wexner 等社会名流。

Epstein 频繁组织有大量年轻女性参与的聚会，而这些社会名流也经常参与。

"我和 Jeff 相识有 15 年了，他是一个很牛的人"2002 年的川普谈到 Jeffrey Epstein 时说，"和他在一起很有意思，甚至有人说他和我一样喜欢漂亮女人，她们都很年轻。"

而当 Epstein 出事之后，川普通过律师表示"我和 Epstein 先生没有任何关系，也完全不清楚他做了什么。"

因为 Epstein 有可能了解这些社会名流的一些行为，其死亡无可置疑对这些人有着重大利好。那么 Epstein 在监狱中自杀，是否有疑点呢？

事实上，这不是 Epstein 第一次试图自杀，今年 7 月 23 日，他就被发现颈部有勒痕而被置于"防自杀监控"下。这是监狱系统为防止犯人自杀而进行的一种严密监控。但之后监狱系统对 Epstein 进行了心理评估，于 7 月底取消了对他的"防自杀监控"。

一些新闻机构指出，对于如此重要的被关押者，又有既往自杀历史，监狱方面对他的监视疏忽是不可接受的，这引发了公众很多阴谋论的联想。

不不不，不光是公众。就连川普都鼓吹一个阴谋论。川普转推了一个阴谋论，认为 Epstein 之死应该由克林顿夫妇负责。这被新闻界嘲笑为"五年级水平的转移公众视线"

所以，欢迎来到字游闽渚的美国。但请千万不要相信这里是什么闽足灯塔，在文明的世界里，美国是一个学渣。

贸易争战不会成功

Fareed Zakaria（节选）

8 月 13 日

川普掀起的贸易冲突正向着全面贸易争战的方向发展。我们应该清醒地认识到：关税不会起作用。我不是在兜售自由市场的理论，我只是对历史进行一个真实的观察。在今几十年中，我们有很多试图挽救美国工业下滑的努力，但没有一例是因为关税来扭转下滑的，他们最多只有短期效果。

让我们来看历史，奥巴马总统在 2009 年给中国进口的便宜轮胎加关税高达 35%。这挽救了美国轮胎工业的 1200 个职位。但与此同时，美国消费者多付出了 11 亿美元来买轮胎，这导致轮胎零售行业失去了 3700 个职位。而拯救每一个轮胎工业职位的成本高达 100 万美元。另外，中国因此报复了美国的养鸡业，这导致了 10 亿美元的损失。从长远一点来看呢？2008 年美国有 6 万人工作在轮胎工业中，而到 2017 年，只有 5.5 万人了。

Robert E. Lighthizer，川普的首席贸易谈判者，他的经验和战术来自 1980 年代。那时候美国正在担忧大量日本进口的便宜货摧毁了美国经济。当时 Lighthizer 是里根总统的贸易副官，他们为日本的汽车和钢铁设置了各种贸易壁垒以减少进口。由国际贸易委员会（ITC）和议会预算办公室（CBO）做出的两项研究结果表明，这些措施是无效的。CBO 的结论非常简单："贸易限制的最初目的是为了在相关工业中提高（本国企业）的国际竞争力，但这一目标并没有达成。"

来看看川普的钢铝关税。美国制造业联盟表示，这一关税拯救了 1.27 万个工作岗位。但同时，钢铝的价格提升使得美国公司多付出了 115 亿美元/年。这又意味着每拯救一个工作岗位的成本是近 100 万美元。而美国的铝产业短暂上升后依然低于 2015 年的水平。

美国是世界贸易和供给链的核心和中转站，如果美国成为一个高关税的地区，则会失去我们在国际经济中的杠杆位置。

无党派倾向的国家经济研究所（NBER）在今年三月份出的报告中指出，川普的贸易保护主义是 1930 年代臭名昭著的 Smoot—Hawley 关税和 1971 年的尼克松关税之后最大的回潮。报告认为这一关税倾向在 2018 年让美国消费者多付出了 688 亿美元。

美国目前的关税水平是 G7 中最高的，如果美国坚持，则时间一长其他国家也会跟上。历史表明，贸易保护主义一旦开始运转，就很难停止。1964 年，为了报复欧洲对美国家禽的关税，美国给欧洲进口的轻卡车加征了 25% 的关税。家禽关税已经取消，但卡车关税一直持续到今天。

中国确实在很多地方有贸易欺诈，操纵规则等行为。但据瑞信（SKA）的 2015 年的报告指出，从 1990 年至今，在贸易上执行了最多保护主义（不包含关税政策）措施的国家，恰恰是美国。从数量上来说，是中国的三倍。这是在川普上台之前的情况。而尽管川普政府希望中国遵守 WTO 的规则，美国自己却经常违反 WTO 规则，比如以"国家安全例外"为由降低从"有威胁的国家"进口货物。这里的"有威胁国家"是谁呢？是加拿大和德国。

川普对中国的很多要求与开放市场无关，它们更像是一种选举策略而不是贸易策略。他要求中国买更多的美国货物，而受益者是自己的票仓。事实上，川普将中国更加推向集权国家，因为北京只能下令让国有企业来买这些美国货物。这不是市场经济，而是政府指导购买。

川普的贸易战略也许是从一个好的目的开始，但被严重政治化和扭曲了。这可能会破坏一个让这个世界大体和平和繁荣了75年世界体系。

* * *

快讯：白宫周二宣布，将延缓对中国进口货物征收关税，这包括手机，手提电脑，电子游戏机和一些型号的服装鞋帽。征收关税时间从原定的9月1日，推延至12月15日。这是为了避开美国圣诞节前的购物高潮。

Eric 评：通过关税来进行贸易对抗，在双方贸易内容高度相互依赖的情况下，本质上是考验双方老百姓的承受能力。一个挺著的美国，和一个集权的国家来比老百姓的承受能力？这是只有政治白痴才会犯下的错误。想想一个几乎是农耕文明的中国和越南，为什么能把强大的美国打到谈判桌上？不是美国打不过，而是美国老百姓不能承受了。中国老百姓可以有最大的抱怨，但是他们手上，没有能够影响政治家决心的选票。

三个危险的信号

8月14日

周三上午，美国股市出现突然性暴跌，道琼斯指数至下午1点已经跌掉了759点（2.85%）。银行股首当其冲，美银（BoA）和花旗集团的股票下跌4%，JPMorgan 下跌3.6%。

这来自于投资者对美国经济未来的担心被公开化。具体表现在美国财政部的长期债券的收益率开始低于短期债券。10年期债券的收益率跌到了 1.6%以下，低于 2 年期债券的收益率。同时 30 年超长期债券的收益率也仅在 2.05%，为历史新低。大家记忆犹新的是，同样的情况恰恰发生在 2008 年金融危机之前。

投资者在感受到经济要下滑的时候，倾向于买长期债券而规避短期债券。这导致长期债券的利率下降而短期债券利益抬升，形成所谓"收益曲线倒挂"（inverted yield curve）。而对于银行来说，他们又必须为短期存款支付高息，而长期投资中收益下降。银行为了自保会开始收紧银根，从而引发信贷危机。

这是一个危险的信号。更糟糕的是，这一信号的出现，在过去 50 年中，每次都引起了经济衰退。

白宫贸易顾问彼得·纳瓦罗表示，"这种情况是不合理的，是因为美联储不肯加快降息引起的。"但一般认为原因是多重的，这包括中国经济的衰退，项岗局势的动荡和美中贸易争端的升级。

* * *

在美国的子由女神像基座上，刻着 19 世纪美国女诗人 Emma Lazarus 的名句："来吧，你那疲惫的，贫穷的，拥挤着向往子由呼吸的人群。"

周二，川普政府的美国公民及移民服务局（USCIS）执行主席 Ken Cuccinelli 公开表示，这句话应该改了！

"（应该改成），来吧，你那疲惫的贫穷的但能自我独立，不需要公共支出援助的人们。"

这对应着目前正在进行的绿卡批准条例的修改，凡是以前接受过美国政府公共援助的，都很难再申请美国绿卡了。

这是一个美国精神开始彻底改变的里程碑式的时刻。他明确地告诉人们，美国不再欢迎穷人，少来蹭我们的福利。

统计数据显示，大多数第一代移民有较大比例接受过社会公共援助，而他们的后代的平均收入很快超过父母为本土出生的美国人。如果川普政府的反移民政策继续下去，美国将彻底改变自己吸引外国优秀人才的地位。

* * *

FBI 日前突袭了俄亥俄州 Boardman 镇的一个家庭，逮捕了 18 岁的 Justin Olsen，在他家里，他们找到了包括突击步枪 AR15 在内的 15 支长枪，10 把手枪和超过 1 万发子弹。

Justin Olsen 自称"基督之军"。他被控威胁谋杀联邦执法人员，并试图袭击美国计划生育委员会。

宗教极端分子不仅存在于穆斯林，在基督教中出现的越来越多的暴力恐怖分子，正在引起美国知识界的警惕。

没有强奸和乱伦就没有我们

8 月 15 日

星期三上午，在爱荷华州保守主义者俱乐部一次早餐会上，共和党议员 Steve King 表示，任何情况下的堕胎，都是不应该被允许的，这包括被强奸或乱伦后怀孕的情况。

"如果我们在历史中，把所有强奸和乱伦之后生产的孩子拿掉，那我们这个世界还能剩下谁呢？"King 说。

King 正在努力推行一条法案（心跳保护法 Heartbeat Protection Act），该法案要求将任何情况下的堕胎都视为非法，被强奸怀孕或乱伦怀孕，均不允许堕胎。

如果你认为 King 只是共和党里的极端保守分子，那就有太乐观了。事实上这一提案得到 89 名共和党议员的支持。类似的法律，几个月前在阿拉巴马州被共和党通过。路易斯安那州五月份也通过了这样的法律。

你认为宗教极端主义只是指塔利班和 ISIS 吗？

你认为川普受到极端福音派基督徒追捧，只是因为他们热爱"自由"吗？

你认为美国真正做到政教分离了吗？

* * *

另一名较为保守的共和党人 Joe Walsh，昨天作出一项声明。忏悔自己曾在 2016 年投票支持川普。

Walsh 是一名保守主义的电台主持人。在 2011—2013 年做过国会议员，也是茶党运动的积极分子。他表示川普在俄罗斯面前羞辱美国自己的情报机构，是让他开始反对川普的原因。

"如果共和党不立刻站立起来挑战这个家伙，他将会危害我们的党。他也会危害我们的国家。他是一个不适合做总统的骗子（unfit conman）"

Walsh 指出，能够打败川普的，不是温和的保守派，而恰恰应该是右翼的保守派。

* * *

今天道琼斯指数恢复乏力，勉强恢复到 25500 点之上，涨幅为 0.15%。

美联储主席 Jerome 鲍威尔成为川普攻击的唯一目标。美国股市的突然崩塌，完全就是这个鲍威尔在给美国人民捣乱。

"中国不是我们的问题，项岗问题也对我们没什么帮助"川普说，"只有这个美联储是我们的大问题，提高利率太快，而降低利率则太慢……我们在大步前进，而美联储则在拉我们到后腿！"

但显然美联储主席有更专业的看法，美国的债务问题。还记得川普在 2016 年竞选时的承诺吗？"我会在八年之内清除我们的国债！"但事实是，由于减税政策，美国国债将从奥巴马总统任期结束时的 20.25 万亿，增加到 22.03 万亿。这给美联储的降息增加了担忧。

经济衰退即将来临？川普政府有否准备？

8 月 19 日

主流的经济学家们认为，经济衰退不是会不会来的问题，而是什么时候来？是温和的衰退还是经济崩坏？

在 2007 年 12 月到 2009 年 6 月的大萧条中，股指被腰斩。大量美国人失去工作甚至住所，这一影响一直延续到今天。

上周六，美国经济核心团队的三个人，国家经济委员会（NEC）主任拉里·库德洛，白宫贸易顾问彼得·纳瓦罗和财政部长斯蒂芬·姆努钦分别发表了自己对当今经济情况的看法。

库德洛说，"我看不到有任何衰退的迹象。不必担心我们是否过于乐观。2019 年的总体经济情况会很好。"库德洛例举了消费者的数据，低油价和低利率作为依据。但被问到 2020 年的经济情况时，库德洛回避了问题。

在纳瓦罗被问到，如果美国针对中国的关税真的如川普所说不会影响到美国的消费者，那么为什么他要将原定于 9 月开始的新关税增额推迟到 12 月 15 日时，纳瓦罗表示这是因为大部分进口商已经和中国签署了购买合同，他们无法改变进口事实了。

如果这些都是真实的情况，那么这也许是一件好事：川普政府终于开始认识到了现实。但问题是，为什么白宫里的经济学者都没有警告这一情况可能发生呢？是因为他们太过于乐观地认为中国会很快退缩，还是他们根本不敢告诉川普真实的情况呢？

Weidenbaum 中心循证新闻奖（Evidence-Based Journalism award，即其新闻有充实的事实依据）2010 年得主，纽约时报，华盛顿邮报等多家报纸的经济学专栏作家 Catherine Rampell 日前撰文表示，问题出在川普的经济团队的质量太低。"他们有对应经济衰退的计划吗？"Rampell 问道。

Rampell 指出，库德洛只是一个假装的经济学家，他的长项在于公共媒体而非经济学研究。而纳瓦罗则在经济学领域中找不到任何同行来为自己的贸易观点背书。财政部长姆努钦则被认为是内阁中最无主见，只会讨好上司的人。而财政部却有大量经济学专业职位空缺，甚至连提名都没有。目前美国经济顾问委员会的代理主席 Tomas Philipson 的专业竟然是公共卫生经济学。

目前真正专业的经济学者，只能在美联储中找到，而他们正备受川普的指责。而目前美国的利率已经很低，再加上金融管制的 Dodd—Frank 法案，美联储能够使用的工具并不多。这还不包括川普已经积累的 2 万亿债务，使得美联储难以减息。

所以看上去我们对未来的经济危机只能祈祷它别来得太快。和我们普通人一样，川普最好也祈祷一下。

不出所料的川普反转

8 月 21 日

在两次大规模的枪击屠杀之后，川普公开表示自己将考虑执行更严格的枪支购买审查。当时就有人指出，川普在之前的佛罗里达 Parkland 枪击案之后也同样做此表示，但随后反悔。这一次呢？

不出所料，川普诚实地保持着自己稳定性差的本性，他再次否定了之前自己做过的承诺。

川普在周三的讲话中重谈了美国长枪协会（NRA）的老调："不是枪支杀人，而是精神病杀人。我们应该管好精神病人"。但一个显而易见的事实是，美国的精神病人比例并不比欧洲或日本高很多，而美国的枪支杀人，尤其是大规模屠杀的数量，是后者的数十倍甚至上百倍。

川普说："我们已经有了足够严格的枪支审核制度。那些把我送进白宫的人们，很担心自己的第二修正案权利（公民持枪权）受到影响"

那些"把我送进白宫的人们"是谁？这很容易查出来，NRA 在 2016 年总统选举中，捐赠了 3000 万美元，绝大部分用于了川普。

而在川普这次的突然反转之前一天，NRA 主席 Wayne LaPierre 和川普进行了一次"伟大的会谈"（great talk，川普语）。新闻界认为这是川普突然反转的直接原因。

民主党控制的议会在今年二月份即已通过更严格的枪支管理法案，并递交给了参议院。共和党控制下的参议院拒绝为此法案展开辩论和投票，即搁置了此法案。

在各种民调中，支持加强枪支购买管理的比例是：93—95%，即使在共和党人内部，也是 89%的高比例。

美国真的是民意做主吗？

* * *

出人意料的玩笑成真

上周日，川普出言要购买属于丹麦的格林兰岛，一直被人是看作一个政治外行的异想天开。谁也没想到川普真把这事当真了，问题是，人家根本没有想出售。

当被丹麦首相 Mette Frederiksen 明确告知格林兰岛不出售后，川普声称："她居然没兴趣谈卖岛的事，我将推迟原定于两周后的会面。"川普还表示，丹麦首相的不领情，是一种"令人讨厌和不合适的态度"。

"嘿，你这古董车真不错，出个价吧，老友。"

"不，我这车不出售。"

"什么？我这么看得起你，你居然不领情？好吧，我会一直行驶在你前面，挡你的车道！"

整个故事，就这么简单。真相是，这个世界碰到了一个流氓。

* * *

59

美国国债

周三，国会预算办公室（CBO）报告说，美国联邦债务将在未来十年中比原来预期的水平高出 8000 亿美元。这主要是来自今年通过的减税法案。CBO 还表示，更高的贸易壁垒，贸易争斗将伤害经济的增长，使得对经济衰退的恐惧开始蔓延。明年美国新产生的赤字预估已超过一万亿美元。

CBO 是一个技术性部门，不属于任何党派。

Flip-flop, flip-flop
8 月 22 日

一直以来，我对川普最大的批评是：川普是一个政治外行，他根本不懂得一个国家政治的最基本要素是什么。

在一个正常的和平时期，国内政治的基本要素是：稳定性和连续性。而一个电视真人秀主持人需要到特质恰恰是戏剧性和出人意料。这是和稳定性连续性相反的一种品质。

有人认为川普根本在精神上就不稳定，是一个精神病人。当然这种极端的判断需要更专业的医师来定。也有人认为川普是一个强迫性的撒谎症患者，活在自己的一个和现实脱离的世界里。但我认为川普的很多看似荒诞的做法，是他多年在娱乐界谋生的一种自然结果。作为真人秀的主持人，夸张地制造戏剧性冲突几乎是一种生存法则。

川普以 71 岁的高龄入住白宫，显然他的大脑形成的习惯已经不足以使他从一个戏剧策划者转角成为一个政治人物。

12 天前，8 月 9 日，川普表示："NRA 担心（控枪）造成意外后果（slippery slop），他们认为你决定一件事情后会导致一些不良后果。我不同意，我想我们可以做一些事，我希望看到这些事发生。"

昨天，川普又表示，"控枪问题上我们必须很小心（不良后果），你知道，他们管这个叫 slippery slop。突然一下，你啥都失去了，我们不能让这事发生！"

两个礼拜不到，从"我不同意 slippery slop"反转成为"我们要小心 slippery slop"。

那么问题是，川普对 slippery slop 和控枪法案的真实态度是什么？

我认为，他没有任何态度。对于川普来说，一切都只是戏剧。控枪并不重要，美国也不重要，重要的是，我川普一定要在舞台中央。

类似的情况还有很多。川普前不久表示将考虑降低工资税和资本盈利税，但随后白宫发言人就予以否认，川普再次出来说他正在考虑此事，而昨天再次反转，表示"我们的经济很好嘛，没必要考虑减低工资税和资本盈利税"；针对中国的贸易争斗，一会要加关税，一会又延迟；一会要制裁中星花围，一会又要求放他们一马。

新闻评论员说，"哪怕是一个公司的 CEO，如果这样出尔反尔，给出如此不稳定的信息，投资人也会很快将他炒掉。"

* * *

Dumb and Dumber

川普不适合执政的另一个重要原因是：缺乏知识。

这不仅仅指他在科学上的无知，比如否定全球变暖；更重要的是，作为一个政治人物，他对历史一无所知。

川普对以色列的超过常规的示好，并非是为了讨好美国国内的犹太人。这里需要提一句，美国的犹太人，和以色列的犹太人，在很多观念上有巨大差别。总体来说，美国的犹太人偏向进步，而以色列大多数犹太人，尤其是近期，偏向保守的民族主义。因此美国政府在对待以色列的政策上，一直是有尺度的亲近。最典型的是，美国支持以色列的独立完整和不受威胁，但美国不支持以色列在被占领土上施行犹太人定居点政策。即 pro-Israel, but not pro-settlements.

但川普完全不理解这一政策，打破了这一平衡，导致美国丧失了在中东的裁判威信。川普这样做的原因，从自己来说是因为他的宗教信仰。是的，虽然川普是一个花花公子，但他相信自己是一个"虔诚的基督徒"。而对于实际利益来说，他希望讨好的是极端的福音派教徒。

美国的犹太人绝大多数是亲民主党的。在 2016 年，79%的犹太裔美国公民投票给了希拉里。对此川普一直觉得很不公平。

昨天，川普公开说，"你们犹太裔要是投票给民主党，就是对犹太人和以色列的不忠诚。"

川普可能根本不知道这一点：在历史上，所有反犹运动，包括古代的，和近代希特勒斯大林对犹太人的迫害，都有一个共同的借口："犹太人忠于自己的民族，而不是我们这个国家。"

对犹太裔美国人高喊"你们应该忠于犹太人和以色列"，无疑是对历史的一种漠视和无知。

这迅速引起了美国犹太裔社区的反击，美国前驻以色列大使 Daniel Shapiro（犹太裔）说，"在川普典型的霸凌模式里，他认为他可以强迫犹太人排着队来为他投票？这只是他个人的一种自恋错觉。"

一个无知而自大，性格上缺乏稳定性的戏剧人物，目前执掌着世界上最强大的国家和最大的核武库。这应该引起我们每一个人都警觉了。

泥腿子的直觉

8 月 23 日

昨天的"今日美政"中提到在是否减少工资收入税和资本盈利税的问题上反复了三次，最后表示"我们的经济很好，不需再减税了。"而昨天晚上，美国国家经济顾问拉里·库德洛又表示，政府正在考虑在合适的时候减少工资收入税和资本盈利税。

我们生活在一个奇幻的世界里。但显而易见的是，白宫内部对于可能到来的经济衰退开始感到紧张。

与此同时，川普又和自己的汽车工业开战了。

奥巴马总统时代，对汽车的燃油效率提高做了强行规定，要求汽车工业到 2025 年底，必须将平均燃油效率提升到大致 50 英里/加仑（百公里油耗 4.7 升以下）。这不但是对环境保护的要求，也是鞭策汽车工业发展的动力。

但川普上台后，于 2018 年 8 月废除了奥巴马总统这一政策，改为 2020 年之后，美国制造的汽车油耗只需要达到 37 英里/加仑（百公里油耗 6.4 升）。川普认为，这会降低新车的价格，促进新车销量。是的，挣钱！是最重要的。

这遭到美国环保署专家和左翼政客的反对。

有趣的是，美国汽车工业的几个巨头，均表示反对川普政府的这一政策，他们继续和加州为主的民主党政府合作，提高着自己的油耗效率。最近，福特、本田、宝马、大众等汽车公司表示已达到了加州规定的油耗效率标准。

这使得川普非常生气，在周三的推特中，川普说："我的方案可以让那些讲究政治正确的汽车公司平均降低 3000 美元的售价，还能让汽车更加安全，引擎转动更平顺（川普懂引擎？）。对环境的影响很小啊！你们这些蠢货 CEO 们！"

而汽车制造商则认为如果联邦的标准和加州为代表的十几个州的州标准不协同，会影响汽车工业预期的稳定性。（又是稳定性，川普最不习惯的东西。）但白宫上个月拒绝了汽车工业代表的要求。

福特公司在周三发表了声明："我们很骄傲为环境做了正确的选择。同时，我们也保护了消费者的承受能力和汽车产业的短期和长期的健康。"

我总觉得，川普和毛有些共同点，他们都不喜欢知识精英，不喜欢专业人士的判断，而相信自己作为泥腿子的"直觉"。

* * *

美联社最新民调

周四，美联社 NORC 公共事务研究中心发布了最新民调。

总体上认可川普工作成绩为 36%，总体上不认可为 62%。美国历史上有民调以来，没有任何总统在大选前一年，经济总体情况还向好的情况下，获得如此低的认可度。

这次民调中最显著的一个改变是，在以往的民调中，川普执政的经济表现一直是一枝独秀，在所有负面评价中，对其经济表现的认可，均是超过 50% 的。但这一次，认可川普经济的只有 46%，而认为不认可其经济能力的为 51%。

这可能是川普目前最焦虑的事情，这可能也解释了为什么川普突然指责美联储主席 Jerome 鲍威尔为"我们最大的敌人"，这是因为鲍威尔拒绝为川普快速降息以刺激美国经济。

经济专家指出，在经济动荡的时候，保持人们对美联储的信心是非常重要的。没有一个美国总统会在这种时候来破坏美联储在公众中的威信。

除非，这个总统是一个泥腿子。

为什么美国的保守主义失败了？

Fareed Zakaria（节选）

8 月 26 日

如何理解今天的保守主义面临的危机？很少有书论及这个问题。数十年来，保守主义在西方是一个主流的意识形态，但今天它悄然地崩塌了。川普的民粹主义已经控制了共和党，而英国的脱欧使得不列颠的保守主义者精疲力竭。

在 George Will（著名美国保守主义作家，新闻编辑，80 年代被称为是"美国最有力量的记者"，Eric 注）的著作"保守的感性"

一书中，Will 认为，美国的保守主义和欧洲的保守主义其实不是一回事。欧洲的保守主义来自历史，来自"王冠和祭坛，鲜血和土地的怀旧，非理性和部落主义（即各自效忠自己所属群体，Eric 注）。。。而美国的保守主义则是起源于哲学思考。美国的保守主义要保守的，其实是国父们所秉持的经典的自由主义，即有限政府和尊重个人自由。

与这一传统相悖的，是进步主义。代表人物是威尔逊总统和罗斯福总统。进步主义要求一个政府有更多作为，来保障个人的经济利益，政治权利和道德品质。这在 Will 看来是破坏了美国立国的理想，将把美国社会带入更少的自由，更少的个人独立和经济的停滞。

但 Will 和现代的保守主义者不得不面对的一个现实是，在 20 世纪进步主义崛起之后，美国却变成了一个非常强大，非常有创造力和非常有活力的社会。在罗斯福新政和约翰逊，肯尼迪总统的"伟大社会"运动之后，美国带领了信息革命。一直到现在，美国都是一个自由的，有活力的和有创新精神的国家。这是不是进步主义带来的呢？

现代保守主义一个深层次的缺陷是，他们并不能明确地判断今天的美国到底是堕落了呢，还是成功了？这一困惑导致了保守党内部的政治危机，也解释了川普的崛起。

从 1930 年代起，保守主义者就一直承诺，要推翻进步主义的主张。他们一直在警告一个福利国家的灾难性后果。但无论是里根总统，还是 Newt Gingrich 议长（90 年代众议院最有权势的共和党议长）或者是茶党运动，他们都无法改变美国越来越成为一个福利国家。共和党几乎控制美国政治史的每一个阶段，但国家权力却越来越大（这是国父们反对的，是保守主义本身强烈反对的）。这是保守主义者的无能吗？但更有可能的是，保守主义者本身，他们也意识到福利社会在现代社会的重要性。当然，公开地，他们不会承认这一点。

这就导致一个后果，保守主义的领导人往往使保守主义的选民感到愤怒和上当。在最近几年，保守主义的选民们近乎绝望，他们受够了这种诱饵加欺骗的游戏，于是，选择了川普。只有川普，才能轻易捣毁旧保守主义的建制派，让那些保守主义精英们丢脸。

Will 所描述的现代保守主义，也许只是一个幻境，一个失去的乌托邦。

川普在 G7 峰会

8 月 27 日

在本届法国举行的 G7 峰会上，我们可以看到一个明显的倾向。其他六国的领导人都开始和美国领导人川普拉开了距离。在以往的 G7 峰会上，美国是主导者和协调者，而最近的两次峰会中，美国则被盟友边缘化了。

甚至为了避免尴尬，法国干脆决定最后连联合声明都不发。这是 G7 有史以来第一次。

在会议中，没有人去听川普为普金和金振葱辩解。也没有人认真去考虑川普提出的将俄罗斯拉回 G7 峰会圈子。但川普在国际会议上，公开指责自己的前任，美国的总统奥巴马"比普京笨，让俄罗斯夺得了克里米亚，所以很恼怒，所以把俄罗斯驱逐出了 G7"在川普看来，要证明自己比前任伟大，就必须贬低前任。这是胳膊肘向外拐吗？我认为不算。因为在川普的心目中，美国从来就不在自己的胳膊肘内。在他的胳膊肘内，只有一个叫做唐纳德川普的金发婴儿。

而当所有其他领导人开始商讨如何帮助巴西扑灭亚马逊森林大火的时候，川普干脆缺席会议。他给出的解释是：他在同一时间在和德国和印度的领导人会谈此事。但随后令人吃惊的是，德国和印度的领导人都在同时出席了会议，川普的座椅却是空的。川普肯定不会和这两个国家的低级领导人会谈，那么唯一的解释是，川普又在撒谎。

美国现在还有什么荣誉感吗？不是说好的美国人很重诚信吗？

公众不明白的是，在完全没有必要的情况下，说谎到底是为什么？但接下来川普有更令人不解的表现。

在为金振葱违反联合国决议发射导弹的辩护中，川普表示金不会让我川普失望的。川普突然声称，自己的妻子 Melania 认识金，而且非常了解他，以此作为自己的旁证。但随即，白宫就表示，Melania 从来没有见过金。

如果一个人在大事上说谎，你可以理解为这是为了个人利益的某种投机的，但理性的选择。但如果一个人在无关紧要的事情上随意地毫无顾忌地说谎，你就应该怀疑这个人的精神状态是否正常了。

本次会议的最后，川普不失时机地向其他六国首脑推销，下一届 G7 会议将会在他私人的会所举行。当记者问川普，这如何避免他的家族企业从国家的外交中获取利益的时候，川普表示：我才不在乎赚钱呢。

如果说，本次 G7 会议没有最后的联合公报可能是 G7 走向衰落的开始；那么川普在 G7 上的被孤立，则毫无疑问代表了美国正在放弃对世界的领导。

福克斯新闻不够忠诚

8 月 28 日

自从川普上台以来，在美国主流媒体中，只有福克斯新闻（福克斯新闻）是川普的支持者。这和美国媒体界的政治倾向有关。

在美国，绝大多数媒体，尤其是主流大媒体如 CNN，NBC，纽约时报，华盛顿邮报等等，都是偏左的。政治立场偏右的大媒体，只有福克斯新闻一家。因此福克斯新闻也是川普经常光顾，接受采访，和发表政论的重要渠道。很多美国人开始感觉到，福克斯新闻隐隐然成为了美国的国家电视台。

但日前，川普开始公开批评福克斯新闻。之前也有多次抱怨福克斯新闻对他自己不够忠诚。

川普的推特说："我不是自己想要赢！我是为了人民要赢！（当然，人们领袖为人民嘛）福克斯新闻让伟大的人民失望，我们要找新的媒体渠道，福克斯新闻不再为我们工作了！"上周川普还表示过"福克斯新闻和以前不一样啦，肯定发生了什么，我现在就可以告诉你。我很不高兴。"

福克斯新闻发言人拒绝对此推特表态。但电视台的资深政治分析师Brit Hume回答川普说："福克斯新闻本来就不该为你工作。"

川普对福克斯新闻的抱怨主要集中在，他认为福克斯新闻在采访左派人士或者民主党人士的时候，不够严厉，不够具有攻击性。但这恰恰是福克斯新闻被公众抱怨最多的，他们在采访川普的时候，基本上采取了一种阿谀奉承的态度，完全没有如美国传统媒体那样给总统提出难以回答的问题。

但这难道不是很自然的吗？在极度自恋的川普看来，你对我宽厚是应该的，但你对我的政敌就一定要刻薄。否则就是"难道你不爱我了吗？难道你真的不爱我了吗？"然后川普恨恨地说："你们都去左转吧，我还是能赢的！我就是专门来赢的，你们惨啦！"这种怨妇式的抱怨，有时候真让人觉得川普也有可爱的一面。

这是一个美国总统所应该拥有的政治素质吗？这是一个美国总统传统上对待舆论监督的态度吗？

美国放宽环境管制

8月29日

周四，美国环境保护署（EPA）宣布，他们将放宽对甲烷排放的标准。甲烷对于温室效应的作用，要比二氧化碳强80倍，甲烷主要来源是石油公司的钻探和运输过程。

在奥巴马总统时代，美国政府颁布了对石油天然气企业的甲烷排放标准，要求他们加装检测和控制甲烷排放的装置。EPA 的这一新规定，彻底否定了奥巴马总统时代的甲烷排放控制，并降低了联邦政府在未来干预干预甲烷排放的权力。

EPA 的声明中表示，"川普政府认为甲烷是一种有价值的产品，企业们自己就有动机充分利用甲烷而减少其泄漏。"匿名的内部消息人士表示，这一新政策可以为石油天然气企业每年节省 1700—1900 美元的成本。

有趣的是，世界上最大的几家石油公司，包括埃克森美孚，壳牌和英国石油 BP，都反对川普政府的这一行政令，而要求保持现有标准。这些公司占美国生产天然气总量的 11%。

壳牌石油美国总裁 Gretchen Watkins 在周四发表声明说，"我们相信环境政策非常重要，是天然气替代其他能源的过程中的一个基础政策。我们明确表示支持 2016 年对甲烷控制的法规。虽然现政府提议不再执行以前的规定，但壳牌石油依旧会继续为实现全球环境控制目标而作贡献。"

环境保护主义者正在考虑起诉川普政府的这一决定。

"这一鲁莽的掉头，充分表明了川普政府完全蔑视我们的气候问题。"

环境保护基金会的资深董事 Ben Ratner 说，"大多数与此相关的公司都支持限制甲烷排放，川普政府的这一做法没有实际意义，更像是一种意识形态上的反应"

***

新的飓风本周末袭击美国

新的飓风 Dorian 正在大西洋上形成，可能袭击美国所属的波多黎各和佛罗里达。

正当大家都很紧张地准备面对飓风灾难的时候，川普又开始发他的推特了。

所有美国总统在这个时候，都会对受灾地区的人民表示同情和慰问。这是一个政治家的常识和本能。但川普显然不是一个正常的政治人物。他的推特说：

"我们做好了对应 Dorian 飓风的准备，波多黎各人，你应该表示感谢，别再像上次一样！波多黎各是地球上最腐败的地方，他们的政治体系崩坏，政治家不是无能就是腐败。国会拨给他们几十亿资金，比哪里都躲，但都送到了腐败的政治家手里。顺便说一句，我川普是波多黎各有史以来最好的福音！"

在 2017 年，由于川普政府的救援调度不利，波多黎各在 Maria 飓风中死亡 2975 人。但川普拒绝承认这一官方数字，坚持认为只死了 6—18 个人。

我一直认为，川普对美国政治的伤害，并不仅仅是他错误的政策，而是他打破了美国政治家操守的常态。常态这个词在英语里叫做"norm"，是一种没有硬性法律规定，但每个人都不会去突破的底线。比如美国的总统候选人需要公布自己的税务记录，美国的总统需要信守承诺，慎言谨行。但川普展现给世人的，却是一副十足的流氓相。常态的维护需要几代人的努力，而打破它，只需要一个流氓。

Dorian 飓风临近

8 月 30 日

在给波多黎各带来一场暴雨之后，Dorian 飓风掉头向西北方向漂移，直奔佛罗里达而来，预计在迈阿密以北登陆，之后转向奥兰多。

令人担心的是 Dorian 飓风还在增强之中，目前 Dorian 属于三级飓风，即风速在 111—129 英里/小时（178—207 公里/小时）这是可以吹破关闭的门窗的风力。而预计其在下周一登陆佛罗里达时，会增强到四级飓风，即风速高达 130—156 英里/小时（209—251 公里/小时）这是可以吹翻大多数北美常用的沥青房顶的灾难性的风暴。

佛罗里达州目前进入了全面的紧急状态，这一预报的风力，是近30 年以来登陆佛罗里达的最强飓风。1992 年 8 月 16 日，Andrew 飓风登陆佛罗里达，风力达到了五级飓风的范围，造成 23 人死亡和250—270 亿美元的损失。

更不幸的是，本次飓风到来的时间，恰恰在佛罗里达的海潮最高点时间。这是因为月球和太阳正好处于一条线上，他们引力的合力造成出现所谓海潮王 King Tides 的现象，现在很多迈阿密的街区已经被水淹没，迈阿密平均地平高度低于海水平面 10 公分。而飓风带来的降水，最高可能超过 50 公分。这会引发进一步的洪水灾害。

另外，飓风登陆的时间可能是夜里 2 点，这也造成了更多的危险。

佛罗里达正在进行全面疏散，但目前面临燃油短缺。纽约州救火及救援部门也已做好援助佛罗里达的准备。

和面对波多黎各受灾的情况不同，川普对佛罗里达可能的受灾情况极为重视。他宣布了国家紧急情况，责令联邦紧急情况处理局FEMA 做一切准备，并取消了自己去波兰访问的行程。

为什么川普对波多黎各如此冷酷而对佛罗里达如此在意呢？很简单，因为波多黎各是美国托管地，虽然他们的人民也拿美国护照，但没有选举权。而佛罗里达则是一个重要的摇摆州，将在 2020 年的总统选举中起到重要的作用。

你说一张选票有用没有？

Dorian 开始转向

9 月 3 日

原预报在周一登陆佛罗里达的五级飓风 Dorian，由于周边出现高气压带的压制，罕见地在巴哈马群岛（英国）原地逗留了两天。

Dorian 造成巴哈马群岛居民断水断电，已报道有 5 人死亡，其中可能包含未成年人。

周二下午，Dorian 开始缓慢向西北方向转移，朝早先预计的方向前进，预计很快进入佛罗里达。稍令人安慰的消息是，Dorian 目前已经减弱为二级飓风，但风力依然能达到 110 英里/小时（176 公里/小时），预报认为该风力强度会持续到周三，而且飓风面积开始扩大，覆盖更多的区域。

川普这个周末在做什么呢？在自己的高尔夫俱乐部里打球。这是川普进入白宫以来第 229 次打高尔夫，这不但花费了美国纳税人巨额资金，而且在国家紧急状态下悠然打高尔夫，这显然是一个"非政治家"才能做出的事情。有趣的是，正是川普本人，曾多次批评奥巴马总统打高尔夫球，并表示"如果我当总统，我可没有时间玩高尔夫。"这种前后矛盾的言行不一，就不仅仅是"非政治家"，而完全是毫无廉耻了。

那么奥巴马总统在任期间打了多少高尔夫呢？平均每年 42 次，即每 8.8 天打一次。川普呢？到目前为止，平均每年 87 次，每 4.2 天打一次。

* * *

上周六，一名枪手在德克萨斯州街头随机开枪射杀行人，造成至少 7 人死亡，25 人受伤。枪手为 30 多岁的白人男性，已被击毙。该枪手之前没有通过购枪审查，目前不知道他如何获得了枪支。而在本次屠杀中使用的枪支，又是臭名昭著的 AR15 冲锋枪。美国多起集体屠杀事件中，枪手使用的都是这种轻便而火力强大的军用冲锋枪。很多人质疑，为什么军用枪支被允许在民间售卖？别奇怪，我的朋友，这就是把持枪权看得比生命还重的美国。

飓风杀人，枪支杀人和 沃尔玛从良

9月4日

Dorian 飓风给巴哈马群岛带来的灾难开始慢慢展现在人们面前。这是一个令人无法呼吸的世界末日场面。飓风带来了时速超过200公里/小时的狂风以及伴随的暴雨整整肆虐了巴哈马群岛北部41个小时。原来繁华的城市几乎变成了一个大湖泊，岛上唯一的机场被完全淹没。最深水位达到 7 米。目前已知的死亡人数是 7 人，其中包括一位 8 岁的孩子。而随着救灾行动的展开，预计死亡人数还会上升。

周三开始，Dorian 飓风离开佛罗里达进入乔治亚州和南北卡罗来纳州。美国国家飓风中心预报说，这将给这三个州带来"破坏性的强风，暴雨带来的水灾和威胁生命的风暴"。这主要是因为飓风的来临正好和高水平的海潮重合，预计洪水会非常糟糕。

* * *

今天华盛顿邮报发表专栏文章，强烈抨击了参议院议长米奇·麦康奈尔。上周六在德克萨斯州，一名枪手使用军用冲锋枪AR15，随机射杀行人，造成 7 人死亡。文章问道："到底要死多少人才能让麦康奈尔改变？仅仅在八月份，我们就被杀掉了 38 个人。而参议院的共和党人和川普依然拒绝行动。"

文章表示，确实很难有一个法律来全面禁止枪支暴力，但你总得从什么地方开始吧？比如说，能不能先禁止在市场上销售军用级别的攻击性武器？

美国参议院的议长，被认为是华盛顿除总统外最有权势的人。但米奇·麦康奈尔表示，如何进一步加强枪支管理，他需要征求白宫的意见。但与此同时，川普对记者说，我不用去管，议会自然有主意。

这个皮球被踢来踢去。

为什么？

其实原因非常简单，因为强烈反对枪支管理的，就是拥有500万会员的美国最大民间团体，NRA（全国长枪协会）。仅2016年总统选举，NRA在川普和共和党候选人身上，就投入了3000万美元。他们可以说是共和党最大的金主。共和党人实在是没有几个人敢得罪NRA的。而NRA目前首要的政治任务，就是阻止一切可能的对枪支的管理。他们的理念是，美国人拥有的枪支越多，会越安全。当然，这是一个和事实相悖的说法。

* * *

沃尔玛的CEO在周二发表声明，沃尔玛开始停止出售手枪，短托冲锋枪（SBR）和相应的子弹。沃尔玛出售的枪支，占美国市场的20%。这一禁售令预计将使沃尔玛的枪支销售份额下降到9%。随后NRA发表声明，强烈谴责了沃尔玛的这一做法，声明中说"沃尔玛做了一件可耻的事情，他们顶不住反对枪支的那些精英们的压力，投降了。其他零售商会得到更多的顾客，因为他们更支持美国自由的根基。"

沃尔玛的股票在消息发布后出现轻微上涨。

美国制造业复苏了吗？

9月6日

还记得去年大约这个时候川普的推特吗？川普很骄傲地宣称，"我的反对者们说我们不能再在制造业邻域创造职位了，但自从我当选，制造业新产生了50万个职位！"在减税和一系列的刺激政策下，美国的制造业确实出现了一个短暂的复苏。

但自从今年开始，美国的制造业一直面临欧洲，中国和其他国家需求的下降，以及正在和中国展开的贸易争端。去年，制造业平均每个月可以创造 22000 个新职位，而今年则锐减为 8000 个。制造业的重要健康指标 PMI（采购经理人指数）在最近几个月已经下滑到 50.1，是自从 2009 年以来最低。一旦 PMI 低于 50，即可被认为经济在衰退和萎缩。

事实上，美联储已经定义目前的制造业情况为"技术性衰退"（technical recession）。

部分原因是因为川普正在和中国进行的贸易对抗，还有一部分原因来自减税刺激作用的消退。但也有不能归于川普的责任，这包括油价的下跌和全球经济的放缓。制造业对外国经济情况很敏感，也对国内市场的需求和成本很敏感。石油价格和原材料价格的起落，很大程度上会影响制造业整体的繁荣或衰退。

在前段时间美国经济上升较快的时候，上升最快的是能源行业，但川普并不真正理解能源行业对经济的作用，川普反复要求降低油价，这进一步减少了油气的生产的投资，造成经济增长下降。要知道，石油企业本身需要大量机械和运输。

制造业另一个非常敏感的因素就是贸易，除国防武器生产外，几乎所有其他制造业都和贸易活动相关。关税显然是贸易自由的死对头。今年 9 月美联储出版的褐皮书中称，几乎所有行业都为关税战感到担心。

更重要的是，制造业本身，已经不是美国的主要生产方式。在私营企业中，每 20 家企业中，只有一家是制造业，而每 9 个工人中，只有 1 人从事制造业。

这是一个时代进步的必然。川普出生在 1946 年，那时候制造业拥有美国超过 1/3 的劳动力人口，而在今年七月，这一比例是多少呢？是 8.5%。

在经济开始进入衰退时，制造业往往是第一个被打击也是最严重被打击的行业。目前已经开始显示制造业中的工作小时数开始快速下降，是 2010 年以来最快。现在工厂工人的工作小时总数，是 2011 年以来最低。

川普是一个工业时代的老人，他将如何领导后工业时代的美国呢？美国和中国的贸易争端的一个主要目的就是让美国的制造业重新兴旺起来，但这是一个可能的目标吗？或者，这是一个正确方向的目标吗？

突然中止的美塔谈判

9 月 9 日

上周六晚，川普突然发推表示，取消原定在戴维营举行的，和阿富汗总统及塔利班代表将要进行的和平谈判。

多名要求匿名的白宫消息人士向记者透露，是否和塔利班谈判以换取和平，一直是白宫内部有争议的话题。

目前美军驻扎在阿富汗有 14000 名军事人员，川普在 2016 年的竞选承诺中称将尽快结束阿富汗战争并撤回所有美军。如何达到这个目标？白宫有两种不同的声音。

一是以国务卿迈克·蓬佩奥为代表的谈判派，他们希望和塔利班及阿富汗政府进行三方谈判，以撤军为条件，要求塔利班和阿富汗政府合作，打击基地组织的残余力量，要求塔利班协助阿富汗政府反恐。美国希望能够在明年初，撤回至少 5000 名士兵，并于明年年底撤回所有部队。

蓬佩奥的首席谈判代表 Khalilzad 曾表示谈判已经取得了双方在原则问题上的一致。

但另一方面，美国国家安全顾问约翰·博尔顿是谈判的最大反对者。请注意，蓬佩奥是美国的国务卿，属于美国政府雇员，有实际行政权力，而博尔顿则属于总统私人幕僚。博尔顿并不反对将驻阿富汗美军裁剪 5000 人，但他激烈反对和塔利班进行谈判。这一次川普突然取消戴维营谈判，被认为是博尔顿的一次胜利。而在此前，博尔顿多次抱怨在阿富汗问题上，自己被排挤在了决策圈之外。

上周四在坎贝尔发生的自杀爆炸事件中，一名美军丧生。这可能使得川普的天平开始向博尔顿倾斜。但这一改变似乎对各方来说都非常突然，阿富汗政府甚至直到周五才知道消息，而塔利班发言人也在周日表示"直到昨天他们都很满意，我们都准备好了签署共同声明。"

这是否会拖延美国的撤军计划呢？蓬佩奥在接受 CBS 周日采访时说，"我不知道答案，一切都是总统的决定。"

那么川普在取消戴维营和谈之后的一天做了什么呢？他打了一天的高尔夫球。

川普炒掉了波顿

9 月 10 日

正当大家都认为川普取消和塔利班的和谈是美国国家安全顾问约翰·博尔顿的巨大胜利时，突然周二川普宣布：解雇博尔顿。

在川普的推特中，他说，"我昨天晚上通知约翰·博尔顿，白宫不再需要他。我要他自己提出退休，他今天早上给了我辞职信。""对于博尔顿的很多建议，我都非常不同意。"川普说。

博尔顿是于去年 4 月上任的，而他已经是川普的第三任国家安全顾问了。但关于辞职，博尔顿通过自己的推特表示，是他昨晚主动提出要求辞职，而川普昨天晚上对他说"我们明天来讨论这事。"一个有关辞职的罗生门。相对于一个撒谎成性的川普，我更相信博尔顿的说辞，但这不重要。

一个公开的秘密是，博尔顿和国务卿迈克·蓬佩奥的关系在最近几个月中变得紧张。博尔顿指责蓬佩奥过于关注自己个人的政治理想，而蓬佩奥则批评博尔顿过于僵化和强硬。博尔顿最近私下表示，不再上电视为现政府的立场辩护，尤其是在阿富汗和俄罗斯问题上。

川普上台三年以来，已经换了三个国家安全顾问。第一任是迈克尔·弗林将军，他因私自向俄罗斯许诺美国将改变其对俄罗斯的制裁政策及向 FBI 撒谎而被调查，上任不到一个月即辞职，成为美国历史上在职最短的国家安全顾问。

川普的第二任国家安全顾问是 Herbert McMaster 将军。他在任的时间"长达"一年零一个月。McMaster 将军在叙利亚，尤其是俄罗斯问题上，和川普意见相左，他认为美国应该在叙利亚保持军事力量的存在，也公开批评普京，并认为美国对俄罗斯的惩罚是不够的。这最终使得热衷于改善美俄关系的川普无法容忍。

很多人批评川普对国家安全和国际关系事务一无所知却傲慢自大。川普终止和塔利班的和谈，理由是塔利班没有停火，还在搞袭击。但问题是在和平谈判达成协议之前加强向对方攻击，这是国际和谈的惯例。比如我们华人比较熟悉的美朝停战协定签订之前的第四次第五次战役，都是双方为了在和平谈判中增添砝码而发动的。国务卿蓬佩奥上周也表示"我们在上个月打死了至少几千名塔利班"，这些都是和平谈判前的常规做法。但川普显然根本不了解这一惯例，塔利班发动袭击炸死一名美国士兵，他就耍脾气不玩了。这政治水平是不是比塔利班都业余？

另一方面，川普作为一个政治外行，频繁更换最主要的政治助手，这本身就说明他自己并没有一个成熟的成体系的外交观念。按中国话讲叫"跟着感觉走"。而这个"感觉"，又往往被川普自大的个性牵引，变成了一切围着川普的 ego 运作，具体表现在一切为了川普的选票。但因此，美国的外交政策显得非常矛盾和凌乱。急于从中东撤军，那又为什么激化和伊朗的关系？希望俄罗斯来接手中东的和平，那又为什么鼓励以色列的民族主义？全力扶植沙特在中东的势力，那又为什么促使阿联酋从也门撤军？希望遏制中国对美国的贸易不平衡，那又为什么削弱欧盟，日本和整个西方经济体？

美国第一，事实上成为了美国孤立（America first is America

alone）。一个超级自恋的人，必然是孤独的。

今天发布的 ABC 和华盛顿邮报的联合民调显示，川普的支持率下降到38%（而七月份他的支持率还是44%），表示不认可川普的比例，达到了56%。川普对此结果表示非常愤怒。

川普表示下周他将提名新的国家安全顾问。

弹劾川普进入程序

9 月 12 日

周四，众议院司法委员会通过了弹劾调查的一些规则，这些规则的制定和调查的内容是和弹劾川普相关的。

司法委员会主席 Jerry Nadler 表示"被调查的那些行为，对我们的民主制度构成威胁，我们有责任对这些威胁做出反应。"

在司法委员会的文件中表示，川普被调查的内容集中在四个方面。

1.2016 年总统选举中，川普及团队和俄罗斯对大选的干涉之间的关联

2.川普在付给和他有染的两位女性封口费上是否有违法行为

3.川普赦免一些在修建边境墙中涉嫌违法的边境警察

4.川普利用自己的职权便利为自己谋利

联邦及州检察官出身的 CNN 法律分析师 Elie Honig 撰文指出，对川普的弹劾应该集中在一点，而不应该全面铺开。川普违反常规甚至可能违法的地方很多，但对他的弹劾应该聚焦在他利用职权为己谋利上。因为这方面的证据是比较充分的，也是更容易引起公众共鸣的。

宪法明确规定总统不得从外国政府，美国政府或州政府接受财物或礼物。从根本上禁止总统从自己的职权中获益。

我们可以看到川普公开邀请G7领导人去他自己在佛罗里达的庄园开下一届峰会。我们可以看到司法部长威廉·巴尔将花 3 万美元去川普的旅馆里度假。我们可以看到副总统迈克·彭斯及其团队在爱尔兰要住在川普开设的度假地，而此地离他们要去开会的都柏林有 180 英里（290 公里）之遥。我们可以看到美军飞行员在苏格兰要入住川普酒店。这一切都是巧合吗？

另一个问题是，弹劾川普有可能成功吗？答案是，几乎没有可能。因为要弹劾川普成功，必须得到参议院超过 2/3 票的支持，但这在共和党控制下的参议院是没有可能的。那么为什么民主党还要开启弹劾川普的动议呢？

原因有两个。

一是为了历史责任。在未来人们书写今天的历史的时候，我们会清晰地看到川普做了多少违背常规甚至违法的事情，我们也会反思美国的民主为什么会选出川普这样一个政治外行和有明显人格和道德缺陷的人。但那时候，人们也会问，为什么作为反对党的民主党，没有提出弹劾动议呢？所以在民主党内部，一直以来都有阻止弹劾川普的声音，比如众议院议长南希·佩洛西。但大多数民主党人还是觉得这个责任无可避免。

二是为了选举的需要。在即将开始 2020 年大选之际，将川普的各种恶行公开讨论，引起公众注意，这对于民主党候选人来说是有帮助的。

* * *

从昨天开始，加拿大正式解散议会，进入 2019 年联邦大选，投票日在 10 月 21 日。在今后的新闻中，我会更多地关注加拿大方面的消息，今日美政会暂时被改为今日加政。今年加拿大的大选也是加拿大在今后的四年中到底走哪条路线的重要选举。我们是会依然坚持开放和多元呢，还是像美国和一些欧洲国家那样走向封闭和保守？我会向大家介绍一些加拿大政体的知识，加拿大的政治制度和美国从设计一开始就有很大区别，这导致两个国家的政治生态是完全不同的。

两场辩论一个大选

9 月 13 日

昨天晚上在加拿大和美国分别发生了两场辩论。先说美国。

周四晚上在休斯敦，民主党第三轮电视辩论会开始。这次大选中，由于参选的民主党候选人太多，最初的两次辩论会都是分组举行的，而这一次是所有目前够格的 10 位参选人第一次同时在一个辩论会上亮相。

很多人都希望看到目前人气排位第一的前副总统拜登和排位第二的参议员 Elizabeth Warren 之间发生激烈辩论。但这并没有发生。而出人意料的是排名较后的 Julian Castro 突然向拜登发起攻击，但没有太多实质内容，这一攻击今天受到媒体和民主党内部普遍批评。

另一件值得关注的事是，拜登和 Warren 及桑德斯议员在健保问题上的分歧开始正面交锋。拜登的主张是逐步地温和地扩大奥巴马医疗的覆盖面，使美国人在国家保险和私营保险之间有购买的选择权。而 Warren 和桑德斯则主张 Medicare for All，这将基本上终结私营保险公司在健保中的份额。总体来说，拜登的主张得到更多候选人的支持。

华裔黑马 Andrew Yang 的表现也非常突出。一开始没有人在意一个毫无从政经验的华裔企业家。但 Andrew 的人气从公众完全不熟悉的垫底，一直到能够进入第三轮辩论，甚至其支持率超过了川普。这在一个华裔政治素人中，简直可以称为一个奇迹。Andrew 的主张有点剑走偏锋，他要为每一个超过 18 岁的美国公民每个月发 1000 美元的无条件基本收入。这一主张目前得到越来越多的学术界的支持，原因是 AI 取代人工几乎是一个不可避免的趋势。但在实践政治领域，还很少有这样的尝试。目前只有芬兰和其他少数地区正在实验这一理念超前的社会分配制度。

德克萨斯本土作战的 Beto 给人印象最深的是他对控枪的强硬态度，他要求政府强制回购如 AR15 这样的军用攻击性武器。

再来看加拿大方面。

昨晚在多伦多城市电视举行的第一轮候选人辩论中，现任首相，自由党党领贾斯廷·特鲁多因在西部访问而缺席。

参加辩论的有保守党党领 AndrewScheer，新民党党领 JagmeetSingh 和绿党领导人 ElizabethMay。他们共同谴责特鲁多缺席和攻击自由党在物价，尤其是房价高企和经济不振方面缺乏有力措施。

但保守党和新民党及绿党之间的分歧也是明显的，主要表现在医保方面。新民党和绿党都有各自的扩大政府医疗采购以降低药价的政策（universal drug program or universal pharma care）但保守党表示反对。

和中国的关系问题成为昨晚的一个重要话题。Singh 认为政府应该放弃和中国签署新的自由贸易协定，而注重于要求中国提高工人待遇。May 则表示和中国的贸易问题并不在加拿大控制范围内，加拿大应该更注重于保护自己的公民不被美中对抗波及。

加拿大在国家组织形式上属于联邦制，联邦政府和各省政府分权治理，这一点和美国是一样的。但在联邦政府组成形式上，则和美国不同。美国是总统制，而加拿大是议会制度。

简单说，美国可以一人一票选自己联邦政府的总统，但加拿大只能每个选区选自己的联邦下议院议员（MP, Member of Parliament）。最后联邦下议院中的简单多数党的党领，就会被女王委托的总督任命为首相。这一体系和英国政体基本上是一样的。那联邦上议院是干嘛的呢？这个我们下次再讲。

议会制和总统制有哪些区别呢？

简单说，议会制更好地隔离了民众和最高领导人的产生，更能够避免乌合之众投票产生像川普这样的民粹煽动者，将代议制民主中的代议表现得更为充分，这一理念来自英国的自由传统。其次，议会制下，产生首相的执政党只需要达到议会的简单多数，这就意味着有时候他们的席位不超过半数，这种政府就叫做"少数派政府"。这时候，其他反对党可以进行暂时的联合，在人数上超过执政党，这样就可以通过"不信任动议"来终结本届政府。

这意味着什么呢？在议会制下，小政党有时候很吃香，虽然他们的席位不多，但在关键时刻可以通过"三国演义"来迫使大政党接受自己的某些政治主张以换取他们的支持。这样一来，议会制下的政治多态性就远远大于美国的共和民主两党的轮流执政，也最大程度地避免了党派政治出现对抗僵局。但是，这也有一个副作用，就是议会制的政府不如总统制稳定。在美国的总统制下，要弹劾一个总统难上加难，本质原因是总统本身，就具有民意代表的色彩，他是人民一人一票选出来的。弹劾总统，在理念上会和"主权在民"产生冲突。但议会制下，首相只是占多数的党派议员推举的党领，只要议会多数人对你不信任，你就下台了。

从产生的政府来看，总统制更容易出现总统，参议院，众议院被不同党派把持的局面，相互制肘，使得行政效率变得很低。而议会制一旦产出多数派政府，即执政党人数超过议会席位一半，那么政策执行就会相对顺利，而如果出现少数派政府，即执政党虽然席位最多但达不到一半席位，则会出现政治不稳定的情况，不但行政效率很低，而且政府本身就难以为继，一般会很快出现"不信任动议"而导致重新大选。

加拿大 43 届大选已经开始，投票日是十月二十一日。下周我会继续介绍加拿大的主要政党和目前的选情。

川普的外交政策至今而言是混乱的

9月17日

当川普在任期第三年就开除了第四任国家安全顾问，我们开始清晰地看到川普的外交政策是杂乱无序的。它可以制造很多混乱，但没有达成任何目标。看看最基本的事实：我们没有达成和中国，伊朗，朝鲜及塔利班的任何新协议，我们也没有让以色列人和巴勒斯坦人达成任何新协议，只有不确定性，失望和很多受伤害的感觉。

川普向世界表示，他是一个伟大的交易达成者（dealmaker）。但比如说新版的北美自由贸易协定和美韩贸易协议，布什总统任内的美国贸易代表 Robert Zoellick（前高盛管理主任，美国副国务卿，哈佛 Belfer 科学及国际事件中心资深学者，世界银行第 11 届主席）认为这些协议使美国的处境更糟糕，川普可以说一事无成。他这样说是有道理的。川普的政府混乱而无纪律，他将那种夫妻小店的特征带入了世界上最大最复杂的政体之一，美国联邦政府。川普在两年半时间里开除的高级官员超过绝大多数总统在四年或八年任期内的总和。

问题的核心是，川普是否是一个糟糕的谈判者？在金整嗯和塔利班方面，他从一开始就放弃了对自己有利的杠杆。朝鲜渴望已久和美国总统面对面的会谈，而川普轻易地放弃了这一价码，以此希望朝鲜放弃核武器。到目前为止，金得一分，川普零分。

在阿富汗方面，川普曾痛斥奥巴马总统主动声明撤军日期，使得敌人可以等待更有利的时机。但川普现在做得还是一样，反复地焦急地表达着他要撤军的意图。而当塔利班因此来采取攻击态势的时候，他却表现的很惊讶。在阿富汗方面川普进退无据，一方面他炒掉了强硬派的约翰·博尔顿，另一方面却按照博尔顿的路线拒绝了和塔利班谈判。

同时，对于一个有着古老骄傲文明的伊朗，如果川普想和他们达成新的协议，伊朗人会要求美国先中止制裁。他们不会愿意签订一个新的协议，而只会要求部分修改已有的协议。这就是说，川普不太可能签订新协议来限制伊朗的弹道导弹发展（伊朗在两伊战争中在导弹上很吃亏，这对于伊朗来说是一个痛苦的记忆）。要让伊朗让步，美国是否想好自己应该在哪些地方让步？

这就麻烦了。因为川普本质上是一个商业投机者，而不是一个有政治原则的政治家（CNN 评论员语），他的政治行为，重点考虑的是如何保住自己的基础选民的选票，而不是一个成熟有连贯性和理论支持的外交理念。更重要的是，谈判是需要妥协的，一旦妥协，就肯定被政治对手宣布为一种失败。这是川普承受不起的一种损失。这可能也是直到目前为止，川普无法在上述的重要国际关系中获得谈判成功。只想赢不想妥协，这不是一个健康和长期政治外交关系，而只是获取自己政治支持率的短期投机行为。只有川普能够理解这一点，他才能获得真正的外交政治的胜利。

再来看加拿大的大选

9 月 18 日

上次介绍加拿大政体的时候留了一个尾巴：既然加拿大是议会制而且首相是从下议院的多数党中产生的，那么加拿大的上议院是如何产生，职责是什么呢？

加拿大在 1931 年独立之前，一直属于英国殖民地的一个自治领。它的政治体系属于英国 Westminster system（西敏斯特体系）。在英国传统中，下议院（House of Commons）是选举产生，而上议院

（House of Lords）则是委任制。所以加拿大的上议院（在加拿大也叫参议院 Senate of Canada）也是由当选的首相进行委任，这不同于美国的参议员，他们是选举产生的。

Westminster 议会制下，并不严格如美国那样有三权分立，而是立法权和行政权有一定的重合，因为行政最高长官首相和政府内阁成员都必须从议会中产生。原则上，任何立法都必须通过上下两级议院的同意。但由于上议院议员是首相委任，而首相来自下议院的多数党，所以能在下议院通过的立法在上议院基本上没有阻力，也不会被驳回。另外，上议院不管任何和国家财政相关的法案，比如税法，也不能如下议院一样可以通过对政府的不信任投票解散现政府。

既然如此，设立上议院还有什么意义呢？

请注意，英国民主制度在思想史上，有一个明显不同于法国或欧洲大陆的倾向，就是对民众的不信任。美国国父之一，独立宣言起草人之一的约翰亚当斯曾经说"人民很容易专横残暴，而且多数人永远并无例外地侵害少数人的权利"。英国的现代保守主义之父埃德蒙伯克也表达过类似观点。这和法国的民主思想中"人民是国家主权的行使者"是有区别的：英国的民主传统非常注重"代议"。即人民只有在特定的时间里，选出自己满意的利益代表。正常情况下，选举后的政事，就由这个代表全权决定，而不是由选民来决定。

但这还不够。

由于下议院议员是人民一人一票选出来的。这个议员的饭碗，是受民意威胁的。所以英国在历史上就设立了一个不由选票决定的上议院来制衡下议院的立法。不过一般来说，上议院权力不如下议院大，只能扮演一种"旁观的清醒者"的角色。

加拿大的上议院也是沿袭了这一传统。另外，加拿大上议院和美国参议院一样，可以对首相提名的重要官员进行人事审核。但目前要求改革上议院的呼声也很高。比如新民党就要求废除上议院，改为一院制政体（加拿大很多省份是一院制），而保守党则要求上议院议员也必须选举产生。

因为加拿大大选不直接选举最高领导人，而是各选区自己选区内中意的候选人。各党党领，也就是潜在的首相，他们的辩论和政纲只能起到间接的推动作用，所以加拿大的备选首相的选战时间要短得多，而且对投票结果的影响也比美国小。

选战期间，往往是各党派候选首相开始向民众大派红利的时间，明天我们来讲目前的几个主要竞争的党派，都给选民们画了什么样的大饼，派了什么样的福利，还有一个华人文化圈中不太理解的 Bill 21 的争论，到底是怎么回事。

紧急情况和 PBO

9 月 19 日

华盛顿邮报昨日消息：一份国家情报局内部的报告，被两位要求匿名的内部官员透露给了新闻界。

这份报告在今年 8 月 12 日被递交给了美国国家情报局局长 Joseph Maguire。据透露，报告的内容是关于川普和一位外国领导人的电话通讯。在交谈中，川普向对方做了某种许诺，这引起了情报部门的担忧。Maguire 局长和情报部总检察长对此报告的评语是"这是一份可靠的报告，这是一个紧急情况。"

目前公众还不清楚这位外国领导人到底是谁，许诺的内容是什么。但在 8 月 12 日之前的五个星期内，和川普有接触的外国领导人有金郑嗯的来信，巴基斯坦总理，荷兰首相和卡塔尔君主，而和他通过电话的是：俄罗斯总统普京，这一电话是 7 月 31 日打的。

目前众议院情报委员会主席 Adam Schiff 要求国家情报局将此报告递交国会，局长 Maguire 拒绝了此要求，但 Maguire 表示，自己将会与下周在国会就此事接受听证。

川普向外国领导人透露不该透露的信息，这不是第一次了。2017 年 5 月，川普向俄罗斯透露了美国在叙利亚的情报工作情况，引起情报部门紧急补救。一些持阴谋论观点的人认为川普本身就是一名俄罗斯间谍，而我最善意的猜测是，川普作为政治外行，根本不知道什么情报可以对外国人说，什么许诺是不能轻易下的。

* * *

加拿大经济从总体上来看，是比较不错的。经济增长率去年达到3.7%，比美国还高。今年至今为止增加了 47 万个新的工作职位，失业率达到 40 年来的最低。一直停滞不前的工资水平在今年 7 月也开始了明显增长。但物价，尤其是房价的快速提升，导致加拿大人债台高筑，加拿大人平均的债务和收入比是 1.77:1。平均的家庭食物开销，今年预计会上涨 411 加元，达到 12157 加元/年。加拿大人普遍觉得生活负担太重。

本次大选中，各党提出的施政要领中，减轻生活负担费用，是最主要的一个话题。我们来看看各党的主要解决方案。

这里要提一下。任何竞选承诺都是有成本的，无论是改善医疗还是降低房价，都存在政府开销的成本。因此在参与竞选之前，各政党需要向独立非党派的议会预算办公室（PBO）递交自己的预算报告。你许诺的各种服务各种福利，会带来多大的政府开销，你又打算如何去平衡收支，这些都需要向 PBO 申报，PBO 审核，修改，通过之后，公众可以看到这个候选党派如果上台，他们的施政计划会花掉多少税款，会形成多少新的联邦债务或者盈余。因此这种政治许诺是严肃的。但也应该看到，在大多数情况下，政党一旦上台，也会找各种理由突破自己之前所作的承诺，可能会开销更大，或者削减服务。公众允许他们突破的尺度大小，反对党又会拿这个尺度做多大文章，这在西方政治中，是一件非常微妙的事情。

目前执政的自由党，延迟了递交 PBO 报告，但他们的主打政策在于继续并扩大对首次购房者的援助上，这一政策目前受到年轻购房者的欢迎，他们可以由联邦政府资助 10%的房价首付款。这笔钱相当于联邦政府给你的无息贷款，当你卖房子的时候，需要归还这笔钱。另外，自由党提高了有婴幼儿家庭的政府补助金并免除了产假期间的收入的联邦税。

保守党历来推崇小政府低税收，他们主打的政策是推出一个全面的减税计划。PBO 指出这一减税计划会给加拿大联邦政府造成一年 70 亿的税款减少。

新民党提出的惠民政策是要求提高最低工资至 15 加元/小时，在未来的十年中修建 50 万套廉价房，要求电信公司提供更便宜更灵活的电信服务等。他们如何平衡预算呢？新民党的态度非常明确，向富人多加税。

绿党主打的是免除高等教育的学费，改善公共交通和使用更多的绿色公共交通工具。钱从何来？向富人征税。

可以看出，加拿大政治总体上是偏左的。除了保守党以外，自由党算是左派政党中最温和的一个，而新民党和绿党则更为激进。新民党很明确地表示自己的理想是社会民主主义(Social democracy)，这不是社会主义，也不是民主社会主义，而是保持资本主义和自由民主制度下，加强政府干预和社会干预以促进社会公平的一种政治理念。

加拿大的这些政党是怎么来的？他们各自执政的历史如何？目前选情谁更占上峰？我们昨天提到的 Bill 21 又是怎么回事？我们放到明天来讲。

两起丑闻

9 月 20 日

川普的电话门丑闻开始霸占各主要媒体的头条。目前事件的进展是这样的：

纽约时报的报道将事件的真相部分推进了一步。据报道，这一电话发生在 7 月 25 日，也就是国家情报局收到报告的前两周。电话是打给乌克兰总统 Volodymyr Zelensky 的。其中引起情报局担忧的是，川普在电话中以削减对乌克兰的支持为要挟，要求乌克兰对美国前副总统拜登的儿子进行腐败调查。而拜登，正是在 2020 年美国总统大选中，对川普威胁最大的民主党候选人。

周五在白宫，记者问川普是否和 Zelensky 讨论过拜登父子，川普的回答是："我谈了什么没有关系。"这种不否认态度，被认为是一种默认。

国家情报局 DNI 的态度引起公众的警惕。他们对外界表示，这一报告涉及到内容，和"国家情报"无关。因此拒绝将报告递交国会审查。这引发这样一个后果，即将此信息披露给新闻界的"吹哨者"（whistleblower）将不被承认为吹哨者。美国为了制衡行政部门强大的权力，对吹哨者的隐私安全是有保护措施的。而 DNI 公开否认吹哨者的合法性，则这些吹哨者就不受到安全保护。甚至连认为报告内容是一种"紧急情况"的美国总检察长 Michael Atkinson 都面临被打击的危险。有人问："如果报告内容不涉及美国情报，但涉及某种犯罪，是不是 DNI 也可以压下来呢？"

有人整理了整个事件的一条时间线，我们来看看：

今年 7 月 25 日，川普和乌克兰总统 Zelensky 打了电话。3 天后，DNI 局长 Dan Coats 递交了辞职信。两周后的一次内部会议上，Dan Coats 公开对主持会议的副局长 Susan Gordon 说"你也应该递交辞职信了"。随后 Gordon 副局长递交了辞职信。4 天后，这封 whistleblower 的报告被递交到总检察长办公室。随后，Coats 局长和 Gordon 副局长离职。注意，在华盛顿邮报的报道中，两位 whistleblower 的身份正是"前情报局官员"。

一周后，川普公开表示，俄罗斯对乌克兰的入侵事件应该过去了，应该重新将俄罗斯纳入 G7。又过了一周，川普阻止了美国对乌克兰的一笔 2.5 亿美元的军事援助还削减了其他一些对欧洲防御俄罗斯的援助。

另外，川普的私人律师 Rudy 朱利安尼也在电视上公开承认了自己曾去乌克兰要求对方调查拜登儿子的腐败案。

* * *

相对于美国的这起丑闻，加拿大发生的丑闻就显得缺乏了戏剧性，但产生的影响，不见得更小。

正在进行选举活动的加拿大自由党党领，现任加拿大首相贾斯廷·特鲁多被爆料在曾经化装成黑人参加学校活动。

被爆料的照片中，特鲁多首相面部手部均涂满黑色染料，和一些学生合影。这些照片中的活动发生的时间是 90 年代末，2000 年初。那个时候特鲁多还不到 30 岁，在一家私立学校里教书。

将面部涂为黑色装扮成黑人，在以前并不特别带有种族歧视色彩。但现在这是不被道德允许的。从特鲁多首相的行政记录来看，他致力于促进加拿大各民族之间的和谐和宽容气氛。作为天主教徒的特鲁多首相，可以穿着穆斯林服装参与穆斯林的宗教活动，可以穿着华人服装参与华人的舞龙活动，也可以穿著印度教，锡克教服装参与他们的节日庆典。所以因此指责特鲁多首相是一个种族主义者，是比较牵强的。

但在非常强调政治正确的多民族共存的加拿大，这一二十多年前的错误，也是值得认真对待的。至今为止，特鲁多首相已经公开道歉了两次，他坦承这一行为是错误的，是一种对其他族裔的不尊重，希望获得原谅。

贾斯廷·特鲁多所代表的加拿大自由党，是加拿大历史最悠久的一个政党。在加拿大独立后的 150 年里，加拿大自由党执政将近 100 年，被称为是"自然的执政党"（natural governing party）。但从本世纪开始，自由党内部发生分裂和对魁北克政策上的失误，导致其丧失执政党地位长达十年。后来在贾斯廷·特鲁多的领导下自由党重新团结，并于 2015 年的联邦大选中，一举拿下了下议院 338 个席位中的 184 个，成为了一个稳定的多数党政府。

目前来看，由于自由党在移民和难民引进方面较为激进，加上由于物价尤其是房价上涨导致加拿大人生活负担的加重，自由党面临较大的挑战。民调显示自由党和保守党的支持率基本相当。但由于目前自由党人占更多的议会席位，在西方，在职的议员连任的胜率一般大于新挑战者，所以如果在相同的支持率下，自由党继续在议会占简单多数的概率依然高于 50%。

特鲁多首相所涉及的丑闻，还不止黑脸门这一条。下次我们再来讲讲特鲁多首相涉及的更为严重甚至可能违法的丑闻。

川普承认了

9 月 23 日

周日，川普正式承认自己确实向乌克兰总统要求调查前副总统和他的儿子，目前川普在总统竞选中最大的对手，乔·拜登。据报道，这一要求不仅仅在 7 月 25 日的电话中提出，被部分透露的举报信中称，川普前后向乌克兰总统提出过 8 次这样的要求。不仅如此，川普私人律师鲁迪·朱利安尼也飞到乌克兰要求启动对拜登的调查。

川普阵营的官员，包括国务卿蓬佩奥和参议员林赛·格雷厄姆，均在不同场合暗示拜登在任副总统期间，有腐败行为。但并未提出实质性内容。

拜登的小儿子亨特·拜登做了什么呢？

在乌克兰，有一家石油天然气公司，叫 Burisma Holdings。成立于 2002 年，其奠基人是 Mykola Zlochevsky。此人和前被乌克兰人民驱逐的亲俄罗斯总统亚努科维奇关系密切，他是当时乌克兰的生态和自然资源部长。Zlochevsky 利用自己职权为自己获得了能源开采权，同时他被控有多项洗钱和逃税罪名。

亚努科维奇政权在 2014 年倒台后，Zlochevsky 也逃离了乌克兰，但他的案子于 2017 年底结束，没有对他提出起诉。于是 Zlochevsky 于 2018 年回到乌克兰。但目前法院又重启了对他的犯罪调查。

在乌克兰革命之后，乌克兰国内的腐败依然盛行。当时的美国副总统拜登在 2016 年要求乌克兰加强反腐，并以终止给乌克兰一笔 10 亿美元援助相威胁，要求乌克兰炒掉当时被认为对腐败不够重视的总检察长 Viktor Shokin。而当时，Viktor Shokin 正在调查的公司里，就有 Burisma Holdings。

而拜登的小儿子亨特·拜登，此时就在这家公司工作。目前我们没有看到任何实质性的指控认为亨特有任何违法，但有人指出亨特的月薪高达 5 万美元，他是借助自己副总统爸爸的名望在为 Burisma Holdings 的信誉背书。川普和部分共和党人对拜登的指控怀疑他是为了终止乌克兰司法部对 Burisma Holdings 的调查，才极力要求开除总检察长 Shokin 的。

目前没有证据表明拜登和他儿子在乌克兰的工作经历有关。新闻界认为，川普对拜登的打击更大可能只是名誉上的，而不是真实的司法调查。

有趣的是，美国财政部长斯蒂芬·姆努钦在接受电视访问时表示，"拜登自己做副总统，还让自己儿子出去做生意，是不合适的。"记者立刻就问，"那么川普现在做总统，他的儿子女儿女婿到处做生意，这合适吗？"姆努钦只能含混地说"这不一样，这不一样。"

这件事在民主党弹劾川普的动议上又增加了压力，越来越多的民主党人要求民主党高层支持弹劾川普。民主党人要求川普公开电话记录，而川普则表示他会考虑此事。

川普极力否认自己拿对乌克兰的援助为要挟，但本月早些时候和乌克兰总统会过面的参议院外交委员会的 Chris Murphy 参议员表示，乌克兰总统很明确地表示如果自己不发起对拜登家人的调查，就会面临川普终止军事援助的后果。

对川普最大的批评是，川普再次寻求其他国家的帮助赢得大选。在 2016 年，俄罗斯对美国大选的干涉将川普送进了白宫，而这一次，川普又主动要求乌克兰来打击他的政敌。

是川普没有底线，还是美国已经失去了底线呢？

川普的联合国发言 特鲁多的大麻烦

9 月 24 日

周二，川普在联合国大会上，以一种稍显奇怪的单调阴沉的语气宣读了他的发言稿，批评了全球化，提倡国家主义。

川普说，"未来不属于全球化，未来属于爱国者。"川普强调，他将致力于避免美国军事卷入全球事务。

"我们不寻求和任何其他国家的冲突，我们向往和平，合作和共赢。但我绝不会放弃保卫美国利益。"川普说。同时，川普要求其他国家领导人更关注自己国家的主权，他表示，美国只有在自己能从中直接获利的时候，才会卷入外国事务。"United States would only become involved abroad when it believes it has a direct stake in the outcome"

川普说"如果你想要自由，请为你自己的国家骄傲；如果你想要民主，请保住你的主权；如果你想要和平，请爱国。"（"If you want freedom, take pride in your country. If you want democracy, hold on to your sovereignty. If you want peace, love your nation."）

恭喜世界上的两大强权，美国和中国，终于在自由，和平，主权和民主的理念上，达成了一致。谁说他们是两个意识形态不同的国家呢？

川普也强烈批评了社交媒体，认为这些媒体影响太大，让一些人无法说话。

在贸易方面，川普强调双边谈判而不是多边谈判。他认为企业寻求更高利润而转移到国外，是为了小利而牺牲了本国的中产阶级。川普还批评了中国设立贸易壁垒，实行国家补助，操纵货币，倾销货物和窃取知识产权。

"我不会接受一个对美国不利的协议"，在谈到和中国的贸易冲突时，川普说。

川普还批评了那些开放自己国家边境的领导人，他说"你们的政策是不对的，你们的政策是残酷的和邪恶的。"

我们可以清晰地看到在川普的脑子里，美国根本没有为全球人类的进步和福祉责任，也不应该帮助任何其他国家的人甚至其他国家的难民。美国只是一家公司，只会关注于自己的利润和收益，美国没有义务领导全球，谁也别想占美国的便宜。这个世界不应该迎接全球化，而应该回到 19 世纪甚至 18 世纪，应该回到国家主义，民族主义和爱国主义。

* * *

再来看看加拿大方面。上次说道，贾斯廷·特鲁多首相的黑脸门事件，并不是对他政治声誉的最大影响。对于特鲁多首相来说，他政治生涯中最困难的时刻，是今年早些时候的 Lavalin 事件。

这一事件是加拿大环球邮报在今年 2 月份报道的。当时有一家魁北克最大的建筑工程公司，叫 SNC—Lavalin。从 2009 年开始，陆续暴露出他们在利比亚为了包揽工程，不断贿赂利比亚的官员。司法部开始对 Lavalin 公司展开调查。到了 2018 年底，形式显示 Lavalin 公司可能面临巨额罚款和被排除在加拿大政府工程招标名单之外。这对于公司来说可能是致命打击。

这时候，首相贾斯廷·特鲁多出面，以隐晦的口气，向当时的司法部长兼总检察长 Jody Wilson-Raybould 求情，希望她只是给予 Lavalin 公司惩戒性的警告和小额罚款。Wilson-Raybould 部长拒绝后，很快被调离了司法部长职位。

这引发了一系列后果，Wilson-Raybould 部长及一些其他内阁成员，包括特鲁多首相的首席秘书，都提出辞职以抗议。这最终导致了一起政治丑闻。特鲁多首相的自我辩解只是说自己并没有直接干涉司法，同时也强调保住 Lavalin 公司对加拿大的就业和经济的重要性。

最后下议院道德委员会判定，特鲁多首相的做法干涉了司法独立。虽然并没有直接的处罚，但首相为此受到的政治打击很大，民调支持率大幅下降了百分之十到百分之二十。今年十月的大选中，如果特鲁多所领导的自由党不能当选，Lavalin 丑闻是起到重要作用的。

如果加拿大也和美国一样宣称"加拿大利益优先"，那么我实在看不出我们为什么还要在一个为了加拿大公司利益贿赂利比亚官员的案件中，如此打击自己的首相和自己的优质企业。

这也许就是加美两国精神气质上的一个区别。

历史性的时刻

9 月 25 日

在美国立国的 200 多年历史中，议会弹劾总统只有两次。第一次是 1868 年对 Andrew Johnson 总统（林肯被刺后的继任者）的弹劾。另一次是 1998 年对比尔克林顿总统的弹劾。这两次弹劾，都以失败告终。这里需要注意，尼克松总统是在弹劾程序开始之前就自行辞职，不在此列。我之前的新闻里说过，在实行总统制的美国，一人一票选出来的总统，本身就有人民代表者的色彩，这导致去除总统权力，变得极其困难。

但昨天，2019 年 9 月 24 日下午 5 点许，众议院议长南希·佩洛西正式宣布开始对川普的弹劾调查，就使得这一时刻被记录在了历史中。弹劾调查还不是正式弹劾提案，但属于弹劾程序的准备阶段。

要知道，民主党的高层一直以来都反对弹劾川普。这主要来自他们的政治考量。第一，弹劾议案需要参议院 2/3 票数的通过，这在于共和党把持的参议院，几乎是不可能的。第二，民意并不支持弹劾川普。民调中，虽然反对川普的人占大多数，但他们更多地愿意看到川普自然落选，而不是通过被弹劾这样极端的方式下台。

这使得民主党处于一种两难的境地。在即将到来的 2020 年大选中，民主党一路的支持率都明显好过川普。这种情况下，民主党亦希望看到川普落选下台。而弹劾川普，一旦失败会影响选情，甚至会失去 2020 年大选本来很好的局面。但如果不弹劾川普，以川普的种种劣迹，和他对美国民主正常状态的破坏，反对党不进行弹劾又难以向历史交代。

因此民主党形成了底层和年轻的议员极力要求弹劾，而高层领导者则极力阻止弹劾的局面。

但这一情况因川普的电话门丑闻而改变。

白宫于周三上午，交出了部分电话通讯的笔记。注意，这不是逐字逐句的电话记录，而是旁听官员做的通话大意的备忘录。以下是被关注的焦点部分。

在对话的一开始，川普就向乌克兰总统 Zelensky 表示："我说，我们美国为乌克兰做了很多事情。我不是说你们必须回报，但美国真的对乌克兰非常非常好。"（插一句，川普的语言词汇非常单调，夸张和市井，这又是他和毛相像的一个地方）。

乌克兰总统表示，川普 1000%正确，美国确实对乌克兰很好。

紧接着，川普说："我希望你也来帮我们一个忙，帮我们调查一下民主党服务器的事儿，无论你能做点什么，你能做点什么这很重要。"

在得到 Zelensky 保证合作后，川普说："有很多人谈到拜登的儿子，你能和我们的司法部长和我的私人律师一起做点什么，那就太好了。"

Zelensky 总统回答说："我们即将上任的检察官百分之百是我们的人。如果你有什么材料提供给我们，那对调查是非常有帮助的。"

如果同样的对白发生在电影里，你十有八九会认为这是两位黑手党教父之间的对话。难怪情报委员会主席 Adam Schiff 说"这简直就是黑手党的勒索（Classic Mafia Shakedown）。"

在此电话之前，川普卡住了约 4 亿美元的对乌克兰的军事援助。然后对乌克兰总统说"我们对你很好，现在我们需要你来帮个忙……"任何有基本社会经验的人，都能听出其中的要挟意味。

值得注意的是，这一次，共和党把持的参议院，也没有再一味祖护川普，而是无反对地通过了决议要求白宫立刻交出电话记录。共和党大佬，曾和奥巴马总统竞选总统的米特·罗姆尼表示，这个电话记录是"令人深感不安"的（deeply troubling）。

那么回到民主党这边。民主党高层为什么突然转变了态度，正式宣布开始弹劾川普了呢？

首先是因为积累效应。川普一而再再而三地蔑视美国的政治常态，做出出格的甚至是可能犯罪的行为，民主党所受到的舆论压力越来越大。其次，民调出现了反转。最近的一次民调显示，由于电话门事件中川普非常露骨地要求外国帮助来打击自己的国内竞争对手，超过 50%的受访者，支持弹劾川普。第三，弹劾过程中，川普的各种丑行会一直在公众面前曝光，这有利于民主党总统候选人进一步获得支持。

最后说一点，在弹劾克林顿总统时。克林顿总统的民意支持率高达 60%，而川普有民意调查以来，民调支持率最低，从来没有超过50%，而最近已经跌落到 40%以下。这可能也是促使民主党高层下最后决心的原因之一。

情报局长听证保守党要翻身

9 月 26 日

国家情报局局长 Joseph Maguire 今日在众议院出席聆讯。Maguire 局长面临的指责主要集中在为什么他没有在第一时间将举报信的内容通报国会的情报委员会。按照美国法律，国会情报委员会是美国各情报部门的直接监督机构，这种举报信必须立刻通报监督部门。

Maguire 局长的解释是，他在接到举报信后，立刻去咨询白宫和司法部的法律顾问办公室。为什么呢？因为 Maguire 局长有点懵。

举报对象是美国总统，这在他所知的历史上没有发生过的。是的，川普对美国正常的民主政治带来了太多的"史无前例"。

Maguire 局长必须知道，这一举报信的内容，是否被"行政特权"所保护。行政特权 Executive privilege 是美国行政部门的一个特权，如果总统和行政高级官员认为披露内情会影响到国家安全或国家重大利益时，他们可以拒绝服从国会的传票，拒绝披露行政内幕。

但问题是，就连法律办公室的专家们，都无法给出一个准确的答案。他们只是模糊地告诉 Maguire 局长，这些内容"可能"是被行政特权保护的。

情报局的总检察长 Michael Atkinson 则认为这一情况是"紧急的"，因此立刻向国会汇报了这一举报信的存在。

Maguire 局长表示，他支持总检察长和举报者的做法。"他们的所有做法是诚实的，我完全相信他们是按照规章和法律来的。"局长说。

但共和党议员，前情报委员会主席 Devin Nunes 则表示，这根本就是一个假新闻，他指责民主党和记者们制造阴谋陷害川普总统。

* * *

今年的加拿大大选中，保守党的力量非常强大。虽然民调和自由党差不多都在 35%左右的支持率，但大多数民调显示他们的支持率比自由党高一些。

很多人认为天下保守党是一家。但在加拿大，并不完全是这样。

加拿大的保守党从一开始就有红蓝之分。所谓蓝保守党，就是比较原教旨地奉行保守主义，他们相信低税收小政府，尽量限制政府对经济和社会的干预。而红保守党，则属于保守党中比较左倾的力量，是加拿大保守党中的主要势力。他们相信政府应该在经济活动中扮演更重要的角色。加拿大 1867 年独立后的第一任首相 John MacDonald 爵士，也就是以前加拿大 10 元纸钞上的人物，就属于红保守党。这是加拿大保守党和美国保守势力很大的一个区别，加拿大的保守势力，在美国实际上属于温和保守派，而美国的保守势力，则比较原教旨地信奉保守主义。

很多人会发现，加拿大保守党成立于 2003 年。这是怎么回事呢？

加拿大保守党可以算是加拿大联邦的第二大党，执政的时间仅次于自由党。但他们在历史上经过多次重组和改名，所以严格意义上的保守党，是在 2003 年党派重组之后的新党，而老的主流的保守党，在 1993 年，全军覆没。这甚至可以说是整个西方历史上最惨烈的党派竞选失败，也可以看出加拿大是一个非常年轻的，还没有完全政治固化的国家。

在 2003 年之前，保守党的正式名称是进步保守党 Progressive Conservative。在 1993 年大选中，当时执政的进步保守党发生了严重的分裂，他们一口气丢掉了几乎全部的议会席位，从国会第一大党的 156 个席位，跌到了只剩下两个众议院席位。要知道在加拿大，一个合法的联邦党最起码要占有 12 个席位，这使得原本执政的进步保守党一下子连合法联邦党派的资格都没有了。而分裂出去的最大一块，就是现在的魁人集团 Bloc Quebecois，这是一个以要求魁北克独立为自己政纲的魁北克地方政党。是的，在加拿大，闹分裂搞独立的政党，是这个国家的合法的第三大政治势力。

在那次全军覆没的大选中，连首相 Kim Campbell 都没有能赢得自己选区的支持，她连国会下议院的议员都没有当上。其后，一些其他的右翼保守政党进行了一连串的合并，最终于 2003 年，合并成了今天的保守党。

今天的保守党，可以说受到一定的国际的尤其是美国的保守主义影响，相对于之前的红保守党，他们要稍微偏右一些。今年大选对于保守党来说是一个翻身的好机会，因为自由党在移民和难民政策上的激进，加拿大人生活负担的加重和首相个人的一些丑闻，保守党再次执政是完全有可能的。

但同时，也应该看到，加拿大人在政治选择上，往往刻意和美国拉开距离，以显示加拿大的不同。所以往往美国向左，加拿大就向右；相反，美国目前相当右倾，而加拿大人绝大多数非常讨厌川普，川普在加拿大的支持率只有 20%。这也会影响到加拿大人对自己的保守党的看法。

事实部分

9 月 27 日

在关于川普要求乌克兰总统调查自己政治对手的丑闻中，另一面的事实也非常重要：拜登是否真的涉及腐败？

以下是一些事实部分，判断由读者自己来下。

乔·拜登，和 John Kerry 是美国政坛上的两位民主党大佬，从政时间都超过 30 年。拜登做过副总统，而 Kerry 则是美国第 68 任国务卿。他们成为好朋友，理所当然。

但他们的儿子们，也成为了好朋友。乔·拜登的小儿子，亨特·拜登和 John Kerry 的继子 Christopher Heinz 是耶鲁法学院的同学。他们于 2009 年成立了一家叫 Rosemont Capital 的投资公司及一系列以 Rosemont 为名的分支机构，其中一个，叫 Rosemont Seneca 科技伙伴公司，总部在华盛顿。其后，他们的另一名耶鲁同学 Devon Archer 也加入了团队，并成为了实际操控人。

在此公司的经营中，可以看到他们虽然是一家新公司，但有能力和外国著名的大公司做生意。在 Rosemont Seneca 的经营记录中，很容易看到这样一个模式，即美国的外交搞到哪里，他们的生意就做到哪里。当拜登副总统和中国的胡总书记会面的几乎同时，这三位美国年轻人管理的名不见经传的 Rosemont Seneca 就开始和中国数个国有银行（主要是中国银行）开始了会谈。他们共同建立了一个拥有 15 亿美元的投资基金，叫 Bohai Harvest RST。但据亨特·拜登的律师表示，此时亨特只是 Rosemont 的董事会成员，但并不分红。这一笔交易中，亨特的获益为 42 万美元。

　　在2014年乌克兰革命后，拜登副总统开始着手帮助乌克兰解决安全和经济的困境。拜登的一个主要主张就是重振乌克兰的能源工业。当时乌克兰最大的油气能源公司，就是我们前面提到的Burisma控股公司。Rosemont Seneca很快和Burisma进行了合作。前面提到的亨特和Christ的同学Devon，Rosemont Seneca的实际操控人，成为了Burisma董事会的成员。很快，亨特·拜登也成为了董事之一。但Christ Heinz却不赞成这一合作，退出了Rosemont Seneca这一业务，仅收取少量投资利息。Rosemont Seneca在合作中获得Burisma 340万美元的咨询报酬，而亨特本人的收益并不清楚，有报道说他在Burisma董事会时报酬最高时拿到5万美元/月。

　　以上就是关于拜登副总统儿子的一些背景情况。这里需要注意的一点是，所有以上这些公司的操作，作为投资公司，均是合法和有记录的。The Atlantic称之为"Perfectly Legal, Socially Acceptable Corruption"。

　　另外还有一个事实部分需要说明。

　　在川普的指控中，他认为拜登极力要求乌克兰开除当时的总检察长Viktor Shokin，是因为Shokin当时在调查Burisma公司。但事实正好相反，Shokin不是被拜登一个人开除的，而是被整个西方集团，尤其是英国和法国，极力要求开除的。原因是他反腐不力，而且当时Burisma公司并不在Shokin的调查范围内。乌克兰必须先根除腐败，然后再给他们援助，这是西方一直以来的一个要求。开除Shokin后，拜登实际上获得很多赞誉，乌克兰也正式开始对Burisma公司的调查。

　　在同样的事实面前，每个人的判断是不一样的。但首先，我们需要有一个公认的事实。

川普符合全球趋势

Fareed Zakaria（节选）

10 月 1 日

无论你是否认为情况严重到了需要弹劾川普，我们能否同意，川普确实犯了很严重的错误？这和通俄还不同，那时候他只是一个候选人。但在乌克兰的案子中，川普被控使用美国的国家力量来为自己的政治目的服务，而美国的力量，对于乌克兰来说，事关生死。

令人悲哀的是，这仅仅是川普对美国政治常态破坏的一部分。穆勒调查指出，川普试图终止 FBI 对自己的调查；川普赦免违法的警察，因为他们支持川普的边境政策；他粗鲁地攻击调查他的政府官员，或者要求政府机构去调查他的政治对手；他蔑视议会的传票拒绝交出文件和自己的税表；他通过自己的白宫地位为自己的企业牟利；他攻击法律部门和公共媒体，并管后者叫做"人民的敌人"。

川普确实是一个很过分的例子。但是，他的做法符合全球的某种趋势。

英国首相鲍里斯·约翰逊要求关闭反对自己的议会，幸好英国最高法院全体通过，判定这一要求是非法的。印度首相 Marendra Modi 则恐吓自己国家的少数民族，破坏自己国家的世俗文化。菲律宾总统 Rodrigo Duterte 公开赞扬不经审判的死刑（这是指 2016 年菲律宾在打击犯罪时 Duterte 的表态）；土耳其的 Erdogan 总统和匈牙利的 Orban 总统都试图修改本国的县法来实现自己一人或一党的统治。

许多学者都认为这是一次"民主的倒退"，但目前还不完全清楚这是怎么发生的。Roberto Foa（墨尔本大学政治学博士）和 Yascha Mounk（政治学家，授课于霍普金斯大学和哈佛大学）收集的资料显示全球范围的对独裁者的好感在上升。从 1995 年到 2014 年，认为"一个强有力的领导人不应该被议会或者选举拖累"的人群比例大幅上升，在美国上升了 10 个百分点，在西班牙和韩国上升了 20 个百分点，而在俄罗斯和南非，上升了 25 个百分点。这是为什么？

我能想到的最可能的原因是，我们生活在一个剧烈变动的时代，经济，科技，人口构成，文化都在改变，人们开始感觉到巨大的不安全性和焦虑。他们认为现存的制度，精英和理念并没有帮助他们多少。在 Pew Research Center（皮尤研究中心）对 27 个民主国家的民调中显示，在 21 个国家里，大多数民众认为无论谁赢了玄举，他们都看不到什么改变。因此，人民开始公开支持民粹主义的领袖。这些人操控他们的恐惧，寻找替罪羊，并承诺他们会有所作为。

另外，帮派政治也呈上升趋势。帮派政治认为我们是一伙的，我们总是对的。帮派的敌人是常规制度，常态和法治。法治的精神是对一切公民一视同仁，无论你是敌人还是同志。但帮派政治中，人们期望"我们的领袖"来打破法律，因为这样才能更好地服务于"我们"。在印度，那些有犯罪记录的候选人更容易赢得选举。

在以往的情况下，政党是起到看护作用和维护正常体制的，这可以隔离民粹主义的煽动，这是代议制民主的核心理念之一。但这已经过时。新技术条件下，政客可以直接通过社交媒体和公众沟通，可以煽动仇恨的情绪，并利用之为自己聚集力量。在以往，政治家的工作不是煽动，而是去平息公众怒火的。

美国民粹主义兴起应归咎于共和党。这一运动早在 Newt Gingrich 时代就开始了，他猛烈攻击共和党的建制派大佬 Bob Dole 和老布什总统，嘲笑他们太软弱太妥协。发展到今天的参议院议长，共和党元老米奇·麦康奈尔已经开始利用自己的党派优势破坏美国政治常规，阻止奥巴马总统提名最高法院大法官了。

美国著名的历史学家和政治学家克林顿 Rossiter（Seed time of the Republic 的作者）在研究美国 60 年代政治时说"没有妥协和节制，就没有政党，没有政党就没有政治，没有政治就没有民主，没有民主就没有美国。"美国今天的民主，非常需要共和党人能坚持民主的原则，而不是促进它的毁灭。

桑德斯暂退竞选 特鲁多拍马来战

10 月 2 日

伯尼·桑德斯参议员的竞选办公室周三突然宣布，桑德斯参议员周二晚间感到胸部不适，暂时中止一切竞选活动。

桑德斯的发言人称，在经过医生评估之后，桑德斯被发现一条心脏动脉阻塞，已植入两根心血管支架。目前桑德斯参议员精神状态良好，但需要休息数日。发言人称，暂时还没有复出的时间表。

桑德斯参议员今年 78 岁，曾参加过 2016 年的总统选举，本次也是民主党内部民调领先的候选人之一。桑德斯精力旺盛，往往一天要参加四五个竞选活动。

桑德斯属于民主党中较为左倾的一名议员。事实上他加入民主党的时间并不长，而且基本上都是为了竞选的需要。大多数时候，桑德斯是无党派人士。但一般公认，他的思想对民主党是有一定影响力的。

在政治光谱上，桑德斯是一名比较典型的民主社会主义者。注意，不是社会民主主义，而是更为强调国家干预经济的民主社会主义理念。他强调社会经济参与的不公平，贫富差距的拉大是美国的主要问题；主张国家主导的全民医疗保险（像加拿大的制度那样），大学免费教育和提高妇女福利。桑德斯尤其注重劳工权利和环境保护。外交方面，他主张削减军费开支，通过多边关系解决国际纠纷。

在 2016 年的总统选举中，桑德斯拥有一群非常狂热的支持者。他和川普一道被称为民粹主义的两个面，川普代表右派的民族主义白人至上的民粹，而桑德斯则刚好相反，代表左派的追求社会平等的民粹。他是民主党内部支持率仅次于希拉里的一名候选人。值得提出的是，桑德斯是唯一一名拒绝任何大公司和私人大额捐款的候选人。

熟悉桑德斯健康情况的医生表示，桑德斯的恢复应该比较快。其余民主党候选人都对桑德斯的健康情况表示了关注和慰问。

* * *

今天我们来说说加拿大备受争议的 Bill—21。

Bill—21 不是加拿大联邦的法律，而是加拿大魁北克的省立法。在加拿大的联邦制下，每一个省基本上相当于一个没有国际外交权和国内终审权的独立主权单位。但鉴于西方政治很热衷于干涉别人的内政，而被干涉者也没觉得这有什么不对，因此这一地方性法律成了加拿大全国讨论的热议话题，也自然成为本次大选中各位候选人需要表态的问题。

Bill—21 于今年 6 月 16 日在魁人党的强烈支持下，在魁北克议会被通过。这一法律号称是一部世俗法，它明确禁止任何公共服务机构的雇员，在上班的时候佩戴自己可见的宗教标志。这就是说，如果你是教师，警察，法官或者其他政府机构的工作人员，你不能在上班的时间里佩戴如穆斯林的面纱，锡克教的头巾，犹太教的小帽子（Kippah）这样的宗教识别标志，当然，也包括基督教的十字架。

支持者认为这是大势所趋，公共服务的领域，宗教必然要退出。反对者则认为这违反宗教子游的原则，而由于基督教所受影响最小，因此也涉嫌对穆斯林和其他少数族裔宗教的强制去宗教化。

这里需要注意一点，魁北克是一个非常特殊的地区。在历史上魁北克是法国在美洲彻底输给英国之后，留在北美的最后殖民地。所以魁北克人说法语，和法国及欧洲大陆的文化和情感的联系，相比较北美其他地区，要强得多。所以这一法律在魁北克受到 65% 的支持率，是一部相当受欢迎的法律。而在加拿大其他省份，则反对者占大多数。

这就使得各位候选人非常难以表态。比如说自由党，自由党在刚刚解散的上届议会中有 185 个席位，其中 43 个来自魁北克。所以他们对魁北克力量是有一定依赖的。那么在这样一个背景下，自由党候选人，现任首相贾斯廷·特鲁多的表态就显得非常勇敢了。他间接地批评了魁北克的做法，认为"不应该立法规定人们如何穿着"。虽然他表示并不会干涉魁北克的决定，但暗示将来有可能通过联邦立法的形式否决掉魁北克的这一立法。

其余政党党领对于这一问题的表态都相当谨慎，他们均表示自己反对该法，但联邦政府不会干涉魁北克的立法。只有新民党的党领 Jagmeet Singh 表态相对强硬，因为他自己就是一个带头巾的锡克教徒。

本周三（今晚）将有除绿党外地四大党派公开的电视辩论。由于上一次辩论特鲁多首相缺席，这一次将是他第一次公开和保守党，新民党和魁人党的党领们辩论。由于加拿大是双语国家，辩论使用语言是轮替的，这一轮是法语辩论。这对特鲁多来说是一个优势，因为他的母语是法语而不是英语。

川普开始寻求中国帮助

10 月 3 日

随着国会对川普的弹劾调查正式展开，川普显得无法控制自己的愤怒。无论在一连串推特中的脏话连篇和诅咒，还是当着芬兰总统的面和法国记者公开争吵，都无疑表露了这位政治外行甚至连控制自己情绪的能力都是缺乏的。路透社新闻标题为"川普总统疯了"。

接受国会调查的第一位人物，叫 Kurt Volker。他是派往乌克兰的一位特别使节。在举报信中，提到他在乌克兰召集包括川普私人律师的 Rudy 朱利安尼和乌克兰代表在内的会议，会议中向乌克兰方面施压要求他们调查拜登和他的儿子。

Kurt Volker 在此事被新闻界披露之后，立刻辞去了特别大使的职务。

有趣的是，Volker 在 2017 年开始为美国国务院的工作，只是一份兼职。他同时还担任一家叫做 BGR 的政治咨询公司的代表。在美国，所谓政治咨询公司，就是政治说客的代名词。Volker 所代表的是美国大军火商 Raytheon 和乌克兰政府的利益。乌克兰需要购买 Raytheon 公司生产的 Javelin 反坦克导弹。Volker 的工作就是说服美国政府允许出售此导弹给乌克兰。

与此同时，之前的美国驻乌克兰大使 Marie Yovanovitch 今年五月突然被召回。这引起新闻界很多猜测。Yovanovitch 将在本月 11 日出席国会的调查听证会。

丑闻的涉及面现在还波及到国务卿迈克·蓬佩奥和副总统迈克·彭斯。蓬佩奥十天前在接受专访时装作完全不知道乌克兰电话门事件的样子，笑称是记者告诉他有这么回事的。但现在他已经正式承认，当时他就在场旁听这一电话。副总统彭斯之前也是通过发言人表示自己根本不知道这么回事，现在被证实电话记录不但给了他一份，而且在他准备去乌克兰的行程前，还专门带上了这份电话记录。现在彭斯发言人的辩解显得非常虚弱，"我们不知道彭斯副总统是不是阅读过这份记录。"他说。

如果这通电话真的如这两位资深政治家所说的"无懈可击"，那么，他们为什么一直在为此撒谎？

川普今天公开对记者说，"中国也应该开始调查拜登家，在乌克兰发生的事情，在中国也发生了。"

这是川普的常态，在 2016 年的竞选中，他就公开呼唤俄罗斯调查自己的对手希拉里。而今天川普被逼到了墙角里，又开始呼唤乌克兰和中国调查自己的对手拜登。明目张胆地出卖美国大选的严肃性，公开邀请外国政府来干涉美国民主。华盛顿邮报将之称为"厚颜无耻"。

而我对此的评价只有一句话：你能用什么来拯救愚蠢？川普自上台以来，一直用自己的愚蠢，为自己找了接连不断的麻烦，而可悲的是，他一直在重复着这些错误，丝毫没有学习和修正自己的迹象。公平地说，对于一个 73 岁终身只是一个地产商和娱乐人物的老人来说，学习极端复杂的美国政治和政治常规，太奢侈了。

来自听证会的证词

10 月 4 日

周四，国会对前美国派驻乌克兰特使 Kurt Volker 的听证会持续了九个小时。Volker 提供了大量美方和乌克兰方官员相互通讯的短信信息。这揭示了这样一个事实，即川普政府将乌克兰调查拜登父子，作为其给予乌克兰援助和会见乌克兰新总统的条件。

在川普和乌克兰总统 Zelensky 7 月 25 日通电话前数小时，Volker 发短信给 Zelensky 总统的助理 Andrey Yermak "已得白宫消息，相信 Z 总统已向川普保证他会调查，把 2016 年发生的事情查个底掉，我们会敲定（Z 总统）访问华盛顿的日期"

但双方电话后两个星期，川普依然不同意会见 Zelensky 总统。白宫官员试图再次说服乌克兰人，你们必须公开宣布开始调查拜登父子。

8 月 9 日，美国驻欧盟大使 Gordon Sondland（此人是另一名地产商，在川普 2016 年总统竞选中他是一名主要捐助者，仅仅川普的就职典礼，他就捐助了 100 万美元。川普上台后，他成了美国驻欧盟大使。）发短信给 Volker："我认为美国总统想看到现货。为了避免误解，希望能要求 Andrey 起草一个声明，这样我们就知道他们到底能提供什么。"

第二天，乌克兰方面开始还价。Andrey Yermak 短信通知 Volker："一旦我们有了具体日期（乌克兰总统访问华盛顿），我们会有一个新闻发布会。。发布消息会包含对 Burisma 公司的调查（还记得 Burisman 公司吗？拜登儿子亨特·拜登曾任职于其董事会）"

先付钱还是先交货？看来这笔交易暂时卡壳。这时候，在乌克兰代理大使的 Bill Taylor 看不下去了。他于 9 月 1 日向 Sondland 发短信道："难道我们在把（对乌克兰的）安全援助和白宫会面作为条件来要求乌克兰调查（拜登）了吗？"

Sondland 表示不再短信，转而要求电话会谈。

9 月 9 日，Taylor 代理大使再次短信给 Sondland，"正如我在电话里所说的。这太疯狂了，卡住对乌克兰的安全援助来要求对方帮助政治竞选？"注意，这个时候，川普政府依然卡着本应该在 7 月份就到位的对乌克兰的军事援助。

Sondland 回短信说这不是交换条件，然后立刻建议并终止了和 Taylor 大使的短信联系。另外值得注意的是，Volker 在听证会上表示，他警告过川普的私人律师 Rudy 朱利安尼不要相信所谓拜登父子腐败的传闻，他认为朱利安尼并不了解乌克兰的政坛，而他的情报源是不可靠的。但朱利安尼说自己不记得 Volker 告诉过他这话。一些新闻评论者认为朱利安尼是此事件的核心人物，是他让川普相信拜登是有腐败应该调查的。

Volker 本人也是一名资深外交家，曾任小布什总统和奥巴马总统任期内的美国驻北约大使。他表示自己警告过乌克兰不要卷入美国国内政治。这可能也解释了为什么乌克兰总统在此事上表态一直比较模糊的原因。

周四下午，美国国防部突然通知国会，已经批准了给乌克兰的 150 具 Javelin 导弹和 3920 万美元的军事援助款。

加美对照

10 月 7 日

周一，美国纽约南部地区联邦法官 Victor Marrero 判处川普需要交出自己的税务申报情况，以便调查 2016 年选举中他付给几位和他有染的女士的封口费，是否合法。

在 Marrero 法官长达 75 页的判决书中，他说："法院不能同意这种明确的无限制地让总统免于接受司法审查"。此前川普的律师要求法院给予川普免于任何起诉和调查的权利。

川普表示，交出自己的税表，会给自己带来"无法弥补的伤害"。美国司法部在此问题上，站在川普一边。川普律师团已向第二上诉法院提出上诉，暂时中止这一案件的调查。而第二上诉法庭行动迅速，立刻发出暂停此案的命令。

* * *

伯尼·桑德斯已出院回家，他向支持者表示将很快恢复竞选活动，并表示一定要将"商业公司的钱从政治中驱逐出去。"

* * *

最新民调显示，拜登的支持率并没有因为乌克兰事件而降低。相反，倒是川普的支持率大幅下降，跌到了40%一下。拜登的支持率是48%，而川普的支持率是39%。这是哪一家做的民调呢？是川普的"御用电视台"福克斯新闻在威斯康星州做的。而威斯康星州在2016年的大选中，投票给了川普。

* * *

当地时间周一早间，美国开始从叙利亚北部和土耳其的边境线上撤军。川普的推特全部用大写字母写着："我们为我们自己的好处作战（WE WILL FIGHT WHERE IT IS TO OUR BENEFIT）。"你如果能在历史上找到另一个给美国的国际声誉带来如此负面影响的美国总统，我输你一瓶啤酒。

美国的撤军使得曾经和美国人一起并肩作战对抗 ISIS 的库尔德人，立刻暴露在了土耳其军队的威胁之下。土耳其总统 Erdogan 多次威胁要进入叙利亚消灭库尔德人的武装。

库尔德发言人表示这是美国对他们的背叛。

* * *

再来谈谈上周加拿大举行的法语辩论。这是贾斯廷·特鲁多首相第一次亮相参加公开的电视辩论。值得说明的是，法语是特鲁多首相的母语。

参加辩论的有新民党党领 Jagmeet Singh，保守党党领 Andrew

Scheer，和魁人党党领 Blanchet。

特鲁多首相在辩论中大多数时间处于攻势，而主要攻击对象是本次大选中对自由党威胁最大的保守党党领 Scheer。由于保守党的理念，在同性婚姻和堕胎问题上较为谨慎，而加拿大主流民意则是支持同性婚姻合法和妇女拥有堕胎权的，所以从这一点上切入，是一个正确的策略选择。特鲁多首相指责说："Scheer 和我们的价值观是不同的"。

保守党党领 Sheer 只能自己的态度避而不谈，但保证如果他当选，不会修改目前的加拿大同性婚姻和堕胎方面的法律。

新民党的 Singh 则不出意外地被问到他对魁北克的 Bill21 的态度。因为辩论是在魁北克进行的，所以这一问题对于锡克教戴头巾的 Singh 来说，非常尖锐。Singh 勇敢地表示，"我不同意这一有歧视性的法律。我理解魁北克人对世俗化的敏感，我支持政教分离。"

Scheer 对特鲁多的反击也相当有力。他指责特鲁多虚伪。一边高喊环境保护，一边自己动用两架喷气式飞机全国巡回搞竞选。而最让特鲁多头疼的，是 Scheer 和魁人党的 Blanchet 联合就 SNC—Lavalin 丑闻向特鲁多发难。这一丑闻至今仍然在调查，特鲁多及其政府有被判违法的可能。

今天晚上，全部六位主要党派的候选人，都将出席最后一次英语辩论。这是他们首次也是唯一一次全部亮相。辩论的题目将包括政府预算，环境保护和能源问题，原住民问题，加拿大国际角色问题，社会日趋极端化，人全和移民问题。

大佬对决，民意改变

10 月 8 日

我们先看加拿大方面。在昨天晚上进行的英语辩论中，保守党候选人 Andrew Scheer 将自己的精力集中在了攻击自己的主要对手，现任自由党首相贾斯廷·特鲁多身上。

"他非常善于伪装。他甚至不记得自己涂过几次黑脸，是不是因为他总是戴着面罩？他戴着和解的面罩，但却解雇了我们的司法部长，她是我们第一位有原住民背景的司法部长。他戴着妇女运动的面罩却解雇了两名女性下属，因为她们不愿意和他一起腐败。他戴着中产阶级的面罩，却给他们加税。特鲁多先生，你是一个伪君子和骗子。你不配管理这个国家。" Scheer 说。

特鲁多首相还没有机会反驳，主持人已转向了下一个话题。公平地说，Scheer 的这些指责有事实基础，但也略显生拉活扯的牵强。特鲁多有些理想主义色彩，但在现实中不得不妥协，这确实会给人造成一定的虚伪印象。在 Lavalin 丑闻中，特鲁多作为首相不得不考虑到魁北克人的就业问题，更不要说自由党本身，是非常依赖魁北克势力的。

特鲁多首相对保守党的攻击还是主要集中堕胎问题上。这引起其他候选人的共鸣，使得 Scheer 在自我辩护中显得势单力薄。另外在气候问题和保守党为富人减税的计划上，保守党的立场都受到来自多方面的挑战。这也是加拿大和美国的一个重大区别，美国相对是一个右派保守的社会，而加拿大社会则相对左倾。

加拿大人民党是一个成立刚刚一年的新党派，但由于他们是从保守党中分离出来的较为极端的右派政党，因此具有一定的政治力量基础。其党领 Bernier 是上一届下议院中唯一的人民党代表。他在辩论中引起人们注意是他较为极端的拒绝移民政策。我们都知道加拿大是一个移民国家，移民为加拿大带来大量年轻劳动人口和经济增长。但 Bernier 说"我们不希望我们的国家成为欧洲那样，让移民融入本地社会是一件非常困难的事情"。

这一观点遭到所有其他候选人的反对。特鲁多首相在反对 Bernier 的观点时搂草打兔子地批评了保守党的 Scheer 也有类似的反移民倾向"Bernier 先生在台上的角色，似乎恰恰是公开说出来 Scheer 先生的心里话。"

特鲁多还向新民党的 Jagmeet Singh 喊话，希望他能更加明确地反对 Bill—21。在这一轮辩论中，特鲁多的立场比 Singh 还强硬，这是令人比较惊讶的。特鲁多明确表示，如果他连任首相，则会考虑通过联邦立法的形式来否决魁北克的 Bill—21。这令人担心自由党可能会因此失去魁北克的支持，毕竟上一届国会中他们有超过 20% 的席位来自魁北克。

魁人党和绿党的观点没有多少新意。魁人党依旧主张魁北克的特殊地位，而绿党也一如既往地强调环境保护的重要性。

除了这些大党派之外，加拿大还有很多很有意思的小党派。他们小到在议会中一个席位都没有，但他们的观点也代表了加拿大社会的某种多元性。下一次我们来讲讲加拿大政治中一些很有意思的小党派。

* * *

美国方面比较引人注意的是最新的华盛顿邮报公布的民调。

支持弹劾调查的美国人达到了 58% 的惊人比例。在政治民调中，一般接近 60% 的比例，都代表某种强烈的民意，是会引起从政者警惕的。而反对弹劾调查的，只有 38%，这意味着只有川普的核心支持者没有改变态度。

另外，共和党内部也发生了很大改变，支持弹劾调查的占到了 28%，而认为应该立刻弹劾川普的共和党人，达到了 18%。在无党派人士中，支持弹劾川普调查的人占到了 57%。在问到"你是否认同共和党议员们在弹劾川普上问题上的反应态度"时，认同只有 33%，而不认同则有 56%。共和党内部有 36% 的人不认同，而无党派人士则有 57% 不认同共和党。

伟大的，无与伦比的智慧

10 月 9 日

周日晚间，白宫宣布"美军从叙利亚北部边境撤军后，土耳其军队将迅速进入，这是他们长期以来的计划，"声明中说，"美国军队不会干涉土耳其军队的行动。"

正在等待全部撤离叙利亚北部边境的美军，约有 1000 人。

土耳其总统 Erdogan 立刻表示"我们已经完成了准备工作，无论是地面还是空中，土耳其的目标是建立和平和清除该地区的恐怖分子。"

土耳其所称的恐怖分子是谁呢？就是曾经和美军并肩作战，打击 ISIS 的库尔德武装"人们护卫团（the People's Protection Units，YPG）"。昨天你和美军一起打击恐怖分子，今天你自己成为了恐怖分子。

历史是一个可以随意打扮的小姑娘。"恐怖分子"，也是。

周一，美国五角大楼委婉表示，他们不同意土耳其的行动。美国军方在从叙利亚北部撤军问题上，一直和白宫有不同看法。原国防部长詹姆斯·马蒂斯上将，因强烈反对川普的撤军计划而辞职。上周六，国务卿蓬佩奥也表示"我们表达得很清楚，（'土库'）矛盾不应该付诸军事解决。"

美国参议员，川普的坚定支持者林赛·格雷厄姆表示，"这一决定抛弃了我们的库尔德盟友，将叙利亚交给了俄罗斯，伊朗和土耳其。这会让每一个极端伊斯兰分子感到兴奋，给坏人打兴奋剂，而让好人感到绝望。"

美国前反 ISIS 联盟的特别大使 Brett McGurk，愤怒地批评川普"他根本不是一个统帅（Commander-in-Chief），他做出的决定是冲动性的，缺乏知识和深思熟虑。”

甚至川普大力赞扬过的前美国驻联合国大使 Nikki Haley 也表示，“库尔德人在我们战胜 ISIS 上是很有帮助的。我们应该支持他们，如果我们希望他们支持我们的话。”

川普对这些批评的回应是，“我，拥有伟大的和无与伦比的智慧，如果土耳其做了什么出格的事情（if Turkey does anything that I, in my great and unmatched wisdom, consider to be off limits），我会彻底摧毁他们的经济！”

周三，土耳其政府军开始了针对 YPG 的战斗。Erdogan 总统发表的声明说，“土耳其军队和叙利亚一起发起了‘和平春天行动’，我们打击的对象是叙利亚北部的 YPG 和伊斯兰国的恐怖分子。”土耳其电视台播放了叙利亚边境城镇的浓烟和爆炸，目前还没有大规模军队进入到报道，这些攻击主要来自战斗飞机和大炮的攻击，至少已经有两名平民被打死。

土耳其有政府背景的报纸 Sabah 报道说，土耳其军队正在等待美国军队的全部撤出，然后战斗飞机和自行火炮将捶扁敌人的阵地，地面部队会从多个地点进入叙利亚约 18 英里。

一位美国官员说，美国在星期三给了土耳其一张不得攻击地点的名单，因为那里有美国人员。

联合国和一些非政府组织已经警告在当地可能发生大规模进攻和入侵，将会制造大量难民和流离失所的人。

这个时候，伟大的，拥有无与伦比的智慧的川普，会如何反应呢？我们看到，在一群经验老道的国际政客中，这位娱乐明星就像一个傻瓜一样地被反复玩弄着，但受伤的，是那些被美国的错误连累到人们，而这，反过来也伤害了美国。

五光十色加拿大

10 月 10 日

今天我们来介绍一下加拿大政坛上的第三大党派，新民党 NDP。

如果说自由党是温和左派的话，那么 NDP 就属于较为极端的左派势力。他们的信条就是社会民主主义。这里需要说明一下，社会民主主义不是民主社会主义。社会民主主义强调的是在资本主义的经济模式和代议制民主的政治体制这样的框架下，更多地让政府参与社会资源的分配，尤其是避免贫富差距拉大，政府应该通过税收来进行社会资源的重分配。建立福利国家，是社会民主主义的一个重要政治目标。

NDP 这样的政治原则和它成立的历史有关。NDP 成立于 1961 年，是由一个农会党 CCF 和工会党 CLC 联合而成。在加拿大，工会的力量是非常强大的。大约 30%以上的加拿大雇员，属于某一个工会，也就是说他们是联合起来，可以形成一定程度劳动力垄断。从 40 年代开始，工会的势力就逐渐下降，但在加拿大，这一趋势并不明显，有工会的雇员只是从 45%下降到 32%，而女性雇员中的工会成员比例还有所上升。相比之下，美国的这一比例从 40 年代的接近 30%下降到了现在不足 10%。

工会势力的强弱和我们前面说的美国社会相对右倾而加拿大社会相对左倾，是一个相辅相成，相互促进的关系。

NDP 在加拿大联邦层面上，没有成为过第一大党，也就是说，他们没有成为过执政党。但在 2011—2015 年之间成为了第二大党派，也就是官方反对党。在加拿大的议会制下，一旦有少数政府出现，处于第三位的 NDP 就会起到很大的作用，他们可以通过和处于第二位的政党联合，对现政府提出不信任投票而重新开始大选。但在省级选举中，NDP 多次成为多个省的执政党，如 Alberta，BC，Ontario 等。

另外值得提一下的是，NDP 的党内组织形式和其他政党不同。在其他如自由党和保守党这样的联邦政党，联邦层面的党组织和地方省级的党组织没有领导和隶属的关系，而 NDP 的联邦党部，可以领导地方党组织（除魁北克外）。

随着历史的进步，NDP 已经不完全是一个工会党。除了他们原来固有的追求社会公平的社会民主主义主张外，NDP 也注重于环境保护，LGBTQ 权利保护，和原住民的和解。另外，他们一直积极主张修改加拿大目前施行的简单多数投票的代表制，而主张施行比例代表制。比例代表制有助于让更小更极端的党派获得议会席位。

最后提一下加拿大国内的一些有意思的小党派。这些党派每次大选的时候一般只能得几千票，最多一万张左右，他们几乎不会得到议会的席位，但存在时间也不短，他们积极参与政治，也体现了加拿大政治的多元化。

首先就是年龄最大的加拿大共产党，这一党派成立于 1921 年，和中国共产党同龄，政治目标也很类似（顺便提一下，加拿大还有一个更小的，但更极端马列主义党，成立于 1970 年）。他们最辉煌的时候是在 1945 年，获得过 1 个下议院的席位。但一般来说，他们的得票率不会超过 0.05%，而且近些年呈下降趋势。

另一个政党是 Libertarian Party，这是一个极端强调自由，主张接近无政府主义，甚至反对政府对毒品管控的政党，成立于 1973年。这个政党在历次大选中的得票率基本上在 0.5-0.9% 之间。

还有一个历史较长的政党叫 CHP（Christian Heritage Party），这是一个基督教极端组织，成立于 1986 年。他们要求一切都按圣经安排来运作现代社会。一开始他们得到的选票还能接近 1%，但逐年下降，现在他们能获得的选票已经不足 0.1%。

另外还有一些很"应景"的政党，比如大麻党 Marijuana Party，他们的主张就是大麻合法化，成立于 2000 年。别看他们得票率很低，但他们可以说是一个政治上很成功的党，因为加拿大已经于2018 年宣布了大麻合法。

加拿大还有一个娱乐性的政党，叫"犀牛党"他们的目的就是拿政治开涮。他们一本正经地参加选举，但声明"我们不会执行任何我们承诺的事情"。这种娱乐大众的政党使得加拿大的政治显得很轻松。他们的得票率也能接近 1%。

欢迎来五光十色的加拿大。

盖子在慢慢揭开

10 月 11 日

在乌克兰电话门丑闻中，我们提到过，原驻乌克兰的美国大使 Marie Yovanovitch 在今年五月份，突然被免职调回。当时大多数人并不知道这一召回的真实原因是什么。

周三晚间，在华盛顿 Dulles 国际机场，两位商人在登机前被突然逮捕。他们是 Lev Parnas 和 Igor Fruman。他们都是前苏联公民，后归化为美国公民。他们都被美国国会要求出席周五的听证会。就是关于弹劾川普调查的听证会。

在被逮捕的时候，他们的手上，都拿着前往德国法兰克福的单程机票，相信他们的目的地是维也纳。这个时候逮捕他们，被认为是担心他们逃离美国。

逮捕他们的原因是，他们涉嫌为外国资金洗钱并违反美国选举法中关于捐款的规定。起诉书中说，这两位成立了一家假公司"Global Energy Producers"，以公司的名义捐献给川普竞选委员会（super PACS）32.5 万美元。而这些钱，被指认来自乌克兰。美国竞选法中，不允许外国资金捐献给候选人。

顺便说一句，在作出此捐献后第四天，川普的大儿子小唐纳邀请这两位捐献人吃早饭。

除此以外，起诉书还提到他们用了另一家公司做掩护，把俄罗斯的钱输入了政治捐献中。但是，这些都还不是公众最感兴趣的内容。

最引起新闻界关注的，是他们真正的合作对象，就是川普的私人律师 Rudy 朱利安尼。我们前面提到这两位是在去维也纳的路上，而朱利安尼也几乎同时到了维也纳。去做什么呢？在维也纳，有一位被法律软禁的乌克兰前高官，据说，他手上有拜登父子腐败的证据。

简单说，这个三人组的目的，是从乌克兰人手上拿到有利于川普竞选，打击拜登的资料。

那么我们一开始提到的原驻乌克兰大使 Yovanovitch 被解雇的事情和此有什么关联呢？这又涉及到另一名共和党议员 Pete Sessions。在 Lev Parnas 和 Igor Fruman 一系列眼花缭乱的政治捐赠中，他们也大力赞助了 Sessions 议员。后者和 Fruman 会面之后，立刻写信给国务院，要求"立刻辞退掉 Yovanovitch 大使"，理由是"她私下发表过很多嘲讽现政府的言论"。川普政府随即召回了 Yovanovitch 大使。但是，没有指定新的大使。

有意思的地方来了。

当驻乌克兰大使被召回后，全权开始接手和乌克兰人打交道的是谁呢？是我们前面提到过的 Gordon Sondland。他是美国目前驻欧盟的大使。值得说明的是，Sondland 没有任何外交工作的履历，他之前只是一个 Portland 的旅馆业老板。在川普的就职典礼上，Sondland 捐献了 100 万美元。然后，他就成了美国驻欧盟大使了。

但是，乌克兰是欧盟成员吗？不是。

那么为什么驻欧盟大使要来全权负责乌克兰事物，而要赶走原来的 Yovanovitch 大使呢？很简单，Sondland 是"川普的人"，而 Yovanovitch 不是。从乌克兰挖自己竞选对手黑材料这种事情，还是应该交给"自己的人"来做。Sondland 得到的第一个指令是，说服乌克兰政府发表一个公开声明，说乌克兰正在调查拜登。

请你告诉我，在美国的历史中，有哪一位总统能像川普这样，涉及如此多的丑闻和见不得光的事情？

川普无知的外交

Fareed Zakaria（节选）

10 月 21 日

美国撤离叙利亚，使得土耳其放开了手脚。这一撤军的结果是美国抛弃了库尔德人，加强了叙利亚阿萨德政权的力量，加强了俄罗斯普金和伊朗在当地的影响力。

反过来川普又威胁安卡拉要"彻底破坏和抹杀土耳其的经济"，这又毒化了美国和土耳其的关系。美军甚至被迫要空袭他们自己放在当地的武器库，以防止其落入土耳其人之手。但别忘了，土耳其是北约成员国。

美国在中东的鲁莽行为甚至导致一贯支持川普的共和党人严厉的批评，美军士兵也表达了他们对背叛库尔德人的厌恶之情。10 月 9 日，川普写了一封很"平民"的信给土耳其总统 Erdogan，要求土耳其不要入侵叙利亚。但 Erdogan 照常发起了进攻。

美国智库中的中东专家 Martin Indyk（两届美国驻以色列大使，巴以谈判特使）对"外交事务"（Foreign Affairs）杂志表示，川普的中东政策一团乱麻，他们排斥专家的意见，反转美国在中东长期稳定的政策，盲目地寄希望于某种不同寻常的行动可以带来全新的结果。"事实上，"Indyk 说，"这一政府根本不懂中东地区是如何运作的，他们鲁莽的行动导致全面的挫败。过去的经验表明，那些老道的当地人会利用那些不知情的外来者，实现他们自己的意图，让天真的美国人来付出代价。"

Indyk 继续说，"在川普过去的三年中，他没有能够限制伊朗，也没有能够给中东带来和平。相反，他的政策导致了伊朗和以色列的矛盾加剧，背弃了巴勒斯坦人，支持在也门无休止的战争并带来的人道灾难。而且，也许永久地分裂了海湾合作委员会。"

叙利亚的政策并不特殊，这是一系列川普冲动行为的一部分。比如川普在朝鲜，一开始派去三个航母战斗群，威胁要放出"让世界从未见过的愤怒和烈火"。但仅仅几个月后，他就和金证摁会面并夸张地赞扬他，还表示他们之间开始相爱了。川普砍掉了和韩国的联合军事演习，甚至暗示可能从韩撤军。但朝鲜并没有做出相应让步。

对待伊朗呢？川普一意孤行，不顾国务卿和国防部长的反对，撕毁了和伊朗的核协议，向伊朗施压，将伊朗的革命卫队称为恐怖主义集团。德黑兰的反应是什么呢？是开始突破了核协议的规定，击落美国无人机，攻击沙特油田。川普反击了吗？没有，他甚至暗示可以会见伊朗总统。但紧张局势依旧在升级。

川普外交政策的一个特点，就是蔑视专家和专业人员，缺乏了解历史和过去政策的兴趣。川普在竞选中被问及将提名哪位专家做他的外交政策顾问时，川普回答道："我最主要的顾问，就是我自己。"所以我们今天看到了一连串的从乌克兰到中东发生的事情，都来自川普的直觉（问题是，他有任何外交经验吗？有国际关系的学历吗？如果什么都没有，那么川普如果做对了，那么他一定是一个不世出的天才，拥有"伟大的和无与伦比的智慧"）。他将个人情绪和野心置于国家利益之上，最终带来了今天的乱局。

在"伟大的盖兹比"中，有两个"富有的，自大的，自以为是的人物"，作者Fitzgerald写道，"Tom和Daisy是两个鲁莽的人，他们冲出来搞完破坏，就缩回去躲在自己的财富，或者冷漠，或者其他什么可以保护他们俩的东西里，然后让别人来给他们清理乱局。"

新的地平线

10月22日

加拿大大选结果昨夜揭晓。自由党失去了20个席位，但保住了执政地位。

自由党总共赢得了 157 个席位，相比 2015 年大选赢得的 184 个席位，有了不小的落差。本届国会一共有 338 个席位，要成为多数党必须赢得 170 个席位以上。自由党从上一届的多数党政府落到本届成为少数党执政，是一个严重的挑战。

更有甚者，从全国的选票来统计，保守党事实上赢得了更多的选票，他们获得了 34%选民的支持，而自由党只有 33%。这意味着不但自由党成为了少数党政府，而且他们失去了更多加拿大民意的支持。基本上，自由党的胜利，全靠昂达略省和魁北克省的坚定自由党支持者，除这两个省外，其余省份中自由党得票率都有所收缩。

保守党是本次大选最大的赢家，他们在下议院的席位数增加了 23 个，达到了 121 个席位，成为最有力的官方反对党。给予他们支持最大的是中部的 Alberta，Saskatchewan 和 Manitoba 三个省。

魁北克势力也赢得了更多的席位，而 NDP 则损失了近一半的席位，下降到了 24 席。坚挺 NDP 的，是北部省份和西部大省 BC 省。

除了贾斯廷·特鲁多首相个人的一些丑闻影响外，自由党支持率下滑的最大原因恐怕还是整体民意的右倾化。这可能来自全球右翼势力上升的影响，也来自 2013 年以来的持续经济不景气，加拿大人均 GDP 从 2013 年的 52500 美元下降到了 2018 年的 46200 美元，而通货膨胀率则一路呈上升趋势，尤其是大城市中的房价高企，给普通的加拿大人带来了更严峻的生活压力。

社会学研究表明，在经济情况变得糟糕的时候，社会氛围将向保守的一方倾斜。这也解释了为什么大城市，收入高的群体更倾向于世俗化，进步化，而乡村和收入较低的群体更倾向于保守传统价值。华人群体收入虽然较高，但群体文化趋向于集体主义和工业化产生的物质主义，所以加拿大的华人社区也大多数选择了保守党。

自由党要想顺利执政，就必须联合一个小党派，甚至最糟糕的情况是，必须在各个党派之间合纵连横，求得最大公约数。这对于年轻的贾斯廷·特鲁多首相来说，是一个巨大的挑战。一般的经验显示，在这种情况下，各党派，尤其是执政党，有冲动将自己党派的生存置于首要任务，而牺牲了其实对国家更好的一些政策。议会中的党争气氛，会更加浓烈。

但有趣的是，目前的这种下议院席位分布，反而会导致这样一种情况：目前来看最可能和自由党联合的，是更为左倾的，工会背景的新民党 NDP，这可能导致工会力量的继续做大，引起更大的社会反感。如果自由党希望适度地右倾，那么魁人党可能是他们唯一能够求助的对象，但这样做的代价必然是给予魁北克更多的优待，这也一样会引起其他省份公民的反弹。

接下来的四年，对于特鲁多首相来说，才是真正的挑战。

最后讲两条美国的新闻。

第一，长达三年的对于希拉里克林顿的邮件门调查，上周末宣告结束。结论是：没有证据显示有系统性的和有意识地错误投递机密文件。

第二，川普试图将明年的 G7 峰会放在自己佛罗里达的高尔夫俱乐部举行，这一行为严重违宪，受到甚至大多数共和党人的反对。川普日前表示放弃这一打算。但他表示，你们说我想挣钱，其实我完全可以免费提供这一会场，就像自己当总统不拿工资一样，算是给国家做贡献。但新闻界立刻指出，川普自己在就职后表示过，自己的家族企业完全丢给两个儿子，自己不会过问，两个儿子做决定也不会通过自己（这也是法律规定）。那么川普又是凭什么来"免费提供场所"呢？

这位政治外行说的话，一半是谎言，另一半，则是无知。

Quid Pro Quo

10 月 23 日

"Quid Pro Quo"，这是一个非常难于发音的词，甚至很多新闻播音员说起来都经常打磕绊，而绝大多数美国人可能从来没有听说过这个词。但这些天来，这个词充斥了美国各大媒体。事实上这是一个拉丁词，意思是"以某物换某物"，这里强调的是条件性，即我给你某物或某种服务的条件是，你先给我我需要的。

这个词的流行，又来源于我们这位自称拥有"无与伦比智慧"的川普。上个月的一封检举信，揭开了川普要求乌克兰总统公开声明开始对拜登父子的调查，以换取美国国会早已批准的对乌克兰的军事援助的丑闻。

国会对于川普的弹劾调查中，焦点就在于，这是不是一个 Quid Pro Quo 行为，是不是以给予乌克兰急需的抵御俄罗斯入侵的军事援助为条件，来换取乌克兰发布调查拜登父子的公开声明和行动。本质上，这是出卖美国的国家利益来为川普个人的竞选服务。当然，这是一件很严重的犯罪。

星期二，美国驻乌克兰执行大使 William Taylor 在国会接受了9 个小时的聆讯。内容不公开，但其后有 Taylor 大使的公开声明。从参与聆讯的两党议员出来时的表情和这份声明上来看，这一聆讯的结果完全印证了检举信中的举报内容，非常不利于共和党。

事实上共和党人已经放弃了对事实层面上的争辩。即川普确实以扣住对乌克兰的军事援助为要挟，要求乌克兰启动对自己政治对手的调查。共和党争辩的重点已经转移到调查程序是否合理上。

Taylor 大使其后给出了 15 页的正式声明，其中一些新的事实引起了公众注意。Taylor 大使说，从今年八月开始，美国和乌克兰的关系就被一种非常规非正式的渠道所主导，绕开或者边缘化了正式的外交渠道。这一非正常渠道包括川普的私人律师 Rudy 朱利安尼，驻欧盟大使 Gordon Sondland 及其他两人。Taylor 大使一开始非常疑惑为什么乌克兰得不到急需的援助，不知道款项被扣在了哪个环节。其后，美国预算办公室（OMB）告诉 Taylor 大使，扣住一切给予乌克兰的援助的命令，直接来自白宫。

直到九月份，Taylor 大使才从国家安全委员会助理 Tim Morrison 处得知，Sondland 已明确告知乌克兰总统的最高顾问 Yermak，一切援助都不会给乌克兰，直到 Zelensky 总统公开承诺调查 Burisma 公司，即拜登儿子曾供职的那家乌克兰能源公司，还要求 Zelensky 总统公开表示将调查 2016 年乌克兰是否协助了民主党竞选的。老实说，这一新的阴谋论确实需要极大的想象力。但政治就是这样，只要乌克兰公开宣布了要调查这么个事，那么污水就算是泼出去了，总是会有一些人相信的。

Taylor 大使对此感到忧虑，于是直接联系 Sondland，Sondland 向他证实了这一要求来自川普。

"'川普总统是一个商人'，Sondland 大使对我说，'当商人要签发一张支票时，他会先让这个欠他东西的人还清旧账'"Taylor 大使的证词中说。

Taylor 大使直言不讳地指出，这种行为是"疯狂的"。

周二的听证会，对于共和党来说，是相当有冲击力的。这表现在周三上午，竟然有 24 名共和党议员直接堵到听证会举行地点的门口，试图阻止弹劾听证会继续进行。这使得今天接受调查的官员聆讯时间由 8 个小时缩短为了 5 个小时。可以看出，共和党真的是急眼了。同时也带出一个问题，美国的政党，至少是共和党，是否正在丧失道德底线？

同时，白宫发言人也开始抹黑 Taylor 大使，称呼他为"来对抗宪法的，极端的，非选举产生的官僚"。我们来看看 William Taylor 大使的履历。

Taylor 毕业于哈佛大学和美国军事学院（西点军校），以全班最高 1% 的成绩毕业。从 1969 年入伍算起，他为美国政府服务了 50年。毕业后 Taylor 在美国著名的 101 空降师担任连长上了越南战场并因勇敢获得两次勋章。退役后在美国能源部工作。Taylor 熟悉东欧和中东，在小布什总统时代被委任为美国驻乌克兰大使，奥巴马总统时代被委任为中东协调大使。那么他是如何又当上驻乌克兰大使的呢？这是今年五月，当原驻乌克兰大使 Yovanovich 被川普政府无理由开除之后，国务卿蓬佩奥，也就是川普的亲信，亲自打电话请他再次担任驻乌克兰大使的。这样一个背景的资深外交家，在白宫的声明中，成了"来对抗宪法的，极端的，非选举产生的，官僚。"

需要补充一点的是，William Taylor，是共和党人。

我开始支持弹劾川普

Fareed Zakaria（节选）

10 月 24 日

长期以来，我反对弹劾川普。否定掉一次大选的结果，应该成为一种非常少见的事情，只能在极端情况下才启动。这种行动会加深国家已经存在的分裂。从现实层面上看，这需要 2/3 参议员的同意，而参议院掌握在共和党手里。这种政治努力可能反而帮助川普连任。

但在过去的几个星期里发生的事情，使我开始支持弹劾调查。川普向乌克兰施压，包括他打给乌克兰总统 Zelensky 的电话，是严重错误的。将美国的外交政策导向有助于自己个人的政治收益，这就是定义上的滥用权力（abuse of power）。事实层面上，甚至川普的支持者也不否认，他们只是认为这还不够弹劾的程度。

更令人担忧的是，川普拒绝配合调查。其他总统也有过抗拒服从某一传票或者交出某个文件，但川普则实际上是反抗国会对他的权力制衡。甚至他的坚定的支持者，华尔街日报的编辑文章，也承认川普的核心观念——国会调查他是违宪的——是胡说。华尔街日报说，"国会可以按照自己的意愿开始弹劾，这就好像总统可以使用特赦权一样。国会的弹劾权是美国建国的基本特点，是最少受到约束的权力之一。"

西方的法治社会已经建立了好几个世纪，但依然脆弱，因为这一制度建立在一种假设上。这一假设是，在最高管理层上，每一个人都是尊重规则的，即使没有强制力要求你服从。

美国政治的核心规则，就是权力的分散。国父们最大的担忧，就是政府拥有太大的权力而导致自由的终结。因此他们必须确保权力是在不同分支上共享并相互制衡的。宪法起草者 James 麦迪逊的核心思想，就是"给每一个部门必要的宪法权利和个人动机，来拒绝其他部门的干涉。"在联邦党人文集第51章中，他说"野心必须由另一个野心来制衡。"

但这一系统只有在各方都尊重规则的时候才起作用。国会没有军队或警察的支配权，最高法院也没有。这两个权力分支实际上必须依赖总统尊重他们的权力。当最高法院判定尼克松总统不能使用"行政特权"拒绝交出水门事件的录音带时，尼克松总统立刻服从，即使他知道这将终结他的总统任期。最近英国首相想暂停国会，英国最高法院判决这一命令非法，鲍里斯·约翰逊首相也立刻服从了。

虽然近代美国总统们，包括民主党和共和党的总统们，都试图扩展自己的权力。但川普则完全是另一种情况，他完全拒绝服从宪法规定的立法机构要求的一切文件，信息和听证。国会不批准的款项，他绕过国会去挪用。他特赦违法的警官，他建议军队射杀非法移民。总之，他拒绝国会对他的监督。如果川普胜利了，那么美国总统将变成一个选举产生的读才者。

民主制度往往不是一夜之间就变成读才的，而是逐渐演变。被选举出来的官员往往很受人们拥戴，然后他们决定去削弱宪法中对他们的限制和制衡。自由被逐渐侵蚀。魏玛共和国一开始是一个完全功能健全的自由民主体制，但在很短的时间内，基本上都在合法的基础上，变成了一个集权的读才体制。从这一历史出发，耶鲁大学的Timothy D. Snyder写道："对于今天的保守党，我们的结论变得逐渐清晰：不要去破坏那些使我们成为一个共和国的规则。因为有一天，你会发现你需要这些规则。"

* * *

最后我突然想引用19世纪法国文学家夏多布里昂（F Chateaubriand）关于僭主政治家的一段描述，大意是：僭主政治家攫取权力的手段，往往是蛊惑底层民众，许诺一个伟大的愿景，获得多数人的拥戴。僭主政治家由于知道自己权力的基础并不稳定，因此他们几乎一生都在与天斗与人斗与各种旧势力作斗争，他们不尊重传统的规则。僭主政治家的盟友很少是出于正义和道德来支持他，他的支持者均来自对各自利益和安全的考虑。从这个意义上来说，我认为川普和毛，某种程度上是符合这样一些特点的。

川普开始反击

10 月 25 日

昨日纽约时报爆料了这样一个信息：美国司法部正在自己调查自己的调查是否犯罪……

是不是很绕头？

是这样，今年五月开始，美国司法部正式指定了一名检察官，来自康乃狄克州的检察官 John Durham 作为检察官，开始一项犯罪调查。他们怀疑针对 2016 年川普竞选团队通俄案的调查，是一桩犯罪。

请注意这一点，这是一起犯罪调查，而不是普通调查。这意味着负责此案的检察官有更强的执行权，犯罪调查的传唤令可以由大陪审团来强制要求证人作证。

到底调查什么犯罪呢？这不是很清楚。司法部透露出来的信息是，他们怀疑奥巴马政府在川普竞选团队里安插了间谍，然后炮制了所谓俄罗斯帮助川普竞选的假象。他们也怀疑当时的 CIA 误导了 FBI 展开这一调查。

当时除了英国特工 Steele 的报告以外，真正触发 FBI 开始调查川普竞选团队的，是一位澳大利亚外交官的报案。他说当时的川普竞选团队顾问 George Papadopoulos 向他透露，俄罗斯有大量希拉里克林顿的黑材料。而当时还没有人知道俄罗斯入侵了民主党的邮件服务器。这位澳大利亚外交官发现 George Papadopoulos 并非吹嘘，而是和后来展开的事实相符的时候，他向 FBI 报了案。这就是针对川普竞选团队通俄案调查的开始。

在穆勒的调查中，Papadopoulos 表示这一信息是一个意大利教授，Joseph Mifsud，提供给他的。而 Mifsud 教授和俄罗斯有着非常密切的关系。2016 年 4 月，Mifsud 教授去过莫斯科，回到意大利后很快就告诉 Papadopoulos 俄罗斯有克林顿的黑材料。

有趣的地方来了。

Papadopoulos 在自己的供词中，认为 Mifsud 是为美国情报部门工作的，故意陷害他，并以此陷害川普竞选团队。目前美国司法部展开的调查，就是基于这样一个假设。司法部长威廉·巴尔亲自飞到意大利调查此事。意大利官员表示他们没有任何关于 Mifsud 为美国人工作的资料。

更蹊跷的是，Mifsud 教授，突然于 2017 年，在接受完 FBI 调查后回到意大利，立刻失踪了，至今不知下落，但有证据显示，他还活着。

魔幻现实主义作品的特点是，你很难分清哪部分是魔幻，哪部分的现实。

但有一个问题是非常明显的。如果奥巴马政府想要陷害川普竞选团队，为什么不在川普竞选的过程中就大张旗鼓地揭示调查的内容。而要让川普当选以后再来抹黑他？这显然从逻辑上说不过去。

另外，如果这是情报部门针对川普竞选团队的一次阴谋陷害的话，这需要大量情报部门人员的加入。穆勒调查进行了两年，其中的调查人员都会了解到其中的情况。难道他们都守口如瓶，一门心思针对川普？阴谋论的一个特点是，他们会假设所有参与者都团结一致，密不透风。比如美国自己策划了 911 袭击，登月其实是一个摄影棚里的骗局等等。现在相信阴谋论的人越来越少了，但魔幻的是，美国司法部竟然相信真的有一个 Deep State，上下其手，阴谋陷害川普。

需要说明的是，针对川普通俄的调查，是由独立调查团队进行的，领导人是共和党人穆勒。而这次的调查的调查，则是司法部直接领导，司法部长亲自参与的。这其中的差别，我看到的是民主党人和共和党人政治操守上的差距。

民主党人表示担忧，他们认为这意味着美国司法部已经没有了独立性而成为川普的政治工具。但川普否认说自己下令司法部进行这次调查，虽然他赞扬这一做法。

另外值得担忧的是。这不是第一次川普政府这样对付敢于调查他们的人，如果大家还记得 Sally Yates，James Comey 的话。他们都是因为敢于调查川普和俄罗斯的关系，被川普辞退。而现在，调查川普的人，面临针对自己的犯罪调查。

你是否感觉到美国正在被一个阴影笼罩着？

Vindman 中校

10 月 29 日

当吹哨者刚刚揭开川普乌克兰电话门丑闻的盖子的时候，川普怎么说吗？他非常愤怒地表示，这个吹哨者（也包括后来作证的美国驻乌克兰执行大使 Taylor）根本没有第一手资料，只是道听途说，真实发生的事情根本不是那么回事。

那么好了，现在，拥有第一手资料的人，出来作证了。

Alexander Vindman 中校，是美国国家安全委员会的乌克兰问题专家。周二，他出席了众议院弹劾调查委员会的听证会。注意，川普政府禁止任何政府工作人员配合众议院的调查，Vindman 中校甚至不得不自己出钱雇佣律师来应对他将来可能面临的麻烦。

还记得那个 Sondland 大使吗？就是那个出了 100 万美元给川普搞就职典礼的旅馆业老板，现在是美国驻欧盟大使的那一位。在他出席众议院听证会时，他表示，川普给乌克兰总统打电话很正常，当时旁听的没有人觉得这有什么不妥。但事实上，Vindman 中校，作为乌克兰专家，就在川普打电话的现场。这通电话引起了他的极度不安。他表示，他不是唯一一个在场感到不安的人，国安委在场的官员，甚至包括副总统办公室的一些人，都表示这很不正常。Vindman 中校在此电话之后，立刻向国安委总检察长汇报了自己的担忧。

这还不是 Vindman 中校第一次有这样的担忧，他在公开的声明中表示，今年 7 月 10 日，在一次关于乌克兰的会议上，出席者有 Sondland 和当时的国家安全顾问约翰·博尔顿及一些乌克兰的高级官员。Sondland 要求乌克兰必须先进行"特别调查"，调查美国 2016 年总统选举中民主党是不是受到了乌克兰的帮助，调查拜登，调查 Burisma 公司，然后才能安排乌克兰总统和川普的会晤。

Vindman 中校说，"我当时就告诉 Sondland 大使，这很不合适。调查拜登和他儿子与国家安全无关，这样的调查国安委不应该参与。"与此同时，国家安全顾问，白胡子博尔顿在会议上也对 Sondland 要求乌克兰调查美国人而表示了愤怒。另一位证人，国安委前欧洲和俄罗斯问题主任 Fiona Hill 作证说，博尔顿认为川普的私人律师，这次乌克兰丑闻中的一个重要核心人物 Rudy 朱利安尼，根本就是一个"手雷"，并表示自己不会参与关于乌克兰的事务，他比喻 Sondland 和白宫之间做的事是"毒品交易（drugdeal）"

目前众议院要求约翰·博尔顿出席听证，但博尔顿通过律师表示除非法院下令，否则他不会参与，此事已经交由联邦法院决定。

川普的回应则是一则推特，说 Vindman 中校从来就不是"我的人！"Never Trumper。既然不是我的人，那么当然不会说实话。世界上只有 Trumper，"我的人"，才会说关于"我"的实话。这就是川普同志的逻辑。而支持川普的电视台福克斯新闻则暗示，Vindman 中校是"双面间谍"。为什么呢？因为 Vindman 原来是乌克兰人！

是不是真的呢？是真的。Alexander Vindman 中校，出生于乌克兰。随父母逃离苏联移民美国的时候，他三岁。Vindman 中校参加了伊拉克战争，并被地雷炸伤，他获得了美国军方最高荣誉，紫心勋章。有这样履历的一个军人，因政治斗争，被称为了"双面间谍"，就因为他出生在外国。

如果事实不在你这一边，那么就攻击那个提供事实的人是个"卖国贼"。这就是目前共和党的斗争策略。美国的政治还有道德底线吗？

电话记录

10 月 30 日

在关于打给乌克兰总统的那通电话上，他公开发表的言论一直表达着这样一个信息，根本没有什么 Quid Pro Quo，根本没有和乌克兰有什么交易，不信你们去看电话记录嘛！

问题是，任何理智清醒的人，只要去看了那份电话记录，都很明确地能感受到其中的 Quid Pro Quo。电话一开头川普说了一大段"我们美国对乌克兰如何如何好"，然后说"我也希望你来帮我们一个忙"，然后提出了调查民主党服务器，调查拜登父子，同时还扣住了近 4 亿美元的对乌克兰的军事援助。这难道不是标准的交易，标准的 Quid Pro Quo 吗？

那么为什么川普会理直气壮地将证据放在你面前，而且理直气壮地说，如果你看了这些证据，你就会知道我无罪呢？

记住，川普搞过很长时间的电视真人秀。在调动听众的心理方面，他是专业的。社会心理学认为，公众更注重发表观点者的语气、态度和身体姿势，他们据此判断是否相信发言者，多于他们去思考事实和逻辑。这恐怕就是川普希望达到的目标。公众对自己的判断力是不自信的，当你充满自信地将证据拍在他们面前，说"你看看这个，绝对能得出我无罪的结论"，那么他们就倾向于相信如果自己的判断和你不同，恐怕会被嘲笑。

另一个事实是，这通电话的内容是无法掩盖的。因此不如理直气壮地拍出来，这恐怕是代价最小的一个选择。

但要注意，看"The Apprentice"节目的，大多都是拥有成功梦想的大众。能操纵他们的心理，并不一定能操纵有思维训练的人，这部分人，会去看事实。同时，川普还一再强调电话记录是完整的，无误的，是"完美的"，是一个字一个字，一个标点符号一个标点符号地记录的。但知情人士透露，在昨天的听证会上，Alex Vindman 中校表示，那份电话记录中，遗漏了一些内容。

这里要说一下这种电话记录的流程。在美国，重要的国际间电话是被录音的，但将电话的语音转为文字，则是由电脑完成的。电脑打出文字记录后，由专业人员进行审核，然后交由主管做最后审定并存档。

有趣的地方是，据美国前驻俄罗斯大使回忆，这种电话的最后审核人一般就是关于这个国家的最专业人员。一般情况下，这种电话的最终审核，就应该是 Vindman 中校，因为他是国安委中最权威的乌克兰问题专家。但在这里，他却只是一审人员，他将电脑记录错误和遗漏的地方修正后，交给主管（目前还不知道是谁）。但随后他发现，公开的电话记录中，大幅抹去了关于拜登父子，关于 Burisma 公司等对话记录。这并不影响电话记录的真实性，但偏重点明显漂移了，好像川普只是随便提了一下拜登父子，而事实上，关于拜登父子，他们交谈了很多。

那么川普信誓旦旦说电话记录一字一句都没有改变过，是不是又是一个谎言呢？分析人士指出，这有可能出自川普病态的自我夸耀的习惯，川普说话一向夸大其词，凡是和他相关的都是最好的最完美的。这并不新鲜。但更重要的是，他依然遵循着那一套川普式宣传模式，"拿出自己的气势来！"。这和戈培尔博士（J. Goebbels）的反复强调谎言就可以说服大众一样，川普认为反复摆出"无容置疑，绝对可信"的气势，就可以争取到他的支持民众。事实也说明了这一点，川普的支持者很少去看事实，他们热爱川普，因为他的气势和态度。他们热爱的，是一个明星。

但共和党也有乌云的银边，还是有共和党议员勇敢地发言直接反驳川普和其他保守党人对 Vindman 中校的污蔑。来自怀俄明州的共和党议员，美国前副总统 Dick Cheney 的女儿 Liz Cheney 表示"怀疑像 Vindman 中校这样的人是否爱国，怀疑那些站出来作证的人是否爱国，是无耻的。"这被认为是普通共和党议员公开的第一次地批评川普的言行。

美国经济到底如何?

10 月 31 日

先说明一点,本新闻的主体,来自支持川普的华尔街日报,因此可以排除党派偏见。华尔街日报可以说是关于美国经济最权威的媒体。

川普在 2017 年完成了减税的立法工作。他当时表示,美国经济将因此获得每年 3%,甚至 6% 的增长率,美国的平均家庭收入将增长4000 美元/年。但两年之后,以上的愿景都没有实现,也几乎没有迹象表明它们可能实现。在 2018 年初,确实看到一个近乎 3% 的增长,但随即开始下滑,今年第三季度只有 1.9% 的增长,而在过去的 12 个月里,经济增长率为 2%。这一水平和美国从 2011 年到 2017 年的平均水平相当。

这其实并不令人奇怪。政府声称减税将带来企业进行新的投资,购买新的机器,发放更高工资因此促进经济发展。但在其他发达国家,这一措施在二十年前就开始被使用,效果并不好,甚至无效。

理论上来说,降低公司税应该可以促进经济增长。但经济学家们认为这一效应并不太大,会受到很多其他因素影响。比如今年第三季度的企业投资,就下降了 3%,这似乎是因为低油价,贸易站引起的不确定性和波音公司 737 机型的困境等因素的影响。

同时,减税政策对企业的效果也没有充分被实现。令人沮丧的是,企业增加的投资中,在投资厂房和其他设备上明显不足,而投资给知识产权方面则表现出色。而这正和当时制定减税政策时的期望相反,政府的减税期望企业在厂房和设备上加强投资,而希望最少地投资知识产权产品。但现实的情况恰好相反。(这也说明了美国的强项确实在科研而不在制造业上,Eric 注)

经济学家对家庭收入的估计是这样，在第三季度家庭收入的增长为 3.3%，而如果要达到川普政府许诺的平均每家年收入增加 4000 美元，这一增长率需要达到 7.8%。

当 2018 年美国投资确实有增长的时候，IMF 做了一个调查，认为增长的主要原因来自企业对家庭消费和联邦政府消费增加的反应（这里提一句，川普竞选承诺要大幅削减政府开销。但结果却是大幅上升）。这是一个短暂的"凯恩斯"或需求端的效应。但要知道，联邦政府做增长预估却是基于供给端的长期效应，他们期望能增加投资意愿来促进增长。IMF 的研究认为，这一轮减税刺激出来的投资增加，和二战之后普遍经验里的减税导致的投资增加相比，还要略微小一些。

这一不如人意的结果并不意味着减税完全没有供给侧的好处，仅仅说明这些好处因为其他因素影响变得难以探测。不应低估川普先生的连任和经济强劲的关系，只要失业率还能保持低位，只要不发生经济衰退（美联储本周三再次降息以避免经济衰退，Eric 注）。但是，这种结果有利于民主党强调川普先生的政策更有利于公司和富人，而不是普通工作者。Warren 参议员的竞选主张中就包括增加 7% 的企业税和对资产超过 5000 万美元的个人增加 2—3% 的个人税。

加州大学伯克利分校的两位经济学家 Saez 和 Zucman 在他们的新书"不公正的凯旋：富人如何避税和如何让他们交税"一书中表示，川普减税理论，有一个假设的前提，就是那些跨国公司将投资，职位和利润转移到了低税率的国家，像爱尔兰，卢森堡，百慕大或开曼群岛。但实际上，这些公司的主体并没有去避税天堂，而是去了相对税率并没有那么低的加拿大，英国，墨西哥和中国，他们转移到避税天堂的只是账面上的数字。这两位经济学家认为，资本项目（利润，分红或者投资收益）上提高税率，可以减少工人和富豪之间的贫富差距，而不会影响投资和经济增长。

他们的意见并不是所有经济学家都同意。但是，对资本项目加税的呼声越来越高。除了 Warren 参议员外，桑德斯参议员及绝大多数民主党候选人都建议对富人加税，这一政策在民调中很受欢迎。明年民主党竞选时，改革税制这会是他们的主要战场。

第一场弹劾听证会

11 月 13 日

周三，弹劾川普的听证会正在进行中。这是众议院正式开始弹劾川普调查程序的第一次听证会，出席的证人也是重量级的美国驻乌克兰执行大使 Bill Taylor 和管理欧洲事务的国务院副秘书 George Kent。

情报委员会主席，弹劾调查的主要负责人，Adam Schiff 发表了开场声明："这一调查不仅仅是关于川普的，而是关于在美国的民主制度下，一个总统应该如何作为；是关于宪法中规定的立法机构和行政机构之间的制衡和监督的实践。""我们今天的听证，不仅仅会影响到这一个总统，也会影响到将来的总统，会影响到美国人民如何看待自己最高指挥官的行为是错是对。"对于川普政府禁止政府官员出席听证会，Schiff 说，"这不是我们的国父们希望看到的。无论在这届政府还是将来的政府，（拒绝国会监督）都会带来腐败和滥权的滋生。"

与 Schiff 议员强调本次听证的历史意义不同的是，共和党前情报委员会主席 Devin Nunes 则表示这次听证是"可怜的落幕"，不过是民主党想否定掉 2016 年的大选结果，甚至这次听证会是"Star Chamber"。Star Chamber 是英国中世纪进行言论管制，出版物审查的一个特殊法庭，延续了近两百年，主要审讯方式是秘密审讯，也没有陪审团。这个类比可以看出共和党方面坚定地，或者至少表现出坚定地认为这一听证不是议会在履行宪法给予的监督权力，而是在搞阴谋。

而乌克兰大使 Bill Taylor 的开场声明则给出了非常明确的证

词，包括他和原国家安全顾问约翰·博尔顿，美国驻欧盟大使 Gordon Sondland 和一些其他的乌克兰高官，他反复强调川普政府要求美国给予乌克兰援助的前提条件，必须是乌克兰公开声明调查 Burisma 公司，而原副总统拜登的儿子就曾任这一公司的董事。同时，Taylor 大使提供了一个新内容，即在 7 月 25 日川普和乌克兰总统通过电话后第二天，Sondland 大使去向川普汇报自己和乌克兰官员的会谈情况。川普则一直在询问关于"调查"的情况。当 Sondland 被问到川普对乌克兰的想法时，Sondland 的回答是："总统最关心的是关于拜登的调查，比什么都更重要。他的私人律师正在给对方加压。"

Taylor 大使和 Kent 都认为这是非常不寻常的，这是针对共和党人提出的"这一切没有什么了不起，是正常的政治交换"。Taylor 大使明确表示反对这一说法，"这是一个非常危险的信号。"他说。

共和党人，包括川普的主要反应，是试图将这一听证会污名化。他们反复强调根本没有什么可调查的，听证很沉闷，这是在搞阴谋。但除了定义式的声明以外，没有任何实质性的事实来支撑他们的观点。

从川普派私人律师去乌克兰游说，到川普给乌克兰总统电话中的"毒品交易"式用词（约翰·博尔顿语），到 Sondland 竟然会对 Taylor 大使的副官说总统关心拜登调查胜于关心乌克兰。如果我们不将川普和 Sondland 看作一个正常状态下的政治家，就可以很容易得到这样一个解释：他们根本不懂政治应该怎么玩，什么话可以说，什么话不能说，什么事可以做，什么事不能做。一个总统行为的边界在哪里，一个大使的职责是什么。简单说，这两个地产商，对此一无所知。

附带说一句，上周川普在被问及 Sondland 的时候，他表示："我基本上不认识这位先生。"但事实是，Sondland 向川普捐献了 100 万美元做题的总统就职典礼开销；随后他被川普亲自点名委派为美国驻欧盟大使；再然后这位驻欧盟大使却出现在了一个非欧盟国家乌克兰，并和川普的私人律师共同在乌克兰为川普办他"最关心的事情"。"我基本上不认识这位先生。"？

川普撒谎的习惯，有时候就像一个小孩子一样可爱，而幼稚。但作为成年人，你不得不怀疑这是一种病态。

了解美国媒体

11 月 14 日

周三的弹劾调查听证会，除了激烈的政治斗争外，也是美国新闻界的盛宴。每一个媒体都竭尽全力地争取从各个不同角度来报道和解读周三听证会中传达出来的信息。我们也可以借此机会看看美国不同媒体的一些特点。

我们这里只介绍美国最大的三大新闻网络，CNN，福克斯新闻，和 MSNBC。

最明显的一个区别是对证人的介绍。代表左翼势力的 CNN 和 MSNBC 使用了大量篇幅介绍两位证人的背景，因为他们的背景都无懈可击，不但是退伍军人，而且服务于多位总统，没有明显的党派倾向，这加强了证人的可信度。

而福克斯新闻几乎没有介绍两位证人的背景资料，而相反，一直在暗示这两位证人是 never Trumper，即天然反对川普的人。这一立场和川普及共和党的态度是一致的，虽然没有拿出实际的证据来证明这两位证人的政治立场。

CNN，MSNBC 对听证会的报道更倾向于这些信息指向的结果，比如是否有腐败，是否对乌克兰对抗俄罗斯造成影响，川普要求乌克兰调查拜登是不是一种为私利出卖国家利益的行为等。而福克斯新闻则很少谈及这些信息的含义，而只针对信息本身的真实性反复质疑民主党议员的提问方式，质疑到底是谁泄露了总统电话内容，质疑弹劾是否是恰当的。

这就是说，如果你没有看直播，而是看之后各电视台剪辑的新闻，那么你获得的对本次听证会的信息，就会受到这些媒体自身立场的影响。这一现象被称为媒体气泡（Media Bubble）。比如你是一个川普的支持者，那么你就倾向于去看支持川普的媒体，而这些媒体反过来给予你更多的支撑你自己原有观点的扭曲的信息，这种正循环使得你原有观点不宜被改变，反而更加增强。

而新科技使得这一问题更为突出。社交媒体的气泡（Social Media Bubble）更为明显。这是因为在社交媒体中，有更多的参与者互动导致信息的多次增强。不符合群体观点的参与者被赶走。反过来，一个人在其他人都和自己观点不一致的情况下，会感到非常的不舒服，也会选择主动离开。这一现象在社交媒体的群落里，非常普遍。事实上很多社会学家认为社交媒体并没有增强不同意见的交流和相互理解，恰恰相反，社交媒体使得原本对立的意见各自更加极端，加剧了社会意见的分裂，使得更难以达成共识。川普作为国家最高领导人，公开和激烈地攻击民主党人，恰恰是助长了这种社会对立，这一过程主要是通过他自己的社交媒体推特实现的。

最后来看一条刚刚发生的新闻。周四上午，南加州洛杉矶西北部的 Santa Clarita 又发生了校园枪击案，一名刚满 16 岁的高中生走进自己上学的 Saugus 高中，从自己的背包里取出一支 0.45 口径手枪，对准自己的同学们开枪，在打倒了五名同学之后，向自己开枪。枪手并没有立刻死亡，目前仍然在医院急救。

受害者中的两名已宣布死亡，他们分别是一名 16 岁的女孩和一名 14 岁的男孩。另有两人收治入院，一名情况严重，一名暂无生命危险。

除直接被击倒的五名学生外，另外还有三名因枪击案受伤的学生被送到医院接受诊治，他们并无生命危险。

Saugus 高中在去年佛罗里达校园枪击案（19 人死亡）后，还举行过全校的抗议活动和针对校园枪击案的反应训练，但没想到今天枪击案真的发生在自己身上。

据维基百科统计，今年美国校园到目前已经发生了 31 次和枪支有关的事件，被打死的学生有至少 10 人，打伤 47 人。而去年 2018

年发生了 36 次校园枪案，被打死学生总数是 46 人，82 名学生受伤。

如果你还告诉我美国人民应该用枪支来捍卫自己的自由，我的回答只有两个大写字母：B，and S.

第二场听证，石头被定罪

11 月 15 日

周五是众议院弹劾调查的第二次公开听证会。出席的证人是原美国驻乌克兰大使 Marie Yovanovitch。

在川普和乌克兰总统的电话中，川普说了一句很耐人寻味的话："她是一个坏消息，她会经历一些什么事情。"这句话在 Yovanovitch 大使听起来，很像是一种威胁。

"一个美国的总统怎么能向一个外国领导人如此谈论自己的大使呢？我无法相信这是真的。"

Yovanovitch 大使今天的证词并没有给调查带来更多的事实层面的内容，她的陈述更多地是表达一个传统的专业外交人员在面对一个非典型总统无知言论的困惑和惊讶。

但 Yovanovitch 大使和周三作证的美国副助理国务卿，主管欧洲事务的 George Kent 都表达了一个明确的信息，就是川普及团队经常提到的乌克兰帮助民主党在 2016 年竞选的阴谋论，属于子虚乌有。这两位官员是美国最熟悉乌克兰情况的人。

在 Yovanovitch 大使作证的过程中，川普的推特依然在攻击她，"Yovanovitch 到哪儿哪儿坏事。"顺便说一句，川普早就公开表示他根本不会去看听证会，但我们看到，在听证会期间，川普一直在发相关的推特。这是一个连自己都管不住的老顽童，或者，这个人根本不会把自己说的话当回事。

即使是共和党人，也有人看不下去，长期的川普支持者 Ken

Starr 法官在福克斯新闻的节目中说，"总统发这个推特的时候没有人劝阻吗？真是非常不明智的判断"。

曾担任美国驻罗马教廷大使的佛罗里达议员，共和党人 Francis Rooney 委婉地表示："侮辱一个专业外交人员是不对的。"针对白宫禁止政府职业出席听证会，Rooney 说"如果你没有什么需要隐藏的，那么你应该出来作证人"

另一个新闻来自川普的铁杆老友 Roger Stone 被陪审团一致判定，7 项控罪全部有罪成立，其中最主要的控罪是向国会调查撒谎，和威胁其他证人。正式宣判日期为明年 2 月 6 日，最高刑期可达 50 年监禁。

Stone 的中文翻译可以是石头，这位石头先生是通俄案穆勒调查的结果之一。当民主党邮件服务器被俄罗斯黑客盗取资料后，川普竞选团队积极向俄罗斯喊话并希望获得这些资料。石头先生当时是川普的顾问。

川普的反应当然还是推特，他说"哦，你们现在说 Roger Stone 在国会说谎有罪，那希拉里呢？科米呢？（他举了一长串名字），甚至包括穆勒本人，难道他们没说谎？双重标准哦！"这就是一个所谓的美国总统的话。你们说我不好？你们就好么？这是一个标准的小学五年级的孩子对自己的辩解。"东府里只有门口的两个石狮子是干净的！"这种愤青话，知识分子可以说，文学家可以说，甚至街道上的每一个人，小学里的每一个孩子，都可以说。但唯独，你国家领导人不能说。这个道理，这个富二代地产商，完全不明白。

Roger Stone 先生是华盛顿政治圈里一位著名的政治顾问，中国话可以叫"师爷"。他的政治咨询公司辅佐过尼克松，里根和川普的总统竞选。他给川普出的竞选策略就是"进攻进攻再进攻，永远不要去防御""什么都别承认，什么都否认，然后反击"。这很有道理，对于川普这样一个劣迹斑斑的人来说，这恐怕是唯一的选择。但今天，石头先生自己连自己都防御不了了。

肯塔基和路易斯安娜

11 月 18 日

在川普上任后，一个明显的倾向是，整个共和党，开始转变为了一个川普党。川普在党内的支持率达到了惊人的 90% 以上，这是自有统计以来，共和党内最高支持率。

川普以独特的方式，掀起了一股川普旋风。这有点类似于希特勒采用独特的战术，一时间让他的敌人无所适从。但这种奇迹总是随着人们对它的适应，失去了自己最初的锋芒。

在路易斯安娜州的州长选举中，川普在一个月时间里，飞到路易斯安娜三次，进行演讲和为共和党候选人拉票。说到动情处，川普几乎是哀求听众们，"请你们给我一个巨大的胜利，好吗？"

但最终，路易斯安娜州的民主党人 John Edwards 还是以超越对手 4 万票的较大优势，赢得了选举。

更糟糕的是，在肯塔基州，发生了同样的事情。民主党人 Andy Beshear 击败了原共和党州长 Bevin 成为肯塔基州州长。

这里需要注意的是，肯塔基州和路易斯安娜州都是传统上的红州，即共和党的票仓。在 2016 年，在肯塔基州，川普以超越克林顿近 30% 的选票赢得选举，而这一比例在路易斯安娜州则为 20%，这在政治选举中，属于完全一边倒的形势。而今天，这两个深红色的州，竟然反转了。

在去年的中期选举中，川普自称自己是共和党内的"造王者"（Earl of Warwick in Wars of Roses）。而之后出现的蓝色浪潮，民主党在弗吉尼亚州，宾夕法尼亚州和密苏里州都获得了意外的胜利。

在选情分析中，对于川普来说最不利的区域，就是 Suburban，即城市郊区的选民。这部分人是美国收入较高，知识水平较高的中产阶级，他们住在城市郊区，而在城市上班。肯塔基州和路易斯安娜州发生的事情，是一个危险的信号，它体现了川普的这个城郊选民问题，开始延伸到传统的红色州了。

一位共和党的战略分析师 Tim Miller 指出，"无容置疑，川普使得大量城郊地区持保守立场的选举人抛弃了共和党。"

但川普似乎并不打算改变他斗鸡式的自大性格。毕竟，他已经 72 岁。日前川普突然攻击副总统迈克·彭斯的助理 Jennifer Williams。说她也是一个"Never Trumper"（不是我川普的人！）。原因是，Williams 的证词中表示，川普给乌克兰总统的那通电话，是"不同寻常和不合适的"。这里需要注意，Williams 女士可是第一手资料拥有者，就是说，在川普打这个电话的时候，她就在旁边。

副总统彭斯是川普最铁杆的支持者之一，而他聘用的高级助理 Williams，竟然是一个"Never Trumper"。美国政治目前的荒唐，已经很像一出昆汀塔伦蒂洛（Quentin Tarantino）的黑色幽默电影了。

第三场听证会

11 月 19 日

今天的重头新闻是众议院弹劾调查听证会。四位证人出席。由民主党提名传唤的证人是：副总统迈克·彭斯的特别助理 Jennifer Williams，负责东欧和俄罗斯事务。Alexander Vindman 中校，美国国家安全委员会负责欧洲事务。

而同时，也有共和党提名传唤的证人，他们是前美国派驻乌克兰的特使 Kurt Volker 和国家安全局政治顾问 Tim Morrison（刚辞职）。

听证会一开始，众议院情报委员会主席，弹劾调查听证的主要负责人 Adam Schiff 就表示，禁止在听证会上攻击证人。因为在这之前，我们已经看到太多的，包括来自川普本人的，对这不利于自己的证人的人身攻击和人格抹黑。

Vindman 中校的公开声明引起数次掌声，他讲述了自己父亲逃离苏联移民美国的经历，他说，"父亲，我今天坐在这里，在美国的国会里向这些被选举出来的官员陈述事实，这已经证明您当年离开苏联，移民美国的决定是正确的。请不用为我担心，我讲真话，不会有事的。"Vindman 中校还说，"在这里，正义很重要 right matters"，引起一片欢呼。

Vindman 中校和 Williams 女士的证词都表明，他们在听到川普和乌克兰总统的电话后，都立刻感到不安。他们的证词中都提到，这是在和一个外国领导人讨论自己国内政治，要求外国领导人帮助调查自己国内政治的对手，是很不寻常的。

期间共和党人的努力在于一直试图要求证人们揭示到底谁是那个吹哨者。但这一努力没有获得结果。

相比两位民主党提名证人的证词，他们的证词和之前披露的信息是一致的。两位共和党提名的证人却有一些新的信息披露。

前特使 Volker 表示，他之前不认为调查乌克兰的 Burisma 就是针对拜登的调查。但现在发现这两者是相关的。他委婉地表示自己也反对调查拜登。Volker 表示，他不认为原副总统拜登在乌克兰的军事援助等问题上，有什么不当的行为。这等于否定了共和党一直以来声称的拜登要求乌克兰解职其检察长 Shokin 是为了保护自己儿子不被调查的阴谋论。同时他也否认了乌克兰在 2016 年干预了美国总统大选，这也是川普一直以来兜售的一个阴谋论。

而 Morrison 则表示自己反对这样的弹劾调查。有意思的是，Morrison 自己恰恰是在川普的 7 月 25 日电话后，立刻警告白宫律师做好准备，应付可能的此电话内容被泄露之后引起的麻烦。他承认了关于 Vindman 中校和自己的对话及 Vindman 中校对自己表达的担忧，他也表示不愿意看到共和党人对 Vindman 中校的攻击。

明天周四，将有更多的证人接受听证。这包括之前做过证词，而证词和后来被发现的事实相矛盾的美国驻欧盟大使，旅馆业老板 Gordon Sondland。共和党人表示担心的是，Sondland 是唯一一个和川普直接对话讨论过给乌克兰军事援助和乌克兰调查拜登之间的交换关系的人。如果这个证人反水，那真的会是一个致命的打击。我们明天再来看看会发生什么。

Sondland 的证词

11 月 20 日

Sondland 作证的重要性在于，他是目前唯一一个直接和川普就乌克兰调查拜登一事相互对话商讨的人。Sondland 的证词可以直接说明川普是否拿美国的国家利益来交换自己的政治利益。也就是所谓的 Quid Pro Quo.

Sondland 的开场白很有意思，他说："我知道这个（调查）委员会的成员非常想把问题简单化，就想问这里是否有 Quid Pro Quo。我的简单回答是，是的，这是一个 Quid Pro Quo。"

在今年的 5 月 23 日，也就是在乌克兰总统 Zelensky 就职典礼结束之后（这里插一句，乌克兰一直希望美国能明确表示对乌克兰的支持以对抗俄罗斯，希望川普能出席 Zelensky 总统的就职典礼。但川普一直以来不愿意惹普金，因此他拒绝了乌克兰的提议。乌克兰随后提议请副总统参加，川普也予以拒绝。）Sondland 以及特使 Kurt Volker，能源部长 Rick Perry 都劝说川普给乌克兰总统打电话明确表示支持乌克兰并邀请乌克兰总统访问白宫。

"很不幸的是，川普总统显得很犹豫。他表示担心乌克兰可能不想改革，他甚至提到乌克兰曾经试图让他输掉选举。"Sondland 作证道。

请注意，这就是川普要求乌克兰开展的两个核心的调查之一。即要求乌克兰调查自己在 2016 年是否干预了美国大选并栽赃给俄罗斯（川普确实太爱俄罗斯了）。另一个调查就是调查拜登。

在 5 月 23 日的会议上，川普要求这个"小分队"和自己的私人律师 Rudy 朱利安尼一起工作来给乌克兰人施压。但 Sondland 表示，"我们对这个安排并不赞成。我们不希望朱利安尼先生卷进来。因为这应该是国家官员对事情，而不是总统私人律师的责任。"

Sondland 非常明确地承认，朱利安尼主导的这个交易，就是一个 Quid Pro Quo。但 Sondland 强调的是，这里的交换条件，不是扣住给乌克兰的近 4 亿美元军事援助，而是邀请乌克兰总统访问白宫。条件是乌克兰必须公开声明调查 2016 年干涉美国总统大选和调查拜登儿子供职过的 Burisma 公司。"我们知道，这两个调查对于总统来说，很重要。"Sondland 道。

之后小分队还和乌克兰官员及白宫官员反复商讨过这一交易。Sondland 作证说，这也是为什么川普的国家安全顾问约翰·博尔顿感到非常恼火的原因，博尔顿管这个交易叫"毒品交易"。所以博尔顿表示自己不再参与乌克兰事宜。随后，博尔顿被白宫解职。

经过多轮协商，最后定于 7 月 25 日两位总统的通电话来确认这一交易达成，也就有了我们看到的局面。

Sondland 也承认了第二天川普给他打电话时反复强调要"调查"一事，"如果川普总统没提调查，我反而会很惊讶。" Sondland 的证词说，因为大家都明白，川普最最关心的，就是调查民主党和拜登。

当时在场旁听道这一电话的 David Holmes 的证词中，还包括 Sondland 表示"总统根本不关心乌克兰，而更关心给他带来利益的拜登调查。"

其后，川普私人律师朱利安尼又多次和乌克兰总统的顾问会面，要求对方一定要公开表示开展对 2016 年乌克兰干涉美国大选和对 Burisma 公司开展调查。

另外，美国的国务院，State Department 在国务卿蓬佩奥的带领下，一直对此交易持积极支持的态度。

随后，乌克兰发现给自己的军事援助被扣住了。Sondland 在华沙告诉乌克兰官员，只有公开声明开始新的调查，军事援助才会发放。但这一点上，Sondland 却不承认这是 Quid Pro Quo 的一部分。

"我一直工作得非常忠诚，"Sondland 作证说，"作为总统指定的人，我服从总统的命令。我们和朱利安尼先生的合作，也是总统要求我们这样做的"

情报委员会主席 Adam Schiff 问，"你能作证邀请乌克兰总统访问，是有条件的，这个条件就是总统希望看到的两个调查，是这样吗？"

"是的，"Sondland 回答道。

"（涉案的）每一个人都知道这一事实，对吗？"Schiff 问。

"是的，"Sondland 回答。

Fiona Hill 的证词

11 月 21 日

谁是 Fiona Hill？她是川普亲自挑选的白宫首席俄罗斯问题顾问。她写过一本关于普金的专著，副标题是"21 世纪的地缘政治"。她从 2006 年开始一直为美国国家情报委员会 NIC 工作，主管俄罗斯方面的情报分析，曾为小布什总统和奥巴马总统工作。2017 年被川普委任为总统副助理和国家安全委员会欧洲俄罗斯事物高级主任（Senior Director）。

Hill 女士的开场白直接明了地反驳了所谓乌克兰干涉美国 2016 总统大选的阴谋论。她说，"这是俄罗斯安全部门制造并传播的虚假信息。而你们这个委员会的一些人似乎相信了俄罗斯没有干涉我们的大选。""不幸的事实是，俄罗斯是系统性地试图破坏我们的民主制度的外国力量。这是毋庸置疑的。"

这一内容明确的陈述，直接反驳了共和党人，包括 Devin Nunes 和川普一直试图让公众相信的，俄罗斯没有干涉美国 2016 年大选，而是乌克兰暗中帮助民主党，还栽赃给俄罗斯的阴谋论。Hill 女士认为，这种说法是危险的扭曲真相。而且她警告说，因为美国政府没有给予这种危险以足够重视，俄罗斯还在寻找机会利用美国内部的分裂来干涉美国将来的大选。

Hill 女士表示，她非常担忧川普试图为俄罗斯辩护并施压乌克兰，同时，利用乌克兰来挖自己民主党竞争者的黑材料，也是不对的。Hill 女士曾经警告过 Sondland，"你为川普总统在乌克兰所做的事情，会引起爆炸的(blowup)"

Hill 女士甚至表达出支持弹劾的意愿，她说，"如果总统或其它任何人，为了自己的国内政治利益或者私利，影响到美国国家的安全，这是更值得你担心的。"

Hill 女士还说，"美国正在被撕裂，真相正在被怀疑，我们的高度职业化和拥有专业生涯的外交人员，正在被诋毁。而俄罗斯的安全部门和他们的代理人正在准备进一步破坏我们的选举，我们在浪费时间。"

Hill 女士于 7 月 20 日辞职。在两天之前，她发现预算办公室冻结了给予乌克兰的军事援助款。她询问后得知，这一命令直接来自川普。在五天以后，7 月 25 日，发生了川普和乌克兰总统打电话的事。

今天另一位作证的就是 David Holmes，我们昨天提到过，美国驻乌克兰的政治顾问，他的解读非常简单，"乌克兰人又不是傻子，川普总统从 Zelensky 宣誓就职起就提到要和他会面，但接下来一直无法成行，然后军事援助又被冻结了。如果乌克兰人还意识不到什么地方出问题了，我会感到非常奇怪。"Holmes 说。这事实上回答了一个常识性的问题：从任何常识性的理解来看，只要排除偏见和故意偏袒，谁都可以很容易得出结论：乌克兰必须按川普的要求调查 2016 年乌克兰是否干涉美国大选和调查 Burisma 公司，美国政府才会继续支持乌克兰。甚至都不需要真正开始调查，因为川普通过朱利安尼律师一直强调的是公开声明开始调查。只要这个舆论造出去，就非常不利于拜登的竞选。这是非常清楚的常识性的事实。

两封信件

11月26日

第一封是辞职信，来自原海军部长 Richard S 彭斯 r（这里注意一下，海军部长是政府文职官员，属于政府内阁）。在2017年8月担任海军部长之前，他曾短暂地担任代理国防部长和代理副国防部长。他在1976年至1981年服役于美国海军陆战队，官至上尉。

S 彭斯 r 部长被辞退的原因还是因为海豹部队 Eddie Gallagher 违反军纪被处罚的事。川普强力干预，阻止海军惩戒 Gallagher 的违纪行为。川普的推特说："我们花大价钱把这些人训练成杀人机器，然后他们杀了了我们又处罚他们，这不公平"。在这位所谓美国最高指挥官的认知里，美国军人居然就是一部杀人机器。你猜他受过什么教育？

S 彭斯 r 部长的辞职信中说：

作为海军部长，我最重要的职责之一，就是维护军旅官阶的秩序和纪律。我认为这是非常重要的。我们的水手，海军陆战队和文职人员在执行我们的使命时，非常依赖我们的专业性。

我们和我们的敌人的区别就在于，我们是有法治的。良好的秩序和纪律使我们不断战胜那些外国强人。美国的宪法和军事法庭的条例，是我们的保护伞和我们的灯塔。

但不幸的是，在这方面我们看到越来越清楚的一个事实，我不再和我的最高指挥官（总统）拥有共同的理念了。从我的良知来说，我无法再服从总统的命令，因为我认为这个命令违背了我神圣的诺言，我当着我的家庭，我的国旗和我捍卫美国宪法的信念发过这些誓言。

另一封信来自美国联邦法院的杰克逊法官，这是一份长达 120 页的判决书。这一判决否定了川普政府对政府官员出席听证会的限制，杰克逊法官判定白宫原首席律师 Don McGahn 必须接受国会的听证。

在判决书中，杰克逊法官说：

这个国家建立的核心信条，就是权力必须分散以防止暴政。传票是司法系统的一部分，宪法规定，没有人可以居于法律之上。总统无权解除一个人服从法律的要求。

简单地说，在我们过去的有记录的 250 年历史中，我们学到的最核心的观念就是：总统不是国王。那种总统可以阻止证人出席的说法，是一种和我们的宪法价值不相容的主张。仅仅因为这个理由，就不能支持总统的做法。

国会有权调查并限制行政部门对权力的滥用，这是在保护合众国的人民。很难想象，还有什么比这种对国会权力的干涉更严重的对美国的伤害。

川普政府则表示将会继续上诉到最高法院。

我们可以清晰地看到，自川普上台以来，他积极地和民主党斗，和共和党建制派斗，和媒体斗，和国会斗，和军方斗，和法院斗，和政府官员斗，和外交官员斗，甚至和联邦储备局斗，而他最坚定的支持者则是那些没有大学教育背景的白人群体和宗教极端组织为主。我问你，你看他像中国历史中的谁？

很难对美国的现状保持乐观

Fareed Zakaria(节选)

12 月 2 日

感恩节是我最喜欢的节日。这是一个世俗的美国节日，而作为一个移民，我觉得我有很多事情需要感恩。我是一个乐观主义者，我倾向于认为美国的故事就是不断克服缺点不断进步的过程。而最近，要再保持这种态度变得很困难。美国最宝贵的财富，她宪法规定的共和主义（Constitutional Republic：选举产生民意代表并在宪法框架下约束政府权力）和其民主特征，看上去都处于崩溃的危险之中。

听听我们总统说了什么："我们极端的民主党对手们，他们被仇恨，嫉妒和怒火驱使着。他们要毁掉你们，他们要毁掉我们熟悉的这个国家！"像什么"叛国""政变"这些词已经成了美国政治中的家常便饭。有人认为弹劾听证中可以摆出事实和证据以正视听，但事实上发生的正好相反。现在很清楚，党争是如此的严重，双方都更加极端化，对任何事物都看法都带有明显的党派眼镜。美国能安全度过这一充满毒素的时代吗？

在过去的历史中，美国的共和体制是一项了不起的创造，可以使持有不同观点和价值观的人相互协商妥协。这一体制成功度过了美国内战，麦卡锡主义，越战和水门事件。但这些过程都充满了苦涩，失望，斗争和失败。

这一次会不同吗？"会的"，大西洋月刊的资深主编，历史学家 Yoni Appelbaum 说。他最近在大西洋月刊上发表了一篇叫做"美国如何终结"的长文。Appelbaum 说，"美国正在经历的这种改变，可能是任何富裕和民主的国家都没有经历过的：她的传统上的主流群体正在变成政治上的少数，而她的少数民族则在伸张自己的平等权力和利益。"这就是说，70%的美国老年人是白人基督徒，而只有 29%的年轻人是白人基督徒。Demographic 的改变相当明显。

Appelbaum 还说，在过去，类似的程度小一些的改变也发生过，那些改变险些让美国崩溃。比如从终结奴隶制的美国内战到结束 Jim Crow 法；从排华法案，二战期间拘禁 12 万日本裔，到全面向全世界开放移民。这还包括妇女平权运动和同性恋平权运动。今天面临的挑战则是人口结构的改变。

另一个令人担心的威胁则是对美国宪法特征的破坏：总统权力的过度膨胀。你只要想想川普在俄罗斯和乌克兰问题上全面拒绝接受议会监督就会觉得很不安。如果议会无法执行它核心的监督机能，无法获得需要的文件和传讯政府官员，我们这个政体的核心的权力制衡机制就瓦解了。总统就变成了一个选举产生的堵猜者。

在这条道路上我们已经行进了一段时间了。1973 年小史列辛格曾写过一本书"帝国的总统"。在水门事件之后，大家相信我们已经控制住了总统赌猜的局面，甚至开始担心白宫过于软弱。但事实上，史列辛格在 2004 年再次提醒，总统权力已经变得史无前例的强大。在 911 事件之后，恐惧使得我们给予了行政机构越来越多的权力。总统有权秘密调查美国公民，可以绕开国会动用武装力量，可以折磨战俘甚至永久关押他们（这里指 Guantanamo Baydetention camp，绕过了美国法律管辖），甚至可以不经审判直接下令杀死一个美国公民（指 2011 年杀死 Anwaral-Awlaki）。

而我们的司法部长威廉·巴尔依然相信，无论历史上如何，现在的美国总统权力还是太小了。他主张行政机构的官员应该无视立法机构的存在。人们经常会问，美国的国父们会对今天的美国作何感想。我认为，他们可能最震惊的就是总统权力不可思议地被扩大了。国会和法院和在他们的时代差不多，但白宫明显是不同了。

综上这种人口结构的深刻改变，严重对立的政治生态和总统权力的不受限制，使得我很难产生乐观的情绪。

北约 70 年

12 月 3 日

周二在伦敦举行的北约峰会，是北约成立第 70 年的一次重要峰会。北约成立于 1949 年 4 月 4 日，目前有 29 个成员国。除了加拿大美国和土耳其外，其余 26 个都是欧洲国家。北约最初成立的目的在于针对苏联的防御，但现在的主要任务则是反恐和防止中国的过度扩张。

川普在开场的讲话中，就开始了对法国总统马克龙的攻击。这是针对马克龙早些时候对经济学人杂志发表的一次谈话，在那次讲话中，马克龙对美国单方面决定从叙利亚撤军而不和北约成员国进行任何沟通表示了不满，他警告说，欧洲盟友已经不能再信任美国，他说北约现在正在经历一种"脑死亡"。

川普表示，这种说法是"有侮辱性的""非常非常难听"，他表示法国从美国获益良多，这样批评北约是很危险的。当然，川普本人对北约的批评并不更加温和，他的指责主要是北约成员国付给美国的保护费不够，要求各国提高出资比例。

开场白之后，当大家坐下来正式开始会议的时候，川普对马克龙的态度却相当友好，表示"我们之间只是有点小争论，我们能解决。"还试图和马克龙开开玩笑。但马克龙则表示他并不认为自己之前对北约的批评是不恰当的，他将坚持这一观点。马克龙还表示说，"我们不应该仅仅谈钱，我们应该首先尊重我们士兵和他们的生命。"这还是在指责美国的擅自撤军造成北约在叙利亚的被动局面。

美国和法国目前需要谈判的不仅仅是北约内部的关系问题，还涉及到双方的贸易冲突。法国打算向美国的巨型科技公司，如Facebook，Amazon和Google等征收3%的收入税（不是盈利税），川普发誓说只要法国敢征税，他就向法国出口美国的产品征收100%的关税。这一问题也将在这次北约峰会上谈判。

一个小插曲是，当记者问到川普是否支持伊朗的抗议者时，川普说："我本来不想发表评论，但我告诉你，我不支持。"这和美国政府发表的立场是相反的。随即，川普通过推特改口道"我完全支持伊朗的抗议者，我只是听错了问题，我以为他问我是不是在经济上支持伊朗。"

一个美国总统在国际舞台上的表现，拙劣得像一个没有做好功课的小丑。

在被问到北朝鲜问题时，川普脸泛红光地表示："如果不是我，我们现在已经开战啦。我对金同志有信心，我喜欢他，他喜欢我，我们的关系非常好。"

另一件有趣的事是在川普对英国的态度上,他一如既往地表示支持英国的保守党首相鲍里斯·约翰逊。但英国现在正在大选,而川普在英国极不受欢迎。在英国喜欢川普的人只有 21%,而作为对比,喜欢奥巴马总统的则有 72%。因此目前英国保守党最希望的,就是川普离 Johnson 远一点。

最后说一下和中国的关系。川普上台的时候曾夸下海口说和中国打贸易站是"非常容易赢的事情",但日前川普在谈判代表多次被中国方面拒绝,连"第一阶段协议"都无法达成的情况下,不得不自嘲地表示:"从某个角度来说,我更希望在 2020 年大选之后再和中国谈判。当然当然,如果他们想谈,如果能谈个好价钱,那我也不反对。"而就在上个月,川普还曾很有信心地表示很快第一阶段协议就能达成了。中国文化是一种工于心计的文化,这种表态对于中国人来说,几乎等于是在哀求了。

弹劾进入司法听证

12 月 4 日

正如大家预期的那样,众议院情报委员会通过一连串的调查听证会后,周一表决通过了一份长达 300 页的听证报告。当然,这个表决完全是以党派分界的,即民主党人全部投赞成票,共和党人全部投反对票。很不幸的是,这就是今天美国的政治现状。

这一份报告分两个部分,一部分揭露乌克兰通话门丑闻,另一部分则显示白宫是如何干扰和阻止议会合法调查的。这一报告周二被递交给众议院司法委员会。

周三,有四位法学教授出席了司法委员会的听证。其中三名认为川普的行为是应该被弹劾的,一名认为不应该被弹劾。如你所猜,认为应该被弹劾的都是民主党请来的，而认为不应该被弹劾的，则是共和党请来的。其中，北卡法学院教授 Michael Gerhardt 认为，如果川普的行为都不能被弹劾，那就没有什么能被弹劾的了。而 George Washington 大学法学院教授 Jonathan Turley 则认为证据不足以弹劾。值得注意的是，即使 Turley 教授，也认为川普在乌克兰通话门丑闻上的行为是错误的，调查拜登是错误的，如果利益交换的证据做实，是应该被弹劾的。

另一件值得注意的事实是，听证报告里列出了一些电话通讯记录显示，川普的私人律师朱利安尼曾经在冻结乌克兰军事援助款期间，反复和白宫的预算拨款办公室 OMB 进行电话联络，注意，朱利安尼并非政府官员，而是川普的私人代表。更有意思的是，电话记录还发现，情报委员会的共和党代表 Devin Nunes 也反复和朱利安尼电话联系。问题在这里，Nunes 是情报委员会第二号人物，而朱利安尼是被调查和传唤的对象，这种法官和被告私下秘密联系，又成为美国政治的一个污点。

共和党人还有底线吗？曾经，很多中国人认为美国人，尤其是保守派美国人，笃信上帝，保守传统价值，他们应该是一群道德高尚，坚持原则的人。但我们眼睁睁看到的是，在自己的政治利益面前，他们轻易地放弃了自己的原则和操守。也许他们有更高尚的理由，也许他们认为自己在为美国的利益奋斗。他们可能认为：川普很业余，是无心犯错，他原本只是一个曼哈顿的地产商人，根本不懂政治怎么玩，你们和他较真干什么？还是以美国利益为重吧，起码他敢公开伸张美国利益嘛。

但这里的问题是，政治原则如果可以在川普这里被突破，那么将来的总统更不会把议会监督放在眼里。在美国的三权分立的制度安排中，白宫和行政部门的权力会日益扩大，议会将会变成一种摆设。那么这些资深的国会议员们，想过这个问题吗？

我相信他们想过。但眼前的利益实在太大，太难以拒绝。川普职业水准的煽动力，使得底层民众被他所吸引，成为死忠粉。这甚至可能威胁到这些议员的饭碗。那么放弃原则，只需要一个美丽的借口，就可以心安理得了。人类的智慧在找借口这件事上简直是一个超级罪犯。我们可以轻易地让自己相信自己做一件事做一个决定的动机是高尚的，而那个原本的利己动机会被掩埋在一个连自己都找不到的角落里。这个时候，上帝除了摇头外，也一筹莫展。笃信宗教就能坚持原则的神话，在一句中国成语面前显得如此苍白无力。这个成语是："利令智昏"。

那么反过来反思我们自己。我会不会也因为看不惯川普的一些行为，而忽略那些对他有利的证据，放大了对他不利的证据呢？我本人会不会也利令智昏呢？我做过这样的尝试，我也看保守派媒体的报道，也听共和党议员的申辩。但令我失望的是，民主党对川普的指控，是建立在事实基础上的，是拿得出一桩一件的具体行为的。而共和党和保守派一方做出的申辩，只是拼命在说"这没错，你们是在陷害，你们早在 2016 年就想颠覆掉共和党总统，你们是搞假新闻！"但没有任何具体的对于事实层面上的修正。换句话说，共和党人在起初提出的一些事实方面的争辩被逐条否定后，干脆放弃了对事实的争辩。这正印证了美国律师界的一句名言："当事实在你一边的时候，你就把事实砸在桌子上；当法律在你一边的时候，你就把法律条文砸在桌子上；当两者都不在你一边时，你就使劲砸桌子。"共和党人现在所作的，就是在拼命砸桌子。

只有很少一部分共和党人作出温和的表态，即很模糊地表示川普的做法是错误的，但不足以达到可被弹劾的程度。但这种表态风险很大，因为川普出卖国家利益来为自己打选战，一旦承认这个事实，很难去争辩这不足以被弹劾。

我想说的是，我们不仅仅应该把这看作是共和党人的悲哀。如果同样的情况放在民主党人身上，会好多少呢？在 1999 年对 Bill 克林顿总统的弹劾案中，我们也可以看到克林顿总统做假证，妨碍司法公证的证据是相当明显的，而参议院全部的民主党人投票选择无罪，而相反是一部分共和党人跨越了党派赞同了民主党人。

与其看作是共和党人的堕落，不如反省我们自己人性上的弱点。我们是一群多么可怜的动物。

川普的外交窘境

12 月 5 日

川普总是给人一种在挣扎求生的感觉。这不仅表现在国内他总是犯一些低级错误，也表现在国际舞台上，川普依然没有摆脱那种外交外行的窘境。他希望延续自己地产商的处理双边关系的模式，但发现这一模式在国际外交格局里，找不到一个合适的买家。

即使在某些盟国支持的外交目标上，川普也被认为是鲁莽的，庸俗的，缺乏条理和只顾眼前（day-to-day diplomacy）。今年七月英国披露的驻美英国大使给国内写的汇报中，大使认为川普是"不安全的，无能的，白宫充满混乱。"

国际战略研究所的 David Gordon 表示，川普虽然自称是一个伟大的交易者（great dealmaker），但他实际上没有达成任何国际交易。Gordon 说，我认为他尝试了，但国际间打交道可不是房地产的交易，它们需要时间，精力及和其他政府的合作，川普在这方面缺乏能力。

我们可以先看看他在阿富汗方面的表现。在 2016 年竞选时，川普发誓要让美国从阿富汗撤军。经过一段时间和塔利班的秘密接触后，川普邀请塔利班代表团去戴维营谈判，但几天后，川普突然取消了邀请，因为在一次坎布尔的汽车炸弹攻击中，一名美军士兵丧生。川普发誓报复，说谈判已经死亡。但他可能没有意识到，在谈判前加紧对对方的攻击这是冲突谈判的常态。美国在同时也加强了对塔利班的攻击并杀死了超过一千名塔利班成员。

但最近川普又反悔了，声称将继续和塔利班和谈，还"取得了巨大进展"，他表示塔利班求着美国要做交易，还说塔利班想停火。这里要注意，美国之前和塔利班和谈的条件是塔利班停止支持恐怖主义就行，停火的事塔利班去和阿富汗政府谈。但这里川普说塔利班很想和美国谈停火条件。随即塔利班代表表示了否认，说他们还是只谈之前的内容，并没有改变。前中情局副局长 John McLaughlin 说，"目前没有人知道川普想和塔利班谈什么，也不知道将会发生什么。"

川普几乎重新定义了美国的外交，现在的美国外交充满了川普个人的冲动而不是深思熟虑的决定。川普的非典型谈判技巧，所谓最大压力的表态和色厉内荏，已经很难吓住对手。

再来看看朝鲜。2019 年至今，朝鲜已经进行了 13 次导弹发射。虽然川普一再声称自己和金同志有很深的交情，甚至陷入爱河。但显然对方不买账，三次高峰会议之后，到现在连"去核化"的定义双方都没有达成一致。

土耳其呢？川普一再表扬土耳其总统 Erdogan，但结果是他也不买账，入侵了叙利亚北部并不顾美国反对和制裁，进口并部署了俄罗斯的防空导弹。而川普则表示"我们和土耳其有着伟大的友谊，我们从来没有如此亲密过"。

哦，请别忘了伊朗。川普曾肉麻地夸赞伊朗总统 Rouhani "绝对是一个可爱的人"，并吹嘘伊朗希望和美国接触。但今年 9 月的联合国大会上，是川普主动向 Rouhani 打电话，而后者竟然直接拒绝接听。

更不要说乌克兰，更不要说俄罗斯。川普事实上已经放弃了阻止俄罗斯吞并克里米亚，而乌克兰的独立处于危险之中。

是的，俄罗斯，土耳其，叙利亚阿萨德政权和伊朗，目前是从美国的混乱的外交中获益最大的几个方面，俄罗斯甚至开始通过雇佣军渗透进了利比亚。而同时，美国和俄罗斯之间的裁军条约也走到了尽头，I.N.F 已经废止，而目前没有任何迹象显示会有替代条约。

以色列呢？川普向以色列一边倒的支持导致巴以和平进程完全停滞。在 2017 年川普访问以色列时夸口道："这事没大家想得那么难。"川普最初打算稳定巴以叙利亚，以孤立伊朗。但三年之后，情况恰恰向相反方向发展。今年 9 月，美国干脆撤走了谈判专家 Jason

Greenblatt。现在这事白宫连提都不提了。

贸易方面，和中国的贸易冲突看不到和解的迹象，这让全世界都付出沉重代价。而新北美自由贸易协定和原来的协定区别不大，却到现在也无法被议会通过。川普试图通过经济制裁让委内瑞拉改朝换代，结果呢？失败了。

McLaughlin 前局长说，"这不是一件事情出了问题，而是所有的事情同时出了问题。"自从川普进入白宫以来，美国和所有盟友的关系都发生了摩擦。川普公开说"我们的盟友比我们的敌人对我们利益的侵害更大！"他公开侮辱丹麦首相，法国总统，加拿大首相和德国总理。

美国保守党 The American Conservative 杂志的一篇文章中说"川普外交失败有很多原因，但最重要的是他对其他人缺乏最基本的尊重。他懂的太少，因此不理解其他国家政府需要什么。他以为他自己最看重钱，因此其他人最关心的也是钱。他威胁其他国家破坏他们的经济就好像他威胁要起诉谁，因为他无法想象对于其他人来说还有比金钱更重要的价值和利益。他完全缺乏感受他人的能力，因此无法理解其他人对世界的看法。这意味着他经常性地误判他人对他鲁莽的过分行为的批评。"

川普有一些成功的地方。比如他成功地迫使其他北约国家的出资比例提高到自己 GDP 的 2%。但是，他的整体外交缺乏体系，一切都是可以交换的。这意味着我们传统上和欧亚，中东等国家的关系，变得缺乏确定性。而正因为川普制造了这种不确定性，使得我们的对手，俄罗斯，中国和伊朗将这些地区从美国身边带走。

布什政府中的国务院顾问 Eliot Cohen 在给外交事务杂志的稿件中说，"川普自己证明了自己符合那些对他的批评：好斗，霸凌，无能，不负责任，反智，缺乏耐心和自我迷恋。很神奇的是，这些缺点至今还没有带来灾难性后果"。

是的，还有一年时间才到大选，川普的时间不多了。

税务革命

12 月 10 日

今日美国媒体绝大多数都聚焦于川普弹劾案，众议院司法委员会正式以滥用权力和妨碍议会调查的罪名提出了正式弹劾。同时，川普及其支持者一直兜售的关于美国有影子政府 deep state 阴谋论，这一阴谋论认为 FBI 调查川普通俄是非法的，阴谋的。昨天也由美国司法部自己的总检察长作出结论，FBI 的调查完全是合法而且建立在合理怀疑基础上的。美国司法部长威廉·巴尔，也是川普最坚定的支持者，含混地表示自己不信任这份调查报告。请记住，这是川普自己的人，自己的司法部长，指定的自己的总检察长，调查了一年多，经过了 170 次面谈，100 多人作证，阅览上百万份资料，得出的长达近 500 页的报告。川普及其支持者到底还能相信什么？也许，Vladimir Putin，才是值得他们相信的人？

但今天让我更感兴趣的是一篇纽约客的文章。最近，民主党候选人 Elizabeth Warren 的首席经济顾问 Gabriel Zucman 接受了媒体采访。这一采访的内容使我有兴趣去阅读纽约客在今年 10 月份的一篇文章。我想简单介绍一下 Warren 参议员的税务改革方案。

Elizabeth Warren 和伯尼·桑德斯都提出一种非常与众不同的个人税制，财产税 Wealth tax。这种税制不以个人的收入为征税基础，而以个人财产，比如房产，银行存款，拥有资产等为征税基础，起征点非常高，是一种针对富人的税制。这是因为富人往往财产巨大而合法收入并不见得多，这个后面再细讲。历史上曾经有过类似的税法，比如 18 世纪法国的窗户税那种。现在在一些国家也有类似实践，欧洲国家如法国，西班牙，荷兰，挪威，瑞士，意大利等等广泛有类似的税种，加拿大也有类似在房地产达到一定规模之后，征收额外的资产税的情况。即使在美国，房产税本身，也可以看成是某种财产税，但这种财产税的税率，是无论富人还是中产还是穷人，都基本上是一样的。

猜猜美国富人的实际税率是多少？根据 Zucman 的计算，美国最富有的 400 个人的平均税率是 23%，而其他美国人平均的税率是 28%。巴菲特拥有 800 亿美元的资产，他每年的收益是 40 亿，但他通过现行税法合理避税，最终他交多少税呢？500 万左右。这是 0.125% 的税率。这连巴菲特本人都觉得不公平。

在 Zucman 的研究中，他发现仅瑞士银行透露出的信息，那里存有约 8 万亿的财富，这相当于全球家庭财富的 8%。其中 3/4 是没有向任何国家申报的。这意味着这些钱全部不会缴纳税款。Zucman 敏锐地意识到，这种现象其实就是全球大多数国家贫富差距开始拉大的根本原因，越是富有的人，越少缴税。

实际的情况是这样：在 1980 年代，欧洲 1% 的富人，拥有约 10% 的社会年收入，同一时期，美国也差不多是这样。但到了 2010 年，欧洲的 1% 富人拥有 12% 的社会年收入，而美国这一比例则变成 1% 的人拥有了 20% 社会年收入。这显然不能用全球化来解释了。从财产占有率上来看，情况就更为明显。在 1980 年代，美国的 0.1% 的精英拥有社会财富的 7%，而如今呢？他们拥有 20% 全社会的财富。而美国财富占有的低端 90% 的民众，也就是 90% 的美国人口，也是同样占有 20% 社会财富。这就是著名的 0.1% 的美国人的财富等于 90% 美国人的总财富的来由。

这种极端的贫富差距会导致什么呢？让我们看看美国国父，美国宪法之父 James 麦迪逊如何说。他说："在我们的共和体制下，如果财富过于集中，就等于是权力过于集中。"所以早期的美国，一直到两次世界大战期间，美国的税率和欧洲相比，都是相当高的。换句话说，美国从传统上就是一个注意避免贫富差距拉大的国家。美国曾经有过 90% 的财产税，和 79% 的遗产税。

为什么要提遗产税呢？因为美国富人绝大多数的财产合法避税，都是通过减少自己的现金收入，将财产继续以资产的形式保留在投资或者信托里。这些财富是不必缴税的，但在其身后，这些财产被转移给后代的时候，需要缴纳遗产税。这一税率在美国 80 年代之前，都是在 79% 的高度。而随后，共和党和富翁们通过各种游说和政治鼓动，如今美国的遗产税已经只有 40% 了。

你现在知道美国为什么贫富差距越来越大了吧？

Zucman 为 Warren 参议员设计的财产税基本上是这样，5000 万美元净资产以上的人士，超过 5000 万美元的部分，征收 2% 财产税。超过 10 亿美元以上的部分，征收 6%。按目前情况看，这可以为美国政府每年增加税收 3500 亿美元，这相当于为联邦增加了 10% 的年收入。这一收入可以进入公费医疗，免费教育等项目的投入，从而从根本上扭转贫富差距，为穷人提供社会晋升的途径。

但是，有人会担心，一旦对美国的富人征税，会不会造成资本外逃？或者资本隐匿在国外？

2010 年，在 Zucman 的推动下，美国国会通过了 FATCA 法案，要求这些避税天堂的银行披露美国公民的存款情况。其后，欧洲也通过了类似法案。这就是说，作为美国公民，你是很难向美国政府隐匿财产的，而只要你是美国公民，无论在哪里生活和投资，你都必须缴纳基本上同样额度的财产税。除非你放弃美国国籍，而在放弃美国国籍的同时，你也必须缴纳资本产生的收益税，对于富人来说，这不是一个小数字。

所以看起来这是一个值得尝试的方案。但对于市场经济原教旨主义者盛行的美国来说，这是非常难被接受的。他们认为市场本身可以治疗贫富差距，即使事实再往相反的方向发展，他们依然虔诚地相信这一点，比如 Milton Friedman。他们不相信财富由政府的二次分配来达到社会公平。

公平地说，Gabriel Zucman 教授的专业是研究社会不公，贫富差距问题的。因此他的主张只注重于社会公平，而并不太多考虑社会生产效率，即重视分蛋糕而不重视做蛋糕。在现代中国文化中长大的我们很多人也会很难于接受。将大量财富转移给政府，这也会使得公有财产使用效率低下的毛病得到放大。在追求效率和追求社会公平之间，我们需要找到一个大家可以接受的平衡点。

USMCA 评估及美国经济

12 月 11 日

周二众议院通过了修改版的新北美贸易协定 USMCA，这一协议涉及美国最大的两个贸易伙伴，加拿大和墨西哥。美国和这两个国家的贸易总额超过 1 万亿美元/年，这是美国和中国贸易额 4700 亿美元/年的两倍以上。

华尔街日报的看法是：这一协议和原来的协议差别不大，并不能带来美国的经济新的增长点。但这一协议在全球经济萎缩的现状里，提供了某种确定性，使得美国经济更加安全。

美国国际贸易委员会认为这对美国经济有温和的正面作用，大约能使美国 GDP 增长 0.35%并在未来六年中创造 17.6 万个职位。

协议的通过使得美国从全球经济衰退和与中国紧张的贸易对峙中稍微松了一口气。

USMCA 最主要的改变在于，它增加了汽车零件的北美本土化，也增加了一些信息自由流动的内容。白宫经济顾问 Lawrence 库德洛认为，这一协议升级了原来的 NAFTA 协议，主要表现在知识产权和金融及数据服务方面增加了新的内容。

比如在汽车工业方面，最乐观的估计是可能在未来五年内，增加 340 亿美元的投资并创造 7.6 万个工作职位。

但也有对此表示怀疑的声音，国际货币基金组织 IMF 认为 USMCA 协议对美国经济的刺激微不足道。一些经济学家认为 USMCA 人为规定提高墨西哥汽车工业工人工资，会导致美国汽车价格更贵而更加失去竞争力。

同时，美联储主席鲍威尔发布了讲话，很明确地表示美联储不太可能会再整个 2020 年考虑升息。

在今年 7，9，10 月连续三次减息之后，目前美联储的基准利率为 1.75%，依然处于除 2008 年金融危机外的历史低点。美联储最近不止一次表示担心经济的增长不如预期，无论是价格的上涨速度，还是股市上升速度或者商业债务增长速度，都出现了下降，使得投资者对全球性经济增长的信心下降。他们担心如果美联储继续升息，可能引发衰退。因此美联署暂停了之前逐步提升利率以使其回到相对温和刺激的努力。鲍威尔表示，自从 2017 年开始的上调利率使得美国经济出现了不如意的表现。

与此同时，美联储放出了 600 亿美元的流动性，他们购买了 600 亿的短期债券以对抗年底可能产生的流动性短缺。这相当于一个微型的量化宽松。要知道美联储之前所作的，一直是在试图缩小自己的资产负债表。

可以看出，华尔街是在尽力维持目前这种看上去还不错的经济。毕竟，川普是对华尔街最友善的一位白宫主人。他在金融行业的一贯主张和作为，就是去管理化 deregulation。美国从上世纪 90 年代开始，一直为华尔街松绑，使得金融业空前繁荣，最终导致 2008 年的金融风暴，但请记住，在这次风暴中，风暴的制造者高盛集团并没有受到任何惩罚，买单的几乎全是美国普通老百姓和外国人。

奥巴马总统期间，美国国会通过了 Dodd Frank 法案以加强对金融业，尤其是投机产品的管控。而这一法律，已经被川普和共和党人一起，大部分废除了。因为那样会使得经济看上去更有活力。

我死后，那管洪水滔天。

美中贸易争端进展

12 月 12 日

12 月 15 日，是所谓的"死期"deadline。川普曾表示如果在这一天美中还不能达成第一阶段和解的话，那么将会对额外的 1560 亿来自中国的商品征收 15%关税。目前被美国征收关税的中国商品价值为 3610 亿美元，其中 2/3 的税率为 25%，1/3 的税率为 15%。

必须说明的是，所谓第一阶段协议，实际上是双方相对最容易谈判的内容，而涉及中国内部的经济体系的改变，这才是美国真正的目标和最难达成协议的地方。

就达成第一阶段协议而言，美中贸易谈判主要在两个方面被卡住。

美国方面要求中国购买 400—500 亿美国的农禽类产品和其他商品，加强保护美国知识产权和扩大中国金融行业的准入。

而中国方面的反对意见则认为以高于巴西的价格购买美国大豆和禽类产品，不符合 WTO 的自由贸易原则。购买价格应该按照市场价格，且购买的量需要考虑中国的实际需求。中国也同时要求美国在第一阶段协议达成之时，取消目前所有惩罚性关税，美国表示拒绝。

但周四从白宫传来和解的信息，美国贸易官员表示 12 月 15 日可能不会实施新的关税，而谈判还会继续。美国表示愿意考虑中国的要求，在第一阶段协议达成之时，削减目前实行的惩罚性关税 50%，即税率下降为 12.5%和 7.5%。当然，不再增加新的关税项目。

鉴于中国之前的信用纪录，美国要求必须每一个季度进行核查，如果中方没有按协议执行，则关税回到之前的水平。

周四，川普将和自己的全班人马会面。这包括谈判代表莱特辛则，贸易顾问纳瓦罗，白宫经济顾问库德罗，财政部长穆努钦，甚至副总统彭斯。多数人预测，这是川普将要签署协议的表现。

这一各自让步的好处在于,这可以使双方都宣布自己的胜利。川普可以声称自己为美国获得了更大的消费订单,同时依然保持了对中国的关税压力。而对于中国而言可以改善他们在外贸上遭遇的阻力从而提升自己目前疲软的经济。

而真正的难题在于改变中国对企业的补贴,改变他们对高速发展领域的保护,比如云计算和金融领域。当然,还有他们对进入中国的美国公司强行要求技术转让。对于这些内容,美国官员和民众,普遍表示并不乐观。

谈谈美国的选举

12 月 17 日

1965 年,马丁路德金博士掀起的民权运动中,一个很大的诉求就是要为美国的黑人争取平等的投票权力。在当时的美国南方州里,黑人的人数比白人多很多,但他们只能占到所有注册投票者的 2%。

50 年后,情况改善了吗?当然。但抑制公民(尤其是那些被认为低等的公民)投票,依然是美国政治中的一个常态。你没听错,是常态。这就是历史的力量。

美国建国之初,选举权只给拥有固定资产的白人男性。在 19 世纪放弃黑奴制之后,理论上黑人也有了选举权,但当真的有黑人政治家出现的时候,占人口大多数的白人立刻修改了选举法,排除掉了大多数黑人参加选举的资格。这才有了后来的马丁路德金领导的平权运动。

1965 年通过的选举权法 Voting Rights Act,给予联邦政府监督那些历史上曾有选举歧视的州执行公平的选举制度。但这一法案,在 2013 年被美国最高法院削弱了。这意味着那些州又可以按照自己习惯的方式,来筛选他们认为合格的参选人了。

纽约大学的研究者们发现，在过去 20 年里，很多州通过各种方式，使得数百万的选民难以去投票，而受影响最严重的，就是少数种族，穷人，年轻或年老的投票者。现在美国政治里已经有一个专门的名词来描述这一现象，Voter Suppression。

在去年的一次访谈中，前总统 Barack Obama 说："我们是唯一一个发达民主国家中，蓄意去降低人民投票意愿的国家。"

在 2016 年，由于超过 30 个州实行了这种 Voter Suppression，黑人的投票率下降了 7%。对于共和党来说，这是一个可以弹冠相庆的进步；而对于美国来说，这是民主制度的一次倒退。举个例子，在 2016 年的选举中，在威斯康辛州最大的 Milwaukee 市，因为参加投票变得更加困难，他们和四年前相比少了 3%的投票率，这是多少人呢？41000 人。而川普在威斯康星州赢了多少票呢？22000 票。注意，Milwaukee 是民主党的票仓。

对比一下，在澳大利亚，选举是法定义务，无故不参与选举是会被罚款的。在瑞典，所有选民是被自动注册的。在加拿大，有专门的调查员 Enumerator 上门为你登记并发出选票。

而在美国，你却必须自己提供各种信息，去指定地点注册你自己，否则无权参与选举。这对穷人和少数民族，如黑人西班牙裔很不利。比如，一些州要求选民必须有固定住址，但有些穷人就住在自己的车里，没有固定住址，他们因此无权参与选举。有些州要求必须出示带照片的身份证明，但你知道吗？美国有 7%的人没有带照片的 ID。仅德克萨斯州，就有约 60 万人没有合格的带照片的 ID。

在一些地区，为了阻止穷人和年轻人投票，美国共和党人会将投票站放在非常不方便交通的地方。还极力反对任何方便选民投票的方式，比如邮寄选票或委托投票。为什么呢？很简单，因为共和党的对立面，民主党人，会得到更多的来自穷人的选票。从 2012 年开始到现在，美国关闭了 1688 个投票站，而且基本上都在南方州，德克萨斯州关闭了 760 个投票站，而亚利桑那州则关闭了 320 个。这些都是 2013 年美国最高法削弱选举权法之后的结果。

提到美国的选举，就不得不提 Gerrymandering。这是指重新划分选区以使得自己赢得更多的选区席位。原则就是把支持反对党的选民尽可能地归到一个选区去，这样，你们人数再多，也只能选出数量较少的几个议员。这更主要体现在州选举中。一个党上台之后，便积极从事 Gerrymandering，以使得自己的党将来在议会里可以占到更多的席位。

2016 年的总统大选，美国的投票率是多少呢？55%。对比一下，比利时人的投票率是 87%，而韩国的投票率是 78%。

因此，在西方主要民主国家中，美国的选举的廉洁性（electoral integrity）排名为全世界第 57，倒数第二。它周围的国家是：科索沃，和罗马尼亚。

一封普通众议员的信

12 月 18 日

今天美国国会将会就弹劾川普进行最后的辩论和投票，就目前已经表态的议员人数来看，众议院最终通过弹劾决议，是基本上比较肯定的事。这意味着，川普将正式成为美国历史上第三位被弹劾的总统。

很多人很难理解为什么川普对此表现得极为恼怒，通过推特狂飙脏字辱骂民主党和支持弹劾他的人。因为他实际能被弹劾下台的可能性并不大，最后的审判权在共和党控制的参议院。这里有两个原因。

第一，川普有着病态自恋的人格，成为美国历史上第三位被弹劾的总统，这是一个抹不去的污点。美国的历史也许不会记住川普做过什么，但肯定会记得川普是被弹劾的总统。你记得克林顿总统做过什么吗？还是更容易记住莱温斯基呢？

第二，这一弹劾过程将影响到 2020 年的总统大选，这对于中间派的选民来说，一个被弹劾的总统是否还能连任，是值得考虑的。

让我们暂时放开议会里的争吵。

让我们来看一封普通的众议院议员写给纽约时报的一封信，来解释自己为什么支持弹劾川普。这封朴实无华的信能告诉我们在宏观大历史的背景下，那些普通人的真实想法。

Debbie Dingell 是来自密执根州的一名众议员，只有四年做议员的履历。她来自破败的底特律，而底特律正好是铁锈地带的核心。2016 年的选举中，传统上偏民主党的密执根州非常微弱地支持了川普。因此现在密执根州被认为是摇摆州之一。

在密执根州，要求弹劾川普的声音和反对弹劾川普的声音几乎一样强烈。Dingell 议员认为有责任通过媒体来向公众说明为什么自己最终支持弹劾川普。

以下是信件的一些摘录。

在 2016 年大选的时候，我就预测到川普会当选。我清楚地表明，我会和川普政府合作，来服务于我们的人民。我反对弹劾。

我和川普的团队一起努力降低药品价格，改进贸易政策，对付鸦片类药物的危机，更新环境保护措施。我们在很多方面取得了进展。

我也在一些方面反对现政府的做法，包括剥夺已有疾病者的医疗保险，退出巴黎气候协定，禁穆令和在边境将非法移民的家庭拆散。我认为这些政策是错误的，但这不足以被弹劾。

但同时，我所在的选区里，要求弹劾川普的声音越来越高，人们甚至会直接在街上拉住我来表达他们的意见。今年十月份，证据显示川普先生和他的政府冻结了议会已经批准的给乌克兰的军事援助，以要挟乌克兰这样一个外国政府来调查自己的政治对手。川普先生自己指定的总检察长得出的结论是：这是一个真实的，紧急的和可能立刻威胁到美国国家安全的做法。

无论党争如何，我们的国父们建立了三权分立的制度，非常清楚地表明国会负有监督的责任。举报者既然举报了，那么国会应该去调查。

看媒体的报道中，好像我们只是在做弹劾这件事。但实际上，我们主要的精力还是在于处理很多日常的关系民生的事务上。我们在讨论如何降低处方药的价格，如何保护环境，如何恢复选民的权力和如何制定更好的贸易规则。

弹劾当然是一件非常严肃的事情，我会调阅第一手的证词，分析双方的意见分歧。我花了数周时间研究宪法，宪法学，联邦党人文集和尼克松克林顿弹劾案的资料。

最终，我被说服。事实显示川普和他的政府将他们自己的利益置于国家利益之上，要求外国政府帮助自己在国内的选战。这会影响到我们国家的安全。

同时，妨碍国会调查的证据也是明显的，政府阻止甚至威胁来国会作证的证人，这是危险的。

如果我们不处理这一滥用权力的行为，我们将放弃自己的宪法责任和道德责任，将来的政府也会以此为例，这威胁到我们的民主制度。如果我们无所作为，将来的历史学家将会对我们进行谴责。

因此，我投票赞成弹劾。这一投票，是为了保护我们的宪法，保护我们的民主共和及保护我们国家的未来。

Unleashed Trump

12 月 19 日

我不知道如何准确地翻译 Unleashed 这个词。它原本的意思是，当拴住一条疯狂的狗的绳子断掉的时候，这条狗可以做任何它想做的事情，这就是 Unleashed 要表达的含义。

当美国众议院通过了弹劾川普的动议的一个小时后，川普出现在密执根州，进行了一次至今为止最长的演讲。记得密执根州吗？对，昨天我们读过一封来自密执根州一名普通议员 Debbie Dingell 的公开信，其中表述了她为什么会投票支持弹劾川普。

而她，今天就成了川普攻击的目标。我希望你们能看一看川普的这一段演讲的影像资料，你可以看到一个流氓是如何无耻。如果这影响到了你的胃口，我向你道歉。

Debbie Dingell 女士的丈夫前不久去世了，而当时川普对他们很好，他甚至要求降半旗悼念 Dingell 先生。但当川普知道最终 Dingell 女士投票支持弹劾自己的时候，川普愤怒了，他 unleashed了。

他不但在自己的演说中极力丑化 Dingell 女士给他打电话表示感谢时的语气，甚至说"也许 Dingell 先生正在往上看呢。"这在基督教文化中，就是说 Dingell 先生目前在地狱里。

就因为一位先生的遗孀投票支持弹劾川普，川普就公开诅咒她刚刚死去的丈夫下地狱。这就是川普。也许大家一直很奇怪在我的今日美政中，从来不称呼川普为川普总统。这是因为无论多少美国人选举他做自己的总统，在我这里，他永远只是一个流氓，一个连基本做人底线都可以突破的低级流氓。川普，不配总统这个称号。

Dingell 女士对此事的回复是："总统先生，让我们把政治放在一边。我的丈夫为国家奉献了一生而获得赞誉。我第一次准备过一个没有心爱的男人在身边的圣诞节。你无法想象你对我的伤害，你那些伤人的言辞使我更难以从悲伤中走出来。"

这裡介绍一下 Dingell 先生。John Dingell，二战退伍老兵，是美国历史上做议员最长的议员。从 1955 年开始被选为议员，届届再次当选直到 2015 年主动退休，担任了 59 年议员，在当地声望极高。也正是因为他的声望，他的妻子才接替了他，于 2015 年被选为密执根州第十二选区的议员。可以说，这个选区的选民将他们对 John Dingell 的爱和尊重，转移到了他妻子的身上。这样一个议员，就因为他的妻子赞成弹劾川普，而被川普讥讽诅咒为已经在地狱里了。

作为对比，我们可以看到一些极端基督教徒将川普比作基督耶稣。川普在他们心目中圣洁如基督耶稣，你是不是感觉现在的美国很魔幻？

在昨天众议院通过了弹劾决议之后，议长南希·佩洛西决定暂时不向参议院递交这一弹劾指控。为什么呢？

这主要是因为参议院议长 Mitchell 麦康奈尔极力反对在庭审中传唤证人出庭。这里的原因非常简单，因为任何事实层面上的证人出席，都对川普不利，对共和党不利。所以，这可能是一个公正的法庭吗？

众议院决定先等参议院中的民共两党商量出一个大家都可以接受的庭审程序，再递交弹劾起诉。

美国的政治堕落到今天，共和党实在是难辞其咎。我相信历史会给出一个公正的评价，我只希望这个评价，不要来的太晚了。

宗教团体的声音

12 月 20 日

在昨天的今日美政里，我谈了极端宗教势力的那种自认为真理在手的傲慢和唯我独尊的愚蠢。在美国，极端宗教势力比欧洲和其他文明世界要更为显著，但这不意味着他们是文明世界中的宗教的主流力量。极端宗教势力，所谓虔诚教徒，他们人数并不占多数，尤其在年轻人中不占多数，而我相信年轻人是代表未来的。

极端宗教和虔诚信仰之间的关系是什么呢？这里有一个明显的逻辑关系我希望读者和听众能够看明白。对于一个宗教来说，所谓虔诚，就是笃信和不怀疑的意思。他们不怀疑的是什么呢？是教义，白纸黑字的教义。我们必须有一个基本的共识，就是这些来自古代的教义，其含义并不如现代法律条文那样清晰和有逻辑。现代法律条文尚且有一个解释（释法）的困境，遑论宗教条文？这也是为什么绝大多数主流宗教都有不同派别，其本质就是各派之间，对于同一部经书，同一段文字的理解不同。

既然如此，那么所谓虔诚教徒，他们不怀疑的是什么呢？他们不怀疑的，是自己这个教派对于宗教典籍的理解。更直白地说，就是

173

"我的理解才是唯一真理，其他和我不同的理解方式，都是谬误，都是异端，信了将来都下地狱。"当你指出"信你们这个教义解释的人没有多少啊？"他会告诉你，"经上说，进入天堂的是窄门的，只有很少一部分人能进。"言下之意，只有我们能进，其他信徒统统下地狱。

这就是极端宗教信仰的本质，或者可以说，这就是虔诚教徒的本质。而真正现代的，主流的宗教的观点是：我对圣经的理解也有可能是错的，所以我需要尊重其他教派，因为他们也有可能是对的。我信仰的神，也许只是神对我的启示，所以我必须尊重其他宗教，因为他们也有可能是对的。罗马天主教1965年颁布的Nostra Aetate，承认其他宗教信仰和其他教派的地位和受尊重性；1996年承认进化论不仅仅是一种假说而是严肃可靠的科学理论，这些都代表了现代宗教的进步，也代表绝大多数主流宗教信徒的信仰态度。他们不虔诚，这就是说，他们不极端，他们内心存在某种谦卑，承认自己所信仰的内容，是有可能出错的。

这是符合逻辑的。否则就会出现一个悖论。烧死女巫贞德的英国教廷，烧死异端布鲁诺的罗马教廷，他们是否是正确理解了教义呢？如果你回答是，那么你必须承认贞德是女巫，日心说是异端。如果你认为当年的教廷理解错了，那么如今凭什么你认为你自己的理解是对的？如果你用人性的弱点来解释，那么这个弱点不正是自认为自己的理解天下唯一正确的自大吗？这个弱点又为什么不会出现在虔诚基督徒的信仰内容和信仰态度上呢？

在中文里，虔诚是一个褒义词。但在英语里，虔诚有两个词，一个是褒义的faithful，一个是贬义的religious，可以看出西方主流社会里，对宗教信仰的虔诚性，是有两种不同看法的。

再深一步，如果我们认为我们所理解的经书不一定靠得住，有可能出错，那么什么才是我们衡量行为对错的标准呢？这个标准，只能是世俗的道德，和世俗的公序良俗。人类对于公平和善良的思考更可靠的是来自哲学家，而不是神学院。这里涉及的理论部分太长，无法展开。其最简单的解释是：如果你在我们现实世界里看到一件善良的事，你恐怕也希望那是宗教理解中的好事，或者也会同样发生在天堂里。如果不是这样，那么你在现实世界里深恶痛绝的一件邪恶的事情，就有可能在宗教里被认为是好事，因此也可能发生在天堂里。那么这种充满邪恶行为的天堂，还是天堂吗？这里的原则是，道德标准必须有一致性（consistency），宗教里的道德，和世俗的道德，必须是相互吻合的。

现在回过头来说一下今天的新闻。

周四，一份有每期 15 万册发行量，35 万读者的基督教杂志"Christianity Today"发表了一篇主编文章，指出川普"几乎是一个完美的道德沦丧和迷茫的例子"，这篇文章的题目是"川普应该被弹劾"。

文章说，"美国总统试图用自己的政治权利来胁迫外国领导人抹黑自己的政治对手，这不仅仅是违反宪法，更重要的是，这是非常不道德的。"主编 Mark Galli 也对福音派基督徒进行了喊话："对于那些不顾川普先生黑暗的道德记录，还持续支持他的福音派教徒们，我们想说的是，请记住你们是谁，你们为谁服务。想一想你们为川普先生开脱的做法，将会影响你对你的神和救主的见证。"

川普对此的反应极为恼怒，因为他的基础选民就是福音派教徒，而这是一份 1956 年就开始发行的有重要影响力的福音派杂志。因此川普的策略是攻击这一杂志是"极左派杂志"。对此，主编 Galli 先生笑道，"从来没有人认为我们是左派，我们不对国家事件发表评论，我们只对道德影响进行评论。我们一般被认为是中间偏右的杂志。"

川普被虔诚基督徒们所肯定，但我们可以看到，只要主流宗教还承认并尊重世俗道德和一般的对错标准，那么判断川普的做法是对是错，也是很明确的一件事情。宗教最怕的，就是把自己变成了神的代表，以神的名义伸张自己的利益。中世纪教会的堕落，就是这样做的结果。

刺杀 Soleimani 将军

1 月 6 日

刺杀伊朗仅次于最高领袖哈梅内伊的 Soleimani 将军，引起很多人的争议。无论是喝彩还是反对，我们是否应该想这样一个问题：刺杀伊朗高官的目的是什么？这是一个战略意图吗？这能为美国带来怎样的利益，或者危险？

事实上川普政府针对伊朗的政策，一直以来都是缺乏战略体系的。这更像是一种感情冲动的产物。川普上台之前美伊关系已经处于较为良好，或至少是可控的一个局面。伊朗同美国及其他一些大国签署了核协议 JCPOA，停止了研发核武器的努力。所有的情报机构，包括以色列的情报机构得出的结论是：伊朗是尊重核协议执行的。

请记住，自两伊战争以来，伊朗就一直认为伊拉克是自己的心腹大患，这场战争给伊朗带来的伤害太大了，伊朗仅自己承认的战死人员就达到 30 万人。两伊战争的直接发起者是伊拉克，而伊拉克和萨达姆就是美国支持的。Soleimani 将军就是在两伊战争中成长起来的军事领导人。因此伊朗试图帮助伊拉克 Shia 掌握权力，试图保住叙利亚 al-Assad 政府，试图伊拉克北部到叙利亚建立一个 Shia 新月区，就成为伊朗长期以来的一个基本国策。

川普上台之后，我们看不到一个明确的中东政策的战略连续性。

如果美国希望保持在中东的影响力，为什么撤出叙利亚，甚至背叛自己的盟友 Kurds，让伊朗，土耳其和俄罗斯迅速控制了伊拉克和叙利亚的北部？

如果美国希望撤出中东，为什么主动激化和伊朗的关系，使得事实上美国需要部署在中东的士兵数量反而是增加的？

如果美国希望保护以色列的利益，为什么放弃可以限制伊朗核力量的核协议，使得伊朗全面重启自己的核计划？

如果美国希望以色列可以成为中东局势的主导力量，为什么主动承认耶路撒冷为以色列首都从而激化了以色列和周边穆斯林国家的关系？

我们可以非常明显地看出，川普政府在中东问题上，是缺乏一个全面系统的指导思想的。比如说，经济制裁伊朗和暗杀伊朗高官，这两个措施起到的作用是相互抵消的。经济制裁引起伊朗国内不满，但刺杀其政府高官而却使得伊朗人更加团结。

是的，川普的政策总是充满了自我矛盾。但有两点却是相对明确的。

第一，川普要打倒奥巴马。是的是的，奥巴马虽然已经离职三年多了，但在超级自恋的川普心中，奥巴马一直是一座需要被踩在脚下的山峰。川普的推特里上百次地提到奥巴马总统，凡是奥巴马总统做成的事情，川普就一定要反掉。退出 TPP 是如此，反对同性恋平权是如此，试图掊复奥巴马医疗是如此，单方面退出巴黎气候协议 Paris Agreement 是如此。现在撕毁和伊朗的核协议，也是如此。

第二，引起接近战争的威胁，有助于自己的再次连任。这一点并非我的杜撰。你只需要看看川普本人在 2011—2012 年连篇累牍的推特，他认为奥巴马总统为了谋求连任，一定会去攻击伊朗。这说明攻击伊朗可以谋求连任，一直是在川普的逻辑体系内的认知。顺便说一句，奥巴马总统并没有攻击伊朗。

除此以外，你能否给我一个更合理的解释，为什么川普政府要在这样一个完全没有紧急安全必要的情况下，去刺杀一个主权国家的第二号人物？这是为了美国的利益吗？还是损害美国的安全利益，去追求个人的自大？

这里需要提出一点的是，刺杀恐怖分子头目，和刺杀主权国家政府高官，这是不一样的。因为本拉登代表的只是那个恐怖组织，恐怖组织的功能相对单一，就是进行恐怖活动。所以刺杀恐怖分子的头目，是一个国家针对一个联合国并不认可的组织的军事行动。而刺杀一个国家的政府高官，则存在法理上的问题。因为这个政府高官代表的并非他个人和他领导的组织，他是一个主权国家的权力组成部分。Soleimani 将军没有被任何国际法庭或者联合国判定为恐怖分子。刺杀一个国家的官员，和向这个国家宣战，其间的界限并不清晰。

另外，如果从全球更大的格局来说，川普似乎忘了中国的存在。中国才是美国在未来最强大的对手，而让美国更多地陷入中东，是中国更愿意看到的。一位中国联络人和美国知名记者 Fareed Zakaria 对话时说道："我们希望美国将更多的军队派驻到伊拉克去，在那里呆上十年。而与此同时，我们中国在建设自己的经济。"

让我们实事求是地面对事实吧，在一个地产商的认知里，战略这个词，显然有点太复杂了。

伊朗报复性攻击的余波

1 月 8 日

周三早晨伊朗发动的对美军基地导弹袭击，有这样几个特点。

第一，这是伊朗第一次以国家的名义直接向美国的属地发起攻击。请注意，在美伊的冷战中，伊朗总是谨慎地保持避免正面和西方冲突。他们总是采用第三方代理人或者匿名的方式发起袭击。比如去年九月份对沙特油田的无人机攻击，就是典型的例子，伊朗并不承认那是他们主导的。最直接的对抗可能是去年 6 月份击落了美国的无人机，但这被理解为对美国过度靠近而发出的一次警告。这有一点像中国过去和美国的对抗模式，可以击落美国侦察机，但即使是派往朝鲜的部队，都是用志愿军的名义，而避免国家之间直接对抗。

但这一次袭击则不同。伊朗发射了超过 12 枚短程弹道导弹，打击目标明确是美军驻扎在伊拉克的 Al-Asad 和 Irbil 空军基地。这一次是公开以国家的名义正面攻击美国，并表明是为了美国刺杀伊朗的 Soleimani 将军复仇。

第二，伊朗发动的袭击是以弹道导弹作为打击工具，而不是伊朗擅长的无人机攻击。这里需要介绍一下，伊朗军方非常明白自己的空军力量无法和西方对抗，他们的飞机基本上都是 30、40 年前的老式战斗机。因此伊朗发展空中打击的重点，在于导弹和小型无人机。导弹和小型无人机的区别在于，尤其是弹道导弹，其发射和目标指向是很容易在导弹的入轨阶段被探测和计算出来的。而小型无人机则要隐蔽得多。伊朗不会不明白自己的领空是被美国严密监视的。因此，发射导弹进行攻击，可以理解为伊朗并不希望杀伤美国士兵以导致对抗升级。而事实上，这两个基地的美军在伊朗导弹发射后不久，已得到预警通知进入掩体，并未造成人员伤亡。

第三，据美国军方发言人表示，攻击之前一天，也就是星期二，美军已经得知伊朗将会使用导弹攻击美军基地，而这一消息可能来自伊拉克人或美军自己的情报分析，但当时并不知道目标是哪里。

综合这些特点，不难看出伊朗并不希望冲突升级。伊朗是中东几乎所有 Shia 派穆斯林的领袖，他们如果希望给美国造成人员伤亡的打击，并非难事。伊朗警告说，如果美国继续报复，将扩大对美国的打击。而今天上午，川普也立刻就坡下驴，表示也不会再军事打击伊朗。

在美国刺杀伊朗将军那一天，道琼斯指数暴跌 300 余点。而今天战争的威胁消减了，道琼斯立刻重新回到了之前的高度。这是应该感谢伊朗人吗？

当然，这个时候，谁也不会在意川普曾在上周六的推特里信誓旦旦地说："我非常认真地警告伊朗，如果伊朗攻击任何美国人，或者美国财产，我们瞄准了 52 个伊朗目标，将会很快地，很严重地，被打击！"今天的世界，没有人会把美国总统的话当回事，大家都知道美国总统说话是没谱的。

这不得不说是美国的一种悲哀。谁让你们自己选出这么个地产商当自己最高领导人呢？

而今天美国参议院开始质询政府，到底是什么样的 imminent threat 导致美国要去刺杀伊朗的 Soleimani 将军。按照美国法律，必须有"即刻的危险"的情况下，政府在来不及通知议会的情况下，才能去刺杀一个外国领导人。但质询过程进行得并不顺利。政府代表拒绝回答很多参议员的问题，而在很多参议员提问之前，就匆匆离开了会议室。民主党领袖查克·舒默说，"当我们的提问变得尖锐起来，他们就跑掉了。我们没有看到这一行动的计划，也没有善后措施。"。

不满意的不仅仅是民主党，共和党一些议员也表示这次听证会"非常糟糕"。共和党参议员 Mike Lee 说，"这是我九年以来见到的最糟糕的听证会。非常的不美国。"Lee 参议员表示政府试图绕过国会发动军事行动，"这是完全不可接受的。"

接受吧，我的美国朋友，是你们自己选出了川普。

乌克兰客机坠毁事件

1 月 9 日

一架载有 167 名乘客和 9 名机组人员的乌克兰波音 737—800 型客机，当地时间周三早晨，从德黑兰机场起飞后，突然爆炸，无人生还。在 167 名乘客中，有 82 名伊朗人，63 名加拿大人，11 名乌克兰人，10 名瑞典人和数名阿富汗，德国人，英国公民。加拿大人的数量较多，原因是这是一趟常规的，从德黑兰转机基辅去多伦多的航线。

从目前获得的资料来看，该航班正常起飞，三分钟后至 8000 英尺高度时，突然失去与地面的联系，没有任何请求救援或报警的通讯记录。值得注意的是，这起事件发生的时间，仅仅在伊朗向美军基地发射导弹之后的 4 个小时。

一位要求匿名的美国官员表示，他们很有把握地认为，乌克兰的客机是被 SA-15 导弹击落的。这是一种俄罗斯生产的地对空导弹，属于俄罗斯 Tor（环面）防空系统。伊朗的防空军备中，包含这一系统。

伊朗公开发表的消息称，这只是客机的"机械故障"。伊朗邀请了乌克兰政府参与调查，已经有 45 名乌克兰专家抵达了德黑兰。据他们的最新消息，他们没有发现飞机引擎上有着火的迹象，他们也没有收到美国方面的资料，不能确定是导弹袭击。乌克兰人表示，他们将在现场收集可能的导弹残片。伊朗拒绝将资料交给任何美国公司，包括波音公司。加拿大在积极争取参与调查，但有较大困难。因为加拿大和伊朗没有外交关系。

川普也轻描淡写地表示，这恐怕只是伊朗的一个"失误"。

如果我们把最近的危机联系起来看，不难得出这样一个因果链条。正是因为川普废除了和伊朗的核协议，导致当地的地区局势紧张。而正是因为川普刺杀了伊朗的高级将领，才使得伊朗发射导弹打击美军基地。而伊朗只有在紧张戒备防止美军空袭的情况下，才会将地对空导弹处于执勤状态，才有可能导致这样的误击。

神仙打架，百姓遭殃。共工和祝融打架，撞倒了不周山，天下苍生几乎被团灭。那么作为神仙来说，是不是应该在打架之前，应该谨慎，应该为苍生着想呢？

话说回来，到底为什么要打架呢？

川普政府昨日开始向美国参议院解释为什么要刺杀伊朗高级将领。因为涉及军事情报，这是一个闭门的听证会。但从议员们的反应来看，他们绝大多数人都不能被说服，这是出于"即刻的威胁"而做出的合法的攻击决定。

美国参议院共和党参议员 Mike Lee 和 Rand Paul 都强烈表示了不满。"政府没有给我们任何实质性的信息。他们试图告诉我们，不要在伊朗问题上发表意见，否则你们就是在为伊朗打气。"Lee 参议员怒气冲冲地说，"这是在侮辱和贬低美国的宪法。"

川普政府一再告诉国会和公众，刺杀伊朗第二号人物是为了避免"即刻的威胁"。但稍有常识的人都知道，如果一个行动已经到了即刻就要发生的时候，除掉对方的高级领导人根本不可能阻止其发生。任何行动都有一个时间程序，从高级领导人决定到实施，是有一个过程的。如果这个威胁是即刻的，那么要阻止其发生，应该除掉的是执行这个任务的人，而不是其最高领导人。这就好像在911事件之前几天杀死本拉登，不会阻止911发生是一个道理。

让我们坦然面对这样一个事实，川普政府根本不把国会放在眼里。我说"即刻"就是"即刻"，其实根本不需要你们同意。我想杀人我就会去杀人，你们同意不同意没有太大关系。我是政府，我说了算。国会里的先生们，请你们不要再妄议中央了。

说到底，国会能把川普怎么样？国会的议员需要老百姓的选票来保住饭碗，而老百姓中有40%川普的死忠粉。他们掌握着议员的饭碗。而出身"宣传系统"的川普，有很强的能力来控制住这些受教育程度不高的民众，让他们崇拜自己。川普不可能出现在罗斯福时代，为什么？因为那时候大众的信息来自报纸和广播。报纸的广播的内容是谁写的？绝大部分是知识精英写的。这就是说，民众在接受信息的时候，是受到知识精英的过滤和引导的。但现代传媒之下，一个娱乐界的玩家就可以直接操控民众。古代有"挟天子以令诸侯"，现在的美国是"挟民众以令议员"。因此议会从根本上失去了监督政府的能力，三权分立也就受到了极大的威胁。

这就不难解释为什么共和党里会出现美国历史上罕见的拍马屁现象，甚至不少共和党大佬说川普比林肯都更伟大，川普的演说比里根1987年著名的柏林演讲"戈尔巴乔夫先生，请拆掉这堵墙"都更有历史意义。

希望美国人在将来反思今天这段历史的时候，能够感到羞愧。

美国现在有外交政策吗？

Fareed Zakaria（节选）

1 月 13 日

三个月前，川普突然将部署在叙利亚北部的全部美军撤离。这使得伊朗的势力很快渗透入这一地区。川普表示，"进入中东，是我们这个国家历史上最糟糕的决定。中东就好像流沙一样（使人陷入其中）"。但上周，他却戏剧性地加强了美军在这一地区的介入，他杀死了伊朗的重要军事领导人并在此地区加派了数千名军人。

更令人迷惑的是，与此同时，他非常强烈地要求美国从叙利亚撤军，却在沙特增加了 3000 名军人。当被问及原因的时候，川普回答说，"沙特出钱啊！"。当川普宣布从叙利亚撤军之后只有几周时间，他又宣布将会在北部留一些部队，在正式发布的总统办公室声明中，川普说，"我们要石油，我们有石油，石油需要安全，我们留点部队，就是为石油。"（We are keeping the oil. We have the oil. The oil is secure. We left troops behind, only for the oil. 我不得不加一句，川普的语言习惯像极了中国的毛，"不是小好，不是中好，而是大好。"这种语言常见于以代表底层劳动人民自居的革命家们。）

在杀死伊朗的 Soleimani 将军之后，川普警告伊朗说，如果伊朗攻击任何美国人或美国财产，他的报复将会是"非常快，非常厉害"滴。但是，伊朗随即攻击力美国两处军事基地，川普却什么都没有做。我很高兴川普没有让对抗升级，但这不改变川普一贯出尔反尔的事实。

总体上不难发现，川普的所谓外交政策，是冲动性的，莽撞的，没有计划的和没有连续性的。他们的结果是混乱和迷惑。川普不和伊拉克政府合作，这导致伊拉克政府要求美军撤离。川普进而威胁伊拉克政府要经济制裁他们，并要求伊拉克为美军驻扎付出数十亿美元。

美国和伊拉克政府对抗，从伊拉克撤离部队，这些却恰恰是伊朗多年来追求的梦想。

不仅如此，我们再来看北韩。川普曾威胁北韩"我要让你们看到世界上从未见过的烈焰和怒火"，嘲笑北韩领导人为"火箭人"。但很快他几乎是很厚脸皮地宣称"我和小金坠入爱河了"。美国领导人从未答应过会见北韩领导人，而川普和他会见了三次。和美国领导人平等对话，是北韩梦寐以求的，他们达到了目标。而川普一直寄希望于和北韩达成某种协议，但这种单相思迎来的是北韩继续试验着自己的弹道导弹，事实上小金公开表示将展示一种新的"战略武器"。但这些举动却并没有引起川普的反应。我们很迷惑，为什么一开始川普反应那么强烈，而现在几乎麻木了呢？中国有一句成语叫：前倨后恭。用来形容川普对北韩的态度，是不是很合适呢？

再说中国。川普发誓说要改造中国的国家主导经济的发展模式，他使用了关税壁垒的方式，他一直声称将做成一笔大买卖。燃鹅，第一阶段协议里没有任何这方面的内容，最大的内容仅仅是中国答应买更多的美国货物。而这不正是中国一直希望得到的结果吗？那么美国消费者付出那么多关税的意义在哪里呢？

坦白地说，川普没有所谓的外交政策。他只有一系列的冲动，这包括孤立主义，单边主义，好战倾向。他们有时候还是自相矛盾的。当川普感到自己会显得软弱或者愚蠢的时候，往往会激发这些冲动。他在做决定之前没有充分的咨询，而他一旦做了决定，身边一大帮北韩一样的马屁官员（yesmen）却盲目拥护。

美国曾经做过很多错误的外交政策。但过去，美国的外交政策是深思熟虑广泛咨询并和盟友协同的，这是为了保证自己政策的连贯性和一致性。我们艰难获得的国家名誉（名声 reputation）被一次又一次地，在全球的舞台上挥霍着。

俄罗斯又开始帮忙了 议员们又开始紧张了

1 月 14 日

美国著名的 Area1 Security 公司是一家提供网络安全，尤其是防范钓鱼网站和黑客入侵的网络安全公司，其三位创始人都是前美国国家安全局（NSA）的雇员。目前该公司重点业务在于提供云服务器安全和商业公司和政府网站的网络安全服务。

该公司日前披露，他们发现俄罗斯黑客已经成功入侵了乌克兰 Burisma 控股公司。俄罗斯人通过模仿公司内部电子邮件的形式发邮件给员工，当员工点击邮件链接时，将进入一个假的公司服务器页面。这样，员工试图合法地登录公司服务器时，他们实际上是将自己的用户名和密码发送给了黑客。

Area1 公司的创始人之一 Falkowitz 表示，这些黑客的攻击是成功的，而这一攻击开始的时间，是去年 11 月份，这正是川普派遣自己的私人律师朱利安尼去乌克兰调查 Burisma 公司的时间。

Burisma 公司特别在哪里？很简单，川普在竞选连任时碰到的最有实力的对手，民主党的前副总统乔·拜登，他的儿子亨特·拜登，就曾经担任该公司的董事之一。

还记得川普在 2016 年公开高喊"俄罗斯，如果你们听见我说话，赶快去调查民主党！"吗？俄罗斯随即入侵了民主党竞选办公室的电脑，盗取了他们的电子邮件，这给予民主党的打击是巨大的，在川普当选中，这一俄罗斯黑客入侵事件功不可没。这一次，俄罗斯又开始和川普协同作业，相互配合，一起努力来帮助川普连任了。而且手段惊人相似，依然是去挖川普竞争对手的黑材料。

Area1 公司表示，黑客正是来自俄罗斯国家情报总局 GRU，前身为克格勃的一个分部的格鲁乌。这显然不是一个个人行为，而是俄罗斯的国家行为。

那么为什么俄罗斯如此亲睐川普，如此憎恨民主党呢？（有意思的是，在中国很多自称追求民主的人群中，也绝大多数憎恨美国民主党。世界很奇妙？）

再来看川普弹劾案在参议院的进展情况。

众议院将在明天投票决定向参议院正式递交弹劾案。在总统弹劾的程序中，众议院类似检察官的角色，而参议院则类似于法庭。众议院决定是否开始弹劾，而参议院决定弹劾是否成功。

共和党把持下的参议院，党领米奇·麦康奈尔一直以来要求不传唤证人出庭。他的理由是克林顿弹劾案的时候，也没有要求证人出庭。但我们可以看到克林顿总统的办公室是全力配合国会调查的，他们出席了所有众议院的听证会，交出了所有要求的材料。这才使得参议院没有必要去传唤证人证物。当时参议院做出这一不传唤证人决定的投票比例是：100比0，即所有参议员均同意不需要传唤证人了。但现在的情况是这样吗？不是。现在的情况是白宫禁止任何政府官员出席众议院的听证会，不交出任何众议院要求的政府文件。这种情况下，我希望我的读者自己来判断，是否应该进行参议院听证，是否应该传唤证人？

目前有消息称，共和党内部有松动的迹象。该消息源表示，至少有四名共和党参议员将投票要求传唤证人。只要有四个共和党人投票支持传唤证人，那么麦康奈尔也就无力阻止了。让我们来看事情的进展。

另外，由众议院发起的限制总统在伊朗进行不经国会授权的军事活动的动议，已交到参议院。而根据参议院民主党人透露的消息，他们已经说服了四位以上的共和党参议员，即已经拿到51张票可以在参议院通过此法案。

大多数人认为，川普的鲁莽行动很可能意外地将美国带入战争。试想一下，如果伊朗的导弹炸死了美国士兵，情况现在将会如何？不知道有多少共和党人能意识到，川普的存在对美国的安全是一个很大的威胁。

刺杀美国大使

1 月 15 日

还记得去年 11 月，在众议院的弹劾川普听证会上，原驻乌克兰的美国大使 Marie Yovanovitch 作证指出，自己是被川普政府突然辞退的。她还提到一件诡异的事，在有一天的凌晨 1 点，她接到一个来自美国国务院的电话，打电话的人要求她尽快搭乘下一个航班离开乌克兰。"我们很担心你的安全。"

这就留下一些谜团。为什么川普政府一定要换掉 Yovanovitch 大使？她做错了什么？她到底面临什么样的危险？

今天美国情报部门公开的信息，部分地为我们解答了这个问题。

我们先来看一组进行了加密的通过 Whats App 相互发送到短信对话。这来自两位先生。一位名叫 Lev Parnas，一位名叫 Robert Hyde。

2019 年 3 月 22 日，Hyde 先生致 Parnas："不可想象川普还没有解雇这条母狗，我会来处理此事。"Parnas 回覆："这很有意思。"

23 日，Hyde："她被严密保护着，她不在基辅市内。"

其后数日，Hyde 在给 Parnas 的短信中详细描述了 Yovanovitch 大使的行踪，包括她和几个人说话了，她的手机是关机的，她的电脑是关机的。

那么 Hyde 是如何知道这些信息的呢？从短信上看，Hyde 可能雇佣了一个私人保安公司对 Yovanovitch 大使的行踪进行了监视。而其后，Hyde 在短信中说："已确认，我们已经有人在里面了。"这可能表示他已在大使卫队中安插了自己的人。

最令人不安的一封短信是这样的。Hyde 致 Parnas："只要你我出价，他们愿意帮我们做任何事情。在乌克兰什么都可以用钱买到的。"Parnas 先生的回复，是一个笑脸。

随后不久，美国国务院就打电话要求 Yovanovitch 大使赶快离开乌克兰。

现在我们来看这两位先生是谁。

Robert Hyde，共和党人，川普的狂热支持者，曾向川普捐赠过超过 5 万美元的政治捐款。目前在康乃狄克州竞选议员，发表过非常粗俗的性别歧视言论。

LevParnas 先生，更有意思了。目前他在牢里，罪名是洗钱和非法政治捐款。以上的内容主要就来自于他的供词。他是什么人呢？他就是川普私人律师朱利安尼的最核心助手。因为他是前苏联公民，说俄语，所以在给乌克兰施压方面，是朱利安尼的重要助手。顺便说一句，这位 Parnas 先生，也是地产商。

在 Parnas 先生住过的旅馆里，调查人员发现这样一张纸条："要让 Zelensky（乌克兰总统）宣布开始调查拜登案。"

那么为什么川普政府如此憎恨 Yovanovitch 大使，一定要除之而后快呢？

我们知道，川普通过自己的私人律师朱利安尼，一直在给乌克兰政府施压，要求他们公开宣布对拜登儿子展开调查。这可以打击拜登的名誉，从而使自己赢得连任。时任乌克兰最高检察官的 Yuri Lutsenko 对此要求给出的条件是：你们先调走 Yovanovitch 大使。原因可能是 Yovanovitch 大使对 Lutsenko 有较多批评，并要求成立一个准独立的反腐机构来帮助乌克兰打击腐败。

在一封俄语写成的信件中，Lutsenko 明确要求 Parnas 先逼走 Yovanovitch，然后将会和配合美国调查拜登。Lutsenko 说，我不会在你们调走这位女士之前，做任何公开的声明。四天之后，Lutsenko 短信给 Parnas，说已经收集到了一些证据，然后他抱怨说"可你们连一个傻瓜都调不走？"

Parnas 先生回覆说，"她可不是一个简单的傻瓜，相信我，不容易调走她。"数天后，Parnas 先生致 Lutsenko："很快事情会有转机，我们会走上正轨。"

以上对话发生在 3 月。4 月，Yovanovitch 大使被川普亲自下令召回。

有趣的是，Lutsenko 后来公开承认，没有发现拜登和他的儿子亨特·拜登有任何违法行为。

朱利安尼在乌克兰搜寻拜登腐败证据，要求乌克兰政府公开宣布开始调查拜登父子的努力受到了挫折。他在一次公开的电视采访中说，"我相信 Zelensky 总统周围，都是川普的敌人，都是我们美国的敌人。"。所以，除掉敌人，这难道不是一件很正常的事情吗？

看看今天披露的材料，再想想川普在给乌克兰总统 Zelensky 的电话里说的 Yovanovitch 大使将会"经历一些事情"（She is going to go through somethings）。你还会怀疑 Yovanovitch 大使在听证会上说的"我感觉自己受到了威胁"吗？

瑞秋时刻（1）

1 月 16 日

身高 1.8 米的 Rachel Maddow 大概是美国收视率最高的一位年轻女新闻主持人，今年 46 岁。她独立撰稿并主持的 Rachel Maddow Show 是美国 MSNBC 广播公司新闻节目的台柱。Rachel Maddow Show 曾经是美国收视率最高的新闻评论节目，其节目内容重点在揭露美国政治的黑暗内幕。随着穆勒调查的结束，Rachel MaddowShow 的收视率有所下降，但就在昨天晚上，Rachel 憋出了一个大招。新闻界普遍使用的词是"Bombshell"（炸弹级新闻）。

我们昨天说到，在川普的乌克兰丑闻中，一个核心的人物是 Lev Parnas。而这位 Parnas 先生，接受了 Rachel 的专访，透露出来令人震惊，却也在人们预料之内的美国政治内幕，将多位美国重要政治人物牵涉其中。

Parnas 先生是川普私人律师 Rudy 朱利安尼在乌克兰活动中的核心助手。朱利安尼曾经给乌克兰总统写信（此信也在证物序列中），说自己是代表作为私人的公民川普，而不是代表美国总统。顺便说一句，这是一个很有意思的表达。作为私人公民，川普确实可以要求乌克兰去调查自己的竞选对手，朱利安尼也在去年 5 月份明确表示自己去乌克兰行程的目的就是帮助川普竞选。但问题在这里，作为普通公民的川普，能不能动用美国政府赋予的总统权力，以美国的实力去要挟乌克兰为自己私人利益服务呢？这就是一个大问题了。那么，美国给乌克兰施加的各种压力，包括扣住其军事援助，是否目的是为了要求乌克兰政府服从普通公民川普的私人利益要求呢？是否能将这两条线连起来，这是问题的关键。

这也是 Parnas 先生的价值，因为，他是具体操办人。值得注意的是，尽管 Parnas 先生多次和川普出现在同一会议上，一起打高尔夫球，而且是朱利安尼的核心助手。但川普被问及是否认识 Parnas 先生时，川普说："我根本不知道他是谁，他在做什么。"

Parnas 先生对 Rachel 说，"总统在撒谎，他非常清楚我的每一个动作。事实上没有他的同意，朱利安尼和我都不会做任何事情。"

根据 Parnas 先生对 Rachel 的描述，自己是通过朱利安尼的引荐和确认，才获得乌克兰政府高层的接纳（Parnas 先生的职业仅仅是一个地产商）。Parnas 先生根据朱利安尼的授意，态度非常强硬地要求乌克兰方立刻公开声明要对拜登父子展开调查，否则将取消原定的由美国副总统彭斯出席的乌克兰新任总统 Zelensky 的就职典礼。要知道，乌克兰此时正在和俄罗斯交战，美国是否能明确表达对乌克兰新政权的支持，对于乌克兰来说是非常重要的。

一开始，乌克兰人对 Parnas 先生的权威性还有所怀疑，不能确认这个小个子是否真的代表美国总统。因此，没有太将他当回事。

当 Parnas 先生得到了明确答复，乌克兰不会立刻声明调查拜登父子的时候，他给朱利安尼打了电话。而随即，在 24 小时之内，美国副总统彭斯办公室向乌克兰通报，彭斯副总统不会来参加 Zelensky 总统的就职典礼了。

这下乌克兰人必须认真对待 Parnas 先生了。于是出现了我们昨天说的,乌克兰人提出的条件是,美国先赶走 Yovanovitch 大使。对此,Rachel 问道,Yovanovitch 大使的离开是否还有别的原因? Parnas 先生回答说:"没有。完全就是因为她阻碍了乌克兰公开声明要调查拜登父子。"

关于昨天提到的 Hyde 先生对大使的监视行动,Parnas 先生表示 Hyde 有酗酒倾向,那可能只是一个酒鬼的胡话,他并不当真。但他没有解释为什么 Hyde 先生有如此详细的大使行踪资料。

Parnas 先生表示,美国副总统彭斯是完全明白其中的交换条件的,即乌克兰帮助川普竞选是条件,满足此条件,彭斯副总统则会代表美国出席乌克兰总统就职典礼以示美国对乌克兰的支持。

至此,美国副总统被牵涉其中。

不,故事还远远没完。

Rachel 曾经写过一本关于美俄乌克兰等国能源产业内部黑幕的书,叫"Blowout"。其中的主要人物,就是一个名叫 Dmitro Firtash 的乌克兰天然气大亨。此人与普京及乌克兰前亲俄的 Yanukovych 政府关系密切,实质上就是一个中间人的角色。他在乌克兰谍掄之后被美国司法部指控为涉及有组织犯罪,同时还因其他的诸如行贿罪等指控,目前在维也纳被软禁,等待引渡到美国受审。

Parnas 先生表示,Firtash 大亨也涉及这一乌克兰丑闻。美国司法部告知 Firtash,只要他能做两件事情,他们将终止对这位有组织犯罪嫌疑人的引渡。这两件事是:一,帮助向乌克兰政府施压要他们宣布调查拜登;二,帮助找出穆勒调查中可能有的瑕疵。

那么作为司法部长的威廉·巴尔,是否了解这件事情呢? Parnas 先生表示,"当然了解,巴尔就是我们这个团队的一员。"

至此,美国司法部长也被牵涉其中。

这就完了吗?还没有完。还有更多的重要人物将浮出水面。我们明天接着聊。

瑞秋时刻（2）

1 月 17 日

昨天我介绍了 Rachel Maddow 爆炸性对 Lev Parnas 先生的独家专访，这一节目也创下了电视收视率的一个奇迹，当晚创下了 450 万观众收看的记录，超过第二位几乎两倍的收视率。顺便提一句，Rachel 的年薪是 700 万美元，现在看来 Rachel 可能又会涨工资了，恭喜 Rachel。

在周四的 Maddow Show 中，Rachel 一开始就提出一个问题。要知道 Parnas 先生目前是被监视居住，等待审判的被告。这个时候公开接见媒体并爆料，对一个被告来说是很不利的。那么 Parnas 先生为什么还要在这个时候来公开对媒体爆料呢？Rachel 向 Parnas 先生提出了上述问题。

Parnas 先生说，"川普的权力在威廉·巴尔担任司法部长之后，获得了很大的增长。他像一个邪教一样控制着共和党。人们害怕司法部，我也害怕司法部。他们试图不让我讲话。我认为我现在把话说出来，对我更安全。"

Parnas 先生反复地使用了 Cult, Cultish environment 这样的词来描述他在这个川普圈子里的体会。

关于前副总统拜登，Parnas 表示，他见到的大量材料实际上不是关于亨特·拜登的，而是关于乔·拜登的，可见其针对性。不是为了调查 Burisma 公司的腐败，不是为了调查亨特·拜登的腐败，而是直接针对乔·拜登的调查。Parnas 说，他看过这些材料，看不出乔·拜登有什么不当的行为。"他所作的是在打击乌克兰的腐败。" Parnas 先生说。

还记得我们昨天说过，美国副总统彭斯因乌克兰不服从他们要求调查拜登，而取消了参加新总统 Zelensky 就职典礼的事吗？在这一努力失败后，川普的私人律师朱利安尼的下一步是什么呢？

是找美国前能源部长 Rick Perry。

要知道，乌克兰的能源产业是乌克兰经济的最大支柱，美国能源部长的份量可想而知。据 Parnas 先生陈述，朱利安尼和 Perry 在巴黎见面，前者反复向能源部长 Perry 强调，一定要向乌克兰人传达准确的信息，不是要他们宣布开始调查腐败，而是要他们宣布开始调查拜登！如果他们不服从，他们不仅仅会失去美国的军事援助，而是会失去美国的所有援助。

Perry 部长在完成了对乌克兰的访问后，回电朱利安尼，"我和 Zelensky 总统谈过了，他保证，他们会按我们的要求去做。"

但有趣的是，随后 Zelensky 总统的公开声明，却没有提到拜登，而只提到乌克兰决心打击腐败。Parnas 先生说，朱利安尼对此非常恼火，说这不是我们谈好的条件，我们的条件是"拜登的名字一定要被提及！"

在乌克兰丑闻开始被曝光后，去年 11 月，RickPerry 部长辞职，他拒绝了众议院弹劾调查的传票，不愿出庭作为此事件的证人。

至此，美国前能源部长被牵涉其中。

当 Parnas 先生因非法捐助共和党候选人而接受调查的时候，朱利安尼和总统私人律师团队的 Jay Sekulow 向 Parnas 先生推荐了 John Dowd 律师。起先，Dowd 律师不愿意接受此任务，但在川普的亲自授意下，Dowd 律师表示愿意代理 Parnas 先生的案子。但很快，Parnas 先生被捕入狱。Dowd 律师在监狱中会见了他。Parnas 先生认为自己在乌克兰丑闻中只是代人办事，没有任何违法的地方，他表示愿意出席众议院的听证会。但这一要求被 Dowd 律师和 Sekulow 律师阻止。Parnas 先生感到自己被出卖，他认为这两个人都在为川普的利益服务，而准备牺牲他这个小人物。于是愤怒地辞退了 Dowd 律师。这是 Parnas 先生开始转而自保，开始公开寻求机会向新闻界喊话的根本原因。

这一事件还涉及众议院情报委员会副主席，共和党的 Devin Nunes，他对外界宣称自己完全不知情，但 Parnas 先生指证说，他也是这个圈子里的人，完全知道发生了什么。Nunes 的戏份不多，我就不介绍了。

最后，在开除 Yovanovitch 大使一事上，美国国务院和美国国务卿蓬佩奥扮演了什么角色呢？要知道辞退大使是需要国务院宣布的。这一层关系，Parnas 先生并不知情，他只知道蓬佩奥是参与其中的，但具体发生了什么，他不知道。

有没有感觉美国政府至少在高层，已经完全丧失了基本的是非观？如果政治人物本身已经变得 cynical（没有道德标准的犬儒），那么制度能够防止这种蜕变吗？我们应该关注下周开始的参议院总统弹劾的庭审过程。

川普向中国妥协

Fareed Zakaria（节选）

1 月 20 日

川普和中国的第一阶段协议是北京的巨大胜利。这只需要比较一下所签的条款和 2018 年 5 月华盛顿开出的条件就可以得出这一结论。金融时报（Financial Times）总结说"经过两年的谈判，关税和反关税的对抗，川普先生没有达到任何实际的目标。"（请注意，从贸易争端一开始，中国就提出了自己通过多购买美国货物来降低美国的贸易逆差。经过了两年的争斗，最终第一阶段协议实际上回到了原点，或者说是在按中国的意愿进行着。）

这一结果部分折射出两国不同的政体。中国是一个一党国家，他们可以更注重长远的利益。而川普则试图通过两败俱伤的方式来打击中国经济，迫使中国屈服。但问题是，他自己现在面临大选，而中国没有这个问题。因此，川普只能撤退。

从一个更广的视角来看，第一阶段协议却反映了这样一个新的国际现实。美国将会面临一个从未有过的对手。中国是美国进入现代社会以来，第一个真正的对手。因为甚至苏联，在经济上从来没有成为美国的对手。

中国是世界上第二大经济体。它是亚洲和世界大多数国家的最大贸易伙伴。它拥有世界上最大的外汇储备。同时在很多领域，甚至包括高科技领域，如 5G，引领世界。

也许更为重要的是，中国不是美国安全体系的一部分。自二战之后，美国在自己创造的安全国际环境中受益匪浅，所有二战之后兴起的国家，无论是德国，法国，英国，日本，南韩，他们都是美国安全体系的一员，受美国节制。但是，中国却不是。

再加上非常不一样的政治体系和文化背景，加上中国也有向外投射力量和影响的意愿，这使得问题更加复杂化，两国之间的紧张度更高。正如川普的谈判必须退让一样，在中国身上，威胁，对抗和恐吓并不总是管用的。因为中国有自己的优势。

川普最大的错误是，他试图单独挑战中国。欧洲领导人曾表示他们愿意和美国一起对抗中国。美欧相加就相当于全世界一半的 GDP 和超过一半的军事投入。但川普拒绝了。他同时还谴责欧洲让美国在贸易上吃亏了。他还退出了 TPP，这一协议本身，是可以通过一个新的贸易体系来给中国施压的。

但川普不是一个人在犯错。民主党也同样对中国采取强硬态度，也同样有保护主义色彩。如果民主党进入白宫，情况会有大的改变吗？恐怕不会。

对中国的批评没有错，北京确实在自由贸易中耍滑头。但从根本上来说，中国的繁荣还是从共产主义经济向市场经济转型的结果。它的快速发展是中国人努力工作，节省而敢于投资，并积极吸取好的建议的结果。真正最好的应对中国的方式是华盛顿对科学、技术、基础建设和职业培训进行大力投资，使得美国可以比中国有更高的创新力和竞争力。

中国崛起带来的地缘政治挑战并没有被充分认识到，而被简单认为是一种新的冷战。中国和苏联不同，苏联是试图破坏西方建立起来的秩序，而中国却在这种秩序中获益。中国不是俄罗斯那种流氓国家，他们不试图干涉美国的民主或者入侵其他国家。在毛时代他们曾经做过，而现在中国却是联合国第二大维和力量。事实上，北京从1979 年之后就没有打过仗了。

美国将在 21 世纪的大多数时候和中国对抗。但美国需要学得聪明起来，需要联合盟友使得这一竞争是在一个国际环境下进行，而不是双边争夺。如果我们继续这种冲突和遏制的路子，那么这种争斗会破坏现有的国际秩序和全球经济。我们最终也会发展出一个控制一切，包括贸易、科技、甚至旅游的政府。我们还会和自己的盟友进行无休止的争斗，经济将在低水平运行，甚至面临核军备竞赛甚至战争。

面对中国的挑战，我们不应该简单地"变得强硬"，而应该"变得聪明"。

弹劾和资本主义

1 月 21 日

今日参议院正式开始弹劾的程序，主要议程在于弹劾应该如何进行。共和党参议院议长米奇·麦康奈尔曾打算低调处理弹劾，他希望双方发言的时间从下午一点一直到半夜一点，一方只允许发言两天。此提议被民主党人和一些共和党人联合否决，改为一方发言 8 小时，连续发言三天。

民调显示，51%的美国人希望不但弹劾川普，而且要将之赶出白宫。45%认为不应该弹劾。值得注意的是，69%的受访者认为参议院的庭审应该传唤证人，而这是参议院共和党人极力反对的。另一个值得注意的分野是，59%的女性支持弹劾川普，而这一个比例在男性中只有42%。有色人种中黑人86%支持弹劾，西班牙裔65%，而白人，只有42%支持弹劾川普。

相比较这一正在如火如荼进行的弹劾，我今天的目光却被华盛顿邮报上的另一篇文章所吸引。这篇文章是由达沃斯论坛引发的对现代资本主义危机的一种思考。

今年正是达沃斯论坛的50周年纪念。

达沃斯论坛一向以来都有一些不言自明的精神信条，比如强烈地信仰自由主义，强烈地相信全球化会给世界各国带来繁荣和发展。他们相信，私人公司不但有能力而且从道德上来说也是更可靠的，大多数人的利益保护者。

但过去的十几年中，这种信念受到了挑战。金融危机的爆发，越来越严重的贫富差距，国家主义，民粹主义的流行，中国逐渐收紧的政府极权，以及全球气候控制的举步维艰。这导致在民调中显示，超过50%的人认为，资本主义弊大于利。

达沃斯论坛的执行主席，也是其奠基人，已经八十多岁的Schwab认为，今天的世界更加需要达沃斯论坛来协同全世界。他呼吁企业有更多的责任心，公平地交税，拒绝腐败，坚持仁拳底线，和公平地竞争。他指出，我们只有这样才可能减轻贫富差距和帮助政府完成2015年制定的巴黎协议所定的目标。

这里，Schwab强调了一个词stakeholder capitalism，用于反对传统上的shareholder capitalism。前者要求企业除了对持股人负责外，还将顾客利益，雇员利益，社区利益，环境保护等诸多因素放入了一个企业战略规划的范围内。

事实上，这已经是一件非常紧迫的事情了。目前世界上的亿万富翁已经拥有了全世界46亿人财富的总和。而这一趋势还在恶化。更令人担心的人，世界经济老大和老二，都不在乎贫富差距的恶化，川普甚至还在给富人减税，而政府收入的减少，却引来削减医疗补助和教育补助来填补，更进一步加大了贫富差距。

我们经济的蛋糕越做越大，而我们却丢下了越来越多的人。要知道一个制度需要被绝大多数人接受和尊重，才可能顺利执行下去。否则革命就可能在迫在眉睫。这事实上已经出现在了一些贫富差距大的国家，而美国也出现了前所未有的对富裕阶层，所谓 1%顶端富裕人群的憎恨。中国则出现越来越失望的年轻一代。自由竞争，公司利益最大化的传统资本主义，可以解决一部分的贫困问题，但显然自身不存在解决贫富差距的解药。

那么，解药在哪里呢？如果美国和中国都无法解决自身的贫富差距问题，全球化是无法持续下去的。这意味着我们熟悉的生活方式可能会被严重改变。

川普的美国第一态度被认为是达沃斯论坛中最应该被批评的态度。而美国政府目前对全球环境的冷漠态度，则引起一些激进的环保主义者的愤怒。

一位记者表示，"虽然川普的很多行为没有连续性和自洽性，但他的世界观不会使他反悔他对世界的破坏。他的所谓强硬态度，使得美国的盟友和敌人同样遥远，这使得美国在世界舞台上更加孤立。"

川普和腐败

1 月 22 日

还记得为川普辩护的人如何描述乌克兰丑闻吗？他们说，川普要求乌克兰调查 Burisma 公司和拜登的儿子，不是针对自己的竞选对手乔·拜登，而是因为他憎恶腐败，他要清除腐败的沼泽。这也是在弹劾审讯中，为川普辩护的律师团的说法。

那么我们来看一看川普对于腐败的态度到底是什么吧。

2017 年春天，川普刚刚上台不久。当时的国务卿还是 Rex Tillerson，就是那位不否认自己私下骂川普为傻蛋（moron）的石油大亨。Tillerson 国务卿在向川普汇报工作时，提到一家美国公司因为在国外行贿当地政府而受到美国指控时，川普跳了起来，对 Tillerson 说，"这不公平，我要求你取消外国腐败行为法（Foreign Corrupt Practices Act）"。

这部法律，是 1977 年通过并于 2005 年加强的，禁止美国公司行贿外国政府官员的法律。顺便提一句，加拿大前段时间闹得很厉害的 SNC-Lavalin 丑闻，就是因为 Lavalin 公司试图行贿外国政府官员来获得商业机会，而首相特鲁多试图干涉司法来保护这家"国之栋梁"企业。在很多西方国家，都有法律禁止自己的企业在外国行贿。

Tillerson 国务卿楞了一会，才反应过来，说："这不是我的职责，我只是国务卿，立法和修改法律是议会的事。"川普说，"这对美国公司太不公平了，凭什么美国公司就不能在海外通过行贿来做生意？"

随后，川普要求自己的私人幕僚 Stephen Miller 制定一条总统行政令来阻止执行这一法律。但随后，Miller 在走廊里向 Tillerson 国务卿表示自己很怀疑行政令能不能反掉一条法律。

川普指定了来自华尔街的 Jay Clayton 作为证券交易委员会 SEC 的主席，Clayton 曾写过文章批评过美国的法律使美国公司在海外受到不公平待遇。是啊，很不公平，别人都能行贿，凭什么我美国公司不能行贿呢？

川普在接受采访时表示："这部法律太可怕了，全世界都会笑话我们的。"是吗？全世界会笑话美国带领反腐败吗？也许是的，至少在川普的世界观里，是这样的。有钱不赚王八蛋，谁不腐败谁傻蛋。

但是，这一法律目前还得以保留。川普失败了吗？

不完全这样。事实上川普在其他领域取得了一定的成功。

他和共和党一起，成功地废除掉了一项针对石油天然气企业的反腐败法。

这一法律是奥巴马总统时代，由民主党和共和党共同提出的，属于 Dodd—Frank 法案内容的一部分。这一法案要求在美国股市中的油气公司必须公布他们向外国政府支付的金钱的详细目录。这是为了防止外国有权势的人贪污腐败，因为他们常常会要求美国油气公司支付他们个人一定的"提成"，而自然资源是属于那个国家人民的公共财产。

美国石油学会 API，这可不是一个学术机构，而是美国石油利益集团的行会，他们主要负责游说政府。他们表示这一法规将美国油气公司置于不利地位。因为，一些竞争国家没有类似法律。还是同样的道理，别人都行贿，凭什么不让我们行贿？这里说明一下，无论是加拿大，还是欧洲，甚至俄罗斯，都有类似法规，要求油气公司公布自己付给外国政府费用的详细目录。美国想和谁比下限更低呢？

在当时共和党把持下的众议院，成功地投票废除了这一法律，并获得了川普的签字。

所以，川普怎么可能突然变得对乌克兰的腐败如此关心呢？事实上，没有人真的相信川普是为了乌克兰的腐败问题才扣住送往乌克兰的援助，他用美国的国家安全利益作为筹码，要挟乌克兰帮助自己大选，这事实上没有人会否认的。

但是，共和党的议员和参议员们，就一定要睁着眼睛说瞎话，就一定要和川普一起撒谎。他们真的没有认知事实的能力吗？还是他们真的已经堕落到了可以公开指鹿为马的程度？他们不担心自己的孩子会指责自己无耻吗？他们不担心将来的历史会写下今天发生的事吗？

弹劾进展

1月23日

最近的 Pew Research 民调，抽查了 12,638 名美国人，其中 70% 的人认为川普做了不道德的事情，63% 的人认为川普做了非法的事，而 51%的人要求将之赶出白宫。

我们来看看具体的分野：

受教育程度上不同所显示的差别甚至高于性别差距。在受过大专（College）以上教育的白人中，53%认为川普应该被赶出白宫，而没有接受或完成 College 教育的白人中，只有 34%持相同看法。

年龄上的分野也是明显的。超过 65 岁的人群中，56%要求川普留在白宫；而 30 岁以下的人呢？恰恰相反，60%要求川普下台。

但总的来说，人们是很难被说服改变观点的，因而意见分歧非常明显。政党之间的党争不过是这种社会分歧的表象。86%的共和党人要求川普留在白宫，而同样比例的民主党人则要求川普辞职。

但是，我们还是看到一些有趣的现象：47%的共和党人，认为川普做了不道德的事情。只有 18%的受访共和党人认为川普绝对没有做坏事。在另一项调查中，32%的共和党人认为川普可能或肯定违法了。但是，有趣的是，尽管这 1/3 的共和党人认为川普做了坏事，甚至违法了，但这些人中的 59%依然认为他不应该下台。

这就是说，有相当一部分美国人至少持这样一种观点：即使总统贪污腐败甚至违法，我们也不应该赶走他。

这也为弹劾过程中的民主党指控者提出了挑战。他们仅仅证明川普违法是不够的。川普丑闻的揭露并不影响他的支持率，川普的核心支持者不可被说服的。Pew Research 的民调显示，川普的支持率依然是 40%，虽然在历届总统中一直垫底，但这个支持率并不受弹劾调查的影响。这说明川普的支持者是无条件无前提地支持川普。这在美国历史中，非常罕见。

这可能也解释了共和党参议员的一些表态。无论你摆多少证据在他们的面前，他们都可以面无表情地说："我什么证据都没有看见，没有任何证据证明总统做错了事"（Sen. Josh Hawley）

但是，也可能有另一种解释。

来自路易斯安娜州的共和党参议员 John Kennedy 说，"我知道众议院的报告很有份量。但我相信大多数，如果不是全部的话，参议员们都还是第一次听到全面的报告。如果你抽出 10 个参议员来，9

个会告诉你他们根本没有读过众议院完整的报告，而那第十个人说他读过，他在撒谎。"

保守主义杂志国家评论 National Review 昨天发表了一篇编辑文章，要求共和党人不要去盲目否认川普什么都没有做错，而应该承认川普有错，但错不至被弹劾下台。"共和党参议员们大多数有一个不可言表的共识，川普不应该冻结给予乌克兰的援助。但同时，他的行为不值得弹劾一个总统。几个月以后就可以通过选票来决定，共和党人应该注重在这方面，而现在共和党人保总统的理由显得无理，甚至令人尴尬。"

民主党弹劾经理人中表现最突出的无疑是 Adam Schiff，他是众议院情报委员会的主席，也是主要负责弹劾调查的人物。

Schiff 议员的发言被认为是有充分事实依据的，逻辑严密的，和有节制的。在大多数其它共和党议员发言时显得漫不经心甚至干脆缺席的共和党参议员们，对 Schiff 的发言则表现出重视。尤其是 Schiff 引用了国父汉密尔顿给华盛顿的信来显示国父们对于滥用权力者应该被弹劾的态度非常有说服力。

共和党的回应似乎显示出他们承受着来自 Schiff 巨大的压力。他们说："Adam Schiff 说得越多，我们就越团结！"这种表决心式的口号往往说明某种恐惧。我希望这是来自对真相和正义的恐惧。

博尔顿的爆料

1 月 27 日

周日，纽约时报的一篇文章引起新闻界广泛的注意。这是关于前国家安全顾问约翰·博尔顿将要出版的一本新书中的部分内容。

在博尔顿的描述中，川普告诉博尔顿他将会一直冻结 3.9 亿美元的给乌克兰的军事援助，直到乌克兰人答应调查包括拜登在内的多名民主党人。

这一新闻的重要点在于，川普的辩护团队一直表示，川普要求乌克兰调查拜登，和川普冻结乌克兰军事援助之间，没有直接的关系。

有趣的是，博尔顿这本书并没有出版，被泄露出来的只是原始书稿。博尔顿将书稿送给白宫进行安全认证（以确保其内容不涉及美国国家机密），结果就被泄露给了新闻界。为此，博尔顿的律师对白宫颇有微词。

这里需要注意的是，白宫完全可以拖延安全检查甚至直接禁止此书出版。这就使得博尔顿作为证人参与参议院的弹劾审讯变得非常重要。但到目前为止，共和党人控制的参议院不允许传唤证人。他们也拒绝对博尔顿新书事件发表自己的看法。

博尔顿书中揭露的内容中，还包括了美国现任国务卿蓬佩奥和司法部长 Bill 巴尔。博尔顿说，国务卿蓬佩奥完全清楚川普的私人律师指控美国驻乌克兰大使 Yovanovitch 有腐败行为，这只是为了赶走大使而制造的借口。而博尔顿也曾和司法部长谈过自己对此事的看法，但司法部却表示自己在丑闻爆发之前根本不知道此事。

川普则否认博尔顿书中的内容，说那不过是为了好卖书而已。当然，谁会相信川普呢？白宫则表示他们不排除动用法律手段来让博尔顿闭嘴。

去全球化

1 月 28 日

今年达沃斯论坛 Davos 的一个特点是，川普和川普主义不再显得那么特殊，是的，全世界正在越来越川普主义（Trumpism）化了。

达沃斯论坛曾经是各国争相显示自己如何开放的地方。开放和合作曾经使得全球经济快速增长并使得亿万人口脱离了贫困。以前，每年的达沃斯论坛都会产生一个经济增长的明星国家。而美国曾经是两个观念的最大推手，这两个观念是：经济开放，和政治自游。

但今年的达沃斯论坛则显得不同。以往"全球化"是一个主要议题，而今年则是"民粹主义"（populism）。以往大家都很确定未来的道路就是全球化，而今年则对未来充满了不确定性和不安。

摩根斯坦利的 Ruchir Sharma 指出：自从 2008 年开始，我们就进入了一个"去全球化"（de-globalization）的时代。全球贸易总额的上升进入了平台期，而全球资本流动则下降了。从穷国向富国的移民也减少了。在 2018 年，今入美国的移民净值出现了十年来的新低。

2018 年，印度总理 Modi 说，"很多国家都开始更多地关注自己的内部问题，全球化正在萎缩。"。然后他的政府就开始加高关税，保护本国农业和信息产业免受外国公司竞争的威胁。甚至拒绝外国的投资，认为那会带来更多的竞争和并购。这些措施使得印度本地的一些产业受益匪浅。

再来看欧洲。欧洲曾经是推动全球经济和政治开放的火车头。而现在欧洲也开始有越来越多的对本国经济的政府干预，尤其体现在互联网的管理上。保护本国的数字经济，这一趋势从 2008 年开始迅猛上升。

这并不是说全球化就停止了。没有。全球化依然在进行并扩张着。人们依然盼望全球贸易，旅行和相互的交往。但在各国政府来说，以往那种经济决定政治的态势，现在有了翻转。经济学家 Roubini 认为这种改变如果持续积累下去，比如保护本地工业，补贴国家明星企业，限制移民等，将会阻碍各国的经济发展。这在过去一再地发生过，造成数十年的经济停滞。而我们今天看到的，又是国家主义和保护主义开始流行。

Covid 来了

1 月 29 日

世界卫生组织 WHO 将于周四重启紧急情况委员会讨论新型冠状病毒可能对世界带来的危害。他们表示将会考虑宣布进入"世界公共卫生紧急状态"

在中国大陆，受到感染的人数已经超过了 2003 年的 SARS 疫情。

专家表示，疫苗在短期内还无法面市。北京的学校已被无限期地关闭。星巴克暂时关闭了在当地的 2000 家门店，这占到他们在中国门店总数的一半。一些国家飞往中国的航班也被取消。这包括美国，德国，英国，印度和卡扎克斯坦。俄罗斯则关闭了来自中国的陆地入境关口并停止了国际火车的营运。

中国大陆目前确诊的病人有 6078 名，其中死亡 132 名，死亡率目前估计为 2%，这和较为严重的流感死亡率相当。但大多数流感有相应的疫苗和成熟的治疗手段，死亡者绝大多数是年老体弱者，因流感引起原有疾病恶化死亡。新型病毒虽然死亡者也集中在老年体弱病者，但亦不乏有中青年人死亡的个例。目前对新型病毒除对症治疗和针对脏器的保护手段外，病情缓解还只能靠自身免疫，没有体内杀灭病毒的措施。加上其潜伏期长，传播速度快等特点，这引起了一定程度的公众恐慌。

中国大陆之外被确诊患者 96 人。美国，加拿大和日本等国都开始了从中国大陆撤侨的行动。有阴谋论称这一新型病毒可能和当地的一家病毒研究所有关，是意外泄露出来的生物武器。但生物化学家 Richard Ebright 表示，"从病毒的基因序列和特性来看，没有任何证据显示这是一个基因工程的产物。"

世界一些地区出现了排斥华裔和中国旅行者的苗头。在马来西

205

亚，一项网上发起的投票，要求马来西亚禁止所有来自中国的旅客入境，这一投票在周三已经得到了 40 万人的支持。类似的网上投票也出现在新加坡和韩国。

在加拿大和法国，针对华裔的排斥性语言被广泛地谴责。加拿大有人发起一项网上投票，要求加拿大的学校暂时将那些最近刚刚从中国回来的家庭的孩子请出教室。但这一投票只获得了不到 1 万人的支持。加拿大教育局表示不会禁止最近从中国返回的家庭的孩子上学。

周二，加拿大教育局董事会成员 Juanita Nathan 对加拿大广播公司 CBC 表示，"我们必须防止这种情况不自觉地导致种族主义或任何类似的，对某一个族裔的特殊看法。"

美国一些卫生官员曾批评中国没有邀请美国和国际的调查组来共同参与病毒传播的调查。但 WHO 总干事 Tedros Adhanom 表示，中国政府这一次的表现比 2003 年 SARS 疫情爆发要透明很多，他感谢中国政府作出的限制病毒传播的种种措施。WHO 目前正在组织专家组和中国进行合作，但没有透露专家组中是否包含美国的科学家和 CDC 的官员。

在美国撤离 240 位驻华外交工作人员时，曾有美国当地民众抗议飞机降落在 San Bernardino 县的国际机场内。据报道这些民众中有一部分是华人。飞机其后收到 CDC 通知转场降落在临近的 Riverside 县一处军用机场上。没有证据显示抗议活动和飞机转场之间有因果关系，但 San Bernardino 机场本身就是法定的联邦紧急情况降落机场，华人参与的这次抗议活动受到了广泛的谴责。

朕即国家

1 月 30 日

先说说昨天新闻里谈到的国际卫生组织紧急会议。WHO 曾经宣布新型肺炎不属于国际公共卫生紧急情况（public health emergency of international concern），但随着疫情的快速改变，WHO 于周四举行了紧急会议，宣布进入国际公共卫生紧急状态。这将更大程度上地影响进出中国的旅客和货物。

再来看美国的新闻：周三的参议院弹劾辩论中，川普律师 Alan Dershowitz 博士为川普所作的一个辩护可能会载入史册。顺便提一句，Dershowitz 博士是 1995 年 Simpson 案的辩护律师之一。

Dershowitz 博士辩护说："一个为公共利益考虑的总统是不应该被弹劾的。而川普认为他个人的再次当选，是为了美国的公共利益。如果一个总统相信他的再次当选是出于对公共利益的考虑，那么这就不算是一种条件交换（Quid Pro Quo，即用国家利益去交换个人私利），就不应该因此被弹劾。"

这一陈述引起了美国媒体的哗然。这等于是说，只要统治者认为我个人的利益就是国家的利益，那么我就可以做任何事情。那么，尼克松总统是否也能认为潜入水门饭店偷窃民主党资料是为了"公共利益"，而因此不受弹劾呢？

伟大的太阳王路易十四说过，"朕即国家"，在对抗天主教廷和寻求国家主权独立上，这位 Roi Soleil（太阳王）说"朕即国家"，王权代表主权，甚至是有进步意义的。但在今天，说一个民选总统可以认为自己的利益就代表了国家的利益，这实在让人感到惊讶。

在被新闻界广泛谴责之后，Dershowitz 博士出来澄清说，"我的意思仅仅是总统可能有这种混合的动机，即考虑自己的利益，又出于国家的利益来做出这样的行为。这是允许的。"这种亡羊补牢不知道是否能被接受，但从字面理解，这显然和他之前的陈述是矛盾的。

美国政治这几年异乎寻常的表现，政治学家 Ronald Inglehart 教授在他的"文化的演进"一书中有这样的解释。一个社会中的人群，只有在自己的生存安全感得到满足时，才会产生足够的自治和自我表达的愿望。这种愿望驱使下，才会使人产生积极参与政治的动机，而这种动机和积极性成为社会普遍的时候，才能产生有效率的优质民主。否则民众则向往一个强有力的领导人来领导他们，他们愿意听从强者来换取自己的安全和利益。这也可以解释为什么民主制度的起初，参与民主活动的人都是有一定社会地位，生存安全感较强的选民，无论是雅典市民，还是罗马公民，还是英国美国早期的选举中，妇女，黑人甚至无产者都不被纳入选举系统中，就体现了这个特点。而现代民主当然不可能回到那种不完全民主状态，现代政治伦理认为主权在民，所有公民均有权投票。这时候，底层民众的不安全感，就更有可能导致民主选举出一个践踏民主的强势领导人出来。这在德国人选出希特勒，和美国人选出川普中，被体现了出来。

美国人的噩梦来自两个方面，一是中国从经济上的威胁，使得大多数美国普通民众的生活质量有所下降甚至陷入困境。二是人口结构的改变，原来占绝对政治优势的 WASPs 群体，渐渐发现不但自己的政治优势有所下降，而更严重的是他们的文化优势呈现出崩盘的危机。在美国，你可以很自豪地说你喜欢黑人文化，但你恐怕很难开口说自己喜欢白人文化。这两种改变使得普通的，原来占优势的 WASPs 感到了危机，即生存安全感下降，这很可能是导致川普上台的社会学原因。

今天我看到的另一本书，提出了一个更独辟蹊径的看法。该书认为美国的政治制度从一开始就不是为民主制度设计的，而是注重于共和制度。美国的政治看上去好像非常两极分化（Polarization），但实际上从政治量表上来看，美国民众的政治分化度一直很低，最近有所上升但还不到国际平均水平。不是美国民众极度两级分化，而是美国的制度根本上不适应政治态度分野过大的两党制。美国的两党制根本不像我们以为的那样是政治理念不同而产生的，不，他们在历史上只是地方势力的代表。以前的美国在很多问题上都有跨党派的合作，而最近却党派意识越来越强，政党越来越代表某种政治理念了。这是为什么呢？

这就是我明天想介绍的一本新书，来自青年才俊 Ezra Klein 的"为什么我们两级分化了？"（Why we're polarized?）Klein 是 VOX 的创世人，今年才 35 岁。对，你又猜对了，他是犹太人。

美国两党政治（一）

1 月 31 日

先来看看美国的弹劾案庭审进展。在是否允许证人出庭作证这一问题上，民主党人只争取到了共和党的 Susan Collins 和米特·罗姆尼两位参议员，这就是说，47 名民主党参议员加上 2，他们只有 49 票。周五晚些时候的投票很可能以 51—49 结束，弹劾庭审将不传唤证人。这样，弹劾过程将会很快结束。

共和党参议员 Marco Rubio 说："总统的行为够得上被弹劾的标准，但为了国家利益，弹劾掉总统是没有必要的。"这就是说，如果一个独裁者能让国家运行得不错，那么我们就应该让他继续统治下去。Rubio 可以说是美国参议员中的中国问题专家，他非常了解中国，是美国的中国问题委员会主席。他非常清楚中国成功的秘诀。所以，还记得我以前经常说的话吗？美国和中国会越走越近的。未来是美国解放中国，还是中国改造美国，很难说。

今天我们来介绍一下 Ezra Klein 的这本新书"为什么我们两极分化了？"（Why we are polarized）。

在今天的美国，民主党所代表的自由主义和共和党所代表的保守主义针锋相对，相互拆台，相互都有走向极端化的趋势，这就是我们说的两极分化的政体 polarized political system。我们很容易认为美国的两党就是两个不同政治理念的代表。但实际上这只是很近代才发生的事情。

在 1950 年，美国政治科学协会（APSA）曾发表过一篇报告，认为美国的两党都缺乏自己的核心政治理念，他们内部太多样化，太松散，从而又太相似了，以至于选民很难选择。他们恳求这两个政党应该有更大的不同。1959 年，美国共和党曾经进行过一次辩论，当时的政治学家 Robert Goldwin 说"一个大型政党即不可能，也不应该有某种核心政治原则。如果两党的理念差距过大，我们国家的团结性将会被削弱。"

50 年代的时候，一个选民往往会按候选人的政策投票，比如他会选民主党人做州长，但是共和党人做参议员。而现在，一个选民在不同层级的选举中，选举同一党派的可能性是 90% 以上。这就是说美国的民众越来越根据党派的政治理念而做选择了。换句话说，美国两党之间的政治理念差距越来越明显化了。

在过去，美国议会中有大量的跨党派合作。议员之间的差异在于各自具体的利益。而我们回过头来看今天议会投票中，泾渭分明的党派分野，旗帜鲜明的政治理念，是不是有点恍若隔世？到底发生了什么？

这我们回到美国建国之初。美国的国父们当时要考虑的重点，不是如何保证民权，而是如何协同各州之间的利益。合众国是否成立才是关键。所以美国不叫 Republic 或者 Democratic States of America，而叫 United States of America。所谓政党，本质上代表的是他们本地的民众利益而在联邦层面争取自己地方的利益。比如民主党代表的基本上就是南方州农场主的利益，而共和党代表的则是北方州资本家和工人的利益。他们各自的政治理念其实是差不多的。每个党内部都有极端的自由派和极端的保守派。各地区一旦一党占优势之后，这一优势将保持很久（因为两党政治理念本来就差不多，为了赢得选票，更有能力的候选人往往选择更有势力的党派加入）。换句话说，在地方层面上，美国各州各县基本上是一党独大的局面。

这反而使得这些政党在联邦层面上，不会产生泾渭分明的党派理念分野。相互都可以以各自地方利益作为妥协和权衡的基础。而美国的政治体制，正是需要这种利益妥协为基础来运转。因为美国政体很容易出现总统是共和党人，而两院是民主党人的局面。如果相互之间不是靠具体的地方利益来相互妥协，而是理念之争，则必然相互掣肘，相互牵制，而一事无成。最典型就是现在川普基本上要否定掉奥巴马总统的一切，而奥巴马总统执政期间，共和党一旦占据议会，总统基本上完全失去了功能。

美国的政治结构不是为这种无妥协的，政治信念优先的两党制设计的。事实上，有这种两党制的国家中，美国是历史上最稳定最长寿的一个，其他的总统制国家都显得不稳定，所以事实上大多数民主国家选择了议会制，不是三权分立，而是两权分立，司法独立。议会制国家中立法机构和行政机构是合一的，避免了行政掣肘，这样选民一旦选择了一个政党，这个政党就可以平稳而有效地执政，不至于出现美国"跛脚总统"的现象。这就是为什么大多数民主国家中，民意的政治两极化 polarization 高于美国，但并不出现美国今天两党斗得不亦乐乎的局面的原因。美国的政治结构，要求政党必须有相当的相互妥协，而这种妥协，只可能建立在具体的地方利益，而不可能建立在顽固的政治信念上。

那么是什么导致了美国政党性质的改变，将来他们又会变成什么样子，美国的民主是否还有前途，会遇到如何的挑战，解决方案可能是什么呢？我们明天来讲。

美国的两党政治（二）

2月2日

在昨天的对 Ezra Klein 的新书"为什么我们两极分化了？"（Why we're polarized）的介绍中，我们知道美国的两党在历史上一直主要代表各自的地方利益，而他们的政治理念没有明显的区别。我们之所以感觉今天美国朝野的政治意见分野如此严重，并非是真的严重到某种程度，而是因为美国的政治结构导致一旦有了这种政治信念上的冲突，那么冲突就会被放大。因为在总统直选和议会直选并存的体制下，一旦三权分立的行政分支和立法分支不属于一个党派，政治信念的冲突就会导致他们很难进行妥协。妥协只能发生在具体的地方利益上，但政治信念的不同则会造成持续的冲突，而不是妥协。

那么美国的两党是如何走到今天这一步的呢？

Klein 认为，这是因为两个因素的改变。

我们知道，我们每一个人都有不同的自我身份认同。比如说我可以是一个黑人，但同时我是一个保守的宗教信徒，我反对同性恋，但我同时会支持种族平等。我是中产阶级，我反对全民免费医疗。但我同时也反对枪支泛滥。这种混乱的，没有方向的政治取向，产生于美国的多元化社会，也恰恰适合两党没有明确政治信念的政治制度。这样也恰恰可以使得两党议员都遵循自己的地方利益进行相互谈判。

但是，身份认同中有这样一种性质，一旦某一种身份受到威胁，那么这种身份的认同就会被扩大。比如你平时隐隐地感觉自己是一个中国人，那么一旦有人开始贬低中国人，你立刻就会感觉你自己更加地属于中国人群体。这时候如果有一个政治团体极力提倡民族主义和民族自尊心，那么你在拥抱和支持他们的同时，也会倾向于支持他们的其他政治主张，比如，反对枪支管理。

这一情况现实地发生在了美国。1980 年代开始的所谓"政治正确"理念，加上最近发生的美国人口结构的改变。最终在奥巴马总统期间演变成了一场文化战争（culture war）。这让一直处于美国社会生态链顶端的 WASPs 群体感到了身份认同的威胁。我们一直认为美国人对社会政治的不满来源于金融危机和收入情况的恶化。但事实上，一项社会调查指出，他们真正的抱怨，来自自己身份认同受到了威胁。当白人喊出"It's OK to be white"，当基督徒被告知不应该在圣诞节说"Merry Christmas"，你就可以想象 WASPs 群体所受到的身份认同威胁。

于是这一身份认同开始占据人们的最主要的政治诉求，也就开始产生了明确的"身份政治"（identity politics）。

这是第一个改变的因素。

另一个被改变的因素是社会传媒的改变。脸书，推特等基于网络的社交传媒，对群体性意见有一种集中和放大的作用。拥有同一政治见解的人们更容易形成一个网上的 Group，这不但加强他们自身的信念，而且排斥异己，造成政治意见的纯洁化和无妥协的对立。这一现象在中国的微信圈里也很常见。

一旦这种身份政治被放大到政党可以感觉到的程度，又演化出了政党和民众之间的相互正反馈。即越是极端支持或反对身份政治的政党，就越能获得更多的民众支持。而这种影响又扩大到了原本对身份认同没有太多感觉的普通民众身上。这样，数个正反馈的循环套在一起，使得原本没有明显政治理念差别的两党很快形成了泾渭分明的所谓"自由派"和"保守派"的对立。这与其说是美国政治的改变，不如说是美国文化战争在政治上的一种延续。

与此同时，美国还发生了更为严重的，美国的国父们没有预见到的问题。

那就是人口分布的改变。

还记得 2016 年大选中，希拉里克林顿事实上比川普要多 200 多万票吗？

这一情况将会进一步的恶化。据估计，到 2040 年，将有 70%的美国人口居住在 15 个州里，50%的人口仅仅居住在 8 个州里。选举人团（Electoral College）制度将会越来越失去对美国人民的代表性。这意味着，30%的美国人将选举出 70%的参议员（美国无论州大小，每个州都有两位参议员名额）。为此，Klein 认为，应该是时候非常过时的选举人团制度。这一制度事实上压制了美国人投票的积极性，并使得候选人仅仅需要讨好那些摇摆州即可。这里提一句，2016 年大选中，俄罗斯集中力量影响的也是摇摆州，而如果使用全民投票率决定胜负，则使得外国的影响要困难得多。

换句话说，在身份政治开始尖锐对立的背景下，较容易出现少数人统治多数人的局面，是对美国民主的一次严重的考验。

Klein 希望美国人能充分认识到身份政治对于美国政体的危害，这种政治文化，不适合美国现行的政治体制。

弹劾案说明了什么？

2 月 3 日

约翰·博尔顿的新书透露出了更多的关于川普以权谋私的细节。但是，不断被揭露的事实并没有改变公众对弹劾川普的看法。要求弹劾川普的和要求川普继续留在白宫的比例一直相对恒定。似乎任何事实都不能改变人们的观点。

我们来对比一下 1974 年的水门事件。当时的人们的反应完全不同，对于共和党的总统尼克松来说，71%的民主党人支持弹劾他，而今天，这一比例是 89%。无党派人士支持弹劾的比例和今天差不多。但最大的改变来自共和党。在 1974 年，31%的共和党人支持弹劾掉尼克松总统，而今天，这一比例仅仅是 8%。

弹劾川普这一事件，充分向我们展示了美国政治的现状：

polarization，极端化。这几乎影响美国政治生活的每一个方面。无数的学者们也开始研究这一新的政治现实。其中 Ezra Klein 的"Why We're Polarized"一书，可能会成为今年这方面的代表作。

Klein 首先向我们展示了，极端化并非是新事物，而是由来如此。1950 年到 1960 年，南方的支持种族隔离的保守派和北方的自由主义者的分野很大；鼓吹自由市场和鼓吹"伟大社会"（林登·约翰逊总统的社会民主主义主张）之间的分野也由来已久。但这些分野存在于两党的内部，即无论是民主党还是共和党内部都有左派和右派。这些分歧可以在党内进行谈判。而今天，两党内部开始高度统一，左右派之争却发生在了两党之间，而不是内部。

今天的一个巨大改变是，推动极端化的党争并非政策之争，而是身份之争。目前最大的身份之争是：种族。George Washington 大学的政治学者 John Sides 所著"身份危机"（Identity Crisis）一书中指出，"在 1992 年到 2008 年的 Pew 民调中，无大学学历的白人对两党的支持率是相同的。但到了 2015 年，这一群体对共和党的支持超过了对民主党支持 24 个百分点。

Klein 指出，当身份认同成为政治态度的核心时，事实不会改变态度。人们是因为身份归属的认同去选择政党，那么一般的利益并不会使他们改变主意，比如说一个更好的健保政策不会改变他们内心深刻的归属感。所以对于民主党来说，应该重视选民的身份归属感问题。

Klein 还提到，身份认同政治有一个特点就是负面影响大于正面。即我支持你并不能给我多少动机去投票，但我讨厌你的对手，这却往往是投票给你的原因。因为你的对手让我更加感到身份上的威胁。

但是，身份政治对两党的影响是不对等的。因为共和党的支持者是相对成分单一的群体：白人男性。而且由于美国的选举人团制度，使得共和党在选举中占有优势。他们往往在全国普选投票中落后，但却能赢得选举人票的多数。

Klein 的这本书论证有力，观点聪慧，但结论却是令人沮丧的。

美国的政治体制不是议会制。三权分立使得分属不同党派的权力机构相互斗争相互掣肘。我们的国父并不喜欢政党这个概念，他们认为政党应该不断地改变自己。他们认为要做成任何事，都必须进行某种程度的妥协和合作，这是他们建构的这个国家的基础。但今天政党的极端化，使得美国政府最终瘫痪了。

Zakaria 博士和我一样关注到了 Ezra Klein 的这一本新书，这说明美国目前的政治文化和其体制的不兼容性已经引起了美国政治学界的注意，但令人不安的是，他们并没有提出合适可行的修改方案，美国的国力很可能在这种无休止的内耗中逐渐被削弱，而这一刻，恰恰是中国不断崛起，不断向外辐射自己影响的时代。

乱成一团的初选

2月4日

熟悉美国政治的人会知道，爱荷华州的初选，对于民主党来说，是至关重要的。

爱荷华初选的形式非常特殊。不像一般的选举，选举人（这里是民主党员）到投票站去投票，最后统计谁得票最多。爱荷华初选采用的是非常传统的 Caucus 形式。

什么是 Caucus 形式呢？Caucus 的意思就是一个社区的邻里们聚合在一起讨论事情。在总统选举的党内初选中，就是注册参加选举的民主党员聚会到一个大家选定的场所。这个场所往往是附近学校的体操馆，或者一家饭店，或者教堂，甚至图书馆，如果人数不多的话。组织者会在场地内画好每一个被选举人的区域，然后支持他的党员们就站到这个区域里去。然后看哪个区域里站的人多，那么这个区域所代表的被选举人，就是这个 Caucus 的选举结果。

有趣的是，如果一个区域里站的人数不足总参与人数的 15%，那么这个被选举人自动被淘汰，站在其中的党员选举人可以再有一次机会来站到其他被选举人的区域里去。这样是为了避免选票过于分散。当然，他们也可以开启说服模式，来让更多的人加入他们所站的区域里来以达到 15% 的底线。这一形式仅仅是民主党保持的传统。共和党依然采用普通的投票选举方式。

但这不是爱荷华初选非常重要的原因。采取这种 Caucus 形式初选的州大概有 10 个，爱荷华只是之一。爱荷华州初选非常重要的原因，是因为这是全美国第一个开始初选的州。这是以州立法形式决定下来的。

在初选中的表现，将很大程度上影响候选人将来所受到的评价。比如说，一个被大家非常看好的候选人，在爱荷华初选中出人意料的落败，则媒体将会出现很多对他不利的预测，这一预测也会影响到今后其他州的初选。就统计数据来看，自 1972 年爱荷华州正式成为第一个初选州之后，任何在爱荷华州初选中名列第四或之后的被选举人都没有机会成为最后的党派提名人，就很说明问题。但反过来，如果谁是一匹黑马，意外在爱荷华州初选中获得好成绩，则将吸引大量的媒体注意，这等于提高了他的知名度和影响力。

这就是为什么各候选人都特别注重在爱荷华州宣传自己，谁都不愿意输在起跑线上。

与此同时，这也是非常好的一次各候选人检验自己竞选策略是否有效的机会。可以通过爱荷华初选的反应，来调整或坚持自己的竞选策略。而作为民主党总部来说，也可以因爱荷华州的表现，来大概推测谁会最终胜出，谁最有机会打败共和党候选人，并因此做出一些姿态调整来支持那个最有胜算的候选人。

但在今年的爱荷华初选中，出现了极度混乱的现象。

原因是 IDP（Iowa Democratic Party）决定对 Caucus 选举系统进行一些改革。他们抽取了 10% 的选举人区域进行试点，开辟了六个"虚拟 Caucus"，参与选举的党员通过手机上的 app 或者电话来进行选举。结果出现大量的混乱，主要表现为 app 无法登陆，电话超载等现象。这导致很多选区的结果报不上了。

要知道今年民主党内部的竞争是相当激烈的，不但有像前副总统拜登，人气小王子桑德斯和女参议员 Elizabeth Warren 这样的资深政客，还包括首位同性恋候选人 Pete Buttigieg，亿万富翁媒体大亨迈克尔·布隆伯格，甚至华裔黑马，毫无政治根基却能一路过关斩将坚持到现在的 Andrew Yang。

因为选票出现了大量矛盾的结果，桑德斯和拜登的选举团队都开始声称自己已经赢得了爱荷华州。不过目前推测，最后可能赢得爱荷华初选的，可能是 Warren 或者 Buttigieg。

爱荷华州民主党总部说可能今天晚些时候会给出最终核实的结果。

谁是伯尼·桑德斯?

2 月 7 日

伯尼·桑德斯今年已经 78 岁了。但是，在 2016 年的大选中，在 30 岁以下的选民中，支持桑德斯的比例，超过了克林顿和川普加起来的总和。

桑德斯来自美国东北部的 Vermont 州，出生贫穷波兰犹太人移民家庭，年轻时积极投身民权运动。上世纪 80 年代进入政坛，做过 8 年 Burlington 市市长，这是 Vermont 州最大的城市。其后进入联邦众议院做了 16 年议员，于 2007 年进入参议院直到现在。桑德斯可以说是一个资深的政治家，但这不是他最引人注目的地方。

桑德斯称自己是民主社会主义者(democratic socialist)。 在美国，社会主义者在社会文化中往往被理解为"走苏联道路的人"。敢于在政治领域自称自己是社会主义者需要极大的勇气。但是，桑德斯一直是一个独立参选人，即不属于民共两党的任何一个，却受到两党的尊重。2005 年这一年，桑德斯是在众议院中获得的提案通过最多的一个议员。作为独立人士，这简直是一个奇迹。在 2016 年大选前，桑德斯为了参与竞选，加入了民主党。但与其说民主党接纳了桑德斯，不如说桑德斯深刻地改造了民主党。

这里有我们之前提到的身份政治（identity politics）的原因，但桑德斯个人的魅力也起到很大作用。在民主党全面左倾的运动上，桑德斯可以说是起到最大作用的一个人。

"我们要掀起一场史无前例的来自草根的运动，改变这个国家的经济和政治。"桑德斯说。

桑德斯的执政理念，在政治光谱中属于仅次于共产主义革命的极端左派。尽管他在竞选中表现出相对温和一些。他是所有政治参选人中，非常少见的不接受任何公司 PAC 捐款的。这不但清楚地显示了他和大公司之间的对立关系，也从一个侧面反映了民众对他的支持。在他宣布参选的头 24 小时内，就受到了 600 万美元的民众捐款，到目前为止，桑德斯每个所募集到的政治捐款已超过 1 亿美元。注意，这些是在不接受公司捐款和闭门筹款宴会的情况下获得的。

桑德斯政策的主旨，就是消除社会不公平。主要有以下内容：

全民健保。桑德斯是要求全民健保最极端的一个候选人，他希望建立像加拿大这样的国家成为医疗保健最终买单人。比加拿大还要激进的是，桑德斯试图将私人保险公司赶出这个领域。

免费大学教育。桑德斯认为美国人有接受教育的权利。他不但要求所有 College 以上教育对于合格学生全部免费，甚至要求立刻减免目前达到 1.6 万亿美元的学生贷款。

对富人加税。还记得我们以前提到过 Warren 参议员提出过的财产税吗？这一理念其实就是从桑德斯开始的，桑德斯要求给资产超过 5000 万美元的富人征收最高达到 77% 的财产税。注意，这不是收入税，而是财产税。同时桑德斯还会扩大对富人的房地产税和投资收益税。可以说，这基本上等同于一场不流血的杀富济贫革命。

竞选资金的改革。我们知道，桑德斯的政治捐款基本上都来自草根阶层，2016 年大选中，向他捐款的平均额度是 27 美元。桑德斯希望对美国的民主选举进行改革，阻止大资本大企业用自己的金钱来影响竞选人的胜败从而控制政客。

当然，最后，还有 15 美元最低工资制度和法定带薪产假。这也是桑德斯首先提出，并最终为越来越多的民主党人接受的一个理念。

桑德斯的理念确实和美国的传统及主流思潮并不兼容。但我们也可以反过来看。自里根总统的小政府自由经济主导政治以来，新技术的诞生使很多美国人成为超级富翁，但与此同时，中产阶级，产业工人逐步被淘汰，他们的收入和生活质量稳步下降。贫富差距越来越大。我们的未来还要面临更为严峻的 AI 技术革命，如果现行的原教旨主义自由市场机制不得到根本性改变，则富人会积聚起更多的财富，而大量的穷人甚至可能被完全甩出经济生活，完全靠社会救济生存。完全放任的自由市场，本质上是一个经济领域的丛林法则，强者愈强，弱者淘汰。这时候就需要社会组织中有相对等的力量来平衡这种趋势。社会不是，也不应该是一个斗兽场，穷人不应该被淘汰，而应该获得有尊严的生活。

在过去，对"社会主义"这个概念表示负面看法的美国人占到 65% 以上。而最近的民调则显示，在 18—30 岁的年轻人中，对"社会主义"持正面看法的，超过了 50%。

冠状病毒将如何影响世界经济？

2 月 10 日

目前在中国已经有超过 4 万人感染新型冠状病毒，超过 900 人死亡。有近 30 个国家发现了病例。这将对世界经济产生如何的影响呢？

中国目前不仅是世界第二大经济体，GDP 达到 13.6 万亿美元，而且年增长率依然保持 7% 左右，已经超过美国成为世界贸易的新支点。甚至在商业服务领域，2018 年出现了 18% 的增长，直逼美国。越来越多的国际公司开始在中国大陆开设他们的工厂，中国开始成为全球供应链的核心。

病毒对中国经济的影响是巨大的。目前绝大多数工厂都无法正常开工甚至完全不能开工，街头冷清，商业停滞。一些储备不足的中小型企业遇到了巨大的麻烦。一些报道称很多中国中部的养殖业已经面临饲料枯竭，这又将带来新的物价上涨。

中国去年的 GDP 增长为近年来最低，只有 6%。2020 年原本的计划是促进经济增长恢复一些。但看上去这已经不太可能了。普遍的预计目前认为中国还可以在 2020 年保持有 5%的增长率。但"经济学人"杂志的首席经济学家 Diana Choyleva 表示，2019 年中国的实际 GDP 增长可能只有 3.7%，而今年会比这更低。甚至一些更悲观的经济学家给出了负增长的预测。

最重要的是，希望疫情过后出现经济反弹看上去越来越失望。Choyleva 指出，中国国有企业的恶性债务将在数年内拖累整体经济发展。中国中央银行开始向市场注入资金，但 Choyleva 认为这只会更多地被注入僵尸企业，因为国有企业更容易得到资金。

受疫情影响最大的可能是旅游业，这将不仅影响中国，还会影响亚洲地区。和 2019 年春节比，旅客下降了 55%。如果危机持续下去，那么全球性的影响将显现出来。中国在去年在全球旅游的人数达到 1.73 亿，他们一共消费了约 2500 亿美元。这比全球任何其他国家都多。

旅游业仅仅是个开始。整个供应链，比如汽车，电子产品都开始面临困境。海运公司的报表显示集装箱数量陡降。中国国内的食品饮料的零售价格开始上升。

亚洲股市在上周坐了一次过山车。开始因恐惧零售业受影响而下降，其后又认为疫情过后经济会恢复而上升。西方股市也基本上表现类似。国际油价和其他原材料价格也面临下行压力，因为中国是世界上最大的原油进口国和铜铁类矿物的最大进口国。

从历史上来看，2002—03 年 Sars 肆虐了 37 个国家，造成了约 300 亿到 500 亿美元的损失。但这和全球的 GDP 35 万亿美元相比并不起眼。这次的病毒传播速度是 Sars 的六倍，而且现在中国在世界经济的地位也比 2003 年重要得多。所引起的经济动荡会大得多。

哪些公司会受重大影响呢？在中国有产业链供应的公司。中国在苹果公司全球供应链中占 40% 的份额，全球 9% 的电视机在中国制造。由于舞旱是一个重要的汽车零件生产基地，欧洲和美国的汽车厂商很快就会面临材料短缺。事实上韩国的现代汽车已经关闭了一些生产线，因为来自中国的零件断货了。

东南亚可能受影响最大，因为他们和中国有密切的经贸往来。而中国还是日本出口的最大买家，同时也是日本工厂最大的零件供应地。日本的旅游业在 2020 年第一季度已经取消了 40 万来自中国的游客。澳大利亚是中国原材料最大供应国，他们的经济也会受到很大影响。

这一全球性经济下滑是否会影响到美国秋季的大选呢？确实有一些传闻显示美国的小企业受到一些影响。但最有可能出现的问题是来自中国的供应链的中断使得制造业再次陷入衰退。美国核心地带的俄亥俄州和宾夕法尼亚州的工厂如果关闭，则可能会影响到 11 月选举中对川普的支持率。不过还有 9 个月，病毒会如何发展还不清楚。

对于全球来说，经济学家们预测经济增长可能会降低 0.3 个百分点，2020 年预测增长约在 3% 左右。但也有悲观的预测认为如果疫情持续，会使中国经济进入一个恶性循环，而央行货币政策对应这种危机作用不大，因此全球可能因此进入衰退。

川普的复仇和拯救

2 月 11 日

上周，川普被共和党把持的参议院判定为"无罪"。尽管我们看到了来自各方面的证据，甚至共和党人都不否认的证据显示川普确实用美国的国家利益作为筹码要求外国人帮助自己竞选。但在党派之争的背景下，共和党人依旧赦免了川普。我相信这是美国民主历史上最黑暗的一页。

川普从来不是一个政治家，他只是一个有流氓气的富二代。既然他逃脱了惩罚，那么理所当然地，报复就开始了。

首先受到打击的是敢于出庭作证的美国国家安全委员会（NSC）的俄罗斯及乌克兰专家 Alex Vindman 中校。他是一位在美国伊拉克战争中留下伤残的退伍老兵，紫星勋章获得者。他因接受了众议院的传唤，公开作证川普确实通过电话要求乌克兰总统调查拜登父子并以扣住对乌克兰的军事援助为要挟。Vindman 中校在证词中有一句名言至今流传："here, right matters。"

Vindman 中校上周五被开除。但还不止他。Vinderman 中校有一个兄弟 Yavgeny Vindman 也在 NSC 工作，他是 NSC 的一名律师。他和弹劾案没有任何牵涉。但对不起，谁说美国人就不搞诛连？Yavgeny 亦被开除。

还记得那个出了 100 万美元给川普的就职典礼而获得美国驻欧盟大使头衔的旅馆业老板 Gondon Sondland 吗？他也出席了众议院的听证会并指出川普确实要求自己的私人律师给乌克兰施压。对不起，他也被解职了。100 万美元也救不了他，因为他没顶住压力，说了实话。

报复名单上还有共和党的资深大佬米特·罗姆尼。他是唯一一个敢于投票认为川普有罪的共和党人。罗姆尼以虔诚信教和坚持原则闻名，也许是他的良知告诉他川普确实犯下了指控中的罪行，作为虔诚基督徒，他无法说谎。川普的儿子公开要求将罗姆尼驱逐出共和党。Politico 杂志昨天的一篇文章揭露，川普政府目前试图把罗姆尼牵扯进乌克兰腐败中。

当然，更不用说主持调查川普的众议院情报委员会主席 Adam Schiff。川普的推特恶狠狠地说："狡猾的 Adam Schiff 是一个腐败分子，很可能是个神经病，他还没为他做的付出代价呢！"纵观美国历史，你听过任何一个美国总统对公众如此攻击自己的政敌吗？

这让我想起尼克松总统。尼克松也是一个内心缺乏安全感，生怕别人小瞧自己的人。在他的抽屉里，也有一张所谓"尼克松的敌人"的名单，但那是秘密的，因为一个政治家，是需要起码的体面的。另有一个不同是，当尼克松暗示自己的白宫幕僚去整自己政敌黑材料的时候，这些美国公务员都拒绝了。而今天的白宫和共和党内，已经缺乏了这样的政治操守底线。也许，是整个共和党，开始缺乏安全感了。

也曾经有约10名共和党参议员试图劝说川普不要去报复。但对不起，你们错了。你们错在，你们拿川普当一个正常的政治家看待。他虽然居住在白宫里，但他的内心和本质，只是一个小流氓。

另据报道，川普多年的老朋友，2016年竞选成功的重要功臣之一，Roger Stone，日前因威胁证人，阻挠国会调查等罪名，被美国司法部起诉，要求刑期7—9年。但川普通过推特表示，"这是一个可怕的，非常不公平的情况。真正的犯罪是在民主党那头，他们啥事没有哦。我不允许这种不公平发生！"。于是，数个小时之后，美国司法部立刻开始要求检察官重新修改要求的刑期。

这导致四名经办此案的检察官向法官要求退出诉讼，其中一名干脆辞去全部的政府职务，另一名则辞去华盛顿特区的职务，但保留其在Baltimore的副检察长职务。

新泽西州的Bill Pascrell议员说，"这是明确的妨碍司法公正。我们正在看到一个全方位的对美国法制的攻击。对司法系统的直接政治干预，这是标准的香蕉共和国的做法。无论川普，威廉·巴尔和他们的帮手们怎么想，美国应该是一个法制国家，而不似乎读裁者们的天堂。"

在川普对美国的破坏中，司法独立，这块美国政体的重要基石，也在被腐蚀着。

民主党初选中的思考

2 月 12 日

所谓党内初选，就是在一个政党内挑选出代表自己党的总统候选人。民主党和共和党程序上大同小异。

民主党候选人需要赢得党内代表的多数票才能成为总统候选人，但民主党的代表分为两种。其中约 4000 名代表叫做 Pledged delegates，他们每个人代表一个选区。选区里的多数人选择谁，他们就投票给谁。另有 700 余名超级代表，Unpledged delegates，他们主要是党的领导人和联邦层面上的党内官员，他们不属于任何选区，而自行投票，他们的投票只代表自己。

在每年的七月份，民主党会召开全国代表大会，这时候所有候选人必须展示自己获得了多少代表的投票。如果其中一个候选人超过了半数，即 2000 票左右，则一般此人就是民主党总统候选人。而如果没有一个人多于半数（大多数情况是这样），则超级代表的 700 余票就开始第二轮投票。最终，赢得票数最多的那个候选人当选民主党总统候选人。

目前经过了 Iowa 和 New Hampshire 投票之后，领先的是 Pete Buttigieg，伯尼·桑德斯和 Elizabeth Warren。Amy Klobuchar 人气很旺，有黑马之态。乔·拜登表现不好，仅排第五位。需要说明的是，Mike Bloomberg 没有进入这两个州的角逐（因为有 15% 底线限制）。Bloomberg 目前已经花了破美国竞选纪录的 3.5 亿美元的竞选资金（主要在广告上），使得自己的民调支持率直线上升，已经接近桑德斯和拜登，达到 15%。在 Bloomberg 和川普的对比中，Bloomberg 超过川普 9 个百分点。值得注意的是，Bloomberg 的短板在于黑人和女性的支持，但在民调中，黑人对 Bloomberg 的支持明显改善，甚至直逼在黑人选民中一向领先的拜登（拜登27%，Bloomberg 22%）。

但民主党整体的前景并不看好。民主党和共和党相比，是一个更为松散，更感情化的政党。他们历史上的来源包括三个南辕北辙的团体，分别是南方种族主义者，工会成员，和北方自由主义者。目前却是民主党前所未有的在理念上相对统一的时刻。但问题还是，他们如何能组织起来？

民主党人中有更多的知识分子和自由主义者，他们的问题是个性明显而缺乏合作和纪律，比如在2016年桑德斯败于克林顿之后，很多桑德斯的支持者并没有转而支持克林顿。在有奥巴马这样令人眼前一亮的候选人出现的时候，民主党人也会出来投票。而大多数时候，他们出来投票的比例远小于讲究纪律的共和党。在成熟民主政治的美国，turnout的比例非常重要。在2008年，Iowa初选中出来投票的民主党人数达到24万，而今年却只有17万，这一数字和2016年差不多。

政治圈有句老话，"Democrats fall in love, Republicans fall in line."就很说明问题。共和党人的纪律性和全局观是他们胜利的一个关键因素。在2016年，几乎所有的共和党人都在嘲笑川普的参选，而一旦川普显示出能够获得党内提名的时候，整个共和党立刻开始支持川普，而当川普的出格行为面临巨大政治压力的时候，共和党以超过历史记录的94%的支持率，力挺川普。

而民主党人，则必须要爱上某个充满人格魅力的人才可能调动他们投票的积极性。换句话说，如果川普这样的人加入民主党（川普之前是民主党员），则毫无胜算希望。

这就可以解释为什么桑德斯和Buttigieg会领先。他们都带有某种革命家的光环。但桑德斯的问题非常明显：美国的公众根本没有左到那个程度。虽然年轻人极力支持这种带有革命浪潮的观点，但看看英国和欧洲，无论是英国的工党，还是法国的社会党，这种极左派都遭到了惨败。纽约时报的专栏作家Anna Sauerbrey说，"西欧国家里，社会民主主义政党在90年代大概能达到1/3的民众选票，而近年来则只剩1/5了"

左派衰退的原因很多，比如传统的工人阶级人数愈来愈少，年轻人则更关注环境等。但最主要的原因可能还是身份政治带来的对移民和外国的排斥。中国的崛起，以及阿拉伯和非洲民主化的普遍失败，使得民主字游这些理念开始在公众中失去光环效应。人们开始倾向于保守自己种族的文化，也同时保守自己的经济方式，这一点在川普的经济政策和英国的脱欧中充分表现出来。

因此实际上聪明的左派都已经变得温和，比如加拿大的贾斯廷·特鲁多首相和法国的埃马纽埃尔·马克龙。但这一点在今天的美国民主党初选中，还看不出来。也许，Bloomberg 会是最后的希望？

当孩子们成为受害者

2月13日

我们很多人对川普的批评，大多集中在他对美国政治常态的破坏，对美国民主法制的威胁，和病态的撒谎人格上。但显然我们忽略了一点，那就是川普对我们的孩子造成的影响。

美国的最高领导人不仅仅是政治领导人，他们还是美国文化中重要的道德榜样。尤其在美国的中小学教育中，总统是一个值得尊敬和效仿的人。

你可以想见川普的上台导致了教育中出现了什么样的问题。

以下是一组数据：

从川普上台到现在，那种严重到引起新闻报道注意到校园霸凌事件，就有300多起和川普的影响有关。其中75%被霸凌的孩子，是西班牙裔，黑人，和穆斯林。也有孩子因为支持川普而被霸凌，这一比例是15%。

在2016年的一次调研中，有1万名从学前班到12年级的教育者接受了调查，其中2500名教师报告了和川普选战中使用的语言相

227

关的校园霸凌。其中 476 起中攻击者使用"修墙（build the wall）"，672 起中攻击者威胁将对方解押出境（deportation）。这些都是川普在竞选中的口号。

一位 Idaho 的墨西哥裔高中生说，"自从川普当选之后，情况变得更为糟糕。这些同学听到总统都这样讲，那么他们为什么不可以对我讲呢？"

墨西哥裔，尤其是非法移民的孩子在学校里被同学欺负和排挤，这已经不是新闻了。这一现象从小学延伸到大学。一位 13 岁的孩子对自己的墨西哥裔同学说"所有墨西哥人都应该滚回墙那边去。"，第二天，他开始殴打该墨西哥裔同学并将其赶来的母亲打到不省人事，送入医院。

经手此案的律师说，"当总统在电视上公开说墨西哥人都是强奸犯，墨西哥人都是罪犯的时候，孩子们并不知道这只是政治口吻，而会作为总统宣布的事实。总统所使用的语言非常重要。"

德克萨斯州的一名学校教师，要求黑人和西班牙裔学生坐到教室后排去，并经常夸奖川普，说"川普是一个好人，因为他要修一座墙来保护我们。川普会赶走那些移民，因为他们吸毒，贩毒，还很暴力。"这位教师被众多学生抗议，在压力之下，该教师向川普发了私人推特信，要求川普赶快来这个小镇，帮助她赶走那些非法移民的孩子。这位老师的推特被公开后，遭到开除。

这样的事情还很多，甚至一些孩子们难以忍受歧视和霸凌，选择自杀。

同时，一些支持川普的孩子们，也受到反对川普的同学们戏虐。一位仅仅和川普同姓的学生需要反复和其他学生解释自己其实和川普没有血缘关系。

这让我想起中国的一个历史时代。在那个时代里，最高领导人公开指出人民中间有好人有坏人，甚至这个坏人的数量还有具体的比例。当领导人公开鼓励人民和人民相互斗争的时候，中国陷入了一个几乎内战的混乱年代。

美国目前还不至于如此糟糕，但我们必须认识到那些极端暴力分子，那些枪杀少数族裔，举着纳粹旗帜和火把公开游行的人们，他们并非是天生异禀。他们的存在必须依靠某种文化土壤，他们只是冰山露出海平面的那一小部分。

一个现代国家的领导人，一个对人类历史有基本了解的政治家，他们会试图消弭社会的对立情绪，试图促进不同族群人们的相互了解和尊重，正如加拿大首相贾斯廷·特鲁多那样，以基督徒的身份穿上穆斯林的服装参加穆斯林的礼拜。加拿大接受了比欧洲一些国家更大比例的中东难民，但没有发生明显的宗教、种族的冲突和对立。

而一个政治白痴或者政治野心家，则会为了自己的权力稳固而刻意在社会里树立"我们的敌人"。这些敌人可以是坏分子，可以是黑五类，也可以是非法移民，是左派分子。这些坏蛋的目的都是来我们这个美好的社会里搞破坏的，因此必须发动神圣的战争去铲除他们。那么顺理成章地，为了我们的胜利，请团结在伟大领袖的周围。因为，团结，就是力量。这里请注意，团结和宽容，是不一样的。一个社会在正常状态下，应该宽容，而不是团结。

川普是一个天生好斗的战士。他对促进社会和解没有兴趣。他和毛一样，热衷于，按中国话来说，"挑起人民斗人民。"

法治危机

2 月 14 日

在汉语中，法治和法制经常引起困惑。在英语中，法制是指 rule by law，即统治者以制定法律来管辖治理人民，法律是统治的工具，而统治者则处于法律之上，有制定法律的权力因而可以根据自己需要来修改法律。而法治则是 rule of law，即法律本身是处理社会矛盾的标准，统治者本身也处于法律管辖之下，而统治者没有权力自行制定和修改法律。

今天美国新闻中普遍有一种担心，即美国这个所谓民主法治的灯塔国，自身开始面临法治的危机。

这一切来源于川普为了帮助自己的老朋友 Roger Stone 减轻处罚，公开干涉司法部的执法，甚至公开攻击法官。而司法部竟然积极配合，要求自己的检察官减轻对 Roger Stone 的起诉建议刑期。这样，这位统治者就可以通过自己的司法部来干涉法律的执行，按我们上面的定义，当法律本身已经不是主体，不再具有独立性，已经可以被统治者按自己的意愿干涉的时候，rule of law 也就不存在了。

Roger Stone 在 2016 年美国总统大选中，被控和 Wiki Leaks 的朱利安·阿桑奇合作，获取俄罗斯黑客盗取的民主党竞选资料并以此来打击希拉里·克林顿。在穆勒调查中，Roger Stone 被发现多次向 FBI 和国会撒谎，并暗地里威胁证人不得透露他和 Wiki Leaks 的关系。于是，Roger Stone 面临了七项联邦控罪，包括妨碍司法公正，做假证，和威胁证人。2019 年 11 月 15 日，陪审团认为七项控罪全部成立。

接下来的司法程序就是检察官按照联邦控罪原则（Principles Of Federal Prosecution）来向法官提出建议的刑期，在 Roger Stone 的案子上，建议刑期是 7—9 年。

川普不干了。

2 月 10 日，川普使用推特表示："这是可怕的，非常不公平的，我不能让这种不公正发生！"数小时后，司法部要求四名经办此案的检察官：大大减轻刑期。司法部长的原话是"far less than"。但有趣的是，正是川普政府的司法部曾经要求检察官们在推荐刑期的时候尽量使用最大刑期，有点严打的意思。但是，Roger Stone 显然应该例外，因为，他是川普的好朋友嘛。

经办此案的四名联邦检察官拒绝签字，全体辞职。其中一名辞去了所有政府职务以示抗议。

耶鲁大学的历史学教授 Timothy Snyder（维也纳人类科学院终身教授）的主要研究课题是欧洲的近代史。Snyder 教授根据自己的研究，详细地解剖了一些欧洲国家是如何从原本的民主法治国家逐步演变为威权国家的。他在川普上台之初，就写了一本书，叫"The Roadto Unfreedom"，其中就警告了川普可能会利用控制司法部来使得美国失去自由的根基之一：司法独立。他在 2017 年就预言说川普政府可能通过宣布国家紧急状态来完全控制政府，这一预言在其后得到了证实。Synder 教授在昨天的电视节目中说，"司法公正的基础就是信任和不偏不倚的公正。川普经常宣扬的朋友和敌人的观念，是法治公平的终结。一旦法治不存在了，我们所有生活的常态都会因为生活的不确定性而改变。资本主义也不再是资本主义，而会变成裙带资本主义，和权力中心接近的人，他们将享有特权而因此发财。"

司法部长威廉·巴尔在昨天接受 ABC 电视台访问时称，"这是很正常的程序，总统的推特只是碰巧了，不是总统要求我们做的。"但随后记者询问了两位司法部律师，他们表示这种做法，司法部部长要求前线检察官修改推荐刑期的做法，"闻所未闻"（unprecedented, never heard of）。

不过司法部长也承认，川普不断的推特给他造成司法上的困扰。巴尔说"不断地公开发表对司法部的看法，对司法部工作人员的评论，对案件甚至法官评头论足，这导致我几乎无法工作，无法保证我们工作的廉洁性。"巴尔表示，川普的这个推文，导致他将重新评估自己是否还能要求检察官为 Roger Stone 减刑。

汉语中目前流行一个名词，叫"猪队友"。

但请注意，这依然不改变为 Roger Stone 减刑有巨大徇私枉法和政治干涉司法嫌疑的性质。

这位"猪队友"不仅公开发推特要求给 Roger Stone 减刑，这位"猪队友"甚至直接去攻击审理此案的法官 Amy 杰克逊，说她对自己的竞选团经理 Paul Manafort 的判决不公平，故意偏袒那个本应该坐牢的，腐败的克林顿（问题是，克林顿从来没有被起诉，川普连这点常识都不具备吗？）。

在上一次川普攻击联邦法官的时候，最高法院最高大法官 John Roberts 公开反驳了川普。那么这一次呢？

在穆勒调查没有得出结论川普竞选团和俄罗斯主动勾结的第二个星期，川普就要求乌克兰调查拜登从而开启了第二个政治丑闻最终导致自己被弹劾，而弹劾程序刚刚结束，川普刚刚被共和党保下来，立刻又开始公开干涉司法，使自己再次卷入丑闻。川普很喜欢Putin，Erdogan，Xi，和金证嗯，他非常藐视美国正常的政治体制安排。他可能觉得自己是一个斗天斗地斗体制的英雄，因此缺乏对民主体制，权力制衡的尊重和敬畏。

Snyder教授很多对川普的预言都实现了。Snyder教授曾经警告说美国可能成为一个一党制的国家，这个预言，会实现吗？

最后，向四位公开辞职表示抗议的检察官们致敬，他们是Jonathan Kravis检察官，Aaron Zelinsky检察官；AdamJed检察官，和Michael Marando检察官。他们是美国民主法治的守护者。

法官们慌了

2月18日

周二，联邦法官协会将召开紧急会议，商讨如何应对川普政府引起的法治危机。

联邦法官协会Federal Judges Association属于独立于政府的联邦法官联合组织，拥有1100名现任联邦法官会员。其会长Cynthia Rufe法官对记者说"我们无法等到四月份的例行会议来讨论这个紧急情况，因为司法部和威廉·巴尔部长使得法治危机进一步严重了。"

这一法治危机指的是川普要求司法部减轻对自己的老朋友Roger Stone的刑期。Roger Stone被陪审团认为7项联邦控罪全部成立，按规定司法部应该向法院推荐合适的刑期。但川普认为这个根据司法部自己的手册所推荐的刑期对他的老朋友"太不公平""应该受惩罚的是民主党"。而美国司法部长，川普的坚决拥护者威廉·巴尔则立刻下令要求前线检察官修改推荐刑期。这一做法被认为在美国历史上"史无前例"，四名联邦检察官全部辞职以示抗议。川普还攻击审理此案的法官 Amy 杰克逊"不会公平审理的"。政府公开用自己的行政力和政治倾向来干涉司法，由此引发法治危机。

有超过 2000 名前司法部官员，联名写信要求威廉·巴尔辞职。老布什总统任内的司法部副部长，也是威廉·巴尔的前主管官员，Donald Ayer 给 Atlantic 杂志撰文，题目是"为什么 Bill 巴尔是如此地危险"，文中说："巴尔自己的言行表明，他喜欢专至征府并乐意为之服务。Bill 巴尔非常地不美国。"在美国政坛中，"不美国"Un-American 是一个非常严重的指责。

著名新闻节目主持人 Rachel Maddow 认为美国法治目前处于最黑暗的时刻。还有一个潜在的可能是，川普可能利用司法部来影响下个月将要举行的美国最高法院关于川普是否应该交出自己的税务资料的讨论，因为司法部可以强行阻止公布川普的税务资料，即使最高法最后要求他们交出。这就会使得美国的三权分立成了力量上的较量，而显然，遵守法律，服从法院，这在美国历史上只是政府的一个默认选项，大家自觉遵守而已。但法院系统并没有实际的权力去要求行政部门服从。因此，只要司法部拒绝执行，法院和法官们没有任何实际的权力去调动国家强制力。

川普一直严加保密的，就是自己的税务资料。2018 年众议院曾向德意志银行发了传票，要求银行提供出川普的报税资料。但川普立刻以起诉德意志银行为要挟，禁止银行公布川普的税表。已经有两个联邦法庭判处川普这一要求不合法，于是川普上诉到了最高法庭。这就是下个月最高法庭将要下结论的事情。

事实上凡是透露出来的信息都表示，川普在处理金钱方面有非常多的问题。比如，在竞选资金中故意瞒报收买丑闻的支出（Stormy Daniels, Karen McDougal 丑闻），其私人律师 Mike Cohen 因此案包庇川普，至今仍在牢里；川普大学，被纽约州起诉，最终赔付了 2500 万美元息事宁人，大学亦被关闭；川普慈善基金会，川普窃取慈善基金中的钱使用在自己的生意上，并因此在去年被判罚款 200 万美元，慈善基金会资格被取消，他的几个儿女（实际管理者）目前正在接受法庭调查。

对于在用钱方面劣迹斑斑的川普来说，这些都还是小事。他曾经六次宣布破产，最终导致没有一家美国银行愿意和他合作。最终接受川普的是德意志银行 DeutscheBank，而德意志银行则是以接受声誉不好的客户闻名（并因此卷入多次帮客户洗钱的法律诉讼）。有趣的是，即使德意志银行，在接受川普的一些业务时，也需要其他银行作为担保，即如果川普不还钱，则这些担保银行需要赔付。这个担保银行是谁呢？是 VTB 俄罗斯最大的国有银行之一。

纽约时报的经济版主编 David Enrich，也曾任华尔街日报的经济企业版主编。今日出版了一本新书，叫：黑塔"（Dark Towers）副标题是"德意志银行，川普，毁灭的最佳线索"（Deutsche Bank, Donald Trump, and an epic trail of destruction）详细地描述了德意志银行和川普及俄罗斯之间的关系。

Enrich 也在纽约时报的杂志版中发表了自己的调查结果，题目叫 The Money Behind Trump's Money，公布了自己调查了两年之久的德意志银行和川普之间的复杂关系。有兴趣的朋友可自行查阅。

所以下个月最高法院是否支持下级法院的判决，是否能逼迫川普向公众展示自己的税务情况，就变得非常重要了。德意志银行是否会配合呢？

刚刚发生的新闻：川普刚刚使用自己的总统特赦权特赦了四名罪犯，他们是前伊利诺斯州州长 Rod Blagojevich，前旧金山 49 人队拥有者 Eddie DeBartolo Jr.，前纽约市警长 Bernie Kerik，和金融骗子，号称垃圾债券王的 Michael Milken。他们并没有值得特赦的理由，但他们都有一个共同点：他们都是川普的支持者，或者朋友的朋友。

这就是你把国家重权交给一个德行败坏的人的结果。他不会敬畏这种公权力，而只会用来为自己和自己的朋友们，谋利。

谁应该成为美国人？谁可以成为候选人？

2 月 19 日

上个月底，川普政府增加了新的签证禁令，禁止颁发移民签证给以下国家的居民。包括：厄立特里亚，吉尔吉斯斯坦，缅甸，苏丹，坦桑尼亚，和尼日利亚。这一禁令，将于本周末开始施行。

川普毫不掩饰地表达了他对有色人种移民进入美国的厌恶，他攻击海地和萨尔瓦多为"粪坑国家"，颁布旅行禁令禁止来自中东和南美的一些国家的人移民美国，这一禁令已经延伸到了亚洲国家。川普公开表示："为什么我们不能多从挪威移民呢？"，是的，挪威，那是一个白得不能再白的白人国家。

对于新的移民禁令的扩展，川普政府的理由是说这些国家的人对美国有安全上的威胁。但是，Zakaria 博士指出，在这个名单上的至少四个国家，尼日利亚，缅甸，坦桑尼亚和厄立特里亚自 1975 年以来，就没有任何进入美国的，和恐怖袭击有关的人。

Zakaria 博士还指出，来自尼日利亚的移民是撒哈拉南部非洲中，受教育程度最高的移民。事实上，令我吃惊的是，来自尼日利亚的移民很可能是整体上受教育程度最高的。他们中间，在 25 岁以上者，有 59%拥有大学本科学士 Bachelor 学位。对比一下，来自中国的移民，普遍认为是受教育程度很高的？但事实上，拥有学士学位以上者比例为 51%，韩国呢？56%。来看看欧洲移民，来自英国的学士学位拥有者比例为 50%，德国为 38%，而美国本土出生的人呢？拥有本科学士学位 25 岁以上者比例为：33%。

来自尼日利亚的移民有 54%在企业，管理，科学和艺术等方面从事白领职业。那么美国本土出生的人这一比例是多少呢？34%。

那么来自尼日利亚的移民对美国的贡献如何呢？再来看数据。

"新美国经济"杂志 New American Economy 的数据显示，在 2018年，来自尼日利亚的移民总收入达到 140 亿美元，交税超过 40 亿美元。而且尼日利亚是美国在非洲的第二大贸易伙伴，美国希望在尼日利亚加大投资和贸易以和中国争夺对尼日利亚的影响。

请注意，这次禁止的仅仅是移民签证。如果是为了美国安全着想，那么应该禁止所有来自这些国家的签证。但事实上禁止的仅仅是永久签证（移民签证），而不禁止短期访问签证。川普在 2019 年新移民计划公布的时候明确地说"我希望引入更多的母语为英语的移民。"这恐怕才是真正的理由。

所以，国家利益重要吗？不，种族利益可能是更重要的。在川普心里，美国应该是一个更白的美国。

最后来提一下美国民主党竞选的情况。

伯尼·桑德斯的民调出现大幅上涨，从一月份到23%上涨到最近一次的 32%，Mike Bloomberg 也出现大幅上涨，从 8% 上涨到 14%。乔·拜登则出现下滑，从原来第一位的 32% 支持率下降到现在第二位的 16%。

请注意今天晚上的民主党第三轮辩论会，地点在 LasVegas，东部时间晚上 9 点开始直播。这一次辩论非常重要的原因是：这是 Bloomberg 第一次公开亮相参加辩论。

Bloomberg 被认为在公开辩论和演讲上并不擅长，而他却是能击败川普的呼声最高的候选人之一。所以他今天晚上的表现将会非常重要。Bloomberg 进入选战时间最晚，却花钱最多，目前已经花费了 4 亿美元。他的竞选策略非常独特，几乎全靠媒体投放广告，而很少直接和选民见面拉票。但这个策略目前还是奏效的，他的支持率稳定上升，终于达到了参加电视辩论的资格。

目前距离 Super Tuesday 只有两个礼拜，也是各党内候选人最后冲刺的机会了。

接近最后的冲刺

2 月 20 日

如果说之前的民主党辩论中，各候选人还是相对克制的话，那么昨天晚上在 Las Vegas 的辩论则完全是一个残酷的战场，唇枪舌剑，火星迸飞。毕竟，距离 Super Tuesday 只有不到两个礼拜的时间了。

但有趣的是，在以往的类似辩论中，各候选人都会集中火力攻击民调支持率领头的那一个。这是一个常态，因为只有把领头者搬倒了，自己才可能有希望。但昨天晚上的情况则完全不是这样。受到攻击最多的，是目前处于民调支持率第三的 Mike Bloomberg。

桑德斯指责 Bloomberg 在担任纽约市长期间采取了对少数族裔有实际歧视效果的警察执法政策 Stop-and-frisk，即警察可以仅凭自己的主观感觉让行人停下接受搜身检查。这一政策倍受争议，是因为出于可以想象的原因，警察叫停的行人大多数都是黑人或者西班牙裔。但另一方面，这一政策的结果确实降低了纽约的犯罪率。桑德斯还指责 Bloomberg 聚集的财富超过美国最穷的 1.25 亿人的财富总和，桑德斯认为这是"不道德的"。

拜登也对 Stop-and-frisk 政策表示了厌恶，并表示当时奥巴马政府甚至不得不进行了干预。

Buttigieg 则认为 Bloomberg 试图用自己的金钱来绑架民主党。他重申了自己的中间道路立场，不支持桑德斯搞民主社会主义，但是支持给富人加税以平衡贫富差距。

Warren 参议员的火力可能是最猛烈的。她抓住了 Bloomberg 企业中多发的妇女受到歧视和压迫的例子，要求 Bloomberg 解除那些付钱换取受害人闭嘴的保密协议 nondisclosureagreements，让那些受害者出来说话。这种检察官式的口吻让当了一辈子老板的

Bloomberg 感到不适，也无法正面回应问题。CNN 的评论员说，"Bloomberg 就像泰坦尼克，几百亿美元的泰坦尼克，结果撞到了冰山 Elizabeth Warren。"

Bloomberg 的回击则注重于对手的政治主张。他认为如果桑德斯胜出，几乎可以肯定会被川普击败。因为美国还没有做好成为一个社会主义国家甚至共产主义国家的准备。仅仅一个 Medicare-for-all 的全民医保，就会剥夺掉 1.6 亿人目前享有的，大多数由雇主提供的，覆盖面更广的商业保险。

"我们今晚需要问两个问题：谁能打败川普？谁能在打败川普之后进入白宫还能够做事？"Bloomberg 说，"我认为我是可以做到这两点的候选人。"请大家注意，Bloomberg 已经长期没有进行过这种公开辩论，而且他也已经 78 岁了，所以在锋芒上和反应速度上，显然敌不过年轻的 Warren，Klobuchar 和 Buttigieg。

但 Bloomberg 的态度相对务实。在讨论到桑德斯和 Warren 都主张的企业职工应该拥有上限为 20% 的公司股份，公司董事会中应该有职工代表等社会主义改革时，Bloomberg 认为这一主张将会最好地帮助川普连任。美国没有做好跑步进入社会主义的准备。

令人失望的是，这次辩论中，各位候选人相互攻击有余，但并没有留给听众太多的各自的政策讯息，尤其是关于外交方面的信息，这往往是这种辩论中的一个常规话题，但本次辩论基本上没有外交问题。

那么为什么会出现大家一起攻击第三名的奇怪现象呢？我认为这是因为虽然在民调上桑德斯领先，而 Bloomberg 只处于第三位水平，但美国人深知金钱对公众的影响。Bloomberg 从去年 11 月才开始参加竞选，短短三个月时间，Bloomberg 砸进去了 4 亿美元，主要用于做形象广告。而他自己的民调支持率从一开始默默无闻，迅猛地升到了第三位，甚至盖过了一向风头很健的 Warren。在 Super Tuesday 之前，Bloomberg 还将继续砸 1 亿美元进去，因此他的民调支持率能涨到什么程度，谁心里也没有底。谁都没有像 Bloomberg 这样的资源去和他对抗，那么辩论会就变成他们唯一能抵抗 Bloomberg

金钱风暴的机会了。

这也从侧面显示了在美国的政治中，金钱的力量无比巨大。金钱并非不应该对政治产生影响。事实上资本在传统上代表的是一个国家长远利益的声音，公众意见则往往代表短期利益的需求。但在全球化的背景下，资本并不完全能代表本国利益，而可以在其他国家里谋求更大的利益而甩开本国的民众，这是一个方面。

另一方面，资本由于全球化获得了极大的发展，反过来对本国政治又具有了更大的影响力。这种双重的推拉作用，使得民众越发弱势。资本和民众之间原本的政治平衡就开始向资本倾斜。这恐怕也是为什么大家非常警惕 Bloomberg 的原因之一。

在 Super Tuesday 之前，还有最后一场公开的辩论会，将下周二在南卡州举行，这是 Bloomberg 改善公众形象的又一次机会。他的发言人表示 Bloomberg 在南卡的表现，应该有所提高。

忠于和不忠于领导的人

2 月 21 日

昨天，美国国家情报局代理局长（DNI）Joseph Maguire 被辞退。国家情报局前局长是 Dan Coats，他因在通俄门上拒绝为川普辩护而在去年 8 月被川普辞退。其后川普钦点了 Maguire 作为代理局长。

那么为什么 Maguire 也被辞退了呢？原因很简单，还是因为他不够全心全意地忠于自己的领导，川普。

事情是这样的，一位情报部门的官员上周向众议院情报委员会陈述了他们对俄罗斯将会再次干预美国大选以确保川普连任的评估。这一情况被情报委员会中的共和党人 DevinNunes（他也是民主党控制众议院之前的情报委员会主席）立刻汇报给了川普。川普随即传唤 Maguire 问责，并立刻解雇了他。

这就是你不忠于领导的下场。

据白宫内人士透露，川普指责 Maguire 的理由，是认为这一信息会对他在 11 月份的竞选连任不利。川普从来不承认是俄罗斯帮助他窃取了美国的总统之位，而这却是美国所有情报部门的一致共识。美国各情报部门，包括 CIA，NSC，FBI，DHS 和 NI 都认为有明确的证据显示俄罗斯又在组织网络进攻和网络宣传来帮助川普连任，因此防范俄罗斯的干预，保证美国民主的自主性就是一件紧要的情报工作了。众议院情报委员会是所有美国情报部门的监管部门，所以向众议院情报委员会汇报是法定的必须应该做的事情。

但川普认为因为众议院目前被民主党控制，所以你去汇报俄罗斯在帮助我，那不是让我难堪吗？国家安全不重要，民主选举的公平性不重要，美国制度和精神的基石不重要。重要的是，我是你们的领导，你们必须忠于我，为我服务，以我的利益为重。注意，你们不是为美国人民服务的，你们是为我服务的。而我呢，我代表美国人民！这个论调耳熟吗？

这就是川普，一个伟大的领导人。

那么辞退了 Maguire 之后谁来接任做国家情报局的局长呢？是一个叫 Richard Grenell 的人。Grenell 目前任美国驻德国大使，但 Grenell 在德国的声誉并不太好，因为他作为大使，公开批评德国的国内政策和外交政策，引起德国人的不满。Grenell 大力支持德国国内的右派保守主义者，这也引起争议。但毫无争议的是，Grenell 对川普极其忠诚。在欧洲一直宣扬类似只有川普和保守主义才能救西方的论调。在美国，Grenell 强烈批评媒体对川普的谴责。和川普一样，他也说那些揭露川普的新闻都是"假新闻"。有趣的是，当司法部长，川普的另一个忠心支持者威廉·巴尔公开表示川普的口无遮拦使得他的工作很难做时，Grenell 立刻跑到福克斯新闻上表示，川普的推特对自己的工作很有帮助。这是一个比 Bill 巴尔更忠心的好同志。

但这并不是引起美国政界哗然的原因，毕竟川普一直喜欢任人唯"忠"。大家觉得这事荒唐的最主要原因，是这个 Grenell 先生没有任何情报工作的背景。又是一个门外汉，外行领导内行。

前 CIA 官员 John Sipher 说，"这是一个需要有领导力，管理能力，实力和保密能力的工作。而这个人没有任何这方面的背景和经验，我们无法指望他能胜任如此机要的工作。"而 McCain Institute 的执行主席 Rasmussen 则说："个人的忠诚被置于相关经验和能力之上，专业性和廉洁性则变得没有那么重要。这是川普政府发给我们国家安全和情报部门的一个明确的信息。"

共和党的一些参议员已经开始和川普沟通，希望他不要将如此重要的职位交给一个外行。参议院很可能不会最终通过审核。但需要注意的是，川普在很多时候可以使用"代理职务"的名义来绕开参议院的人事权。在川普仅三年的白宫生涯里，就指定了 22 名内阁 Acting 代理职位，国土安全局局长，白宫幕僚长，国防部长等重要职位都出现过长期的代理执行情况。

当川普的朝廷里都充满了忠臣的时候，当国会中的忠臣们都在力保皇上的时候，当反对他的媒体都被称为"人民的敌人"的时候，当支持川普的民众举着纳粹旗帜和火把游行的时候，请你告诉我，美国最后凭什么来维护自己的自由根基？

美国的新生代

2 月 25 日

美国一直有所谓千禧一代 Millennials 的说法，他们是指 1981 年到 1996 年（或宽泛定义为 80 年代至 90 年代中期）出生的一代人。也被称为 Y 一代（Generation Y），这是因为他们的前一代人，也就是婴儿潮一代之后，1965 年至 1980 年出生的那一代人，因为他们面临一个迷茫的未来（冷战，核战争和摇滚乐），因此被称为是 X 一代（Generation X）。

在美国的上一次中期选举中，有 26 位年轻的 Millenials 被选入了国会（这之前只有 6 个人属于 Millenials），这是一个不太寻常的现象。这就使得很多人开始对 Millenials 的政治热情和政治倾向产生了兴趣。

最近在美国上市的新书"The Ones we've been waiting for（那些我们等待的伟人们）"就是集中讨论 Millennials 将对美国的政治生态产生什么样的影响。它的副标题是"How a new generation of leaders will transform America（新一代领导人将会如何改变美国）"，作者本人也是 Millennials，她是时代杂志 Time 的通讯记者 Charlotte Alter。

在此书中，Alter 认为，Millennials 最大的特征，是一种危机感和迷茫感，precariousness。因为美国人传统上熟悉的那些价值观和常识认知，那些指导他们父辈生活的原则，都变得不那么可靠。父辈们无力解决如气候改变，校园枪击案和巨额的学生贷款这些问题。这使得这一代人在自我寻找价值观上，要比他们的父辈显得积极主动，他们不完全信任前辈的传授，而希望自己寻找道路，他们比父辈们更积极主动地投身政治，今年美国总统候选人中民主党的热门候选人之一的 Pete Buttigieg 就是 Millennials，出生于 1982 年。

人的政治倾向会受到早期经历的影响，这一点在 Millennials 身上也不例外。请注意，在柏林墙倒掉的时候，他们中间最年长也不过 8—9 岁，他们对冷战和社会主义阵营没有切身感知，因此他们对社会主义，尤其是民主社会主义的看法和他们的父辈有很大区别。而在他们开始政治意识觉醒的时候——这往往是在人的 18—28 岁之间——恰恰碰到的是恐怖袭击、反恐战争带来的困扰，金融危机和贫富差距的拉大，绝大多数 Millennials 在社会经济层面上处于劣势，和他们的父辈相比，生活水平甚至是下降的。

2008 年奥巴马竞选的胜利，可以说 Millennials 是起到很大的推动作用的。Millennials 对奥巴马总统一开始期望很高，但奥巴马总统并没有完全迎合年轻人激进的做法，这使得 Millennials 意识到很多事情还得自己亲自参与。于是有了"占领华尔街"，"黑人生命也重要",MeToo 等运动。他们通过自身参与这些运动,塑造了自己的政治标识。

Millennials 比较清晰的政治主张包括:全民医保,环境保护,新型的社会安全网络和摆脱金钱干预的民主。

Millennials 是天生的左派。这和他们从小生长的环境有关。他们属于 Inglehart 教授所定义的,"将生存作为理所当然"的一代人。他们追求自我表达,社会公平和多样化个人道路,而不是传统意义上的功成名就,位高权重,金玉满堂或者万人瞩目(对比一下大萧条之后的所谓沉默的一代 Silent Generation)。他们并不排斥社会主义。因为他们的记忆中,并没有将社会主义和威权政治联系起来。他们认为欧洲一些国家的道路是值得学习的。保守派喜欢的小政府本质上就是推卸政府对社会管理的责任,而使得社会成为企业家和金融家等社会强人的乐园。这种丛林式的兹游放任的资本主义将制造更大的社会不公平。而只要选举是兹游公平的,那么大政府也不会出现读裁。现代社会需要一个大政府来提供比传统福利高得多的社会福利,比如免费医疗和免费教育,甚至免费基本生活保障。

Millennials 对环境的保护意识远远高于他们的父辈,这是因为他们和他们的直接后代已经成为了环境灾难的受害者。由于 Millennials 并没有生存危机感,并不在意社会和国家是否应该强大和经济繁荣,因此他们在环境和发展之间,往往义无反顾地选择前者。

Millennials 在政治选举中,热情很高,而且往往以政治理念为先而不以胜败为目的。他们支持奥巴马,是因为他们爱奥巴马的理念,而不是因为奥巴马能够赢或者能够给他们带来利益。而现在,这种热情基本上都转向了桑德斯。那么问题就在这里,如果桑德斯没有能够赢得初选,如果民主党的候选人不是桑德斯而是 Bloomberg,这些热情的 Millennials 还会出来投票吗?这是一个问题。

美国准备好了吗？

2 月 26 日

Nancy Messonnier 医生，美国 CDC 下属的国家免疫及呼吸疾病中心主任，昨天表示美国将会出现大范围的 Covid-19 传播，并有大爆发的可能（potential pandemic）。她呼吁企业，学校和社区都要自行做好准备。"这不是一个会不会爆发的问题，而只是一个时间问题。"她说。

川普则在同一天表示："我们控制得非常好。中国也控制得很好，我想这个麻烦很快就快过去了。"他对美国股市连续大跌表示不理解。

川普的白宫首席经济顾问拉里·库德洛则表示："美国已经近乎完美地控制了 Covid-19（We have contained this virus, it's pretty close to airtight"并表示美国经济无需担心。

一些股市评论员的解释则是：股市最担心的是不确定性，而目前无论中国政府还是美国政府，都试图隐瞒一些真实情况。这使得投资者产生了观望心理。

在周二的例行汇报上，美国代理国土安全局局长 Chad Wolf（又是一个代理）被共和党参议员 John Kennedy 问得张口结舌。"我们将可能有多少人被感染？我们是否有足够的呼吸设备，比如口罩？"等问题，负责美国国土安全的代理局长，均无法回答。Wolf 代理局长表示疫苗一个半月之后就有了。而议员们随即询问了美国卫生部 HHS 部长 Alex Azar，他告诉议会疫苗可能需要 12 个月到 18 个月时间才能获得。

那么美国到底是不是真的能对付即将到来的 Covid-19 疫情呢？以下是我今天需要重点介绍的一篇文章。来自 Laurie Garrett（普利兹奖获得者，科普作家，全球健康委员会资深学者），刊登在上个月底的美国外交杂志 FP 上。题目是：川普已经破坏了美国对蔻壮病毒反应的能力。请注意这篇文章发表的时间。

以下是文章的摘要："美国自行销毁了自己对于这种蔓延性疾病的防控能力。"

"2014 年当 Ebola 病毒在西非爆发时，奥巴马总统发现应付疫情需要多个部门的合作。美国对付疫情爆发的框架就好像一个充满了天才乐手却缺乏指挥的乐队。奥巴马因此指定了 Ronald Klain 为"传染病沙皇"，统筹各部门及提供预算要求。由海军上将 Tim Ziemer 负责对应国家发生疫情大暴发的协调工作。同时，在国家安全委员会（NSC）国土安全局（DHS）等部门内都设置了传染病监测和指挥部，而他们都被要求和国家卫生部（NIH）疾病防控中心（CDC）和国务院合作，这是一个防控传染病的最高指挥结构。

但是，在 2018 年春，白宫砍掉了大部分以上机构的预算。最终使得奥巴马的疾病防控体系完全被取消，Ziemer 将军被解职。NSC 和 DHS 中的传染病监测也被取消。CDC 中的全球疫情预算被砍掉 80%，其监测国从 49 个降低到 10 个。复杂情况基金（Complex Crises Fund）被砍掉。这一基金有 3000 万美元，是用于紧急疫情情况下调用专家人员的费用。谁是创建者呢？希拉里·克林顿。

川普政府还试图削减掉 40% 的美国公共卫生服务军官团人员，但被国会阻止。整个 2018 年，川普政府削减了 150 亿美元的医疗健康开支。现在的情况是，在全美，只有四家实验室，可以提供检测 Covid-19 的试剂盒。

在两年前，Klain 就开始警告美国处于流行病管控失效的危险中。2017—1018 年慈善家 Bill Gates 多次会见国家安全顾问 McMaster 将军和其继任者约翰·博尔顿，警告美国政府在全球疾病防控上削减开支将会"严重危害美国的安全，因为我们这一生中可能会见到大型的致命的流行病大爆发。"美国战略与国际研究中心（CSIS）曾警告说，"川普政府要么现在出钱来保护我们，在可能的流行病爆发中的安全；要么在下一次流行病中付出巨大的生命和财产的代价。”

而现在，这一切真的发生了。川普紧急组织了一个白宫内的应急团队 PCTF，由卫生部长 Azar 领头。但这一组织下没有相应配套机构。那些机构都已经被川普砍掉了。他们在砍掉那些机构的时候，省了大约 5 亿美元的政府支出，而现在呢？他们向国会要求紧急拨款 25 亿来对应 Covid-19 的威胁。

最后的辩论

2 月 27 日

本周二在南卡 Charleston 举行的民主党初选最后一轮的公开辩论，给人一种混战的感觉。

桑德斯的民调依然遥遥领先。顺便说一下，在上一轮内华达州的辩论之后，桑德斯获得了内华达代表 45 票，而第二名 Buttigieg 只获得了 25 票，拜登 15 票。这一差距是非常明显的，说桑德斯在内华达的辩论中是最大赢家，并不为过。

所以桑德斯成为被攻击的中心是可以理解的。但这一趋势被淹没在几位候选人激烈的相互攻击上。Warren 依然将火力集中于 Bloomberg，这使人感觉到她似乎满足于成为政见相当接近的桑德斯的副总统人选；拜登攻击 Tom Steyer；Bloomberg 攻击桑德斯；而 Buttigieg 则主攻领先的桑德斯和拜登。众人都抢着说话，一度使得场面很混乱。

请注意南卡传统上是支持拜登的，桑德斯其实只要不落后太多，即可保持自己的优势。事实上他也做到了。拜登在南卡民意调查中的支持率只领先桑德斯 10 个百分点，这使得全国范围来说，桑德斯反过来超过拜登 10 个百分点以上。

桑德斯面临的挑战主要集中在以下几个方面：全民医保计划如

何获得足够的资金平衡预算；极端左倾的政治主张如何能赢得了川普；他多次夸奖过古巴的卡斯特罗，这会不会使得美国走向古巴道路等。桑德斯的回应有些差强人意。似乎他过分地夸大了自己支持者的热情，认为支持自己的人出来投票的比例 turnout rate 会很高。但民调显示到目前为止民主党支持者的 turnout rate 和 2016 年差不多，而在这一年，民主党输掉了大选。

那匹无人能预料的 Bloomberg 黑马依旧存在。Bloomberg 根本不在乎前面投票的四个州（爱荷华、New Hampshire，内华达和南卡）的结果，他等待的是自己投入 5 亿美元的全国战场。要知道前四个州加起来也不过 155 张 Pledged Delegates 票，而全国则有近 4000 张票。这使得没有人敢于对 Bloomberg 掉以轻心。

但 Bloomberg 在辩论会上依然毫不让人失望地显得生硬和尴尬，无论是他发怒的反击还是故作轻松的幽默，都让人有一种"这人特老实，但想装作风趣"的尬感。Bloomberg 被大多数民主党人认为是民主党内的川普，并不符合民主党的理念，其公司有过歧视女性职员的记录，这些都是他的硬伤和反复被攻击的着弹点。而 Bloomberg 作为回击的中心点是：除非你们选我，否则你们都将被川普击败。

Buttigieg 一直将自己作为中间道路的标志。是的，Bloomberg 太右，而桑德斯太左，这似乎看上去是一个不错的选择。但是，Buttigieg 太过年轻和同性恋的身份，使得很多受访的美国民众表示，虽然自己非常喜欢 Buttigieg，但恐怕美国人还没有做好心理准备接受一个同性恋的总统。不过辩论会上 Buttigieg 的一句话使人印象深刻："川普怀念的是 1950 年代的社会秩序，桑德斯怀念的是 1960 年代的革命政治，而我，对这些都没有兴趣。"

到目前为止，全国的民调显示，桑德斯的支持率为 29%，拜登 18%，Bloomberg14%，Warren12%，Buttigieg10%。

下周二，3 月 3 日，是美国大选的超级星期二，即在这一天，党内投票基本结束，每个党都会正式决定代表自己党的总统候选人是谁。这也是很大程度上会影响美国未来命运的一天。

最后提一句，今天道琼斯指数继续暴跌 1200 点，这是自金融危机以来从没有出现过的连续四天股市暴跌，已跌掉了最高值的 11%。

与此同时，原油价格亦出现持续性下滑，锚定 WTI 出现 53 周的最低。而十年期联邦债券折现率则出现新低，这说明投资者保守倾向严重，预示经济可能出现长期的萎靡。

高盛战略分析师表示："我们预计第一季度中国经济会出现下滑，对于美国的出口需求降低，许多美国公司的供应链出现扰动，美国经济会放缓，也增加了企业预期的不确定性。"而白宫首席经济顾问拉里·库德洛则表示，美国经济没有问题，这是一个投资者买进的好机会。

川普和桑德斯如何改造了美国

3 月 2 日

在桑德斯在 Tacoma 市的公开演讲中，17000 名热情的支持者群情激愤。市议员在介绍桑德斯时说，"这是终结一切资本主义压迫的最有力的社会主义运动。"桑德斯的支持者甚至引用星球大战中的台词"Obi-Wan Kenobi，you are the only hope"打出标语"Obi-Wan Bernobi—He's our only hope."

而几乎同时，在 LasVegas 的川普拉票演讲中，同样狂热的群众聆听着川普的演讲。他说，"在你们的支持和帮助下，我们将击败那些极端的社会主义民主党分子们！"

我们可以清晰地看到，在川普控制了共和党之后随之而来的右翼民粹主义运动之下，左翼的民粹主义正在崛起。他们被共同的一种情绪所带动，那就是"愤懑"和"焦虑"。

他们都强烈地鄙视精英阶层，因为他们认为正是美国的精英阶层让他们落入了悲惨境地。他们认为美国现行的体制大大地使得精英阶层获益，而忽略了他们的存在。

美国 Georgetown University 历史学教授 Michael Kazin 认为，这种强烈的意识形态对峙，在美国现代历史上从来没有出现过类似情况。尤其是这种运动背后的经济和文化因素强烈地影响了美国的政治版图。值得注意的是，这种运动不像以前的政治运动有政治哲学理论的背景和引导，这一次，只是情绪的自然爆发，而缺乏与之相应的政治理论。

川普和桑德斯所代表的运动折射出西方民主社会的一个广泛的改变，这种改变根植于一种强烈的悲愤情绪。这种情绪导致了英国的脱欧，也导致了德国极右翼势力获得更大的影响力。

而与此同时，左翼的民粹主义也在欧洲和美国获得更多的认同，他们替代了原来的兹游主义，尤其否定掉了原来兹游主义所拥抱的全球化运动。

Stephen Bannon 说，"民粹主义就是美国政治的未来。我们需要担心的仅仅是这种民粹主义到底来自左派还是右派。"

桑德斯的民粹主义起源于经济上的不平等，他们认为罪魁祸首是华尔街的金融精英，亿万富翁和那些 CEO 们，他们收入成百上千万，而普通工人的工资长期得不到上涨甚至下降了。桑德斯开出的药方是：由国家承担全民医保，免费大学教育。不但给普通美国人更大的社会安全保障，也给予他们更多的公平竞争的机会。钱从哪里来？向富人征超高税并大量减少美国军事开支和对海外事务的干涉。

对于川普一方来说，民粹主义的起源是来自文化上的焦虑。他的主要支持者来自白人民族主义者。他们认为的罪魁祸首是移民。他们认为白人文化被排挤，美国人熟悉的那种工作保障被移民和全球化带来的外国劳工低工资所威胁，甚至他们熟悉的宗教都被要求更加克制。川普的解决方案是扭转这种文化改变，包括禁止穆斯林进入美国，提高移民门槛。高调宣传白宫内部强烈的基督教信仰气氛。

桑德斯和川普很多地方不同。但相同处也有，他们都强烈反对国际自由贸易和全球化，他们认为这伤害了美国的工人阶层。他们都一定程度地鼓励美国孤立主义。还有一个相似之处：他们的支持者都很狂热，他们内心充满了气愤。很少有美国的政治候选人能激起民众如此强烈而非理性的情绪，他们在演讲台上更像摇滚明星，他们的粉丝们都高喊"把他/她关起来！"（"Lock him/her up！"），而他们自身，都是对他们各自所属政党的常态政治的某种破坏。他们的粉丝在他们的初选阶段都非常担心党内大佬会搞阴谋不让他们获得党内最终提名。

还有一个有趣的现象，桑德斯和川普一样，都对传统媒体持批评态度。川普指名道姓地辱骂一些记者，管媒体叫"假新闻""人民的敌人"；而桑德斯也经常批评"商业媒体"的报道不够公平，尤其是忽略了工人阶级的声音。

将桑德斯和川普类比受到很多桑德斯支持者的反对，他们认为川普并不是真正的代表底层人民，因为他的很多政策是使得资本和公司管理层更加受益，而老百姓只能获得涓滴的末端优惠甚至很多时候还被剥夺了一些福利，比如全民医保。他们强调桑德斯在种族问题上，移民问题上，和气候管理问题上，均和川普持相反意见。而且桑德斯相比川普，要对批评自己的意见宽容得多。

最后提一句，两位年轻的民主党候选人 Pete Buttigieg 和 Amy Klobuchar 都已正式宣布结束竞选。他们都曾经是人气很旺的候选人，Buttigieg 曾获得过 Iowa 代表投票的第一名。在超级星期二之前宣布退出并明确表示支持某一个还在竞选中的候选人，这是一个常规操作，是为了能够更加集中某一观念接近的候选人的得票率。所以，可以理解的是，这两位走中间道路的候选人明确希望自己的支持者投票支持的，是拜登。不过民调显示，他们各自的支持者的第二选择，似乎更偏向于桑德斯。

Bernie 的北欧神话

Fareed Zakaria（节选）

3 月 3 日

超级星期二的投票正在进行中，正常情况下今晚就可以知道结果。目前可以看到较为明显的趋势是民主党高层是支持拜登的，但选民基础最好的依然是桑德斯。当然，黑马 Bloomberg 的命运目前谁也无法判断，毕竟他走的是完全不同的竞选路线。Warren 也不能完全排除，因此今晚的结果目前无法准确判断。

我们今天来谈谈桑德斯一直以来谈到的北欧模式。这一模式不仅在桑德斯，也在很多人心目中是一种理想的公平社会模式。Zakaria 博士在上周五的一篇华盛顿时报专栏文章中，为我们分析了北欧模式的真实情况是什么样的。

桑德斯参议员一直以来被指责为"极端分子"。但是他辩解说自己的主张并不极端，他多次引用了如丹麦，瑞典和挪威的例子来说明北欧模式是值得学习的。桑德斯认为那是一种温暖的，类似社会民主主义的社会体制。在其中，市场是被严格管理的，富人是被课以高税的，社会安全网络是广泛而慷慨的。但是，这是真实和准确的今天北欧国家的现状吗？

桑德斯多次提到："亿万富翁根本不应该存在。"但是，瑞典和挪威的亿万富翁人数，如果按人口平均的话，要比美国高得多，瑞典甚至要高两倍。而且这些北欧富翁们，可以留给孩子们遗产而不需要付任何遗产税。瑞典和挪威的遗产税都是零，而丹麦则只有 15%。美国则拥有工业国家里第四高的遗产税，接近 40%。

桑德斯心目中的北欧国家,似乎是出于 1960—1970 年代的北欧。那段时间里，他们确实是社会主义市场经济（请注意，这里的概念和

251

中国定义的概念不是一回事）的先锋。1960年代到1980年代，瑞典政府开支占GDP的比例上升了两倍，从30%上升到60%。但瑞典社评员Johan Norberg指出，这种社会实验阻碍了瑞典经济的发展，从1970年到1995年，瑞典的私营企业中没有增加一个新的就业职位。1991年，瑞典首相Carl Bildt提倡自由市场改革，开启了瑞典的经济起飞。到2000年中期，瑞典将政府规模砍掉了1/3，也走出了长期的经济不景气。

类似问题的不同版本和相应的市场改革发生在所有的北欧国家，他们甚至创造了一个词叫"灵活的安全"（flexicurity），将灵活的劳动力市场需求关系与社会安全网的设置有机结合。这个词的创造者，丹麦首相Rasmussen说，这一模式的关键在于，雇主有足够的灵活性来雇佣和解雇雇员。（即工会力量无力阻止雇主解雇员工，但同时社会给予失业者足够的保护并提供免费教育促进其再就业）

另外，Rasmussen首相说，丹麦对外贸易完全开放，可以自由进入外国市场并促进本国企业的保持竞争力。当你环顾今天的北欧四国，你会发现他们的政策都会走市场化道路，比如免费教育采取的是学券制educational vouchers，公费医疗采取多方支付模式（但主要部分还是政府税款），宽松的企业监管。注意，所有这些北欧国家，都没有所谓最低工资。

但不可否认的是，他们确实有更慷慨的社会安全网。这也自然导致了他们的高税收。但请注意，这些税收并非主要来自富人，而是对中产阶级，较富裕中产阶级，甚至是穷人的相对税率更高。丹麦是世界经合组织（OECD）中税率最高的国家之一。只要你的收入是全国平均收入的1.3倍，那么税率就是55.9%。这在美国，就意味着，如果你的年收入超过6.5万美元，你的税率就是55.9%。而现在美国最高的税率是43.7%，这需要你的收入是全国平均收入的9.3倍，即你的年收入要达到50万才需要按这个税率缴税。

那么为什么说北欧的中产阶级和穷人受到很大的压力呢？这是因为他们和所有其他人一样，都要付25%的商品增值税。这些国家政府的 20% 的税收来自这部分税种。而在美国,平均的销售税 sales tax 只有 6.6%,而美国全部税收中,只有 8% 来自这部分税种。

最后再来看收入税:在 2008 年 OECD 的报告中指出,收入最高的 10% 美国人支付的收入税,是全美国收入税的 45%;丹麦呢?最富裕的 10% 丹麦人付出的税款只有全部收入税的 26%,瑞典 27%。在这些国家里,平均收入税是 32%。不知道美国的左派知道不知道,美国和欧洲比起来,税收对富人本身就重很多了。

(需要注意的是:斯堪的纳维亚的基尼指数在 25 以下,而美国则接近 50。这是 Zakaria 博士的文章中没有提到的)

换句话说,如果把丹麦,瑞典和挪威的经济政策搬到美国来,那就意味着更灵活的劳工市场(即工会权限更小),更少的管理条款,和更多的自由贸易。我们确实可以因此建立更广泛和慷慨的社会安全网络,但这意味着对中产阶级甚至穷人课以更高税收。桑德斯如果真的希望这么搞,那真的可以被叫做"极端"了。

绝地反转尚惊喜鹿死谁家犹未知

3 月 4 日

过去的 72 小时,对于前副总统乔·拜登来说,仿佛是在结婚的当天中了彩票,接连而来的好消息对他 77 岁的心脏来说,是一个考验。

超级星期二的投票结果正在输出中。从目前的结果来看,前副总统乔·拜登的得票率令很多人感到吃惊。

要知道在之前的民调中,乔·拜登一直显得黯然失色,从民调第一一直跌到民调第三。无论是公开辩论还是广告投入,拜登都没有出色的表现。在 2 月初第一个投票的 Iowa 州,他只能排到第四。New Hampshire 则一票都没得到。甚至在超级星期二之前还有传闻,说拜登的竞选资金已经告罄，很快会退出选举。但是，超级星期二投票却显示了一个完全不同的结果。

在超级星期二投票的 14 个州里，乔·拜登赢得了 10 个州。他们是得克萨斯、马萨诸塞、明尼苏达、北卡、弗吉尼亚、奥克拉荷马、阿肯萨斯、田纳西、、阿拉巴马和缅因州。

目前桑德斯锁定胜局的有科罗拉多州，犹他州和 Vermont 州。另外一个南太平洋上的美属萨摩尔群岛则支持 Bloomberg。

现在大家都目光就聚焦在还在计票中的加州。加州是美国最激进，经济最好，对政坛影响力最大的一个州。她拥有 415 名代表票，而第二名得克萨斯只拥有 228 票，第三名北卡只有 110 票，其余州都低于 100 票。目前桑德斯在加州是领先的。得票总数上，拜登已经获得了 433 票，桑德斯 388 票，即使桑德斯在加州大胜，也和拜登拉不开距离，两者得票应该在伯仲之间。

Bloomberg 也于周三宣布退出选举。和 Buttigieg、Klobuchar 一样，他也为拜登背书，希望原来支持自己的选民转而支持拜登。

拜登的胜利是如此出人意料，这不但表现在他横扫了南部州，更重要的是他连没花什么功夫的北方的明尼苏达、马萨诸塞和缅因都拿下了。要知道马萨诸塞可是 Warren 的大本营，连对方大本营都拿下，这确实不能说是运气了。

再来看看弗吉尼亚州，拜登在竞选期间只去过一次，总共花了 23 万广告费，却赢得了 53%的选票。知道 Bloomberg 在弗吉尼亚花了多少钱吗？1800 万。但结果只得到了 9%的选票。看来金钱也不是万能的。但有意思的是，Bloomberg 虽然花了 5.6 亿美元，最终退出选举，但他真的输了吗？这个问题，我们以后有机会再聊。

拜登的胜利，最主要的成功因素是党内高层的一致支持。所有重量级候选人在退出时都选择了拜登作为背书对象。民主党内部有一个共识，他们不认为美国选民会最终选择走极端道路的桑德斯。另外，拜登的选民基础较为稳固，支持拜登的是非裔美国人，年长的选民和住在郊区的白人（Suburbs 即富裕中产阶级）。这个选民构成比桑德斯的相对单一构成的年轻人选民要可靠和传统得多。拜登的成功来源于他能迅速团结起来民主党走中间道路的温和派。

另外一个原因是这次选举中，很多选民的一个投票动机就是为了撵走川普。Anyone but Trump。那么对于击败川普这一目的来说，拜登的赢面要大一些。

另一个值得提到数字就是我们经常说到的 turnout rate。到底有多少人出来投票，这决定了最后有多少人愿意在最终大选中成为有效的投票人。民调的结果往往不如 turnout rate 来得准确，因为"口惠而实不至"是常见的。民调中的支持率需要通过 turnout 来体现为真实的选票。

在弗吉尼亚的投票中，有 23%的民主党人出来投票。这相比于2016 年，几乎增长一倍，甚至比 2008 年民主党大胜的时候 turnout 都要高。犹他州的 turnout rate 则更高，为 32%。得克萨斯、明尼苏达都出现了远高于 2016 年的 turnout rate。这也许说明民主党人真的无法再忍受川普了。

在超级星期二前一天，当 Amy Klobuchar 通过公开演讲宣布退出选举并热情向她的支持者推荐拜登时，她说："投票给拜登，就是投票给体面，投票给尊严，那是他可以带进白宫的东西。"（Vote for Joe.Vote for decency,vote for dignity,That is what he will bring to the White House）这种看上去很情感性感受性的动机，恐怕是另一个更深层次的拜登浪潮的原因。

桑德斯输在哪里？

3 月 5 日

超级星期二的投票最终结果，还在等加州的一些票数统计。就目前来看，乔·拜登的代表票总数为 627，伯尼·桑德斯则为 551。而Warren 已经正式宣布退出，最终两巨头对决定局面已经形成。拜登已经明显占据上峰。

那么桑德斯为什么会输呢？

最直接的原因，是他期盼的年轻人的高投票率没有实现。我们知道，在 30 岁以下年轻选民中，桑德斯的支持率达到 60%，拜登只有 17%。而在 45—64 岁的选民中，支持拜登的有 43%，65 岁以上则达到了 50%，桑德斯在这两个年龄段的选民中，支持率都不满 20%。所以桑德斯要赢，就一定要大量年轻人出来投票。

但最终的情况令很多人不解，这次超级星期二的投票中，总体上年轻人投票率甚至还不如 2016 年的 turnout。相反却是 45 岁以上，尤其是 65 岁以上的选民 turnout 比例和 2016 年选举比，大幅提高。这就是拜登大胜的一个最直接原因。

一些分析文章指出，桑德斯的号召力其实比 Obama 总统要小，Obama 可以点燃年轻人的激情，而桑德斯则只能获得他们的支持，因此很难提升 turnout。另有观点认为其实年轻人的政治态度并没有想象中或媒体渲染中的那么激进，虽然 AOC（Alexandria Ocasio-Cortez）可以像摇滚明星一样获得年轻人的追捧，但总体上来看，温和保守的民主党人获得了更多的支持和更多的选举胜利。激进民主党人的目标是根本上改变美国的社会制度，而温和民主党人则更多地只是希望阻止民粹主义的蔓延。激进民主党团体 Justice Democrats 推出的议员候选人往往败给温和的传统的民主党候选人。而 AOC 只是一个纽约的特例。

在建制中，我们会看到在众议院中，激进民主党员（Progressive Caucus）人数在上升。但与此同时，走中间道路的温和民主党人（New Democrat Coalition）的人数也在上升，两者旗鼓相当，都达到 100 人左右。

当然还有一个传统的原因，就是年轻人往往迫于生计，无法抽出时间去排长队投票。这也是共和党一贯的手腕，以增加投票严肃性为由，减少投票点，增加投票难度。这样，处于社会底层的劳工阶层、新移民阶层和年轻人阶层的投票率就会下降，而这些人往往是民主党的支持者。

这里需要注意的是，希拉里克林顿在 2016 年的失败，事后很多人认为这是因为她忽略了年轻投票者的缘故。那些原本的桑德斯的支持者，没有能够被转向投票给克林顿。

桑德斯另一个失败的原因可能归咎于 Medicare-for-All 的全民医保政策并不像看上去的那么吸引选民。统计显示，大多数看重医保政策的人，是将选票投给了拜登而不是桑德斯，这一比例是 38% 对 30%。而在反对全民医保的选民中，拜登则是大幅度领先于桑德斯。显示出了不平衡性，Medicare-for-All 没有造成压倒性的正面投票，但引起压倒性的负面投票。

桑德斯失败的第三个重要原因应归咎于一个叫 Jim Clyburn 的黑人精神领袖。他是众议院的民主党党鞭，来自南卡，是南卡最有威望的黑人领袖。虽然 Clyburn 和桑德斯私交不错，但关键时刻，他公开表达了支持拜登的演讲。这导致黑人的投票几乎一边倒地支持拜登。有 61% 的受访选举人表示，Jim Clyburn 的表态对他们做出投票决定是很重要的。

在 7 月份的全国党代表大会之前，桑德斯还有翻盘的机会，因为大多数北方州还没有投票。但从势能上看，这种可能性不大。

另一件被忽略的事是：2020 年不仅仅是总统选举年，也是参议院和众议院的选举年。有 1/3 的参议员需要重选。民主党的目标当然不仅仅是进入白宫，他们也希望能够赢得参众两院，形成一个有效率的新政府。

最近的一个好消息是，前蒙大拿州州长，民主党人 Steve Bullock 宣布将会参加参议院竞选。他在当地做了两任州长，民望很高，也被认为是唯一一个可能赢得传统上偏红的蒙大拿州的参议员候选人。

民主党人要赢回参议院，就至少需要从共和党人手上赢回三个席位（当然，如果他们输掉总统大选，则需要赢回四个席位才能控制参议院）。

对于这一次的参议员重选，分析指出，民主党开始变得有希望了。因为共和党的三位参议员面临党内分裂或所处州开始泛蓝的风险。他们是亚利桑那州的 Martha McSally，科罗拉多州的 Cory Gardner 和缅因州的 Susan Collins 参议员。这是民主党最可能拿下的三个席位。但反过来，民主党也有面临被共和党翻盘的参议员，就是阿拉巴马州的 Doug Jones。阿拉巴马州是一个深红色的共和党州。Jones 在 2017 年的胜利有一定的侥幸。因此 2020 年的再选，他有可能失去这一席位。那么 Bullock 宣布参选，就显得非常重要了。

川普的电视讲话

3 月 12 日

周三晚间，为了安定民心，川普做了 11 分钟的电视讲话。

他说，"我们的团队是世界上最优秀的。病毒不可能打败我们。没有一个国家像我们美国一样有充分的准备和卓越的耐受力。我前三年的经济政策好极了，所以我们的经济好得无法想象，我们有充足的手段和资源来拯救市场……"

道琼斯指数给出的反应是：继续猛跌 10%，今天收盘只剩下 21200 点了。这是 1987 年以来最大的单日市场跌幅。

同时川普宣布，将中止和欧洲的人员（美国公民和持绿卡者除外）和物资往来 30 天。但随后白宫和他自己又出来澄清说，物资交流并不禁止。同时，英国除外。但资料显示，英国的 CoVid-19 感染率和欧洲大陆并没有实质区别。新闻界对此表示不解。欧盟领导人亦表示不支持这一决定。

川普还说，自己和保险公司的人谈过了。所有 CoVid-19 的治疗费用全免。紧接着白宫又立刻出来澄清，不对不对，不是治疗费用全免，而是免除检测是否染病的费用。

安东尼·福奇医生是美国国家过敏及传染病协会主席，他表示说美国目前对 CoVid-19 病毒的检测远远不够。韩国的人群测试率是

100 万人中可检测 4000 人，而美国呢？100 万人中，美国目前的能力仅够检测 2 人。韩国的能力是美国的 2000 倍。在议会听证中，议员们问："美国人是否能够顺利得到测试？为什么有些医务人员都无法得到测试？"时，福奇医生表示，"我们的医疗系统达不到我们需要的能力，我们很失败。"

福奇医生还表示，美国最有可能被感染的人数在 7000 万人至 1 亿 5000 万人之间，这就是说，1/3 的美国人口将可能被感染。如果 CoVid-19 的重症率在 1%的话，这就意味着约有 100 万美国人属于重症患者，那么美国是否有足够的医院床位呢？

如果感染的规模在这个水平，则美国至少需要 20 万张 ICU（重症监护室）病床，而目前全国只有这个数字的一半 10 万张。这还没有考虑呼吸道传染病所需要的一些装置的延迟，比如负压病房。

美国目前的确诊人数已经超过 1600 人，死亡 40 例。

再来看经济。美联储紧急宣布注入 5000 亿美元短期银行基金帮助企稳经济，但股市短暂上抬之后又迅速掉头，以全天最低点收市。目前美国股市已经回到了 2017 年 7 月的水平。

问题在于，美国还有多少手段来救市？要知道在金融危机之后，美国的央行利率一直是接近 0 的水平。美联储前主席 Janet Yellen 看到这种利率承担风险能力太小，在其任内五次提高利率，使得现在美联储才有了目前的降息空间。但这一决策受到川普一再的批评。为什么川普要批评 Yellen 呢？

川普史无前例的减税政策要求其必须保持经济年增长率 4%以上才能勉强达到美国政府减税前的税收水平。头脑正常的人都知道这是不可能的，但川普吹牛说这没问题。Yellen 则很平静地对川普说"这挑战性太大了。"但为了实现这个经济迅猛增长的神话，川普一再逼迫美联储降息，并最终换掉了 Yellen，换来了律师出身的鲍威尔。鲍威尔迅猛地将央行利率砍掉 50 个基点。不但没有抑制住股市的崩塌，请记住，美国的疫情这还仅仅是刚刚开始。那么如果情况继续糟糕下去，美联储还有多少降息空间呢？

为了面子好看和博得民众支持，川普将所有经济刺激手段开到最大。但 2019 年的经济增长是多少呢？2.3%。今年呢？Moody 的预计是 1.5%。那么，减税造成的巨大财政缺口，谁来填？当然不是川普，他只管吹牛，今后的美国总统会负责给他擦屁股的。

在国家面临自然灾害或者大规模疫情的时候，国家最高领导人都需要出来进行一些安抚民心的讲话。这是因为一个国家的领导人是这个国家在危难时刻，可以出来振臂一呼，振奋国民精神并由此来整合国家资源的一个象征性标志。但川普由于个人的劣迹斑斑和致力于分裂国家凸显自己英明神武的长期行为，导致他没有这个能力来成为团结国家的中心力量。

在川普的电视讲话中，给我印象最深的，却是他的表情。这完全不是一个国家领导人应该有的风度和气质。川普在做娱乐宣传的时候，很得心应手，因为这是他的本行。他在娱乐业中，是一个二愣子的形象。当然，这里并没有贬义，娱乐界需要二愣子，比如 Chris Tucker，满嘴胡说八道的形象很讨人喜欢。但作为国家最高领导人，川普则完全不知道该如何措辞，使用什么样的表情和语气。通篇讲话犹如一个小学生被押着背诵别人写好的课文，表情僵硬，手指不断绞动。我希望大家有机会去看看川普在国家如此危难之时向美国人民讲话的状态。

然后问自己一个问题：2016 年，我们都干了些什么？

动荡的时代

3 月 23 日

美联储再次做出史无前例的决定，在周一开市之前宣布将无限制购买财政部债券。简单说这就是一个无限制版的 QE，这和直接印钞寄给每一个美国人只有一步之遥。可以说，在对付已经到来的经济危机方面，美联储已经没有任何其他手段可用了。

但周一的股市依然下降，全天表现出震荡下行趋势，标普500和道琼斯指数均下跌了3%的幅度。只有10年期债券的折现率对这一消息有正面的反应，从0.69%上升到了0.74%。

而国会依然没有通过2万亿的救助资金。民主党要求这一方案更多地保护失业的工人和低收入的民众，企业被援需要受到监控，比如不得使用该款项回购自己股票。而共和党则更要求给企业更多的自由度。这引发了参议院中强烈的对峙甚至相互辱骂。John Kennedy参议员说："这个国家是由一群天才建立的，但却被一堆傻瓜管理着。"

无论美国是否进行援助，其结果都是使自己的债务迅猛上升。目前美国政府的财政赤字已经是二战以来的历史最高。而到目前为止的美国联邦债务，已经达到了GDP的80%，国家债务则已经超过GDP，达到GDP的110%。现在每年光是债务的利息就高达4000亿美元，这相当于美国政府开支的10%以上。这还是在疫情爆发之前的水平。

美国到今天为止的Covid-19感染人数为42000，死亡512，重症患者1040，这一比例已经从早先的1%上升到了3%。

2万亿救市重点救它

3月25日

参议院在周三晚些时候将就自己的2万亿救市计划投票。而众议院则很可能在周四通过自己的版本。两院均对提案的通过表示乐观。

波音公司获得了很大的支持，这导致波音的股票在一夜之间大涨30%。参议院版本中有170亿的联邦低息贷款计划，针对"相关国家安全的重要企业"，而波音公司就作为这一分类的代表企业。

除此以外，对于航空业的援助还包括580亿美元对客运和货运航线的贷款，4250 亿美元对所有受疫情影响的企业的贷款。

川普对波音公司情有独钟，认为这是美国最重要的企业之一，必须另眼相待。在其经济学家的建议下，川普希望美国政府能用这些贷款来购买波音的股权，但这一提议被波音公司拒绝。波音的 CEO Dave Calhoun 表示，波音只愿意在自己设立的条款下接受援助贷款，不会出售自己的股权作为交换。"如果他们强迫我们的话，我们就只能去找其他选项，我们有得是选项。"Calhoun 说。

波音表示他们需要至少 600 亿美元现金的注入。这是为了保住航空业现在的 250 万个工作职位（波音公司大约有 15 万雇员，其中 7 万在美国）和 17000 个供货商的利益。航空业工会也表示目前至少有 50 万个工作职位在危险之中。

但反对的意见也很强烈。原南加州州长，美国驻联合国大使 Nikki Haley，一位坚定的川普支持者。她曾经是波音公司董事会成员。Haley 以辞职表示了自己的不满。她说，"在小企业痛苦挣扎的时候，波音这样的大企业却受到政府特殊照顾，这是不公平的。""这不是政府应该扮演的角色"。

需要注意的是，波音公司在华盛顿的游说团队是非常有影响力。仅 2018 年一年就花了 1500 万美元在政治游说上。他们获得美国政府青睐是情理之中的事情。但与此同时，大多数美国的中小企业却没有这个能力。但是反过来，波音以其巨大的体量，相比中小企业来说，更容易拿到银行的贷款和更优惠的利息。他们也有更多的市场渠道去筹款，那么美国政府救助性的低息贷款，是否还应该给波音这样的大公司呢？

今日美国的 Covid19 感染人数总计达到 64775 人，死亡 910 人，康复 393 人。其中，波音公司感染的人数为 32 人。

股市见底

3 月 26 日

随着美国股市这两天的大涨，很多人都开始怀疑自己是否错过了在底部买入的好机会。但经济学家们警告说，情况可能比大家预想的要糟糕得多。

周四劳工部报告说，上周一周的时间内，就有超过 330 万美国人填写了失业福利申请表。这在美国历史上从未出现过。自有记录以来，单周收到失业申请的最高数字是 69.5 万，而这发生在仅次于 30 年代大萧条，二战之后最大的全球经济衰退的 1980 年代早期。

这并不意味着上周有 300 万美国人失业。情况要比这糟糕得多，因为大多数低收入者或者非正式员工（part time or casual）及工作时间不足六个月的人或者非法移民工作者是没有资格申请失业福利的。更不要说自雇的小企业主们。

在今年 2 月份，美国的失业率依然是历史低点，大约 3.5%。而目前估计已经达到了 5.5%，这是自 2015 年以来的高点。而经济学家们预测，到四月份，失业的美国人可能超过 4000 万。而一份华盛顿邮报的民调显示，有 1/3 的受访者表示他们自己或至少一名直系亲属被辞退而失去了工作。有 1/2 受访者表似乎他们自己或至少一名直系亲属被削减了工作小时数。而且无论被病毒侵袭的程度如何不同，无论是否对社会活动或者外出工作进行了限制，这一失去工作或者失去工作时间的情况在美国各州基本上没有差别。

即将施行的 2 万亿救市计划会在这些人的口袋里塞入大约 1200 元现金，但这不会在五月前发生。而且这些钱能起到的作用非常明确，是为了保证生活必需品的购买，而对提振经济的作用十分有限。目前美联储考虑的已经不是提振经济，而是如何在灾后恢复美国经济的问题。

今天美国 CoVid19 患者的确诊数达到 80000 人，死亡数达到 1143 人，康复人数 1864 人。其中纽约州一天就增加了 4300 名确诊患者。

所以，最后的问题是：股市见底了吗？

世界经济的变化和预测

4 月 1 日

无论是美国，亚洲还是欧洲，工厂的产能都急剧下降。这显示出疫情带来的经济危机恐怕不会像先前预计的那样只是按下经济暂停键，一旦疫情消失立刻会反弹。

世界上最大的供应管理学会 ISM 表示，他们计算出的三月份制造指数（manufacturing index，一般也称为 PMI）为 49.1，已经陷入了经济萎缩状态。英国的 IHS 计算出的美国三月份 PMI 则更低，为 48.5。需求，生产和就业三个指标都在下降，而且看不到有提高的信号。专家预测，4 月份的情况会更加糟糕。

中国似乎是唯一的例外，他们的经济活动显示出一些解冻和反弹的迹象。另外还有土耳其，荷兰和台湾，都显示出了一些正面的迹象。

封城和禁足不仅导致工厂无法正常开工，而且使得产业链出现多处断裂。工厂即使开工，也面临难以销售或者原材料无法得到供应的问题。一些工厂如果得不到政府或银行的援助，将会面临倒闭的结局。

牛津大学的经济学家 Rosie Clothorpe 说，"制造业的环境可能会更加恶化，封锁令在欧盟区和全球会导致更多的工厂关闭。他们大量的辞退员工显示出他们自己也知道即使封锁令撤销了，生产也不会很快恢复。"

意大利的 PMI 已经下降到 40.3，希腊，波兰，捷克都受到重创。无论是制造业还是服务业，都面临严重的萧条。欧洲在疫情爆发前的二月失业率是金融危机以来最低点，只有 7.3%。

德国最大的汽车零件供应商 Conti（Continental AG，马牌）周三宣布暂时关闭 120 家工厂（占其所有工厂的一半），包括绝大多数在美国和欧洲的工厂。3 万名德国雇员（占其所有德国雇员一半）从四月开始缩减工作时间。

瑞士超过 1/4 的企业已经开始向政府申请援助。13% 的工人开始受到影响。

在亚洲，越南和菲律宾的经济活动也明显下降，他们的下滑速度甚至超过了意大利。当然最大幅度的下降则发生在日本，韩国，印度尼西亚和泰国。经济下滑中都同时面临失业剧增的压力。

高盛对美国第二季度经济的预测是同比下降 34%，而更令人担心的是他们对美国就业市场的预测，他们认为在 9 月份之前，美国的失业率可能会达到惊人的 15%。作为对比，美国 2008 年金融危机时的失业率是 10%，而 1930 年代著名的大萧条的失业率是 25%。

即使如此，美国和欧洲的失业比例预估还会出现新的暴涨。

越来越多的美国经济学家认为美国经济的恢复可能不会是一个 U 型的反弹，而更可能是一种触底后缓慢的上升，就像 2008 年的经济危机之后的表现。

前景黯淡和油价的曙光

4 月 2 日

美国的 Covid19 病例已经超过了 23 万人，死亡超过 5600 多人。而全世界的染病总数也于今日突破了 100 万人。

美国上周有 660 万人申请了失业救济，和两周前的 330 万人相加，美国在两周内的失业人数就增加了近 1000 万人。这意味着，美国的失业率目前的估算已经达到了 9.5%，这已经接近是 2008 年金融危机时的最高失业率水平（9.9%），而经济学家预测，突破 10% 只是时间问题。

众议院议长南希·佩洛西表示将组成一个两党协作的委员会，监督政府如何使用救灾的 2 万亿美元资金。

加拿大的经济也经受着同样的考验。最近两周以来，加拿大的失业率从 5.9% 直线上升到了 13.5%。这也是加拿大自二战之后最高的失业率。民调显示 44% 的加拿大家庭已经产生了收入下降的问题。

美加两国对民众的安抚措施有所不同。

在对应 Covid19 的流行上，加拿大有天然的大政府优势和全民健保优势。加拿大人获得试剂检测的人口比例是千分之八，而美国只有千分之一点二。在大流行开始一个月的时间，加拿大绝大多数城市的染病曲线开始出现了平缓，医院还有大量空床和 ICU 床位的储备。美国的医疗物资短缺问题依然难以解决，这导致美国的曲线继续在增加着斜率。

在对民众的经济救助方面，美国是几乎无差别地向民众发钱。90% 的美国民众都将收到 1200 美元现金。加拿大则是筛选收入减少的民众，如果你的收入因为疫情而减少，那么政府将提供 500 加元/周的补助，持续 16 个星期，总数就是 8000 加元/人，另外还有儿童的补助。相比之下，加拿大的补助策略更加充足而且有的放矢。

资本市场方面，今天最大的消息是油价的上升。虽然有很多矛盾的信息，比如川普表示要干预沙特和俄罗斯的油价之战，随后俄罗斯又表示没有意愿和沙特对话，沙特接着又表示说愿意考虑减产。油价期货随着这一浪又一浪的消息来回上下翻动，最终 Brent 还是上涨了 21%。受到这一情况的影响，美国股市今天也上涨了 2.2%。其中 Exxon Mobil 上涨了 7.3%，而 Chevron 则上涨了 7.8%。

尽管如此，油价和危机爆发前相比还是基本上一个腰斩价位。更重要的是，随着需求的急剧下降，库存量几乎达到了饱和。这使得市场对俄罗斯沙特油价战的缓和能对推高油价起到多大作用产生了怀疑。同时，减产到底能不能实现，整个 OPEC 和 20 国工业集团如何配合，这些都是未知的因素。

另有消息，美国的 Whiting Petroleum 页岩油公司宣布破产。这是油价暴跌以来第一家规模较大的页岩油公司的倒闭。

川普周五会会见 Exxon，Chevron 和 Continential Resource 的 CEO，一起讨论美国政府应该如何帮助能源企业渡过难关。

口罩疯人院

4 月 3 日

今天纽约时报发表了一篇专栏文章，重点谈了美国目前口罩市场的乱象。

一名管理三家医院采购的经理表示："我都不知道这些人是从哪里冒出来的，他们手上怎么会有那么多我们急需的物资？"她给记者看了其中一个提供外科口罩的商家的报价：50 个外科口罩，每个价格 70 美元。"而平时，我们只需要付 2.28 美元一副"，她说。

另有一家叫 Blank Industries 的公司，出价 5 美元一个 N95 口罩，但条件是你必须一次订一百万个。而这家公司在疫情爆发之前，是做冰块的。

美国的口罩市场简直像一个疯人院。美国联邦政府没有使用行政力量完全接管口罩市场，事实上他们还和各地方政府一起抢购市场上的口罩。

而在医院方面，因为购买不到口罩，他们的采购人不得不和很多他们完全不熟悉的供应商谈判，而那些供应商中，不乏骗子。但骗子还不是最让他们头疼的，他们头疼的，是数不清的中间商。

美国人不太熟悉来自中国的供应链，这给了中间商很大的空间。在疫情刚刚开始的时候，中国从美国进口了 20 亿只口罩，法国则购买了 10 亿只。而这个时候，美国政府什么都没有做，没有进行国内使用和出口国外的协调。于是现在出现了美国的口罩荒。

周四美国才刚刚开始动用国防产品法，命令 3M 公司必须将自己的部分产品卖给美国政府。

但这显然是不够的。一夜之间出现了大量"新公司"，他们都声称自己有口罩可以出售。其中一些确实帮助了医院解决口罩短缺的问题，但更多的，则是不知道哪里来的中间商。

"我们简直是在被这些中间商轰炸！"马萨诸塞州一位管理多家医院供应链的负责人 Ed Bonetti 说。"我们根本无从知道他们的质量如何，但我们需要口罩。"

这些中间商的口罩来路各异，价格差距很大。而他们之间大多数是相互买卖，不断加价。因为总是会有人更缺乏口罩的。一些讲究声誉的商人则开始筛选他们的客户，他们直接出售给使用者而拒绝任何中间商买家。

国际口罩市场则更是一个疯人院。在中国有为数不多的几家获得美国 FDA 认证的 N95 口罩生产商，一位美国硅谷的知情者说，"在这些工厂里，你起床见到的是法国人，早饭要和德国人谈，午饭要见意大利人，而美国人则占据你的下午。在这些政府代表出现的空隙中，大堆的中间商在你的门口堆起来现金要购买。"

价格确实也因此被抬高，但利润已经在供应链中被分配。一位口罩制造商表示，很多原材料价格上涨了 90%，制造口罩的机器设备则上涨了三倍以上。

中间商日子也并不好过，因为一切变化太快。一位两周前还在做泡沫玩具的老板，卖掉了自己的生意来全力经营口罩。他自称已经四天没有睡过觉了。因为美国医院的订单竞争激烈，说好要的货不知哪个环节就会变卦。而中国的工厂又催着他给定金，否则出价更高的买家立刻就会夺走他的订货。而等他刚刚摆平两头，中国政府突然一纸禁令暂停一切口罩出口。这位前泡沫玩具的老板真是欲哭无泪了。

过了一天之后，他说，"我现在应该去看看呼吸机市场了。"

是的，呼吸机市场，可能又是另一个疯人院。

缺乏耐心 vs 缺乏时间

4月7日

周二，川普的两名最核心的经济顾问，白宫首席经济顾问拉里·库德洛和财政部长斯蒂芬·姆努钦都对美国的经济恢复充满了信心。库德洛表示美国的经济将在未来的四到八周内重新启动，会像一个"大号发电机"那么强劲。而姆努钦则对福克斯新闻表示他将在今年晚些时候看到美国经济的强劲反弹。

让我们来看看中国。中国在对付疫情方面采取了极端的，史无前例的封锁了拥有 6000 万人口的湖北省。一个多月后，疫情得到了明显的控制。是疫情控制中一个非常成功的例子。然而，恐惧依然在空气中蔓延。武汉的封锁几次被反复，工厂开工后又被关停。中国付出的代价是，经济螺旋式下滑，在头两个月中的投资，下降了近 1/4。

一位前美国驻北京的外交官，同时也是 Mc Larty 协会（成立于1998 年的国际贸易咨询公司）资深顾问的 James Green 说，"一个V 字型的经济反弹是很难出现的。中国给我们的经验是：这将会是一个缓慢的恢复过程。"

白宫希望淡化给公众的经济衰退的印象，这很容易理解。毕竟川普能否再次当选，经济表现是他唯一能拿得出手的政治资本。所以看到中国开始重新开启经济，川普是希望能够迎头赶上的。但是，美国的疫情远远超过目前的中国，这是必须面对的现实。

伦敦的经济学家 Mark Williams 说，"美国的经济可能会在至少一年或两年后恢复。"而高盛的经济学家们在周一作出的预判是："美国经济在未来两年内会比之前预测的 GDP 少 3.3 万亿，而失业率则会达到二战后的最高水平，15%。高盛的报告中还指出，第二季度美国经济会缩水 34%（年化率），而即使第三季度反弹，到年终也只能恢复50%的跌幅。无党派的国会预算办公室CBO预测在2021年底的美国失业率为9%。

同时这也将影响美国的投资。紧随着失业的，是消费能力的下降及公司债务的飙升。这使得Exxon Mobil宣布将缩减自己的资本开支达到100亿美元。这占其年度资本支出的30%。

那么中国的恢复情况怎么样呢？中国政府公布的三月份PMI已经达到了52，相比二月份的35.7是一个很大提升。官方还表示广东和浙江等重要省份的大企业开工率已经达到了100%。这当然是好消息。但经验告诉我们，对于来自中国的官方消息，你总是应该在吸取的时候加上一点盐巴（take it with a pinch of salt，意为只能将信将疑）。

来自德国驻中国商会的估计，中国经济最早也要到7月份才能恢复。而标普全球的预估则显示中国今年的经济增长可能低于3%。

多位美国经济学家表示，美国最好的情况就是能够复制中国经济的复苏，如果情况不变的更糟糕的话。但这里最关键的经验是，我们必须耐心。

耐心需要时间，而川普恰恰没有时间。他必须在大选之前给美国人一剂强心针。川普依然对新闻机构说，他认为美国经济会"像一支火箭一样上窜。我们会有一个无与伦比的反弹，我们会看到世界历史上最好的经济！"他说，"我们希望我们的人民回去工作。每个人都想回去工作！我们应该尽快恢复我们的国家！"美国目前混乱的疫情管理没有人去追责，而白宫到今天还在贩售"我们的明天比蜜甜！"这种廉价的鸡汤。

你有没有觉得川普像一个拙劣的三流演员，如小丑般夸张地表演，只为博得观众一笑？当然，这里他希望博得的，不是一笑，而是选票，那些盲目相信这个演员表演的那些民众的选票。

最致命的一天

4 月 8 日

当中国开始取消武汉封城令的时候，美国录得了至今为止最惨痛的一天。在周二晚 8 时之前的 24 个小时内，美国有 1,939 人死于 Covid-19 肺炎，这比过去的日死亡量增加了 50%。死亡人数主要来自纽约，新泽西，路易斯安娜和伊利诺斯等州。

全球来看，确认的感染数达到了 140 万，而死亡人数也超过了 83,000 人。美国确诊的人数超过了 400,000 人，总死亡人数超过了 13,000 人。其中受影响较为严重的是黑人和西班牙裔的纽约人。而在相似情况的芝加哥，约有 71% 的死亡患者为黑人，而黑人在芝加哥的人口比例仅为 29%。在路易斯安娜也是这种情况，70% 死亡患者为黑人，而黑人人口比例仅为 32%。

经济方面，议会正在考虑增加对企业的国家援助。但一些企业界的人士则批评政府动作太慢。请注意这样一个数字：有三分之一的美国租客，没有按期付他们四月份的租金。

川普周二解雇了五角大楼的代理检察长 Glenn Fine，引起极大争议。Fine 因在收到乌克兰门的吹哨人举报时没有将案件压下而是递交给了国会情报监督委员会而得罪川普。许多批评人士指出，川普分不清国家利益和个人利益的边界。在川普的心中，得罪他就是得罪美国政府，但事实上 Fine 只是履行自己的正常职责，并没有做错任何事情。所以他的被解雇引起很大争议。

但这只是一方面。另一方面，Fine 是政府的两万亿刺激计划的监督人。一些人也认为，这是因为川普不愿意自己的救助资金受到更多监督。

来看世界方面。欧盟财长周三没有就 5440 亿的救市资金达成一致意见。法国有超过 1 万人因 Covid19 肺炎死亡，法国央行预计法国将出现二战之后最大的经济活动的滑坡。

英国首相鲍里斯·约翰逊的病情看来在好转，已经可以坐起来且情绪乐观。

中国武汉已经解除封锁，火车和飞机开始通航。中国报告了 62 例新病患，除三人外，其余 59 人均来自海外返回中国者。

意大利和西班牙是被影响最严重的欧洲国家，两国的感染和死亡情况开始有所缓和。但接下来的复活节他们依然严格禁足。

奥地利开始逐步解除他们一个月以来的封锁，捷克和丹麦则准备在复活节之后逐步开禁。

在伊朗。Covid19 的死亡案例也在逐步下降。但当地的议会和官员都担心重新在本周末开启国家政府机构和小企业可能会造成新一波的传染。

俄罗斯中央在将对抗疫情的行政权力下放给地方领导人。这引起一些批评，认为这是普京在试图推卸掉自己的责任。俄罗斯有 1 万多人被感染，63 人死亡。

日本周三出现 351 名新发现患者，全国开始了宣布紧急状态下的第一天。新加坡加紧了对学校，政府部门和公共设施的关闭。周二，新加坡出现 106 名新患者，总数达到了 1400 人。

韩国的情况大为好转，二月份他们的日发病是 900 人，而本周的预测则日发病人数只有 50 人。

澳大利亚首相 Scott Morrison 表示虽然两周前澳大利亚的病患以每天递增 20% 的速率增长，而现在，日增长率只有 2%。新西兰周三则发现了 26 例新病人，这是封锁之后的两周来发现新病患最少的一天。

债 山

4 月 9 日

Covid19 造成的经济影响需要几年时间才能完全显现。但有一个结果已经非常明显，那就是政府，企业和一些家庭，开始出现如山的债务。据高盛的估计，联邦政府的赤字，在今年 9 月底结束的财政年度里，将达到 3.6 万亿。下一年将依然会有 2.4 万亿。

许多经济学家相信低利率将有助于应对迅猛增长的债务。经济教科书上一般认为，在对应危机的时候，举债是最好的，可能也是唯一的应对策略。但同时，高债务也使得企业和个人在危机过后，依然投资减少，挣扎生存。

美国的债务自 1980 年代之后迅猛增长。现在美国的联邦债，企业债和家庭债务的额度基本相当，三分天下。它们的总和，占到了 GDP 的近 250%。当然，还有一部分是州政府和地方政府的债务。

联邦政府的高债务将导致其税收政策的改变并引起通货膨胀率的波动，而企业中的高债务则会促进企业的兼并和导致垄断。

Moody 分析公司认为在未来将会有 900 亿到 1250 亿美元的税务增加或者政府减少公共开支。

美联储在债务上扮演着极其重要的角色。在 2008 年金融危机时，FED 放出了 8000 亿的债务。而在本次 Covid19 的应对上，FED 一口气将自己的资产负债表从 3.8 万亿猛增到了 5.8 万亿（四月一日）。今天美联储表示将继续放出 2.3 万亿的资金。这是一项非常激进的财政刺激政策。

美国联邦政府目前有 17.9 万亿的债务，占 GDP 的 89%。这是自 1947 年以来的最高峰。事实上自川普上台以来，由于减税的同时又扩军，导致美国政府的债务开始出现迅速提升。而接下来我们还会看到因为 Covid19 的流行而导致政府开销急剧扩大，债务将会达到多少，无人可知。

桥水（BA）的创始人 Ray Dalio 说，"当疫情过去，尘埃落定的时候，大家会开始争吵到底谁应该为这些花销买单，谁来偿还些巨额债务。这将成为政治斗争。"

让我们来谈谈通货膨胀。一般来说，当央行大肆货币放水之后，都会导致市场价格的通货膨胀。这在第一次和第二次世界大战之后都得到了应验。但在 2008 年金融危机，FED 的量化宽松政策之后，却并没有发生严重通货膨胀。利率一直走低，而通货膨胀率一直保持在 2% 上下。

另一个例子是日本。日本的债务情况比美国还糟糕。日本政府的债务是 GDP 的两倍。日本央行一直在自己购买自己政府的债卷，而日本的通货膨胀率并不高。

这些新的情况导致央行和政府都敢于采取更极端的手段。一些经济学家认为，只要经济发展的速度高于利率，那债务就不是问题。事实上以上的低通货膨胀率很大程度上是因为高科技的发展导致生产率快速上升，商品迭代的速度抵消了货币对商品价格的冲击。美联储更担心的则是消费能力不足导致的通货紧缩。

家庭债务从 2008 年金融危机之后，开始缓慢下降。但在疫情开始之后迅猛上升。一些人由于生活所迫，开始抵押自己的房产靠贷款生活。这里需要特别注意的是，美国有 1.5 万亿的学生贷款，这是家庭贷款中的一个重要部分。在本次议会通过的救灾方案中，4300 万美国联邦学生贷款可以免利息停止还款六个月。学生贷款基本上来自联邦政府，所以这等于是将学生的债务转嫁给了联邦政府。

企业方面。日子最难过的可能是那些中小企业。尤其是能源行业的页岩油企业，他们原本债务就很高，而现在有碰上油价暴跌。这些企业不得不大举向银行借债。在 3 月 11 日到 3 月 25 日的两周内，银行贷款给商业企业公司的贷款增加了 3650 亿。相比小企业的股价大跌，一些大型企业股价下滑要好一些。这在未来就种下了企业兼并，中小企业破产而导致的垄断性增加。

退出 WHO?

4 月 15 日

川普政府周二决定暂停向 WHO 供款，暂停期为 60—90 天。

微软创始人 Bill Gates 表示，这一举动是危险的。"WHO 的工作是阻止 Covid19 的蔓延，如果 WHO 因资金紧张而无法开展工作，那么谁能替代他们？这个世界在这个时间比任何其他时候都更需要WHO。"

美国是 WHO 最大的供款国，占 WHO 获得资金的 14.6%，而 Bill Gates 的 Bill & Melinda Gates 基金会则是仅次于美国政府的第二大捐献机构，他们的捐款占 WHO 获得资金的 9.7%。Gates 基金会还表示将为这次疫情捐献 1 亿美元的资金。

川普对 WHO 的批评被认为是对自己责任的一种推卸。他在讲话中表示正是因为 WHO 对来自中国的错判疫情报告的背书，导致美国在抗疫上的失败。但事实上，在中国已经全面封锁的情况下，川普依然在当时的讲话中表示这一疫情没有什么大不了，美国很快就会控制住。实事求是地说，在原发国已经封锁城市，断绝交通，当地医疗系统都已经崩溃的情况下，你还相信这一疫情不会在你自己的国家造成流行，这显然是一种愚蠢的盲目自信。

而川普却认为公开指责 WHO 就可以使自己的愚蠢看上去不那么糟糕。请注意，这是他一贯的推卸责任的做法。事实上任何一个有公德心的理性的领导人，即使发现 WHO 有责任，也不会在这个紧要时刻来问责，而会在事后追讨。在抗疫最关键的时候，出于政治斗争的需要，去削减世界抗疫的核心机构的资金，这可以说是川普对世界人民犯下的一个罪行，是的，罪行！

我看到一些来自中国的异议人士对此叫好。我理解他们的心情和境遇，但这显然不是一个借此打击中国政府的好时候。在事关数百万人感染甚至死亡的全球性瘟疫的时候，追责显然不是第一位要做的事情。世界目前需要的，是高度的合作，而不是相互问责。

川普的这一做法也受到了联合国秘书长 Antonio Guterres 的不点名批评。川普也许并不在意美国是不是全世界的领导者，因为在他心里，只有 American First。世界舞台对于他来说，实在大得有点缺乏意义。

美国医学协会（AMA）也表示，"（冻结 WHO 的资金）是一个错误方向上的危险的一步"，"AMA 对此决定表示严重担心并关注这一决定可能带来的广泛的后果，我们强烈要求总统重新考虑这一决定。"在一份 AMA 的正式声明中，如是说。

反对的声音甚至包括川普的支持者。保守主义最重要的智库遗产基金会（The Heritage Foundation）的资深会员 Brett Schaefer 说，"如果总统是想让 WHO 负责，让中国承担责任或者改组 WHO，那么他不应该停止供款，至少不应该在这个时候这样去做。"

另据消息，正在研制中的血清抗体检测遇到了一些困难，可能短期内无法面市。血清检测是一个很重要的筛选措施，它可以对普通人群进行血清抗体的测试，一旦抗体为阳性，那么这位健康人就可能已经被感染过了，已经产生抗体而不太可能再被 Covid19 感染。这部分人就可以不再被禁足而可以恢复正常生活。但这一观点也受到一些质疑。

目前有很多公司和机构在研究。而 FDA 放松了对抗体检验的要求，甚至生产厂家都不需要向 FDA 提供足够资料证明其有效，就已经可以开始公开销售。这使得市场上充斥着不合格的产品，其中一半这样的研究机构是在中国进行研究的。

很多所谓测试很容易混淆 Covid19 引起的抗体，和其他引起流感的冠状病毒在人体内产生的抗体，因此并不具备特异性。

公共卫生试验室协会 CEO Scott Becker 表示目前需要严格试验流程，确保生产出来的测试剂的质量。他已就此问题向白宫提出了建议。当然，川普可能不太喜欢他的报告。因为川普一再向美国公众保证过，抗体测试马上就能实现了。

未来在哪里？

4 月 16 日

2007 年美国房地产的泡沫破裂时，没有人会想到这导致了希腊财政的崩溃。1929 年纽约的疯狂投机，没有人会想到最终导致了欧洲法西斯的崛起。

世界经济是一张巨大的复杂的网络，我们也许能理解其中的一些局部，但世界经济作为整体，没有人能准确地知道它是如何工作的。

这就使 Covid19 的突然爆发，导致大家产生了对未来不确定性的恐慌。最大的一个可能是，未来的世界，未来的经济，将永远回不到我们熟悉的那种状态下去了。

哥伦比亚大学历史学家 Adam Tooze 说："我也希望我们能回到以前的常态的经济活动中去，但我们面临的问题恐怕还只是刚刚开始。"Tooze 是 2008 年经济危机的研究者，他认为这次我们面临的危机，比以往任何经济危机都要疯狂。

美国上周又有 520 万人申请了失业补助，这使得美国失业人数从危机开始到现在已经超过了 2200 万，失业率已经超过了 13%，这是一个自 30 年代大萧条以后从未见过的高失业率。但专家估计，真实的实时到失业率比这还要高许多。

经济危机有一个特点，它有扩散效应，从一个局部扩散影响到一些我们从没有想过的地方。而这种扩散效应揭示出了一些我们长期以来忽略的经济结构上的弱点。危机一到，暴露无遗。

一个明显受到影响的，就是全球化。全球化使得资金和生产在全球布局，并获得最大的效率和资本回报。进入川普时代后，以美国为中心的全球化经济正在消融。而同时伴随的，是中国的崛起和美国回归国家主义。全球化事实上在疫情之前就出现了减速的迹象。国际贸易占全球 GDP 增长的比例从 2008 年之后就逐年下降，更不要提美忠的贸易战了。

Covid19 的出现，加速甚至固化了这种改变。

美国外交关系协会 CFR 的资深委员 Elizabeth Economy 说，"我不认为这是全球化的结束。但是，我们会重新考虑国家和国家之间的依赖关系。在川普政府下，我们在考虑关键技术，关键资源和制造业回归，在这种危机下，应该留在美国。"

美国开始禁止出口医疗器材。参议员林赛·格雷厄姆则表示美国应该拒绝偿还中国购买的美国国债以惩罚中国。当然，这只是一种表态，如果真的这么做，那么美国国债信用就会崩溃，作为世界金融体系压舱石的地位就很危险了。

不仅美国。

法国财政部长要求法国企业重新考虑他们的供应链对中国和其他亚洲国家的依赖。包括美国，欧洲和日本在内的国家都很担心中国在如飞机制造和通讯设备销售上的扩张，担心自己的知识产权被窃取，而缺乏意愿和中国进行大项目的合作。

"我相信公司们正在考虑自己的抗风险性。一味追求效率是否会牺牲长期的稳定性，他们会开始考虑自然灾害，气候危机，传染病因素等。一些关键物资，如医药和医疗器材，可能会被限制为国内生产。"著名的 McKinsey 咨询公司一位合伙人 Susan Lund 说。

摩根士丹利的首席全球战略师 Ruchir Sharma 说："去全球化的趋势早就开始了，我们现在的危机只是使人们明确认识到这一点，而且开始加快这一过程。"

但也有一些相反的例子。比如为了对应危机，美联储加深了世界其他 14 个国家中央银行的合作，使得美元更深入地嵌入了当地的经济。相比之下，欧元和人民币都不愿意完全开放，这使得美元的国际主导地位实际上得到了加强。

我们现在生活的年代，很像 1918 年到 1939 年的重演。都有深刻的金融危机，都有毒财政府的崛起，都有新的经济超级大国的诞生，都有瘟疫。我们可能不知道这一危机将在哪里结束，但这恰恰是历史让我们感到恐惧的地方：我们不知道未来在哪里。

Remdesivir 和股市

4 月 17 日

美国道琼斯指数周五开盘即快速上升了 600 点。不仅美国，英国的 FTSE100 上升了 2.9%，德国 DAX 上升了 3.45%，欧洲股市总览的 Stoxx600 上升了 2.8%。亚洲，日本日经上涨了 3.15%，香港恒生上涨了 1.5%。

这被认为是市场对正在试验中的 Remdesivir 周四公布的实验结果充满了信心。这一临床试验来自芝加哥医院。这是 Gilead 公司对 Remdesivir 的三期临床试验的一部分。试验组有 125 名患者，其中 113 名为重症患者。目前结果为 123 名患者治愈出院，仅有两人还在观察中。

Remdesivir 在体外试验中发现可以通过阻断 RNA 合成酶 RdRp 来阻止病毒的 RNA 复制，在应对其他冠状病毒，如 SARS 和 MERS 上都有良好表现，被认为是一种有效的广谱抗病毒药物。

Remdesivir 目前还处于临床试验阶段，由于重症 Covid19 肺炎患者缺乏对照组试验，而且试验病例过少，对于其副作用也不甚明了。目前还没有得到医学界的广泛认同。但无论如何，这是向有希望的方向迈进了一步。

但目前股市的表现充满了投机的意味。因为整体的经济表现依然痛苦。中国公佈了第一季度的经济数据，衰退了 6.8%，这是十年来首次出现的大比例衰退。而且中国还修正了 Covid19 肺炎的死亡人数。油价依然很不振作，WTI 的价格跌破了 18 美元/桶，真的是比矿泉水还便宜了。远远低于美国页岩油的成本。

但美国股市依然高歌猛进。别忙着跟风追涨，这里，我提供给大家一些数据。（转自"和我一起来谈钱"）

巴菲特指数：巴菲特指数即股市市值的总和占 GDP 的百分比。历史上该比例超过 100%，是发生在 1999 年和 2008 年，股市总值分别达到了 GDP 的 150% 和 110%，随后，股市均发生了腰斩。而今天，巴菲特指数是多少呢？137%。

再来看 P/E。正常的 P/E 一般在 15—17 之间，而超过 25 的年份分别为 1929 年，1999 年，2007 年，和现在。前三次股市都发生了滑坡式的崩塌，那么现在呢？

第三，来看 Margin Debt。就是说无论是公司还是个人，他们投入股市的钱有多少是借来的？这个比例在历史上超过 150%，只有两次，就是 1999 年和 2007 年。结果我们都看到了。但是，从 2013 年之后，Margin Debt 疯狂上涨，股市却并不崩塌。目前 Margin Debt 已经达到了惊人的 300%。

为什么会出现这个情况呢？

最主要的原因，就是美联储的扩表和金融市场的去管理化。

我们先来看看，美国股市自 2009 年之后的持续上升是谁推动的呢？数据分析显示，无论是普通投资人，还是机构投资人，还是国际投资者，他们对美国股市的投入都没有增加，甚至还有下降。而唯一高歌猛进投入股市的，是 Exclusive Buyers。什么是 Exclusive Buyers 呢？就是上市公司们自己。他们到现在投入股市的钱高达 5.1 万亿美元，他们大量地回购自己的股票，以提高自己公司股价。

Home Depot 回购了 1950 亿，GE 回购了 160 亿，IBM 回购了 1910 亿，苹果回购了 2660 亿等等。那么，他们的资金哪里来的？为什么不把资金投入公司的研发，扩大再生产，或者改善工人福利，提高工人工资呢？

这是因为：美联储的持续扩表。

我们知道美联储的资产负债表 Balance sheet 的总额在 2008 年金融危机之前，一直低于 1 万亿美元。而随着 08 年金融危机美联储开始 QE 之后，Balance sheet 冲到了 2—3 万亿美元的区间，而且逐年上涨。在经济危机过后，美联储本该提升利率和缩表，减轻自己的负债。但美联储一直没有这样做，而是一直保持零利率到 2016 年底。当时的美联储主席 Janet Yellen 试图将利率调回到正常水平，但很快在川普强烈的谴责声中被迫下台。目前美联储的利率又回到了零利率。而目前美联储的 Balance sheet 已经超过了 6 万亿。

如此低廉的资金成本，商业公司还有什么理由不借债呢？

公司获得了廉价资金后，又发现市场并没有在提高生产效率的前提下变得兴旺，这些钱与其投入科研和发放工资，不如用来回购公司自己的股票。因为很多 CEO 的年薪是根据公司股价决定的。放松金融监管后，公司回购自己股票的行为不再受到限制。

这就导致美国公司债的比例急剧升高。美国公司债占 GDP 的比例最高的两个年份是：2000 年和 2008 年，都达到了 45%左右。而我们知道，随后股市就发生了崩塌。而现在这个债务比例是多少呢？47%。

注意，所有这些指标，都还是 Covid19 疫情到来之前的情况。了解了这些情况，再看看美国现在高达 13%的失业率，再看看全球经济的冻结，在看看美国今天的 Covid19 确诊人数超过了 68 万人，死亡超过了 3 万 4 千人。请你告诉我，美国股市今天的高歌猛进，意味着什么。

油价和反叛

4 月 20 日

周一，美国期货市场一片哗然，WTI 五月交付的原油价格狂跌 40%，居然跌到了 11 美元/桶。收市时更是跌到了历史上从来没有出现过得—37 美元/桶。这就是说，你买这些原油，不但不用付款，卖方还支付你 37 美元/桶。当然，这并不反常识。因为这是 5 月份就要交割的期货，如果到时候你依然拥有这些原油的话，你必须找到地方去存储它们。问题是：你很难找到地方存储原油了。

但是，11 月份交付的 WTI 则相当于三倍这个价格，期货市场形成了一个非常陡峭的 Contango。这显然是因为目前 Covid19 导致的暂时性经济停摆造成的。或者说，市场的主流在赌 Covid19 疫情会在夏天过后结束，世界经济会恢复正常。

这衍生出这样一个结果，即谁能找到储存油品的仓库，谁就可能在未来赚取巨额差价。但低价原油已经有一段时间了，各炼油厂常规的储备能力大多已经饱和，而且他们自身还面临成品油积压的问题。

1990 年伊拉克入侵科威特之前，有一个叫 Andy Hall 的投机商就买入了大量低价原油，然后装入巨型油轮停泊在海上。赌伊拉克一定会入侵科威特而导致原油价格飙升。他赌对了，一天之内，他在海上存储的原油赚得了 1 亿美金的利润。他用这个钱为自己在德国买了一座有 100 年历史的城堡。

榜样的力量是无穷的。

随着这种陡峭 Contango 的出现。凡是和石油储存有关的企业都开始行情看好。最典型的就是出租巨型油轮 VLCC 的公司。这种油轮可以存储 200 万桶原油。现在它们的日租金（半年租期）已经达到了 10 万美元，而一年前这个价格是 2.9 万美元。散租的价格则更是翻了六倍，达到 15 万美元一天。

在过去的四个星期里，有 50 艘这样的 VLCC 被租用。有趣的是，其中超过 30 艘都没有注明目的地。这意味着他们是纯为囤货而准备的。他们可能会停泊在南非海岸，因为那里到亚洲，欧洲和美洲的距离基本上相等。

在过去三个星期里被租出的海面存储空间，比过去的一年都多。而到三月底，已经有 1.09 亿桶原油被存储在海面上，到本周末，这一数字将达到 1.41 亿桶。

再来看看川普。

川普目前自称自己是"战时总统"。无论如何，他是美国政府的最高领导人。但有趣的是，他正在号召美国人民起来打倒自己的政府。

上周末发表的 Gallup 民调显示川普的支持率跌到了最近的新低，只有 43%的美国人认可川普。参照数据：自 1945 年以来，美国总统的平均支持率是 53%，而川普的最高支持率只有 49%，平均支持率 40%。而与此同时，国会的支持率则上升到了 2009 年以来的最高。关于川普对 Covid19 疫情发布的各种消息，只有 36%的美国民众表示是可信的。

川普唯一的政治信用在于美国的经济。在 FED 连续注水，减免税收放松管理下显得还不错。所以川普需要不惜一切代价来维护经济的表面繁荣。尽管美国的失业率已经达到了 15%，是大萧条之后的史上最高，但美国股市依然在高歌猛进。这，是川普最需要的。

所以川普发了大量推特和讲话，号召那些正在防治疫情的州的老百姓起来游行示威，反抗当地政府颁发的禁足令。要求这些州尽快恢复正常社交和工作。这一公开的煽动不仅受到绝大多数媒体的批评，也受到来自川普自己阵营的一些人的反对。川普 2016 年的竞选顾问，川普甚至曾提名为 FED 主席的 Stephen Moore 表示"这些抗议的人群是可悲的，他们大多数都是川普的支持者。"

两名不愿透露姓名的川普近臣表示："这些人非常清楚自己上街游行还不戴口罩所冒的风险，但他们希望这种游行示威能在政治上帮助川普。"

我一直觉得川普和中国的毛有很多相似。他们性格上都自大而说话很"接地气"，很平民化，甚至粗鄙；他们都反建制反精英而受到底层老百姓热爱；他们都相信自己的直觉并反智，鄙视知识分子和专家；他们都觉得自己的国家问题太多，希望彻底改变自己的国家。

现在又加上了一条，他们都号召老百姓起来反对自己的政府。当然，川普在支持率上，显然无法和毛相比。但在川普的基础选民中，他的受崇拜受景仰程度，恐怕可以和毛比肩。毕竟，没有任何一个美国总统敢公开说，即使自己是杀人犯，群众也会热爱自己。但川普，确实能做到这一点，即使他公开在第五大道杀人，他的选民依然会热烈支持他。

请告诉我这里是美国，还是朝鲜？美国是如何一步一步走到现在，是如何在历史性地选出了一个黑人做总统之后，突然掉头右转，抽风一样地开始了自己版本的文革的？我推荐 PBS Frontline 系列节目：America's Great Divide.

勇于献身的人民

4 月 22 日

"人民要奋起反抗那些神经质的禁足令，我们要为夺回我们的主导权而战斗，我们要重新开放我们的国家！"

这就是在 Facebook 上充满了革命激情的一些口号之一。你会以为这一口号来自草根民众？不，它来自一个财力雄厚的保守主义联盟"传统之国"（Convention of States）。它的主要捐款人就是 Cambridge Analytica 的主要投资人，对冲基金亿万富翁 Robert Mercer。

但不戴口罩冲上街头为这一理念游行示威的，却大多数是草根老百姓，是那些勇于为自己的政治理念献身的人们。即使那些理念是愚蠢的，但这就是最真实的人民。人民不是永远正确的神，不，大多数时候，他们是很容易被引导的。

而且他们得到了川普和司法部长威廉·巴尔的支持。司法部表示他们正在考虑支持那些状告州政府禁足令限制人身自由的诉讼。川普则多次发推特表示支持人民起来捍卫自己的自由。"我看到了一些抗议者，虽然不是太仔细，但我看到他们（游行时）是保持距离的。"川普说。但你只要看到任何一张这些抗议游行的照片，就知道这又是川普的一个谎言。

这形成了一个有趣的历史画面。美国又开始重新分为南方和北方。

北方州，包括美国西部各州，虽然也面临保守主义的冲击，但基本上尊重科学，他们大多在继续延长自己的禁足令，注意力放在防治疫情而不是拯救经济上。而基本属于南方的，保守主义盛行的 20 个州，更倾向于重新开放美国。冲在最前面最受到争议的是佐治亚州，他们的州长，共和党人 Brian Kemp 表示将于本周五，也就是后天开放修甲店，理发店，保龄球馆，健身房等公共场所。数据对比如下：佐治亚州人口 1000 万，确诊病例超过 20000 人，死亡 818 人。加拿大 BC 省人口 500 万，病例不超过 1800 例，死亡 87 例。前者马上要解除禁足令了，而后者依然严正以待。

但佐治亚州政府的决定得到了川普的支持。他说："Kemp 是一个很有能力的人，他知道自己在做什么。"

那么也许是那些医学专家们错了。知识分子总是不如劳动人民更有智慧，这也许是一个狂人定式。美国医学协会主席 Patrice Harris 说，她很担心还会有第二个高峰期，正如 CDC 主任 Robert Redfield 预计的那样。Redfield 预计今年冬天，也许在 11 月份还会有一个更糟糕的高峰，而 Harris 则认为这个第二高峰可能会出现得更早。"我非常担心那些试图放松禁足令的州。"

专家们表示，大规模的 Covid19 病毒检测是评估形势非常必要的，在缺乏这些数据之前，重新开放公共场所是危险的。但这也遭到了川普的反对。

川普说："不是每个人都想做这么多检测。检测嘛，在某些情况下是好的，但在有些情况下不好。有些州长就不想要那么多的检测，因为他们可以有不同的方法嘛，而且也许更好呢。"川普没有说明到底是什么神奇的方法比检测对于评估形势更好。中国的毛就说过类似的话："医生的话，十句只能相信三句。"毛也有比医生建议更好的主张，比如他认为老虎不刷牙，所以人也不需要刷牙。

今天美国的 Covid19 确诊人数已经超过 83 万，死亡人数超过 4.5 万，已经超过美国在朝鲜战争中的死亡人数（3.6 万人）。

人民的选择并不永远是对的，民主制度并不能保证民众利益的实现。这是因为民众并不总是知道什么是自己的利益。那种盲目崇拜民主制度，认为制度只要好结果就一定好，是幼稚的。事实上民主制度中知识分子和专业人士的负担，并不轻于在毒财制度下知识分子所要担负的启蒙大众的任务。后者的敌人是可见的强权和强制洗脑后的大众，而前者的敌人则是传统势力，宗教极端势力，民族认同感和因此衍生出来，煽动民众的民粹主义政治狂人。没有什么可以高枕无忧，认为一个美丽的制度就可以自动发生作用，自动治愈愚蠢是可笑的。民主制度下，依然需要知识分子不懈的努力和不懈的批评，依然需要精英的引领。

大家都不容易。

伦理学的观点

4 月 23 日

在关于是否应该重新开放美国的问题上，本质上大家权衡的是生命健康和正常生活之间的取舍。而只要谈到取舍问题，就一定无法避开伦理学中的功利主义 Utilitarianism。今天这篇文章来自 CNN 的一位科学和艺术双料硕士，2018 年美国宗教协会最高奖项获得者，CNN 在宗教和哲学方面的台柱 Daniel Burke。

是否重新开放美国这个争论的核心，是我们是否应该更加照顾大多数人的利益，还是应该通过封锁 lockdown 禁足令来保护少数弱者？这个问题，就是功利主义的一个核心观点：所谓道德，其标准应该是为最大多数人带来最大利益。所以，牺牲少数，在符合上述标准情况下，是道德的。

印第安纳州的 Trey Hollingsworth 议员表示："反正是没有无伤害的解决办法的，我们必须为大多数美国人做出更好的决定，回去工作！"更极端的如得克萨斯州的副州长 DanPatrick 所说"为了美国经济，美国老年人是愿意牺牲自己的。"这些都是比较典型的功利主义观点。

功利主义的起源却是为了争取更多人的平等权利，他们最初来自于反对英国的贵族和王子们应该得到被贫民更多的尊贵和权利的观点。早期的代表人物 Jeremy Bentham 和 John Mill 认为，无论社会等级如何，所有人类应该是平等的。所以，什么是道德的行为呢？Bentham 认为，这个行为必须"为最大多数的人谋得最大的好处"'the greatest good for the greatest number'。这就衍生出一个结论，一切都是可以衡量的。没有一个所谓"神圣的，不言自明，理所当然"的道德标准。Bentham 嘲笑所谓的"自然权利（比如生命权，自由权等）"是"鱼踩高跷一样的胡说八道"'nonsense on stilts'。

剑桥大学的道德心理学教授 Everett 说，功利主义的积极面是给我们带来了更大的关心的范围。这一哲学要求我们摈弃个人的偏好，来为所有人谋福利（greatest number）。在分配稀缺物资时，功利主义也会引导社会将物资分发给更需要它们的人（greatest good）。在我们日常的生活中，也会不自觉地使用功利主义。在社会学上，功利主义会要求富人拿出更多的钱来分给穷人，因为金钱在于富人来说，边际效用已经很低，而那些钱在穷人手上会获得更大的用处，带来更多的整体的社会的 good。

一些哲学家也认为功利主义应该被使用在这次疫情中。比如目前世界上最知名的功利主义哲学家 Peter Singer。Singer 教授要求大家想一想禁足令给大家带来的负面影响，这不但影响经济影响人们的收入，也严重影响人们的精神状态。比如在 2008 年经济危机时，自杀的人数和因癌症而死的人数大幅上升。"我们很痛苦地说，也许川普是对的，我们不能让应对疫情的措施带给我们更大的痛苦。"他说。

Singer 是一个很有个性的哲学家，他激烈地反对所谓"生命是神圣的"（sanctity of life），他认为这是一个只适合"一无所知的宗教极端分子"的观点。

川普是一名有着鄙视知识分子心态的商人。所以在他的应对疾病的团队里，没有生命伦理学的专业人士。这又打破了 1970 年福特总统以来的美国政府传统。他认为这些哲学伦理学的讨论，是没有必要的。

宾夕法尼亚法学院的 Anita Allen 教授（法学及哲学教授）认为，功利主义在制定公共政策上权衡利弊往往是有帮助的。但对于大瘟疫这种情况，应该要考虑一些生命价值和社会公平的问题。比如说，疫情并非是均匀散布在社会人群中，而是那些社会中下层的劳动人民更容易被感染，而重新开放经济和公共活动之后，又是这些中低收入的人更容易暴露在病毒之中。这就造成了一种社会的不公平。

牛津大学的实践伦理学主任 Julian Savulescu 教授表示，我们今天的牺牲个人自由来 flatten the curve 可以被看做是一场大型的功利主义社会实验。但因为我们目前还不知道 Covid19 到底会带来多么大的损失，因此在做这种利弊得失计算时会变得缺乏根据，而功利主义要变得让人能够接受，就必须和科学相结合。

但是，问题远比这要复杂得多。

功利主义存在一个内禀的缺陷，它最让人难以接受的地方在于，将个体人的生命仅仅看作一个社会利益最大化计算中的一个数值。个人生命的意义仅仅在于其社会属性。功利主义者认为，人脱离了社会，毫无价值。

有一个著名的思想实验是：如果有五个人等待器官移植，而有一个健康人恰恰有适合被移植的器官，那么是不是可以杀死这个健康人来拯救那五个人呢？按传统的功利主义观点，是的，这是可以接受的。因为，greater good for greater number 是道德的。

Savulescu 教授说，这种结论和我们的常识相悖太大，因此很难被人接受。但要知道，类似的，只是没有那么极端的例子，其实每天都在 Covid19 病区发生着。医生会在内心衡量将自己的时间花在哪些病人身上可以拯救更多的人的生命。教授说："这意味着每一天，都是审判日 Judgement Day"

我个人对功利主义有一些兴趣。我认为功利主义是最理性地考虑得失的一种思想工具。但这种工具和人类道德中的一些原则，比如前面提到的 Sanctity of Life 是矛盾的。而功利主义本身，可能还面临着这样两个困境。

第一，功利主义的所谓衡量，往往是客观物质的衡量，而忽略了主观感受。benefit 和 good 是有区别的。你给我一大堆苹果，在你眼里是对我的 good。但我已经吃够了苹果，对于我来说，不一定就是 benefit。那么如何衡量真正的需求，如何衡量真正的具体每个人能感受到的得失呢？这在以前是功利主义的难题，而今天则是功利主义需要和信息科学结合的地方。

第二，上面提到的思想试验，实际上忽略了普遍适用性。虽然杀死一个人救活五个人确实在一次计算中为功利主义获得一个正值，但这必将在更多的普通人中引起恐慌，谁都不知道自己会不会被沦为那个应该被杀死的少数人。这种损伤如果带入计算，那么功利主义恐怕也不会支持这样极端的结果。这就是说，功利主义的计算中，可能忽视了一次选择造成的后继影响，而只计算了一个时间断面上的得失。

金融系统的一个改变

4 月 24 日

在 2008 年金融危机之后，美国加强了对银行投机行为的管理，制定了诸如 Dodd-Frank 法，将银行的金融业务和实体经济上的投资在一定程度上进行了分割。新的规则使得银行处于更低的金融风险之下。但是，这也有产生了另外两个作用。

第一，银行对经济的市场调节能力下降。

在这一次疫情危机爆发之后，大量实体企业出现了资金链的断裂，他们急需资金的注入。但是，美国政府因为上一次金融危机的教训，指定了许多规则要求银行限制贷款金额和保有更多的现金。银行很难再接受高风险的借贷请求。这就是为什么美联储不得不直接介入了企业债的购买。，三月底到四月初，美联储在 10 天内购买了超过 7000 亿的企业债。在鲍威尔宣布美联储将无上限地直接购买美国政府债和企业债之后，美联储的资产负债表在六个星期内上升到 2 万亿，现在已经到了 6.6 万亿美元。这种激进的做法似乎让川普都觉得意外，他拍着这位毕业于法律专业的美联储主席的肩膀说："你真有勇气！"

这事实上造成美国政府对美国经济的深度嵌入。一些包括 JPMorgan 首席经济学家 Michael Feroli 在内的银行业界人士表示，美联储现在正在逐渐变成一家商业银行。而且，他的资金是无限的，甚至是受政府控制的。

在去年 9 月出现过一次短期拆借率 repo 的飙升，从正常的 2-3% 一夜冲上了 9%，引起银行界恐慌。在以前，一旦 repo 上升，有隔夜余款的银行就会出来把钱借给那些需要现金结账的银行，而导致利率下降。但在新的调控下，很多银行不敢这么做，他们需要有更多的结余现金。这一下子使得整个金融市场上现金极度短缺，那一次美联储又不得不马上注入了数亿美金来稳定 Repo 市场。

简单说，银行们不如之前那么敢于借钱出来，这不但影响了银行的盈利，也造成市场不时发生流动性的干涸。美联储的负担也越来越重。

这种影响甚至扩散到风险最小的美国政府债券市场上，银行的调节作用降低之后，美国 10 年及 30 年国债的贴现率出现大幅摇摆。

第二，更多的债务产生于银行之外。

由于对银行贷款的数额和品种有了更多的限制，在借贷市场上，银行的份额变得越来越少。在消费贷款市场，银行所占份额从 10 年前的三分之一，下降到现在不到四分之一。而高风险的杠杆借贷中，银行份额从 2000 年的 25% 下降到了 3% 不到。

填补这一市场的是网络贷款公司和对冲基金。比如在房贷市场上，两家非银行的网上贷款公司 Quicken Loans 和 Loan Depot 在 2019 年前 9 个月就占据了房贷市场的 59%。传统的房贷绝对老大，银行，甚至被边缘化了。

这些贷款主体们然后再将债务卖给银行。这不但增加了中间环节，增加了风险，也使得政府调控能力下降。因为政府能够监控和通过利率调节货币和债务发放量的最方便途径，是银行。

银行在政府的严密监控下，变得畏手畏脚，无法对市场信号产生快速的反应。这就是使得现在的美国经济开始高度依赖政府的干预。但问题是，这不但出现上述的监控盲区，影子贷款，影子银行，最重要的是政府的反应速度远低于商业银行。

将美联储本身变成一个商业银行，这不但有巨大的政治风险，也会扭曲美国的经济形态，比如美国的股市目前完全不是市场经济的表现，而成了政府想吹多大就吹多大的政治气球。同时，在对于市场需要积极反应的时候，这个来自政府的超大机构，也无法迅速反应。

理解川普的竞选策略

4 月 27 日

可怜的 Brian Kemp，他显然犯了一个错误。当这位佐治亚州共和党州长宣布重新开放佐治亚州的经济和社会活动时，他觉得川普一定会大大表扬他。毕竟在几天前川普自己就在极力主张"重新恢复我们的生活"并指出很多州已经做好了准备。（川普在上周二曾明确表示支持 Kemp 州长重新开放经济）

周三，川普的推特又表示"各州可以安全地恢复正常，我们的国家正在开始重新开张营业。"但仅仅几个小时后，在新闻发布会上，川普突然表示"强烈反对 Kemp 州长的决定。"Kemp 是不是很委屈？那么，欢迎来到川普的竞选世界。

在这个独特的世界里，川普即扮演政府，也同时扮演反政府角色。这是川普的竞选策略。

民粹主义的本质就是在野的普通人反抗腐败的精英构成的政府的一种抗议活动。右翼民粹主义则还要加上一个"敌人"，那就是"我们"和"外人"，这里的"外人"，一般是"外国人，移民，黑人，犹太人和其他少数民族群体"。

这种强调敌我的策略是有效的。但前提是你必须是"在野"的。一旦你自己进入了政府，就很难再用这个策略了。这就是为什么一旦政治家竞选成功，进入政府之后，他们马上就会开始团结更多的人，扩展自己的基础选民构成，重新团结人民和向反对党示好。他们必须暂时抛弃民粹主义，因为民粹主义的核心是分裂和不满。

那么我们来看川普。一般情况下，当真正的危机来临的时候，民众会倾向于支持政府，期待政府有更多的援助，他们更加依赖精英和专家的建议。这个时候，反政府的声音，民粹主义的政党会变得很弱小。所以川普决定同时扮演 insider 和 outsider。某一天，他会宣布一个专业人士设计的谨慎的防疫计划；而第二天他又会和街头的抗议者同在，抗议州长们遵守那些他自己刚刚发布规则 Guidlines。这是一个高难的舞蹈。像 Kemp 州长这样的政客，难以适应以至于不断被踩脚。

其实你可以清晰地看到这一点，就在同一个川普的新闻发布会上。首先出场的是"川普总统"，他会表情呆板地读完那些官方正式的通告文稿。然后，突然地，作为民粹主义图腾的那一个唐纳德川普会出现，神采飞扬地自己评价自己刚刚读过的文稿。比如说，正式文稿中推荐大家使用口罩，而川普随后发表自己的看法"我觉得这就是个自愿，我反正不戴口罩。"这几乎是现在白宫关于疫情的新闻发布会的常态了，专家说一套，然后川普上来胡乱评论一套，和专家们的意见相反。

川普看上去开始担心自己是否能赢得大选，这主要是因为失业率的高企。但更重要的原因是他发现他完全无法征得更多人的好感。请注意，美国是有这样一个传统的：在危机到来的时候，总统的支持率会大幅上升。比如 911 危机之后，小布什总统的支持率达到了惊人的 90%并保持了几个月的时间。而川普无论是闹丑闻，还是碰到 Covid19 这样的危机，他的支持率基本没有变化，一直保持在 35%-45%之间。这说明即使国家遇到危难，民众开始依靠政府，也没有人将川普作为政府的一个自然部分。他的主要形象，还是反政府的 outsider。

川普这时候想到的，是继续激励他的基础选民，人数虽然少，但只要 turnout 率高，投票率高，还是可以弥补这种短板的。所以他开始加倍地攻击那些标志性的敌人：媒体，民主党人，自由主义倾向的城市，国际组织，当然，别忘了中国。

他最喜欢的一个目标：移民。川普突然宣布 60 天内停止审查新的移民申请。这其实很有趣。申请美国移民本身就是一个漫长的过程，停止 60 天不会造成什么实质性的改变。但是，你要理解，这是一个政治信号，是在提醒他的基础选民"我是在你们一边的！"

其实，川普是一个没有经验的政治人物。最糟糕的是，他不愿意学习他不熟悉的做法。在这种时候，是很容易让全美国人发现他们有一个共同的敌人，就是 Covid19，那么川普就可以顺水推舟地扩大自己选民的基础，号召团结，号召遵从医嘱，彰显政府的支持和团结，而不是继续鼓吹分裂和制造敌人。看看德国的 Angela Merkel 首相，她现在的国内支持率达到了 79%；再看看法国的马克龙总统，在同样政治撕裂政治极端化的法国，他的支持率因为疫情而上涨了 10 个百分点（45%—55%）。

但看上去川普只会跳一种舞蹈，那就是民粹主义的旋风舞。他对学习任何新的舞蹈，不感兴趣，或者，没有能力。

援助州政府之战

4 月 28 日

美国的州级政府收入大约可以分为四大块。联邦政府的拨款，占约 1/3；州内的销售税加企业税大约占 1/4，个人所得税约占 1/5，剩下的是一些诸如罚款，州所拥有的土地的租用等收入。州政府的主要开销为医疗保健开销，教育拨款，州警察，消防和一部分的养老金发放。

可以看出，州政府和地方政府不同，地方政府更多地依赖稳定的地产税收入，而州政府则更多地依赖销售税，换句话说更依赖经济运转。但同时州政府是医疗开销的主要支付者。在 Covid19 即影响经济和就业，同时又增加医疗体系负担的双重打击下，州政府叫苦不迭。

马里兰州表示，在四个月时间里，他们的州政府收入减少了 28 亿，而与此同时，马里兰州 3 周内增加了 34 万失业人口，他们在等待救济。

弗吉尼亚州则已经两年没有提高中小学的教育开支，高等教育开支和 Medicaid 开支。因为他们至少短缺 11 亿美元的预算。

美国共和党人的观念是小政府。政府越小越好，更多的事情应该交给市场。里根总统曾经说过"政府解决不了问题，政府本身就是问题。"所以在这次 Covid19 的疫情中，共和党人把持的参议院和白宫，非常愿意将救助款用在补贴银行和企业上，而不是援助州政府上。

在上周众议院两党共同通过的 4840 亿美元的救助计划中，参议院以共和党为主要求只补助银行和大企业，而不补助州政府。而川普的态度较为模糊。

那么，州政府负责的医疗和教育怎么办？参议院共和党领袖米奇·麦康奈尔说，"他们可以申请破产嘛！"这话引起极大争议。

反对者认为，如果联邦政府不救援州政府，那么这次危机带来的经济衰退可能会延长。比如州政府和地方政府负责的失业保险金发放，房屋贷款补助，小企业救助等都会受到影响。另外，州政府和地方政府的雇员总数，占到美国全国就业人口的13%。他们都要吃地方政府的财政饭才能维持正常消费。他们威胁说，如果地方政府相继破产，那么只会深化这一次经济危机。在上一次金融危机中，大多数州都削减了教育开支，这带来的影响将会更加深远。

全国州长协会（NGA）表示联邦政府至少需要拨款给各州总计5000亿，以弥补他们在 Covid19 疫情中遭受的损失。这一声明是两党的州长们共同做出的。事实上大约一个月前，20 名共和党州长已经提出了这样的申请。

共和党人不愿意给州政府拨款的理由有两点。第一，一些州政府本来财政就不健康，他们想借此补助弥补往日的亏空；第二，如果现在补助州政府，他们就更没有动力来重启各州的经济了。

州长协会给出的反驳是：第一，现在是救急，而不是讨论之前的预算是不是健康。缺乏足够的资金，州政府无论在对抗疫情还是社会援助上都将缺乏资源。第二，州政府是否恢复经济，不以钱多钱少决定，而以医学专业人士认为是否安全来决定。

关于州政府财政不健康的指责，马里兰州，弗吉尼亚州和华盛顿特区等都指出，他们发行的债券都是三 A 级的，大多数州的预算都是平衡的。

川普不失时机地借此攻击民主党人在乱花纳税人的钱。而众议院的民主党人则表示，下一个救助计划里如果不包含对州政府的救助，那么他们将不会批准该计划。这是一场理念和力量的角逐。

川普的坚定支持者，佛罗里达州州长 Ron DeSantis 表示，他的州能够独自应对疫情带来的财政冲击。但有趣的是，佛罗里达州首席财政官 Jimmy Patronis 随后表示，佛罗里达的经济支柱，旅游业受到严重冲击，现在联邦政府给与的拨款可能不够……

　　财政困难并不分蓝州还是红州，但需要指出的是，联邦政府的税收，却绝大部分来自民主党控制下的经济发达的蓝州们。美国政治版图的一个特点是：富裕的州，一般来说人民受教育程度高，理念开明，更加世俗化，他们大多数支持民主党，而相对落后闭塞的州，传统势力较强，宗教氛围较浓，他们大多数支持共和党。

　　共和党大佬 Tony Fratto 向自己的共和党同志们喊话："把意识形态的斗争留到明天吧，今天让我们来解决问题。"而且，他指出："经济如果恢复得不好，11 月份的大选我们共和党会处于很不利的地位。而经济是否能有力恢复，取决于民主党的那些蓝州是不是还在困境之中。"

问题出在哪个环节？

4 月 29 日

　　为什么作为世界第一强国的美国，在疫情到来后显得如此措手不及？拿 N95 口罩来说，目前估计在疫情期间，每个月需要 3 亿个口罩，但美国的主要生产厂商全部加起来的最高产量只有 5000 万只，全力加码到六月份，也只有 8000 万只。这一严重短缺的情况是如何造成的？

　　华尔街日报的调查显示：

　　在医院方面，医疗设备，是医院经营上的第二大开销。为了追求利润的原因，医院都希望减少库存。在 2009 年 H1N1 流感之后，医院并不愿意吸取教训增加自己的库存，而是相反，尽快削减了自己的库存。他们采用了一些库存管理软件，来提高自己的库存周转率。换句话说，减少库存。这些软件设计的目的，是为了提高效率，而并不考虑公共安全。

　　2012 年，曾有一个非盈利组织调查了医院中储备的用于紧急情况的口罩数量，结果，只有不到一半的医院显示他们有储备。

而生产商这一头。在 H1N1 流行期间增加了自己的产量，却在疫情过去之后发现自己库存积压。更重要的是，他们发现自己开始失去医院的订单。口罩生产商在 H1N1 疫情过后，纷纷裁员。PRESTIGE AMERITECH 公司裁撤掉了 60%的员工。

2014 年，CDC 发现美国的这些医用防疫设备生产能力严重不足。于是召集了 10 个主要的生产商进行讨论。他们当时提出，哪怕是在保守估计的情况下，一次疫情流行之下，美国需要 17-35 亿只口罩。而如果疫情严重，则需要 73 亿只。大大超过美国的生产能力。CDC 要求生产商们至少要保留一部分库存应急。

但生产商们拒绝了，因为 2009 年的惨痛教训。同时他们责怪政府和医院大量购买外国生产的口罩。一家在美国生产口罩的加拿大生产商说"如果我们得不到稳定的订单，没有长期的合同，谁敢大量投资到生产线上，等着资金发霉吗？"

在这之后，卫生部向参议院汇报了美国在医用设备产能和疫病爆发后的需求之间的巨大缺口。他们提出了自己的主张，希望能够要求医院只买美国产品，或者增加医院和生产商库存。但这一提案没有得到任何回应。

1999 年创立的国家战略储备部（SNS，Strategic National Stockpile）一开始是为了应付生化恐怖主义的袭击，但后来主要的任务是预防自然灾害和疫病流行。但是国会从来没有为疫病流行设立固定的拨款。奥巴马政府曾经向当时共和党人把持的众议院提出要求拨款增加 SNS 的库存，但被拒绝了。SNS 只得到每年 6 亿的拨款来更新那些过期的设备。

从美国政府来说，政府的精力更多地集中在了反恐上。预防生化袭击的预算每年都有提升，但预防自然疫情的预算基本上没有提高。奥巴马政府时代曾经设立了一个专门监控全国呼吸设备储备的小组（Phemce），他们也为可能的疫情争取到了一些预算来增加呼吸设备库存，在 2017 年，这一预算是 1500 万美元。

川普上台之后，重组了卫生部主要的应急机构，砍掉了 Phemce

小组，也同时砍掉了用于购买呼吸设备的1500万美元预算。当时的卫生部希望通过高科技公司提高生产能力，再建立一套监控医院库存的系统。但这两件事，都不了了之。

当疫情在中国爆发之后，川普政府试图向公众淡化美国可能面临的风险。他们没有开始组织生产商立刻投入生产，事实上这个时候的生产商，只是被动地应付接踵而至的订单，他们是否扩大生产，只能依靠他们自己对形式的分析。而与此同时，美国口罩的主要生产地中国，开始禁止口罩出口。

今年2月10日，川普政府提交的年度预算中，还是将FEMA（Federal Emergency Management Agency)的救灾预算削减了70%。直到三月份，国会才再次批了450亿预算给FEMA。

最终的结果，就是我们看到的现状。突然之间，所有需要口罩的部门都发现口罩完全不够，甚至他们都不知道美国有多少口罩。卫生部长2月25日对参议院说美国有3000万只N95，但还需要2.7亿只。但第二天他就发现实际上他手上只有1200万只N95，而且其中500万只还是过期的。而当大家把目光投向生产这些口罩的外国时，才发现，大量为美国生产这些口罩的地区，竟然是湖北，也就是WU汉所在的那个中国省份，这时候，他们在封城。

"问题的核心在于，医用设备生产链条，和医疗保健体系，都在追求经济上的高效率，而牺牲了系统的抗打击能力（resilience）"前国土安全局的科技部副部长Tara O'Toole说。

美国海昏侯

5月4日

本文来自美国青年才俊Kate Brower，Brower毕业于美国Barnard女子学院和牛津大学。曾写过三本关于白宫内部最高权力圈结构的书，其中两本成为上榜畅销书 Bestseller Brower 没有党派背景，同时为多家主流媒体，如 Bloomberg，CNN 及福克斯新闻撰稿，是这些媒体和白宫内部的主要联系人。

当小布什总统在星期六发布了他的三分钟视频之后，不到 24 个小时，川普就进行了反击。那么小布什总统的视频是什么内容呢？其实很简单，就是呼吁国家在面临 Covid19 传染病灾难之际，加强团结。

小布什总统说，"我们不是党派斗争的战士，我们就是普通的人类。在上帝的眼里，我们同样的脆弱，同样的美好。我们一起站起或一起倒下。我们应该一起站起来。"

但这样一个呼吁。在川普听来，就是对他的攻击。是的，川普的一个本能就是觉得这个世界对他本人充满了敌意。这也很好解释，因为世界对他的赞誉满足不了他内心高度需求的自恋，就更别提批评了。

川普周日上午推特道："我在被弹劾的时候，布什咋不出来说话呢？"川普被弹劾，是一个国家的人民面临危机吗？

但 Brower 表示川普这种反应是非常正常的。在 2018 年 Brower 采访川普的时候，就感觉到川普对任何美国前任总统都表示蔑视。"你能对前任的那些总统们的处境感同身受吗？"Brower 问。"不！"川普毫不犹豫地回答道。在 Brower 离开白宫的时候，川普在她身后高声戏谑地喊道："你给我带个好给布什哈！"

小布什总统的视频没有提到川普一个字，作为经历了 911 危机的小布什总统，非常清楚一个国家在面临危机的时候，团结一心是多么重要。小布什总统在 911 危机之后的表现为他赢得了 90% 的历史最高民调支持率。

小布什总统在退休之后，基本不再对美国政治发表看法，过着半隐居的生活。但目前还健在的四个美国总统（Carter，克林顿，Bush，and Obama），保持着良好的私人关系。2013 年他们聚在一起。奥巴马总统曾半开玩笑地说："我们是世界上最孤独人的俱乐部。我们更像是抱在一起相互取暖。"总统工作的特殊性，只有当过总统的人才明白其中的辛酸和艰难。因此他们之间无论党派，都有一种英雄相惜的情感。Carter 总统曾向小布什总统道歉，因为在伊拉克战争上 Carter 总统曾激烈地批评过小布什总统。小布什总统听到这个道歉的时候，只是轻松地说了句"闭嘴啦。"

小布什总统也会有时求助于前任总统，比如请克林顿总统帮助他出访亚洲。奥巴马总统则请求过克林顿总统和小布什总统帮助筹款以援助海地的地震灾难。

但川普则完全融不进这个圈子。再加上他超级自恋的个性，这导致任何一点来自前任总统的声音，都会被川普理解为对自己的贬低。甚至小布什总统之前多次表达过的支持新闻兹有的言论，也被川普理解为是对自己的攻击。这是一个容易受伤的宝宝。

川普在接受采访的时候坦承："我就是一个异类。我不认为我能很好地适应这个位置。"因此川普是美国总统俱乐部中唯一一个无法得到前任总统帮助的白宫居民。

这是一个不可忽略的损失。川普本身就是一个政治外行，在政治圈中缺乏人脉，在其任期内不断调整如国务卿国防部长白宫幕僚长 FBI 局长等重要职位就已经显示了川普无人可用的窘境，而雪上加霜的是，他得不到前任美国总统们的支持。

那么一个显而易见的结论是：除非川普是超人，否则不可能做好总统的工作，因为你既无经验又无人可用。那么川普真的是超人吗？我到现在只看到川普在吹牛撒谎自恋方面的超常之处。

中国历史上的第一位废帝叫刘贺，是汉武帝的孙子。当他的叔叔汉昭帝驾崩后因没有子嗣而匆忙继位。刘贺的父亲刘髆就是一位二流子，所以刘贺从小没有接受过良好的宫廷教育。刘髆的封地在现在的山东，所以刘贺从小在长安也没有任何人脉。就这样空降到了长安做皇帝。但他实在太异类了，据说平均每天要做 40 件荒唐的事情。在位仅 27 天，被大臣们废黜。大臣们看他傻乎乎的，又是汉武帝的血脉，遂没有杀他，贬回山东封海昏侯。但和他一起来长安的几乎所有随从，全部被诛杀。

这就是一个外行空降到权力最高机构的故事。政治权力是一张网，是一个有机的结构，即使是皇帝也必须"与卿共治天下"。没有一个超人可以包打天下。而一旦出现类似的超人，则很可能是国家的灾难，比如革命领袖毛。海昏侯没有能力，所有也没有危害到国家。但毛和川普都可以挟支持自己的民意而毁坏建制，他们给国家带来的伤害，是无法轻描淡写地忽略的。

毕竟，美国目前的死亡人数，已经超过了越战。而更重要的是，在川普的治理下，美国在内产生巨大分裂，对外全面退缩，不但对美国，也对世界，产生了负面的影响。

病毒测试方面的进展

5 月 5 日

在对于 Covid19 疫情的控制中，非常关键的一个步骤就是要能检测出哪些人是阳性的病毒携带者。目前美国的测试速度可以达到每天约 10 万人，而加拿大则可以达到每天 6 万人（加拿大人口为美国 1/10）。但这都还远远不够，美国学者预测，如果要安全地全面恢复美国经济活动，测试的速度至少应达到每天 100 万人。

目前采用的测试方法，是上世纪 80 年代发明的 PCR（polymerase chain reaction）法。发明人 Kary Mullis 还因此获得了 1993 年的诺贝尔医学奖。目前这项技术可以说是被应用最广泛的医学生物学技术，也被广泛应用于犯罪取证和考古学研究。PCR 可以检测到样本中非常少量的 DNA 片段。敏感性和特异性都很高，而且成本低廉。

但 PCR 需要专业人士操作，需要专门的实验室设备，目前基本上要一天的时间才能出结果。这显然难以承担全民检测的速度要求。

周二传来一个好消息。

MIT 神经生物学教授，生物 DNA 编辑技术领头人，加拿大 Gairdner International Award（号称小诺贝尔奖）得主，美国国家科学院院士，张锋博士带领的团队，利用 CRISPR 技术，发明了一种全新理念的病毒检测法。这种方法的优点是：速度快，45 分钟出结果；价格便宜，预计价格 6 美元一套；操作简单，使用方法和测试怀孕的试纸方法类似。采样即可以是鼻拭子，也可以是唾液。

PCR 的基本原理是将病毒的遗传物质不断复制增大，以达到电泳等技术可以探测到的浓度；而 CRISPR 的原理更简单，就是使用一个分子探针去结合病毒特定的基因序列。探针上携带一个可以裁剪 DNA 分子链的酶（Cas9。因此这个技术的全全称是 CRISPR-CAS9），这样就可以裁剪和替换掉原来的 DNA 片段，这就是 DNA 编辑技术的核心思想。而用在病毒检测上，张锋博士的团队的 Omar Abudayyeh 博士介绍说，就是将 Cas9 替换成另一种酶，一旦探针和病毒遗传物质结合，这种酶将释放一种可以被探测到的化学物质。

张锋教授的团队是从去年就开始研究使用 CRISPR 技术检测病毒，他们将这一技术命名为 SHERLOCK。而 Covid19 疫情爆发之初，他们就开始研究如何将 Sherlock 技术应用于 Covid 病毒的检测。他们命名这一新技术为 STOPCovid。

团队一共测试了 12 名患者，每个患者测试 3 次。其中 11 名患者测试结果均为阳性，1 名患者 3 次测试中 2 次阳性。而作为对照的非患者组，则全部阴性。

目前 STOPCovid 技术还在等待同行的审定。美国 FDA 对于 Covid 测试的要求非常低，不需要通过 FDA 认证，因此这项技术如果通过同行评审，预计将会很快面市。

于此同时，加拿大渥太华的 Spartan Bioscience 早些时候已经推出了大小如一个小型饼干桶的 Spartan Cube 快速测试系统。操作也相当简单，可以配置到社区，学校，海关等进行群体检测，无需专业人员，一个小时出结果。其技术原理没有公开，估计是一种提速的 PCR 技术。这一技术的发明人，是毕业于渥太华医学院的医学博士，Spartan Bioscience 创始人，Paul Lem 博士，值得指出的是，他也是华裔。

Spartan Cube 目前在加拿大遇到一些困境。首批发放的 5500 套设备被认为有效性不足，被召回。加拿大卫生部长 Theresa Tam 表示这一设备在实验室中的表现良好，有希望能够在夏天通过改进重新面世。

最后提一句，这位 Theresa Tam 部长，也是华裔。本期今日美政可以被称为华裔的贡献。

加美面对面

5月7日

很多人认为，加拿大就是美国第51个州。是的，大多数地方，加拿大和美国有点像双胞胎。在温哥华的加美边境的和平门上写着："我们是同一个母亲的两个孩子"

在 Covid 疫情方面，我们甚至连人口年龄构成，离东亚和欧洲的距离，都是一样的。

但是，疫情在两国的爆发情况，则相差很远。两国几乎于同时（三月中旬）开始了疫情的爆发，按人口比例来看，美国的患病人数比例比加拿大高，上升速度比加拿大快。美国病例和死亡人数，均是加拿大的两倍。而加拿大人得到病毒检测的人数，却比美国要高。这意味着，美国患病人数甚至是被低估了。

造成这一区别的最底层原因是：加拿大和美国的政府，在政治上的一些不同。以及加拿大的医疗制度和美国的不同。

多伦多大学的传染病学家 David Fisman 说："很简单，我们的联邦政府在帮助各地抗疫，而美国的最高领导人却在破坏自己的卫生系统。"美国的政治从一开始就严重受到党派纷争的影响，政府行事低效。而相比之下，加拿大则呈现出不同党派在抗疫问题上相互支持的局面。

贾斯廷·特鲁多首相相比川普来说，对待 Covid19 的态度更加严肃，这可能是因为他自己的夫人就被传染，导致他不得不自我隔离在家。相反，川普则到现在也不愿意戴口罩。就具体政策而言，加拿大在两个方面，比美国做的好。一是 PPE 设备的采购，二是病毒测试的迅速推广。

在加拿大，医疗系统的主干是公有的，属于联邦政府统一管辖，采取了 single-payer 的政策。联邦政府可以快速做出反应来大量地，并以优惠的价格来统一购买 PPE 和测试盒，然后根据各省需要进行分发。如果一个地区的物资显示过多，而另一个地区需要更多，则联邦政府可以迅速进行调配。single-payer 的公费医疗制度，使得加拿大人（包括外国人和非法移民）在就医时没有顾忌，一旦有病立刻就医，Covid19 患者就缩短了暴露在公众中的时间。

而美国则相反，即花销巨大，效率还更低。甚至可以说是混乱的，联邦政府在购买 PPE 时和各地区，甚至各个私营医院都是并行的，缺乏统一调配。笃信自由市场经济的美国人由川普指派其女婿库什纳对试剂盒公开拍卖，哪个州出钱多哪个州得到更多试剂盒。库什纳也表现出不适合这个工作，他开始寄希望于一个不存在的 Google 测试盒指南网站，最终只在美国建立了五个测试中心。美国公共卫生系统到目前为止所作的测试工作只有 70 万人，占全体被检测美国人的 1/10。

另外，美国没有公费医疗，在开始阶段，很多病人不愿意因感冒症状而就医，因为这会要求他们自己付钱。更不要说美国的非法移民，在川普政府的严厉打击下，基本上他们不敢去医院。

但需要指出的是，不是所有 singlepayer 的国家都运行良好，如意大利就是一个灾难，而澳大利亚也采用了医疗私有化制度，他们运行得很不错。但就加美对比来说，公有制的医疗制度，是加拿大的一个优势。事实上在所有发达国家里，美国是唯一一个没有全民医保的国家。

美国政府在购买及分配防疫设备上，甚至掺入了太多政治因素。

马里兰州州长 Larry Hogan 会向联邦政府隐匿一批来自韩国的测试盒，因为他担心自己对川普的批评会导致联邦政府来强行夺走这批物资。这不是不可能的。事实上联邦政府就从科罗拉多州手里夺走了 500 具呼吸机，就因为这个州的州长是民主党人。川普随后向科罗拉多州发还了 100 具，并将此归功于该州共和党参议员 Cory Gardner 的争取，以帮助 Gardner 获得 2020 年参议员重选中的连任。

加拿大在中央和地方权力的分配上，和美国没有太大区别。很多防疫政令，如禁足令，是需要地方政府发布的。在美国，就发生了一些共和党人领导的保守州不愿意发布禁足令的现象，而在加拿大，党派理念的区别几乎不存在。无论是保守党还是自由党或者 NDP 领导的省，在发布禁足令方面和联邦政府步调一致。在美国可以看到川普和彭斯副总统都在一定程度上给出了"不用戴口罩""不支持禁足令"甚至救助于宗教的混乱信息。但在加拿大，无论联邦政府还是地方政府，给出的信息是明确和统一的。这使得加拿大几乎没有公众会做出抗议禁足令和抗议戴口罩的举动。

加拿大国内并非没有政治理念上的冲突，尤其是城乡之间，发达地区和保守农村之间，也有类似于美国的进步和保守的理念冲突。但是，其撕裂程度远比美国要小。在主要的政党之间，共识大于分歧。这使得加拿大的领导人较为容易在危机中团结整个国家。多伦多大学的传染病专家 Isaac Bogoch 说，"这是我们成功的一个最有利因素。"

多伦多大学和 McGill 大学的联合发表在加拿大政治科学期刊上的一篇文章里，分析了不同议员，不同地区民众在对待 Covid19 上的态度。他们发现，和美国完全不同的是，加拿大无论自由派还是保守派，对待 Covid19 上的态度没有区别。无论是精英还是普通民众，在 Covid19 问题上有充分的共识。就连最右翼的，最热衷于模仿川普的昂达略省长 Doug Ford，他也模仿川普激烈地攻击精英团体，攻击左派，但他毫不犹豫地批评那些抗议 social distancing 的人，说他们就是一群呼呼嘿嘿（野蛮人）。Ford 在有一点上很像川普，就是极力要求关闭南部边境，只不过 Ford 针对的对象，却是美国人。当然，这是开个玩笑。Ford 省长在移民问题上相当开放。

还有一个原因需要提到。

　　加拿大在 2002 年 SARS 疫情中遭受了比美国严重的打击，造成了 44 名加拿大人的死亡，这使得加拿大比美国对这种传染病更有警觉性。另外，加拿大在公共卫生上的开支在近年来得到加强，而美国则相反，CDC 的拨款在过去的 10 年中下降了 10%。

　　加拿大在抗疫过程中不是做得最好的。加拿大的 Covid19 死亡率高于德国和韩国，尤其是加拿大的养老院和原住民地区，简直是一个灾难，这部分因为加拿大的养老院过分依赖私人公司而管理混乱，原住民区则过于封闭和偏远。

　　需要注意的是，加拿大的疫情很大程度上来自美国对疫情的管理失误。中文叫"殃及池鱼"，我们和美国几乎没有边境。"加拿大公共卫生最大的威胁，是来自美国的输入性病例。"约克大学研究全球卫生系统的科学家 Steven Hoffman 说。

　　经过对比加美两国，我们至少可以得出这样的结论：一个联邦和地方政府相互配合的政治环境是有助于一个国家对抗紧急情况的，这包括一些基本的共识和不极端化的政治分歧。这甚至可以延申到议会制比较总统制的优势，议会制至少在同一政府层面上可以确保政令施行的顺利而避免总统制下的总统和议会相互掣肘。当总统和议会分属不同党派时，这种掣肘又会加强党派之间的相互对立。另一方面，公费医疗全民医保确实有自己的弊端，但尤其在紧急情况下，其效率和有效性都强于私有制医疗体系。医疗服务是否应该交给市场，人的健康和生命是否可以用金钱等价交换，这是一个长期争议的问题。

美国有反智的传统吗？

5 月 8 日

　　在美国的流行文化中，你不难发现很多嘲笑知识分子，怀疑知识精英的现象。比如 2008 年参加总统大选的 Sarah Palin，比如今天超过 30%的美国人自称他们认为地球是平的，再比如现在很多人相信比尔盖茨是 Covid19 的发明人，目的是用疫苗来赚钱；当然，更不用提川普刻意地用粗鲁和嘲笑精英来赢得底层民众的热爱。在保守派的群众中，知识分子 intellectual 和兹有 liberal 都已经成为政治毒药，是绝对的贬义词。

但事实上，反智主义 Anti-intellectualism 这个词被用于描述美国人，只是近代的事情。1964 年历史学家 Richard Hofstadter 出版了一本名为"美国人生活中的反智主义"赢得了普利兹奖。从那之后，很多学者开始讨论美国文化中从一开始就根植的反智特点，他们分析了美国的宗教，美国的岷住，美国的教育和美国的政治经济等原因，认为美国拥有独特的，和欧洲不同的，更加平民化的文化，导致平民乐于挑战精英。这精英包括政治精英和知识精英，但对商业精英相对宽容。但随着时间的推演，这种反智苗头开始变得失去控制。

但反对者认为，这可能只是一种错觉。马萨诸塞大学的 Aaron Lecklider 教授认为，从历史上看，美国人并不总是轻视知识精英。美国人事实上一直很津津乐道自己的兹有岷住文化是培养天才的温床，他们像崇拜摇滚明星一样崇拜爱因斯坦。科学类书籍变得畅销。从 1907 年到 1915 年，八年间大学入学的男性增长了 55%，而女性增长了 156%，黑人的受教育程度也得到了明显提高。反对者们也承认，从 50 年代开始，美国逐渐从社会各个层面表现出越粗俗越受欢迎的文化特点。但他们认为这很可能也是一种错觉，这是因为社会不公平越来越严重，贫富差距越来越大而导致的底层老百姓开始越来越和顶层的精英对立。这一论段被以下事实佐证：一般认为只有保守主义下才催生出反智倾向，但最近的反智团队很多来自左派，他们仇恨和怀疑的对象，往往是商业精英，他们不信任资本主义。

但大多数学者还是认为，美国的文化从一开始就根植于某种特殊的反智主义。这种反智主义以反对权威为特点。你可以发现，在美国的文艺作品中，有权力的人，往往是反派。

16 世纪英国开始脱离罗马教廷时，清教徒 Puritans 就是其中较为激进的一支力量，多次和英国执政者冲突。而决定出走美洲的 Separating Puritans 分离主义者，是激进中的激进分子。他们笃信圣经，仇恨一切人间的权威，他们到达美洲之后，按照自己的理念建立了一个没有权威的自组织社会。反过来，美洲初期的艰苦生活，又使得这些清教徒更加依赖和坚守自己的宗教信仰。

在清教徒的文化中，他们并不反对科学。事实上 John Calvin（清教徒理念的来源）本人就认为忽略科学发现是一种懒惰的罪。所以这也可以解释今天美国人的反智并不针对科学文化本身，而是针对那些宣讲科学知识的科学权威，这是有区别的。

这里需要注意一点，清教徒文化虽然不反对科学，但他们属于原教旨主义的信仰，所以对于和圣经冲突的科学，他们的反对声音很大，比如进化论。这也进一步加深了人们对清教徒反智倾向的印象。

除了传统外，还有两点值得注意。一是教育的改革，二是互联网的推广。

美国从 80 年代开始了教育改革，传统的知识传授被替换成鼓励个性，鼓励多元化成功，甚至鼓励一夜成名。传统的相对统一的教学大纲被取消，而各个地区可以自行根据自己的文化和习惯制定教育计划甚至教育标准。这带来一个结果是优秀的地区越来越优秀，而贫瘠落后的地区越来越落后。在欧洲则不是这样，基础的教育内容是由国家制定的。

三分之二的美国人，说不出自己国家的三权分立到底是哪三权，美国高中生的知识水平在 29 个发达国家中，排名第 24，而有本科学位 Bachelor degree 的 25 岁以上的人只有 35%，而这一比例在加拿大超过 60%。

在传统媒体时代，文章和评论来自精英阶层，而纸媒和电视属于主流媒体。这种自社会高层向低层传递信息的方式使得精英阶层更容易获得话语权。而互联网下，大多数美国人的信息来源是自己的网上社区。而社区里大多数是和自己同一阶层的人。这样就出现了某种程度上信息的分层。接受教育不高的民众由于获得了众多来自同一阶层人的肯定，这种带有正反馈的影响，使得他们对自己对世界的看法更加充满信心。

美国海军军事学院和哈佛大学的 Tom Nichols 教授所著"专业的死亡"（The Death of Expertise）中说，"美国社会正在从一个相对健康的对已有知识保持怀疑态度的习惯，发展成了一个对无知感到自豪，对专家产生敌意的反智社会"。

这也许不是美国独一的现象。这也许也包含了知识爆炸和技术飞速发展中，被甩下的大众在无奈中产生的自我保护。这也许是贫富差距加大使得社会出现了高度的阶层间的互不信任。但这无论如何，是我们应该开始面对，开始寻求解决方案的一个社会问题。

被逼疯了的克鲁格曼

5 月 11 日

保罗·克鲁格曼是一个自带光环的经济学家，他毕业于耶鲁大学，在麻省理工学院拿到经济学博士学位，于 2008 年单独获得诺贝尔经济学奖，是普林斯顿大学和纽约大学的经济学教授，但这些对于他来说可能都不如在 2004 年被麻省理工评为"杰出校友"（notable alumnus）。

有人认为他是新凯恩斯主义的代表人物。但需要指出的是，现代经济学，无论是新凯恩斯主义（New Keynesian）还是新古典主义（New Classical）都更倾向于细节的技术性讨论而非理念讨论。新古典主义开始承认市场有时会失效，而新凯恩斯主义则开始强调市场的调节作用。比如克鲁格曼获得诺贝尔奖的 NTT 理论，实质上是开始关注具体发生在世界贸易中的贸易保护的对经济的促进，而不是简单从比较优势 comparative advantage 理论抽象地论证贸易保护主义不利于世界经济。

克鲁格曼的威望不仅来自于自己的学术研究，而是更来自于他对现实的判断。NTT理论准确地解释和预言了日本战后的崛起和中国韩国的经济崛起，他们都来自某种程度上的贸易自我保护。克鲁格曼修正了传统的比较优势理论中，忽略了规模效应的错误。贸易保护有可能形成某种规模效应，使得原本不存在的优势，变成了自己的比较优势。这对于发展中国家探索自己发展道路十分有帮助。

在政治上，早期克鲁格曼基本上是一个无党派人士，甚至被媒体称为"意识形态色盲 ideologically colorblind"。他为里根总统，小布什总统和奥巴马总统都工作过，他强烈批评过民主党蔑视市场，也强烈批评过共和党痴迷于减税。他经常自称自己是一个技术官僚 technocrat。

但最近他出的一本新书（这位教授是一个写书狂，已经出版了27本专著）"Arguing With Zombies: Economics, Politics, and the Fight for a Better Future"展示出一个有点被逼急了的克鲁格曼先生。

他之所以开始大肆攻击保守主义政客，是因为他觉得这些人已经无可理喻了，所以"保持政治中立不但变得不可能，甚至是不道德的"。和僵尸 Zombie 一样，一些已经被证明完全错误完全不符合事实的理论，被保守主义者，尤其是共和党人奉为信条，克鲁格曼教授认为这是一些虽然没有脑子，但依然行走，依然为害人间的信条。比如减税可以刺激经济，减税可以增加就业，减税可以通过扩大税基来弥补政府收入的减少。克鲁格曼教授可以拿出50年以来的历史告诉你事实不是这样，但这种所谓涓滴理论却依然被很多人作为信仰。其执行的结果，就是财富迅速向顶层汇聚。里根总统时代，美国的中产阶级家庭的比例，占到美国家庭的3/4。而今天，只有1/5的美国家庭还属于中产阶级。美国的贫富差距迅速拉大，造成大量社会问题。新技术的发展加深了失业问题，而美国却是最缺乏社会安全网的发达国家之一。克鲁格曼教授担心在一个岷住社会中，贫富差距过大甚至会造成社会的瓦解。川普当选，就是这种贫富差距加大的结果。

在克鲁格曼教授眼里，美国的反智倾向也达到了某种高峰。无论有多少证据摆在一些人的面前，他们如同僵尸一样完全看不见，而只执着于自己的信念。比如全球气候问题 global warming。他们完全不相信科学界的共识，而更愿意一厢情愿地相信可笑的阴谋论，全世界科学家是串通起来欺骗大众的。

克鲁格曼教授甚至提出了我们看来政治很不正确的主张：不要怀疑那些人的动机根本就是坏的，不应该给与这些明显撒谎的人同等的话语权。我并不完全赞同克鲁格曼教授这种近乎悲愤的态度，但我能理解他的感受。当一些人完全无可理喻，完全不承认事实，完全痴迷于自己的信念时，正常的对话和交流事实上已经变得不可能。克鲁格曼教授早期认为通过摆事实讲道理的方式可以说服政客，甚至可以说服公众。而现在他则承认，调动情绪和执着于理念的力量，远远大于理性和说服。

克鲁格曼教授说："承认事实，这原本是一个常识。而现在却变成了一个政治表态。承认不利于自己党派理念的事实，变成了立场问题，这使得党争上升到荒谬的程度。"

美国到底是不是直选总统?

5 月 13 日

很多人以为美国的总统选举制度是老百姓直接投票选总统。事实上美国老百姓的选票上也确实写着总统候选人的名字。但是，美国到底是不是直选总统，这个问题连最高法院都说不清楚。

星期三最高法院表示，将会就两个州的诉讼展开辩论。这两个州是华盛顿州和科罗拉多州。他们要求州选举人必须按照州公民投票的结果投票，否则罚款或者取消资格。

是的，美国的总统，不是公民投票选出来的。从形式上来说，是由每个州的 elector 选举人，投票选出的。普通公民投票给哪一个候选人，只是告诉自己这个州的真实的有投票权的选举人 electors

应该投谁的票。选举人是否应该听从公众意见去投票，这就是这个诉讼的核心。这个问题的本质是，美国总统的选举，到底是直接选举，还是间接选举？

每个州有多少选举人呢？这个人数就是这个州的参议员人数（2人）加上自己的众议院人数（各州不同）。目前美国有 100 名参议员，435 名众议员，再加上华盛顿特区 3 名 electors，一共 538 名选举人。

这个制度被很多不了解美国的中国仰慕者认为是一个完美的选举制度，但事实上在我看来这是一个类似 Frankenstein 一样的人造怪物。这在美国建国之初，是为了强行将 13 个相对独立的国家（States）整合为一个联邦的无奈之举。

我们来看历史。在 1787 年的制宪会议上，美国的国父们为选出一个总统大伤脑筋。一开始弗吉尼亚州新泽西州提出总统由众议院投票选出，但很多人立刻意识到这和他们希望追求的三权分立相矛盾，因为国会中的多数党一定会选出自己党的人做总统，这样立法权和行政权就会合一。联邦党人 James Wilson 提出了选举人团制度。

选举人团的人数就是自己州参议员人数加众议员人数。选举人不能是政府官员或者议员，而且必须临时指定，投票后解散。这是为了避免他们成为一个单独的利益团体。

美国宪法中，规定了选举人如何产生，是由各州自行来决定的。这时就出现了两种理念上的不同。一种意见认为，美国施行的是间接岷住，或代议制选举。公民应该选出的是他们相信的代表做选举人，这些选举人应该有兹有裁量权来决定自己投票给哪一个总统候选人。比如马萨诸塞州就是这样。但另一些州（宾夕法尼亚，马里兰等）则认为，总统就应该是人民自己选出来的，我这个州选民大多数投票给谁，那么选举人就必须遵从民意将所有自己的票投给这个候选人。选举人没有兹有选择权。这就是一种变形的直接选举。

显而易见的是，后者会形成强大的政治动能，能团结一个州的力量全部投票给某一候选人，这叫赢者通吃 winner-take-all。这一选择迅速成为主流，而最终所有美国州都采取了这种做法。你可以看出来，这个时候美国的总统选举变成了一种不伦不类的直接选举，即是人民直接投票选总统，而不同州的人却拥有不同的权重。因为每个州人口和选举人人数比例的不同，举例：怀俄明州 58 万人口，3 个选举人，比例为 19 万人一张选举人票。而加州 4000 万人口，55 个选举人。比例为 72 万人一张选举人票。一个怀俄明州的人投的票，权重几乎相当于四个加州人的票。问题是，凭什么加州人得不到平等的选举权呢？

美国国父麦迪逊和汉密尔顿强烈反对这种做法。他们表示美国宪法中明确规定选举人是有根据自己的分析和判断来决定自己投票的权力的。但这一反对没有奏效，部分原因是汉密尔顿去世过早。但这一次最高法院的最终意见，可能会影响到选举人团制度的未来。

赢者通吃下的选举人团制度还生衍生出了另外两个后果。

第一，大多数政治稳定的人口大州，选民开始对选举失去兴趣。比如在一个深蓝州，如果你支持共和党，你恐怕根本都懒得去投票。因为无论你怎么投，最终结果还是岷住党获胜，你这个州的全部选举人票全部归岷住党。

第二，摇摆州决定美国政治。反而是为数不多的几个摇摆州，像科罗拉多州，佛罗里达州，密芝根州等。他们会获得大量的政治关注，像摇摆州新罕布什尔州，才 130 万人口，Jeb Bush 投入了 3400 万美元的竞选资金。总统候选人基本上不关注自己的铁票仓州，而是把注意力大量投入摇摆州。

熟悉我的人都知道，我总是不失时机地推销议会制。在议会制中，采取的是严格的间接选举制度。每个选区的选民只选自己熟悉的，为自己切身利益服务的当地的议员。最终国家的领导人是谁，由这些议员们去选他们自己的领袖。直接选举下，一些民粹分子可以直接煽动底层民众，受教育程度低的民众和受教育程度高的民众都是一票，那么煽动底层的效果会好得多，而底层人民，往往不代表历史的前进方向，而是相反。纹革和川普上台就是最好的例子。而间接选举最大程度上规避了这一现象。同时，反过来说，直接选举后最高领导人可以挟民意以令议员，就会出现川普绑架整个共和党的现象。而间接选举的议会制下，最高领导人必须注意和自己党派的配合，因为自己事实上是他们选出来的。这样可以最大程度地避免毒才，避免出现伟大的领导人。

另外，在执政上，议会制本质上是两权分立，立法和行政是合一的。加强了政府的行政能力，避免了如美国总统制之下的所谓跛脚总统，政府内斗的消耗。在加拿大英国这些施行议会制的国家中，一旦政府行政效率降低，行政领导人和议会产生分歧了，就往往就意味着少数派政府，也就意味着政府重组变得非常可能。表面上看议会制国家经常性地发生政府倒台和重组，但一旦政府建立起来，行政效率往往大于总统制下的联邦政府。

那么美国人有没有想过改革这个选举人团制度呢？这在法律层面上几乎不可能。因为需要修宪。而修宪就需要在参众两院都以 2/3 多数通过，还需要至少 38 个州的批准。而我们知道大量的人口小州是喜欢选举人团制度的，他们不会同意。那么就没有办法了吗？有。这个办法就是 2006 年一些州提出的全国普选票州际协定（National Popular Vote Interstate Compact）。这个协定的精神是这样：参与的州，只看全国投票人数中，谁得票多。谁赢得 popular vote，这个联盟的州就一起把自己的选举人票全部给这个候选人。这是绕开宪法，从事实上施行全民谱选的做法。目前加入这个联盟的有 15 个州外加华盛顿特区。但这个构想要想实现，还有很长的路要走，比如说，是否违宪就是一个大问题。

最后一段，说给喜欢保守主义的朋友们。议会制是英国贵族不断和国王斗争中逐渐生长出来的一个自然制度，而总统制则是美国国父们在大陆会议中革命性地人为创造出来的一个全新制度，这种人工设计的制度，有它的革命性，但也存在很多先天的考虑不周和实践中的缺陷。一个人工设计的制度，必须是开放性，可以随时修改的。逐渐修改之下，才能慢慢接近一个自然中形成的制度。而美国却将很多人为设计的制度写入宪法，很难根据具体发生的情况来改变这个根本制度的运行。这是一直以来伴随美国这个国家的一个深层次的制度问题。

秀才遇见共和党

5 月 14 日

Rick Bright 博士是美国免疫学家和公共卫生官员，曾担任美国生物医学高级研究及发展中心的主任。

周四，Bright 博士在国会听证上说："期望疫苗在 18 月甚至 12 个月之内面市是过于乐观了。我们从来没有见过如此理想的情况。如果操之过急，疫苗的安全性可能会受到威胁。"

Bright 博士多次抱怨过政治的需要开始影响科学的客观性。在周三接受电视采访时，他说，"我们控制疫情的机会窗口正在关闭，如果我们不能根据科学证据来建立一个全国性的协调反应，我担心大流行会变得更加糟糕和更加漫长。如果不按照我和其他专业人士共同制定的步骤去制定计划并严格执行，我担心 2020 年将会成为现代历史上一个最黑暗的冬天。darkest winter in modern history"

Bright 博士于上月底，被川普政府解除了生物医学高级研究所主任的职务。因为他对美国的疫情处理表示了不满。白宫在 Bright 博士听证会后反击道："Bright 是一个拿钱不干活的人，是把疫情政治化的人。"川普的推特也表示"我从来没听说过这号人，他不是一个好的雇员，他这种态度，不适合在政府工作。"

与此同时，川普也和自己的抗疫核心专家安东尼·福奇医生发生了分歧。福奇医生警告说，如果过早取消禁足令，重启经济活动，可能会导致灾难性的后果。

福奇医生不仅是美国国家过敏及传染病研究所的主任，世界顶尖的传染病学家之一。而且担任过六届美国总统的卫生安全顾问。按中国语言来说，是"六朝元老"。

但川普表示，"福奇的回答让我很吃惊。对我来说，这是一个不可接受的答案。"在美国有 130 万人感染，8.4 万人死亡的时候，川普宣布"我们已经战胜了病毒，是时候回去工作了。"

白宫开始怀疑 Covid19 疫情的死亡人数被夸大了，而与此同时，福奇医生则表示病毒造成的致命的影响可能被低估了。川普和福奇医生之间的南辕北辙可见一斑。事实上川普政府和科学家对着干，并不新鲜，无论在全球变暖问题上，还是在清洁能源问题上。

保守派媒体福克斯新闻也开始猛烈攻击福奇医生，福克斯新闻的主持人 Tucker Carlson 在电视中说："他没资格来做这种长期政策的建议，谁都没资格。这个家伙，这个叫福奇的家伙，甚至还不如一个普通的传染病学家。"Carlson 暗示说，福奇就是一个"专业阶层的小丑"（the chief buffoon of the professional class）

这就是美国最核心的保守派媒体对待科学的态度。我说美国处于一个反智的时代，有人会反对吗？

一些美国的右翼媒体指责福奇医生是所谓影子政府 deep state 的一个代言人，专门来和川普作对的。福奇医生的保安级别被提升，因为有迹象显示他的安全受到了威胁。

在最新的民调中显示，关于川普和福奇医生之间的分歧，84%的共和党人相信川普给出的信息，而只有 61%的共和党人，相信福奇医生的话。前者是一个大号包工头，而后者是世界顶尖的传染病学家。我说美国处于一个反智的时代，有人会反对吗？

伟大的脱钩

5 月 15 日

这是一篇来自外交政策的长文。详细地分析了美中脱钩的历史，现实和展望。

在川普政府中，鹰派一直强调并希望在经济上和中国脱钩，而在

Covid19 疫情爆发之后，这已经成为了两党的共识。美国政府和企业，迅速意识到在产业链上严重依赖中国是一件危险的事情。事实上在美国和欧洲的疫情爆发之前，仅仅因为中国一个中心城市的瘫痪，就使得世界上很多企业出现原材料和配件的短缺而不得不暂时停工。

脱钩 Decoupling，这不是一个会不会发生的问题，而只是一个程度的问题。这也不是川普政府的理念，事实上这开始于小布什总统，奥巴马总统，而且也将延续到可能的拜登总统治下的美国政府，拜登甚至比川普更为激进，他已经全面接受了桑德斯要求将中国列入汇率操纵国的主张。

这会带来短期的阵痛，也不是每一个美国企业都愿意做的事情。中国不但有廉价的劳动力，还有最完备的工业供应链体系，最庞大的工程师队伍和最勤劳任怨的产业工人，这些对任何企业都是一个强烈诱惑，可以帮助企业降低成本和增加竞争力。更不要说中国有庞大的市场。另外，中国还掌握着美国超过 1 万亿的外债，是美国的第二大债主。特斯拉就迅速在中国上海建立了自己最庞大的生产基地。

但这种趋势是明显的。即使投资机构，也会开始考虑一个企业是否有足够的应付危机的弹性。这种危机，不仅仅包括疫情这样的自然灾难，也包括美忠两国逐渐升级的贸易争端。越来越多的美国企业开始考虑在中国以外的地区，如越南和印度，建立自己的生产基地。美国商务部将保证对这些改变提供必要的支持和帮助。另外，川普政府已经下令禁止联邦退休基金投资于中国的股市，也限制来自中国的资金投资美国的某些关键领域。

中国已经深度地嵌入了世界经济的网络，和中国完全剥离是无法想象的。但要注意的是，中国从很早开始就试图建立自己的经济帝国。令人觉得讽刺的是，在中国经济的增长过程中，正是中国自己不断寻求着摆脱在关键技术上对西方的依赖，他们事实上一直在追求建立一个自己完全主导的经济体系。这包括对非洲的经济殖民和一袋一路的发展方向。中国对西方的要求似乎只有市场，其余的，尤其是关键性技术上，他们认为自己都能够并且应该和西方脱离。这似乎是他们的国家安全策略。从近代史上看，正是西方彻底粉碎了中国人上千年以来形成的自己是文明中心的想法，所以很容易理解中国这种对西方的根深蒂固的不信任。华为就一直在追求自己的技术能够脱离来自美国的芯片技术。

那么反过来看，西方对于中国的依赖就令人觉得不安了。医用产品的过度依赖导致了显而易见的危机，而制造业上的过度依赖则使美国产业工人陷入了空前的困境。越来越多的西方国家开始对来自中国的咄咄逼人感到恐惧。知识产权被盗取和制造业的空洞化只是一个较小的担心，他们发现如果必要，中国甚至可以一夜之间切断他们的国家电网。由于中国在意识形态上完全和西方不同，而更接近于前苏联，所以这种恐惧是有根据的。

在2001年，小布什总统的贸易代表 Robert Zoellick 说："只有和中国合作，才最符合美国的利益。"那时候整个西方都希望中国能够通过发展自己的经济，融入西方主导的世界里。而这一努力，在中国则被理解为西方希望使用一种和平的手段改变其供産党的绝对统治地位。在其后的数十年中，我们看到的是中国的快速崛起，中央帝国的信心迅速恢复，以及美国和西方的衰败。Covid19疫情的爆发，即使不是压死骆驼的最后一根稻草，也至少是扣响了脱钩赛跑的发令枪。

还有一个需要提出的原因。随着全球灾难性气候的越来越频发，也导致过于集中和单一的生产供应链产生过大的风险因素。

从各种层面上来讲，脱钩都至少是弥漫西方的一种主观愿望。但接下来需要回答的问题是：脱钩的成本有多大？我们是否能够承受？

美国政府采取了从国家安全法到关税的各种手段，试图引导一些美国的生产商将生产基地搬出中国。这起到了一些作用，一些大公司的领导人表示他们愿意付出短期的经济代价来重新布局自己的供应链系统。一些大的半导体公司，如 Intel，也开始考虑在美国重新建立自己的高端制造业体系。

最初的脱钩会出现在医用产品的供应链上，其次可能会出现在高科技产品，通讯和半导体产业也会因为安全的原因逐渐和中国脱钩，再接下去，可能会是一些精加工制造业。他们可能会去越南，印度，或者搬回美国。事实上这一趋势很明显地表现在统计上，2019 年是美国在制造业上的进口率十多年以来第一次出现了下降。但也有一些传统的制造业，像 Nike 这样的公司，是不太可能回归美国的。

但是有一个问题需要考虑。历史告诉我们，一旦这种脱钩开始，就会有一个正反馈出现。脱钩的双方会相互刺激使得整个过程越来越快。第一次伟大的脱钩正是在第一次世界大战之前，对第一次全球化的反转，导致了之后的大萧条，贸易壁垒，经济国家主义和全球化的全面倒退。

让我们看看历史。在过去的 80 年中，正是美国在极力地推进全球化。这是因为，从一战之后，美国意识到经济上的脱钩和孤立必然导致国家矛盾的上升甚至导致战争。这即导致了一战，也使得二战前德国追求自己的生存空间 Lebensraum 和日本追求自己的"大东亚共荣圈"，德日两国战争的根本目的，就在于创建一个可以自我独立的，和世界其他敌对坏国家脱钩的，安全的经济圈。这一动机恰恰也是今天西方和中国追求的目标。所以美国在二战结束之前，就开始着手于建立以 Bretton Wood 体系和关贸总协定为骨架的全球经济合作体系。这与其说是为了繁荣美国经济，不如说是为了全球的安全考虑。

WTO 的备忘录写着："我们战后应该学到的最关键的教训，就是国际政治的合作，以及一个长久的和平，深刻地依赖国际间的经济合作。"

虽然如今的世界经济合作规模和复杂程度很难让人想象美忠的完全脱钩，但这种趋势以及可能正反馈效应，还是让一些经济学家感到 1930 年代的噩梦有可能重演。

更重要的是，在很多国际事务上，美忠两个大国是需要合作的。比如伊朗的核问题，朝鲜问题。以中国如今的经济规模和影响力，他们不会像苏联那样迅速垮掉。这种长期的国际社会的大分裂只会引起更多的局部代理人战争，甚至，恐怖主义蔓延。这一点是世界主要国家领导人需要铭记在心的。

Zoellick 警告说："将经济脱钩作为解决今天问题的手段，等于是把更加头痛的问题留给明天。"他举了一个很有趣的例子说，"这就好像积压一个气球，压下去这个问题，他们总会从另一头冒出来。压制全球化，就会导致国家之间的贫富差距拉大，贫穷国家发展得慢了就会导致大量移民出现，大量移民又反过来加深发达国家的国内危机。"是的，脱钩在总的效应上来说，是弊大于利的。但目前美国和西方面临的问题，又不得不必须解决，这也许取决于美国的耐心和中国放弃自己咄咄逼人的自卫姿态（是的，作为中国文化下出来的人，我的看法是中国更多地是觉得自己是在自卫，而不是攻击），而这两者在目前，都还看不到迹象。

严重的 Covid19 疫情使得美忠目前都难以继续对抗，释放出一些和解的信号，比如双方对第一阶段协议的相互谅解和美国开放对华为中兴的一些禁令。美国总统大选在即，这也许是一个机会。但也许是更为严重的挑战。

我们理解他们吗？

5 月 18 日

有人会认为在 Covid19 这样的大灾难面前，我们会摒弃党派之争。但事实恰恰相反。

有一个有趣的调查，来自 NBER（国家经济研究署）。他们通过手机定位的资料，发现共和党人和民主党人对 CDC 的信任程度是不同的。民主党人倾向于认同 CDC 关于 Covid19 的判断，配合社交隔离和居家令；而与此同时，共和党人则大多怀疑 CDC，不愿意配合社交隔离，有更多的外出行为。

那么问题是：为什么党派之争会发展到一些人宁愿让自己的生命去冒险，也不愿意听从专家的意见呢？

　　我最近读了一本 Michael Lind 教授的社会学著作"新阶级战争"。这并非是一本关于 Covid19 的书，但部分解释了为什么西方会出现大量的对建制不满的现象。他说："根本的原因是权力的争夺。社会权力，存在于三个不同领域：政府，经济，和文化。每一个领域中，都存在着阶级的斗争。"

　　Lind 教授提出了一种新的超级阶级，一种 overclass。在所有上述的三个领域中，overclass 都存在。他们是谁呢？就是那些在城市工作的，有良好教育背景的专业人士。要知道，在美国，只有 36%的人有学士学位，只有 13%的人有硕士或以上学位。但是，几乎所有社会领域的顶端，全部被这些"持证上岗的超级阶级"占据着。

　　于是绝大多数没有受过高等教育的人，会认为那些精英表面上说是为了国家好的各种政策，其实都是为了他们自己好。难道不是吗？事实是，过去的几十年的发展中，这些人越来越富有，而大多数人的生活水平却在下降。财富越来越集中。所以，当这些精英们在向大众灌输那种全球化和技术革命不可避免，我们只能去适应时代的时候，大多数美国人拒绝这种说辞。

　　让我们通过 Lind 教授的观点来看待 Covid19 的疫情。想象一下，你自己就是一个产业工人，你因为禁足令 Lockdown 而失去了工作。你的同志们有 3600 万人之多。而你打开电视，看到的却是一帮医学精英，技术官僚和记者老爷们在大谈为什么我们要继续禁足。换句话说，就是继续让你失业。而所有大谈这些话题的人，他们自己却不失业，甚至他们过的更好了。他们自我感觉对于社会来说越来越重要，而你却越来越觉得自己失去了社会价值。你在为你的房租和口粮担心，你觉得你还会继续信赖这些专家们吗？

　　劳工部的一项统计显示，在收入最高的 25%的人群中，超过 60%是可以在家上班的，而收入最低的 25%呢？不到 10%有这样的条件。福奇医生也说，禁足是"很不方便"的，但他没有明说，到底对哪一群人，更加不方便。而对于一些人来说，这远远不止什么不方便，而是会摧毁他们生活的。

　　知道为什么他们投票给川普了吧？

让我们清醒地认识到，我们的决定会多么严重地影响一些人的生活。那些做决定的人，在考虑一些人的生命安全的时候，不应该忽略另一些人的生活，会被完全摧毁。

川普会大输吗？

5月21日

周四，川普政府将退出开放天空条约（Treatyon Open Skies）。这一条约是由艾森豪威尔总统提议，最终在1992年由欧盟和美俄加拿大等34国签署的。参加协约的国家之间可以在彼此的领土上空进行非武装的空中侦察，以检查各自执行国际武器条约的情况。这主要针对美俄的相互空中侦察，以提高军事透明度和相互信任。

川普指责说，俄罗斯多次违反条约，而且，现在用卫星来侦察比飞机要省钱得多。

有人提醒川普这将使欧洲和俄罗斯都变得不安。本月初，有16位前欧洲军事官员联署了一项反对美国退出的声明，他们表示这将引起全球安全机制的破坏，尤其不利于各国的武器控制。但川普表示，美国第一，他不在乎。

今天的正题是：川普会输掉总统选举吗？

大多数人都持怀疑的态度。为什么？因为川普在2016年的胜利本身就是出乎人们意料的。

但是，牛津经济学公司，这是一个成立于1981年的经济分析公司，他们的一个预测模型却表示他们非常有信心川普将会被像山体滑坡一样地被击败。Landslide，这个词经常用于表示一种无可避免的，一边倒的失败。

这一预测模型显示，川普将只能获得35%的谱选票。在报告中，他们说，"除非发生经济奇迹，否则川普肯定输掉选举。"他们预测川普可能以 210 对 328 的选举人票落选。主要的摇摆州中，爱荷华，威斯康星，密执根，宾夕法尼亚，俄亥俄，密苏里和北卡罗莱纳都会倒向民主党。

这一预测模型的算法，符合从 1948 年以来的所有总统选举的谱选票结果，除了 1948 年和 1968 年之外。

该预测显示，在将要进行投票的 11 月，失业率依然高达 13%，人均真实收入则会比上一年下降 6%，甚至可能有通货紧缩。

数字货币削弱美国领导力

5 月 22 日

经过了五年的酝酿，今年四月，中国成为了世界上第一个正式开始使用数字货币的主要经济体。数字货币开始在四个较大的城市中流通。中国再一次领先美国。

美国甚至都没有做好应对措施，他们还在思考这到底意味着什么。

好吧，首先，这意味着美国的经济制裁政策会被削弱，这将降低美国处理安全危机的能力。比如对伊朗，俄罗斯和北朝鲜的经济制裁的效果，会被大大削弱。而与此同时，中国通过将自己的数字货币和在线支付手段的结合，大大地扩展和加强了他们对非洲，中东，和东南亚的影响，而这还仅仅是开始。

美国从美元在世界上的主导地位中，获得了很大优势。而现在数字货币将可能会撼动这一优势。美国需要重新考虑单边经济制裁这种方式，正是这种方式，导致越来越多的国家，甚至很多是我们的盟友，开始考虑躲避美元的控制。

为什么会这样？让我们来看看数字货币到底是什么？为什么这个比特币的孩子会影响到国际政治呢？

首先，让我们澄清一下。中国的数字货币，不是比特币的孩子。他们从 2014 年开始研究这种国家中央银行背书的数字货币，他们使用了比特币的一些技术，比如人工智能，区块链技术，数字支付平台等。但是和比特币不同，比特币是分散记账系统，没有中央控制，只能自愿使用或拒绝，币值极不稳定。而中国的数字元，则是中央银行背书的货币，有国家的信誉担保，币值相对于比特币要稳定得多；货币的接受度受法律保护；最重要的是，它接受中国中央银行控制。由于中国的在线支付已经相当广泛，这一货币的推出会很顺利。

货币本质上是负债，很容易理解银行的噩梦就是挤兑。商业银行负债的能力是有限的。但数字货币不同，数字货币是中国央行直接发行的，而央行几乎是可以无限负债的。从理论上说，一旦中国全面使用数字货币，金融危机几乎没有可能再发生了。

但这些，都只是数字元在中国国内的影响。它真正的威力来自这一货币系统对世界的影响。

SWIFT, Society for Worldwide Interbank Financial Telecommunication 环球银行金融电信协会。这是一个涉及 200 多个国家，11000 家银行的银行间通讯网络。全球一半的国际间支付，尤其是大额支付，都是通过 SWIFT 传递信息，SWIFT 每天传送的支付金额大约 5 万亿美元，美国银行参与其中的大部分交易。SWIFT 虽然是一家比利时的机构，但接受美国的监管。

这就意味着美国可以监视世界上绝大多数的国际间大额支付信息。这在两个方面对美国有重要的作用。

一是可以监控恐怖组织的资金走向和反国际间洗钱，第二个，更重要的是，经济制裁。

从 2009 到 2019 年，美国对别国的经济制裁案件数，增加了三倍，而其中大多数是单边制裁。美国越来越喜欢甚至爱上了经济制裁这一外交工具。美国即可以直接切断被制裁国家的 SWIFT 连接，使之无法进行国际交易；也可以监视整个 SWIFT 网络，避免这些被制裁国家通过第三地代理进行交易。

被制裁国家因此对 SWIFT 网络充满敌意，这非常容易理解。而事实上，因为很多情况下制裁是单边的，所以美国的盟国也在寻求更多的渠道交易以摆脱美国的监控。比如俄罗斯建立了 SPFS 网络，中国建立了 CIPS 网络，欧盟则创建了 INSTEX 网络。

中国的数字货币可以大大地提高自己的支付网络的功能。被美国经济制裁的国家，可以接受中国的数字货币直接进行支付，而不必依赖商业银行和 SWIFT 网络。这样，美国即无法掐断他们的交易，也无法监控到底有没有人违反制裁和他们交易。事实上，单边制裁的范围越广，接受数字人民币的国家就越多。中国还可以通过自己数字货币的优势，建立某种数字"一代一录"，促进中国商品被当地市场接受。随着人民币影响力的扩大，中国的影响力，也将扩大。

中国也将具有和美国一样的监视全球交易的能力，这对于他们来说，是更加方便的一项打击敌国的能力，甚至中国也可以开展自己的经济制裁。

在过去的几十年中，美国的经济能力是美国全球力量的支柱，美国的金融系统是没有对手的。而现在，美国需要考虑如何应对来自中国的挑战。

但美国想要开始做这件事却很困难，金融公司和高科技公司会认为这是对他们的一种挑战，而美国的立法者们则缺乏这方面的知识，这还包括如何同时保护消费者隐私，如何保证交易安全的问题。美联储也存在问题，因为他们目前没有法律授予的权力发行数字货币。美国现在正在眼睁睁地看着越来越多的支付离开了美国能够触及的范围，而最近的 Covid19 疫情的救灾款发放工作也显示出美国支付系统的落后和低效。

美国政府需要尽快和私有公司合作，开发出自己的数字货币，以避免让中国通过数字货币的影响力整体削弱美国在信息时代中的地位。有趣的是，中国之所以加快了自己数字货币的开发，很大程度上是因为美国的 Facebook 开始推出 Libra 货币，而 Libra 的开发却被美国阻止了。（Libra 以美元，英镑，欧元和日元的货币篮为基础发行）中国一位政府发言人称："Libra 一旦被所有人接受，就会成为一个全球性超主权的货币，我们必须赶在这发生之前来保卫我们的货币主权。"

除加快数字货币开发外，美国还应该重新评估自己的经济制裁政策。前财政部长 Jack Lew 指出："我们必须明白滥用制裁，会影响到我们在全球经济中的领导力量，也反过来影响制裁本身的有效性"。即使制裁，美国也应该尽量少地采取单边制裁，而应该和更多的盟国配合行动。

美国还能赢冷战吗?

5 月 25 日

本文来自 Bloomberg 专栏作家，美国石溪大学经济系副教授 Noah Smith。

大多数人都承认，美国事实上已经进入了和中国的冷战。让我们回忆一下，我们上一次赢得冷战靠的是什么?

美苏从来没有直接进入战争，大多数冲突都是通过代理人战争进行的。美国的兹有理念也更为大多数人所接受。但是这些都不是美国赢得冷战的根本原因。

这个根本原因是，美国的经济和政治体制，使得更多的人和伙伴得到了繁荣。而苏联的体制，则无法做到这一点。

1959 年，赫鲁晓夫（Nikita Khruschev）参观了美国旧金山的超市，他和尼克松总统还进行了一些辩论。但到了 1970 年代，美苏的经济完全走上了相反的道路。苏联的经济变得极其僵硬，逐渐依赖能源出口，他们的贸易体系是封闭的，工厂是低效的，供给是短缺的。但是，美国虽然有 70 年代的滞涨，80 年代的高失业率，但总的来说一直变得越来越富裕。等到 1990 年叶利钦总统（Boris Yeltsin）再次访问赫鲁晓夫访问过的超市时，谁的体制更优秀已经变得毫无悬念。

但这不仅仅是苏联的失败，也是美国的成功。但美国的成功并非简单是放任兹有的资本主义自由市场经济，这一点要注意。美国在冷战早期的巨额的政府投入，在其后起到了巨大的作用。

第一个大的投入是基础建设。美国在 20 世纪中期完成了州际高速公路和公路网的建设。这一基础建设使得美国的物流和人员流动变得更有效率，使得城市开始繁荣。这个投资的模式是公共投资拉动私人投资。

第二个大的投资是科研。苏联在空间科技上的发展大大刺激了美国，使得美国大量开始投入科学。美国政府再次带动私人投资，摆脱了一些大公司、追求利润的公司的束缚，建立了像互联网这样的新兴产业。美国在这个阶段的成功很大程度上获益于她的 STEM 教育（Science, Technology, Engineering, Mathematic），产生了一大批科学家和工程师，使得国家在科技竞赛中领先。

基建，科研和教育需要依靠美国的一些基础理念，如法制系统，独立企业和民主制度。这一体系要繁荣，就必须将成果与民众分享。这不仅仅是说财富的公平分配，也包括社会服务，如教育的公平，减少贫困等。我们可以看到，从 1950 年到 2001 年这半个世纪中，美国黑人的贫困率从 55% 下降到了 22%。

在分享繁荣之外，当时的美国政府在对应自然灾难上也显得很有能力，比如对待脊髓灰质炎的流行和 1957 年流感上的处理，比之苏联的契尔诺贝利核事故，处理得要好得多。

总结一下，美国赢得冷战，是因为她的系统在各方面都是有效的。这使得美国不仅在军事开支上赢了苏联，也赢得了欧洲，亚洲和其他地方的一些摇摆的国家。

但不幸的是，今天的美国并没有表现出如上次一样的赢得冷战的决心。因为不断地预算削减，美国的基础建设已经落后。而科学研究方面，联邦政府的投入越来越低，1976 年美国政府投入科研的资金占 GDP1.3%，而到了 2016 年，则只占 0.7%。

教育方面，STEM 越来越被边缘化，大量的人才热衷于挤进华尔街，做律师，或者做医生。整个国家的贫富差距越来越大。国家的繁荣只被越来越小比例的人口享受，越来越多的美国人开始朝不保夕。美国的相对贫困率一直是发达国家中较高的。收入低于国民中位数收入 50%的人口比例，在美国是 16.8%，而在英国是 10.9%，丹麦是 5.5%。

而这一次的 Covid19 爆发的情况，再一次显示了美国政府的无能。

如果美国想再次赢得冷战，就不能坐在上个世纪的光环里自我陶醉。她必须能够证明自己的体制是更优秀的，必须能展示出美国的繁荣是被多数人享受到，美国是有能力在自然灾害中保护自己人民的。美国的体制不能仅仅是凑合，而必须是大大优于中国的急权政府和国家资本主义。

但是，目前的美国，却深度卷入了内部的文化之战和党派纷争，甚至都没有开始努力去改善自己。

我一直觉得美国和中国的冷战中，美国并不容易取胜。这来自两个原因。

第一是全球化的经济使得上个世纪那种截然分开的北约华约经济圈模式不复存在。更多的时候是一荣俱荣一损俱损，杀敌一千自伤八百的对抗。在这种对抗中，捱住体制不如毒才体制更有耐受性。要知道中国的整体文明水平还处于集体主义主导阶段，这无益于中国仁权的改善，但作为爱国主义的牺牲品，他们显然更有自愿性和耐受性。

另一个原因是科技发展模式的转变。20 世纪那种单打独斗，个别科学精英引导科技发展的模式逐步被资金密集投入和规模研发所替代。中国并没有出现太多杰出的科学家，但他们在科技领域上的进步是令人惊讶的，无论在世界专利的拥有数量还是科技论文的引用数量上，中国都不仅是一个大国，而且是一个强国。更不要说 AI，这一令人生畏的科技，恰恰更热爱集中式计算而不是之前互联网的分布式计算。作为毒才国家的中国，有更大的优势来发展 AI，从而在科技上领先西方。这不是可能不可能的问题，而是正在发生的现实。

所以，美国该如何应对呢？美国还能赢吗？

压垮川普选民的最后一根稻草

5 月 26 日

Heidi 和 Dennis 在 2016 年大选中都投票给了川普。Dennis 说，"我喜欢他的强硬姿态，我喜欢他不是一个政客。" Heidi 说，"我在过去的三年半中，都支持川普。"

但是，随着 Covid19 疫情的爆发，这对夫妇改变了看法。"在流行病爆发之前，我还是会选川普，经济还不错，一切看上去都很正常，" Dennis 说，但是当他看到川普故意掩盖疫情的严重性，他改变了看法。而 Heidi 的经历更加具体，她的叔叔三次因病情去医院，都被告知排不上队进行测试，最后老人病重到必须进行人工诱导昏迷，安装呼吸机达 28 天才病情好转。而 Heidi 看到川普依然在电视上撒谎说"没人得不到测试，你想测试马上就能得到"时，Heidi 简单地说，"这不是真的。"

2020 年 11 月的大选结果，很大程度上就是看有多少人有 Dennis 和 Heidi 这样的经历。在过去的四年中，我们看到一个神奇的现象，无论川普做什么说什么，他的基础选民都不会被动摇，甚至在 Covid19 疫情已经很严重的 3，4 月份，依然有 93% 自称是共和党人的受访者表示他们支持川普。

但最近情况有了一些改变，民调越来越倾向于支持拜登。就全国来看，拜登以 48.3% 的支持率对阵川普 42% 的支持率。这还不是最糟糕的。

我们都知道美国的大选结果很大程度上是看那些摇摆州的表现，而我们看到在 2016 年投票给了川普的一些摇摆州出现大幅逆转。在宾夕法尼亚，拜登领先川普 6.7 个百分点；密执根州 5.5 个百分点；威斯康星州 2.7 个百分点；佛罗里达和亚利桑那，拜登都领先于川普。

"基本上所有的摇摆州都偏向于拜登。"一位负责民调和竞选的专业人士说，"这次选举基本上就是对川普执政的全民公投，到目前为止来看，川普输掉了这个全民公投。"

Covid19 的流行显示出，川普的支持者并非都是铁粉。在 2016 年的选举中，很多人是因为不喜欢克林顿才投票给了川普。在疫情爆发之后，他们对川普的失望开始变成他们反对川普的原因。一位终身是共和党员的退休教师一开始是因为川普嘲弄阿利桑那州的参议员 JohnMcCain 而开始怀疑川普的品质，当看到川普应对 Covid19 时，她断然决定退出共和党。"我不再属于那个党了。"她说。

甚至在一些深红州，在 Covid19 爆发之后也开始怀疑川普的能力。在俄克拉荷马州的一名女教师在脸书上发起了一个叫做"前川普支持者"的社群，这里集合了大量开始对川普失望的前支持者们。这个社群从 4 月 20 日组建，现在已经有约 1500 名成员。

一名 32 岁的医院工作者表示，"我无法对自己六岁的女儿解释总统在疫情面前的反应。超过 5 万人死亡，而他没有表现出任何同情，愧疚和伤感，他做的一切都为了自己的民调和重新开放经济。我不认为他有同情别人的能力。因为如果他有这种能力，还有什么比现在更好的时间来表现它呢？"

Gallup 民调依然显示，川普的支持者大部分并没有改变立场，他们认为 Covid19 的大流行川普没有责任。但共和党的竞选战略师 BradTodd 表示，川普的支持者随时还是可以回来的，但他们确实看到了令人不安的一种现象：和 2016 年大选一样，有些选民两个候选人都不喜欢，但上一次，他们干脆选川普，这一次，他们更倾向于选拜登。

共和党需要注意的是，川普执政三年多以来，从来无法扩大自己的选民基础。他的民调一直是稳定的，而且是历届总统中最低的，所以他只能更加依赖最核心的那部分支持者。哥伦比亚大学的政治学博士 Martha Kumar 说，"他需要自己的基础选民，川普在 2016 年大选中只获得了 46%的选民票，他无法扩大选民基础，就只能寄希望于让他们更有激情出来投票。"

神话的破灭

5 月 27 日

在世界大多数人的眼里，美国往往代表着一种文明，法制，诚信的价值观。历史上的美国，确实在绝大多数时候维护了这些人类共同追求的价值观。但今天，在美国国内，这些价值观遭到了严重的威胁。

美国文明吗?

一个文明的国家一定是尊重科学，尊重秩序的国家。如果一个国家出现伟大领袖，如果一个国家的领袖认为自己已经伟大到可以藐视科学规律，就很难说这还是一个文明国度了。

美国 CDC 给出的 Covid19 疫情行为准则 guideline 中，明确表示在户外应该带上口罩以阻止病毒的传播，这种保护措施，更多地是保护他人，而不是保护自己。

但是，当美国人如此做的时候，却遭到了来自白宫和川普的嘲笑。但前副总统拜登在户外活动时戴着口罩时，白宫发言人评论说："拜登在户外戴口罩显得很奇特。他在家里咋不戴口罩？"我能说什么呢？美国联邦 guideline 里明确说正常人和家人在一起不推荐戴口罩。

川普则表示，"那么好的天气，拜登戴什么口罩嘛。"我能说什么？你自己的政府给出的 guideline 并没有说好天气可以不戴口罩。

本周二，川普还嘲笑一名路透社的记者在白宫记者会上戴口罩，说他是为了"政治正确"才戴口罩的。同一天，记者采访了一名俄克拉荷马州的民众，问他为什么不戴口罩时，他说："总统都不戴，我为什么要戴？"

我注意到，川普和副总统彭斯，几乎从来不戴口罩。再强调一次，口罩更大的作用在于保护他人。这两个美国权力顶峰的人，何曾想过要保护他人？他们周围所有的白宫工作人员，全部被要求戴口罩，而他们自己，却从没有想过应该平等地保护他们的同事。

同事？哦，不，伟大领袖没有同事，他们只有仆从。这还是一个文明的国家吗？

美国法制吗？

明尼苏达州，乔治·弗洛伊德，黑人，今年46岁，生前是做安保工作的，身高近2米，体重150公斤以上。警察怀疑他酒后驾车或吸食毒品后驾车（under the influence）。警察要求弗洛伊德走出汽车接受检查时，据称弗洛伊德有抗拒行为。

四名警察随即将弗洛伊德压制在地上，戴上了手铐。这时，一名名叫Derek Chauvin的警察用自己的膝盖跪压在弗洛伊德的颈部，这一过程长达8分钟，全部被路人的手机拍摄下来。弗洛伊德不断哀求，说，"先生，先生，我无法呼吸了！"但Chauvin毫不为动，就这样用膝盖压着弗洛伊德的颈部，直到他最后窒息身亡。

请注意，整个事件中，警方并没有怀疑弗洛伊德有枪。

这一视频被网络传播，引起了当地民众的极大愤怒。他们聚集在明尼阿波利斯第三区警察署门口抗议，并砸烂了警察署的玻璃窗。晚间，警察驱散了抗议民众。

明尼阿波利斯警察局开除了这四名警察，他们目前面临可能的司法诉讼。明尼阿波利斯市长Jacob Frey表示100%支持警局的处理。大量民众开始在自己的口罩上写上："我无法呼吸！"以示抗议。

美国有诚信吗？

谢天谢地。推特公司终于敢在明显的谎言之前小声地说一句："喂，关于这一点，请大家去查一查事实。"，尽管这条推特的主人，是美国的最高领导人，川普。

星期二，川普的两条推特被标注上了"请查事实"的黄标。在这两条川普的推特中，他再次撒谎，将加州将要进行的邮寄选票的登记工作说成是"任何人，无论他们是谁，怎么来美国的都可以参加选举"，事实是，这些选票本身只邮寄给注册的合法选民。另一个事实是，在美国已经有五个州完全实行了邮寄选票制度，而其他州也部分实行邮寄选票以方便选民参选。

请注意，在美国，参加选举的人越少，共和党优势越大；参加选举的人越多，民主党优势越大。这是一个背景知识。

在俄罗斯利用社交媒体大量释放虚假信息帮助川普赢得2016年选战之后，美国很多社交媒体都迫于压力开始了清剿虚假信息工作。

Facebook 是从 2018 年开始对明显的虚假信息进行标注，提醒读者查证信息的准确性。而推特公司一直没有敢进行这一工作。原因大概是川普本人发的虚假信息实在是太多了。

2017 年，川普总共发了 1999 条虚假或有误导的信息；这一数量在 2018 年，直线上升到了 7688 条；到 2019 年底，总数达到 15413条。

川普对推特公司的做法极为愤怒。周三，他推特道："共和党人感到社交媒体平台完全不让我们保守派发声！我们将强力地整改他们，甚至关停这些社会媒体，我们根本不能让这种事情发生。"他特别批评推特公司说，"推特公司这是在干涉 2020 年总统大选，是在窒息言论兹有！我不允许这种事情发生！"

很多人神往美国的诚信，他们认为在美国，撒谎的人根本无法生存。我听过太多流传在华裔中的神话，说在美国一旦被发现撒谎或不诚实，就会被社会抛弃，银行不给你贷款，大家不再相信你说的话。

但现实是，美国最会撒谎的人之一，唐纳德川普，他的办公室，在美国的白宫里。

神话一一破碎。让我们面对现实吧。现实让我们很不舒服，但如果连面对现实的勇气都没有，那么它会变得越来越不舒服。上帝保佑美国。

言论管制的开始

5 月 28 日

由于川普的谎言被推特公司打上了"请查证事实"的黄标，这使得这位习惯性撒谎的地产商很恼火。于是今天，白宫传出消息，川普很快会签署一项行政令加强对社交媒体的"管控"。

为什么是行政令（executive order）而不是法律效力更大的提案（Bill）呢？很简单，因为行政令可以绕过议会，无需议会批准。当然，代价是，行政令随时可以被起诉而中止执行，一旦法院判决行政令违法，该行政令就自然被取消了。

这一行政令的内容，是为了修改或重新解释 1996 年通过的 Communications Decency Act. Section 230。这条法案被法律界人士称为"二十六个字创造了互联网。" 那么，这神奇的 26 个字是什么呢？

"No provider or user of an interactive computer service shall be treated as the publisher or speaker of any information provided by another information content provider"

简单说，就是互联网站上发布的内容，和平台本身没有关系。这就使得他们不必为自己网站上的信息而付法律责任（除色情和盗版之类的违法信息外）。

川普的行政令就是针对这一内容的。

行政令要求美国商业部重新考虑第 230 条的适应范围，并要求 FTC（Federal Trade Commission 联邦贸易委员会）制定一些工具来鉴定网站的政治倾向。该行政令草稿说，"在一个长期珍视言论兹有的国家，我们不能允许一些网络平台来控制美国人民能看到或能交流的内容。这种做法从根本上反美国和反民主。发展下去，那些有权力的社交媒体公司就会审查那些他们不喜欢的意见，这会是一种危险的权力。"

我们看看事实。事实是，推特公司并没有禁止川普发言，而是在明显谎言的部分，很谦卑地加了一个"请查证事实"的小黄标。

这就是川普所说的"政治倾向"。而川普威胁要关闭推特公司。到底谁在妨碍言论兹有？

川普和他的支持者们认为，高科技的传媒被所谓硅谷精英所控制。有趣的是，他们不承认 2016 年 Facebook 被俄罗斯入侵，靠虚假信息战帮助川普赢得大选；但他们坚持认为，硅谷精英们正在干涉 2020 年的总统大选。一名川普的忠诚战士，来自佛罗里达的共和党议员 Matt Gaetz 说，"他们把检查事实（fact checking）这件事情外包给了一群啥也不懂，干啥啥错的人，这对我们是一种侮辱。"是吗？检查事实，有那么可怕吗？

川普的竞选团经理 Brad Parscale 则表示他们已经不再付给推特公司广告费，并准备控诉推特公司故意影响大选。提醒读者对川普的谎言进行验证，就是干涉大选吗？

推特公司事实上做得相当不够，因为川普还有大量的虚假信息，阴谋论信息并没有被标注"请查事实"的黄标。

但请注意，川普的主要"宣传阵地"，就是推特。这是他用来煽动底层民众最主要的武器。他非常清楚如果他的读者真的去检查事实，对他的谎言会是一种致命的打击。

那么这个行政令如果颁布，会产生什么影响呢？

首先，和很多川普的行政令一样，这条待颁布的行政令表达十分模糊，并不清楚川普希望如何修改第 230 条。事实上如果要求网络媒体和平台加强言论审查的话，首先会被清洗掉的很可能就是川普充满谎言和不体面的人身攻击的内容。因此很多人认为这可能又是川普这个外行一时冲动的结果。

同时，这一行政令还还求司法部和州总检察长合作，起诉媒体有"反保守主义倾向"。

但至少到目前为止，各大网络媒体基本上没有太理会这件事情。这出于几个很明显的原因：

第一，这一行政令几乎可以肯定会遭遇法律诉讼。因为这非常明显地违背了美国宪法第一修正案。任何网络媒体和平台都有权有自己的政治倾向。

第二，行政令中提到的执行部门，除了商业部以外，FCC和FTC都是议会委员会，不属于政府行政分支，没有必须执行政府命令的义务。这一明显的错误有可能来自川普对美国制度设置的陌生，这不是第一次川普政府犯这样的错误。

第三，行政令本身的法律效力不如第230条大，后者是已通过的法案ACT。所以如果要修改第230条，商业部没有这个权力，修改法案需要议会，而议会肯定通不过。而如果要重新解释第230条，更有趣了，这条法律的制定者，是民主党人RonWyden参议员。他有解释该法案的最终权力，想要刻意曲解，几无可能。

一般分析，川普这条行政令的结果，大概率又是流产掉。但保守派越来越开始敌视现代媒体，试图通过手中的权力来迫使媒体按照自己的政治意愿行事，这却是一个危险的信号。

历史要重演到什么时候？

5月29日

数千名抗议者昨天在明尼阿波利斯市中区集会，这已经是连续第三天了。三天前，乔治·弗洛伊德，一名46岁的黑人，被警察用膝盖压住颈部长达8分钟，最终活活窒息而死。

周三晚间的抗议活动发展成了暴力抢劫，市中区和第三警察署周围的店铺被抢劫，一些被放火焚烧。明尼苏达州警察和国民卫队约60人进入市区平息混乱。据报道有一名试图冲进一家典当行的不明身份者被店主枪击，死在了医院里。

不仅明尼苏达州，美国多地爆发了抗议游型，这包括加州，纽约州，密执根州，科罗拉多，阿拉巴马州等等。一些地方发生了暴力冲突。明尼苏达州已宣布进入紧急状态。

让我们来看看历史：

2014 年，美国纽约市一名向路人兜售香烟的黑人 Eric Garner，在警察试图逮捕他时，被警察扼颈 15 秒钟，最终窒息而亡。他在临死之前的最后遗言是："I can't breath! 我无法呼吸了！"最终大陪审团决定不起诉施暴的警察 Daniel Pantaleo，引发当时的超过 50 起暴力抗议。

还是 2014 年，密苏里州 Ferguson 市。18 岁的黑人青年 Michael Brown 在未携带武器的情况下，被白人警察射杀。引起著名的 Ferguson 骚乱。最终涉案警察被判无罪。

我们再来看看，就在明尼阿波利斯市发生过的事情。

2015 年，24 岁的黑人青年 Jamar Clark 在毫无武器的情况下，被白人警察射杀。引发长达 18 天的连续抗议活动。其后，涉案两名白人警察均被判无罪。

2016 年，32 岁的黑人 Philando Castile，在一次例行的停车检查中，他主动告诉白人警察，他有一把枪。这使得警察分外紧张，当 Castile 准备掏出驾照时，警察误以为他在掏枪，一口气往他身上打了七发子弹，Castile 当场丧命。而这一切被其乘客座上的女友用手机拍摄下来，他们四岁的女儿，就坐在后座上，亲眼目睹父亲被枪杀。其后，该开枪的警察，无罪释放。

2017 年，40 岁妇女。打 911 报警称听见附近有女性呼救。警察到后没有发现异常，在警察开车准备离开时突然听到巨响，该妇女冲向警车。警察随即拔枪射击。该妇女中弹身亡。虽然在场的另一名警察作证，当时声响很大，外面也很黑，他们都觉得自己中了埋伏，都拔出了枪。但开枪的警察依然被判处三级谋杀，入狱 12 年半。

这一次，被打死的，是白人妇女；而开枪的，是黑人警察。

这就是历史，这就是明尼苏达州的历史。在这些历史背景下，我们更容易理解今天到底发生了什么以及为什么会发生这些暴力抗议。愤怒，虽然应该克制，但它总在哪里，总会以某种形式表现出来。

明尼苏达大学表示，终止和明尼阿波利斯警察局的一切合作。不邀请他们参加任何学校的活动。

明尼阿波利斯市长 Jacob Frey 强烈谴责警察的行为。目前涉案四名警察全部被开除，导致弗洛伊德先生死亡的 Derek Chauvin 被逮捕。我将继续关注事态发展。

而川普呢？这个政治外行依然不知道在这种国家伤痛的时候作为总统该如何表态。对于 明尼阿波利斯 发生的骚乱，他的推特写道："你们敢抢劫，我们就敢开枪！the looting starts, the shooting starts."

这句话来自 1967 年迈阿密一位臭名昭著的种族主义者警长 Walter Headley，在他的治下，只有白人警官才能被叫做 "Policeman"，而黑人警官只配叫 "patrolman"，他也是公开在新闻发布会上叫黑人 Negro 的白人强硬派。他的这句著名的 "你敢抢劫，我就敢开枪" 引起了当时的骚乱。当时的报纸就评论这位警长根本不懂社区和解，而一味以镇压少数族裔为荣。

那是在 1967 年的时，时隔半个世纪之后，美国的最高领导人，居然又在重复这一句杀气腾腾的话。知道历史，是多么重要。

而刚刚觉醒的推特公司，虽然面临川普要关闭他们的威胁，又毫不客气地给川普这段推特打上标注 "宣扬暴力"。

上帝保佑美国。

美国黑人在争取什么？

6月1日

很多人会问，难道美国黑人的境遇不是变得越来越好了吗？

黑人中有越来越多的人变成了富翁，进入了美国的政治，成为了领袖，甚至成了总统。那么到底他们还想要得到什么呢？

让我们来看四个背景信息。

首先是我们的针对犯罪的司法系统。虽然在过去的一百年中，我们的司法针对黑人做了很多的改进，但依旧存在广泛的不公平性，甚至这种不公平性是深刻的。

举一个简单的例子。有人做过一个简单的统计，在美国，警察有权在对驾驶者有违法怀疑的情况下叫停机动车进行检查。有人统计了过去的 2000 万起这样的怀疑违法事件。结果如下：

黑人驾驶者被叫停的次数，几乎是白人的两倍。而白人驾驶者的人数远远超过黑人。要知道在美国黑人的总人口比例只有人口总数的 15%。而被叫停之后，黑人有更大的机会被警察搜身，这一比例超过白人的四倍。

是因为黑人更可能拥有毒品吗？不，统计显示，他们相比之下更少比例的人在搜身后发现违禁品。这一偏见性的处理甚至一直延伸到美国的死刑判决上，这看上去是一个系统性的歧视。

在北卡的法律期刊上做过一次回顾，从 1980 年到 2007 年的所有谋杀案的判决中，杀死一个白人，凶手被判死刑的概率，是杀死一个黑人的三倍。

法律系统里还有多项类似的调查统计，他们都指向同一个方向。

第二，警察在过去的数十年中，被给予越来越多的武器使用许可，他们使用致命武器的自由度越来越大。

当我周游世界的时候，我发现美国警察的这一权利相当突出。美国警察甚至使用的是军队的武器配置。除此以外，警察工会，陪审团，和法律都使得要解雇一个行为不端甚至违法的警察，变得非常困难。

第三，请注意乔治·弗洛伊德事件发生的背景，是在 Covid19 疫情之下，有超过 4000 万人失业，这已经超过了美国著名的 30 年代大萧条时期了。这不可避免地引起了整个社会的一种焦虑情绪。这是出现骚乱的一个背景。

第四，没有领导。整个事件中，没有来自白宫的安抚和同情，这也是需要被考虑在内的一个因素。历史上发生这种事情，都会有来自总统和联邦政府的表态，而这一次则不一样，没有听到任何对警察暴力的谴责。相反，川普的表态是"你敢抢劫，我就敢开枪"，没有在号召美国人民团结，而是进一步分裂我们这个国家。

我提供给大家一些数据参考。（以下所说的白人，不包括西班牙裔）

在美国，2015 年统计，36%的适龄白人有学士学位，而只有 23%的黑人有学士学位。

2009 年，75%的白人拥有自己的房产，而只有 46%的黑人拥有自己的房产。

2011 年，收入中位数统计。白人为 55412 美元，而黑人则为 32229 美元，还不到白人的 60%。

更不要说，黑人有更高的肥胖率，比任何族裔更高的死亡率，更高的犯罪率，和更高的入狱率。

再说说政治权利。

在美国，当南北战争结束了黑人作为奴隶身份之后，他们依然被合法地种族隔离，直到 1964 年通过了 Civil Rights Act 才结束了种族隔离；而直到 1965 年美国黑人才拥有了平等的投票权。

很多华裔认为只要给予黑人平等的法律待遇，那不就已经平等对待了吗？那不已经不存在歧视了吗？但现实情况并非如此。

黑人在经历了长达两个多世纪的不平等对待之后，他们的整体素质不可能在一夜之间提高到和白人一样。尤其在美国的教育体制下，黑人孩子往往只能去黑人社区的学校，而黑人社区又往往是贫穷社区，贫穷社区的学校得到的拨款更低，这是一个循环。所以整体上黑人在很多方面落后于白人和其他族裔，是历史和历史惯性的结果。

给予黑人平等的法律待遇和大学入学标准，就可以了吗？这就好像我们对两个跳高运动员说，标尺对于你们都是平等的，谁能跳过去谁就赢。这比赛看上去非常公平，但我们是不是忽略了其中一个跳高运动员的脚踝上正在流血，他昨天刚刚被他的竞争对手、另一位跳高运动员打伤了。不考虑这一点，只谈跳高标准对两个人一样，这是不公平的。举一个华裔可能相对熟悉的例子，这就好像在中国的高考中，要求江浙的考生和甘肃的考生采用统一的大学入学标准一样。看上去这似乎是一个公平的标准，但却忽略了江浙的文化历史和甘肃的教育水平之间的差异，这反而是不公平的。

高举黑宝书

6 月 3 日

我们想象一下这种情况：有一个国家，这个国家显然不是美国，请注意这一点。这个国家的民众正在抗议警察的暴力执法。他们合法地和平集会在广场上。这时候，伟大领袖出来了。警察们骑着高头大马，用橡皮子弹和催泪瓦斯驱赶走集会的群众，仅仅为了给伟大领袖开道。

而伟大领袖出来做什么呢？什么也不做。他来到不远处的一个宗教场所，手上高举一本黑色的宗教典籍，一言不发，不接受采访，不回答问题，照了几张照片之后，扬长而去，返回府邸。

我们想象一下，当美国人看到这个外国伟大领袖的行为，他们会怎么想？

前五角大楼官员，共和党政策顾问，美国国际政策研究所副所长，美国国家安全委员会成员 Kori Schake 回答说，"如果我们看到哪个国家发生这样的情景，我们会感到深深的忧虑并开始讨论我们应该通过外交渠道对这个国家采取什么措施了。"

但是，正如你知道的那样，这个情景，就发生在美国。伟大领袖川普使用暴力驱散了和平集会的群众，走到教堂前，一言不发，像一个革命烈士高举领袖语录或者一个极端穆斯林高举可兰经一样，他高举着黑色的圣经，变换了几个姿势，照相。

一些人对此感到非常高兴。

一位来自达拉斯的福音派牧师表示："他做的非常对，因为上帝憎恨没有法律的状态。所以，我很高兴。"

但来自这座教堂（St. John's）的 Michael Curry 主教并不这样看。他发表了书面声明，谴责川普将教堂圣地作为党派政治工具"他的行为对我们没有帮助，对国家没有治愈。"

但情况也许比我们想象得要糟糕得多。包括华盛顿特区在内的多个美国城市已宣布进行夜间宵禁。美国 82 空降师约 700 人已经进入了华盛顿特区周边的军事基地，他们的目的是为了维护宵禁令。他们配备有近战所需的刺刀。另外，还有 1400 人的部队已做好准备进驻首都华盛顿。川普多次表示，将可能使用大量的军事力量来镇压示威者。

华盛顿特区的市内，可以看到军用车辆鱼贯而行，引起一些市民的恐慌。一架军用医疗直升机，周一晚间以极低空高度飞行，试图以气浪驱散和恐吓和平集会的人群。国民卫队表示将对此事展开调查。

请注意在西方历史中，军队进入城市对抗自己的人民是一件自古以来引起广泛警惕的事情。在古罗马共和国时代，罗马军队不得跨过卢比孔河（Rubicon）靠近罗马城。即使要进行军队凯旋仪式，士兵们也必须解除武装，各自回家之后，重新在罗马城中集合。这一禁忌被凯撒在他和庞培的战争中被破坏。公元前 49 年 1 月，凯撒带领第 13 兵团跨过了卢比孔河。这一行为被当时的罗马元老院判为叛国罪。并从此在西方留下了一句谚语，英语版本叫"Crossed the Rubicon"，意思是"一切已经太晚了，没有回头路了。"

美国海军上将，前任美国参谋长联席会议主席的 Michael Mullen 将军在"大西洋月刊"上发表署名文章表示："无论川普去教堂外照相的目的是什么，但他蔑视了民众和平抗议的权利。""我依然对我们的军人的职业操守有信心，他们会遵守合法的命令。但是，我对这个总统将会给他们的命令的正确性，缺乏信心。"

周二，五角大楼国防科学董事会董事，前国防政策部部长 James Miller 辞职以示抗议。在他给国防部长 Mark Esper 的辞职信中，他说："我相信你已经违背了你的誓言。在白宫外合法的和平抗议者们被催泪瓦斯和橡皮子弹驱散，不是为了安全的原因，而仅仅是为了给总统开一条路出来去照相，而你却在陪同。"

与此同时，美国人民并没有屈服。昨天美国多个城市爆发大规模抗议示威游行。实行宵禁的纽约市昨天晚间依然爆发大规模的和平抗议集会游行。25000 人在休斯敦同时单膝下跪 30 秒以示抗议，

那么川普为什么要在这个时候出来照这样一张相呢？很简单，为了选举。目前的失控的疫情和糟糕的经济，已经完全打乱了川普的竞选策略。民调显示只有 32%的美国民众认可川普对抗议活动的做法。各地，尤其是摇摆州的民调均显示拜登领先于川普。这个时候，川普能控制疫情吗？不能。能改善经济吗？不能。能争取到更多的选民基础吗？也不能。那么他合理的选择就是给他自己的基础选民打强心针，让他们更加紧密地团结在自己周围，提高他们的投票率。而川普最核心的基础选民是谁？基督教极端福音派教徒们，这本黑宝书，就是举给他们看的。

这里我向一些关心中国局势，希望中国改变民主自由的朋友说一句。

很早以来，我一直相信一个观念。就是也许外国人不太了解中国，而中国人则非常了解西方。而现在我对这个观念产生了怀疑。一位中国难得的对西方政治哲学和思想史都非常了解的学者杜延林表示，中国人在学习西方的过程中，往往不求甚解，常常导致选择错误。在 20 世纪初，中国人选择了西方最糟糕的极端左翼思想，酿成了今天的局面。而现在，那些又在寻求西方经验的中国民主派们，却又去拥抱同样糟糕的西方极右翼思想。他们并不了解西方思想的发展史，甚至连政治光谱中的左右到底指什么都含糊不清。这导致了一个奇怪的现象。在向往民主自由的文明国家里，川普的支持率破纪录地低。比如在加拿大，川普的支持率只有20%，德国只有15%，日本25%，韩国 40%，英国 30%等等，可以说在文明程度较高的发达国家中，只有以色列因为川普承认耶路撒冷为以色列首都而较高，其他国家内都很低。但是，在同样追求文明民主的中国民主派中，川普的支持率可能高达 80%。这一回，是不是又选错了边呢？权宜之计，实用主义，摸着石头过河，这是中国人做事的方式和哲学，这种缺乏原

则，谁帮我解决眼前问题我就拥护谁的做法，也许是中国长期以来找不到出路的根本原因。

刚刚传来的消息，杀死黑人乔治·弗洛伊德的警察 Derek Chauvin 所受指控，已经从三级谋杀上升到了二级谋杀。三级谋杀属于误杀，而二级则属于境遇杀人或冲动杀人。同时，另外在场的三名警察都被起诉，罪名是协助谋杀。

军方意见

6 月 4 日

詹姆斯·马蒂斯，美国海军陆战队四星上将，曾任北约盟军转型司令部最高司令。2017 年由川普提名成为美国第 26 任国防部长。2019 年因无法阻止川普从叙利亚撤军队决定而辞职。

在马蒂斯将军的辞职信中，他说："美国虽然是兹有世界中无可替代的存在，但我们如果不和我们的盟友加强关系，不尊重我们的盟友，我们是无法保护自己的利益，无法履行我们的责任……同样地，我相信我们必须对那些战略利益和我们有冲突的国家表示自己坚定的立场。很明显，俄罗斯和中国都希望世界按照他们的急权模式运行。"

这封辞职信被认为是马蒂斯将军不满川普忽略和其他西方盟友合作，鲁莽地将叙利亚完全交给了俄罗斯的表示。但马蒂斯将军辞职之后，拒绝了大量好奇的新闻界的采访。他认为一个退役的将军和前国防部长，不宜对现任政府说三道四。即使在他的新书"Call Sign Chaos"一书中，他对自己担任国防部长期间美国政府内部，尤其是关于川普的白宫，涉及甚少，言辞隐晦。

但今天，马蒂斯将军觉得自己有责任站出来说话了。

星期三，马蒂斯将军在"大西洋月刊"发表了一份公开声明。他说：

50 多年前，我加入了美国军队，我当时发誓要支持和捍卫美国的宪法。我从来没有想过我们同样宣誓过的美国部队会在任何情况下被命令破坏美国人民享有的宪法权利。更不要说就为了三军总司令照一张奇怪的照片，而军方领导人居然还做了随从。

我们必须拒绝这种想法，认为我们的城市已经成了"战区"，而我们的部队要来征服这些城市。在国内，我们只能在非常罕见的情况下，应各州长的要求来使用我们的军事力量。而我们现在在华盛顿特区见证的使用军事力量的方式，使得军方和平民之间树立起了一种矛盾，一种不真实的冲突。它破坏了军队宣誓要效忠的人民和军方之间相互信任的道德基础。

我们不需要军队来对应抗议行动，我们应该为了同样的目的而团结。这种团结的基础，是保证我们每个人在法律面前是平等的。

在诺曼底登陆前，我们的士兵被告知："纳粹的口号是'分割和征服'，而我们美国人的回答是'团结才有力量'"。我们面对危机，最重要的就是要团结。

但是，唐纳德川普是我这一生中见到的第一个从来没有试图去团结美国人民的总统，他甚至连假装这样去做也没有过。相反，他总是试图分裂我们。我们亲眼见证了这三年以来他刻意分裂我们的后果；我们亲眼见证了这三年以来缺乏成熟领导人的后果。我们依然可以团结，可以不需要川普，从我们的传统文明社会中汲取力量来团结。这不容易做到，但我们应该去做，为了我们的同胞，为了过去几代为我们流血的先辈，为了我们的孩子。

我们知道自己能做得更好，我们见证了 Lafayette 广场前行政机构的滥用权力。我们必须拒绝那些试图嘲笑我们宪法的官员并让他们负责。只有开辟新的道路，事实上是回到我们建国理念所指导的那条道路，我们才能再次使我们的国家，受到自己国民和世界的仰慕和尊重。

以上是马蒂斯将军的公开声明。川普随即推特回应，称马蒂斯将军是世界上最不称职的将军。

现任国防部长 Mark Esper 周三也表示，他认为目前使用军队是不合适的。这是对川普宣称的"我将调动成千上万重武装的军队来恢复秩序！"的公开拒绝。同时，Esper 也表示自己虽然跟随川普去教堂门口照相，但一开始并不知道他们要去哪里，所以不是故意的。他也强烈谴责杀死黑人乔治·弗洛伊德是一个可怕的罪行。

白宫内部透露川普对 Esper 部长非常不满，又在向人咨询是否可以开除掉他。当记者询问白宫发言人时，Kayleigh McEnany 只是模糊地说："关于国防部长是否还被总统信任，我只能告诉你，如果他失去了总统信任，我会第一时间告诉你。"

事实上因为川普调动军队，引起了美国政治界广泛的不满，多名美国军方人员发声表示反对。甚至共和党内部也难得地发出了反对的声音。阿拉斯加共和党参议员 Lisa Murkowski 周四表示她很难用合适的词语来表达现在她对川普的感受，同时她也赞许了 Jim 马蒂斯将军勇敢的发声。

"当我昨天看到马蒂斯将军的评论，我感觉我们是时候更加诚实地面对我们内心，是时候有勇气说出这些信念来。"

据报道，国防部长 Mark Esper 已经下令进驻华盛顿特区的 82 空降师撤回驻地。但具体执行的时间目前不详。

有人问我这种事情是否也会同样发生在中国。我想这种可能性不大。因为西方的军队从希腊罗马历史开始，又在启蒙运动之后加强这样一个观念，即国家军队只忠于自己的国家，而不是忠于某个个人或集团。而这一理念在中国历史和文化中是缺乏的，岳飞就因为不忠于自己的君主而被杀掉了。所以中国目前的文明阶段中，谁掌握军队还是非常重要的政治因素。

第二次金融危机

6 月 10 日

本文来自大西洋月刊一篇长文，引起我注意的原因是这篇文章的作者 Frank Partnoy 教授是美国顶尖的法律和金融学权威之一。他目前是加州 Berkeley 法学院教授，圣地亚哥大学公司和证券法学中心的创建人。他也是现代金融学和金融市场管理的核心人物之一。

这篇文章我将分为两部分介绍。第一部分是关于 CLO 的知识，第二部分是关于目前美国经济情况是否会引爆 CLO 危机的分析，分今明两天讲完。

大家还记得2008 年的金融危机是怎么来的吧？它来自一种我们普通人很陌生的金融工具，叫担保债务凭证 collateralized debt obligations CDOs。理论上，CDO 的功能，在于将我们普通人的房贷，从银行的负债表中分担出去，变成债券卖给市场。这样银行就能更快地回笼现金，加快现金流转。

CDO 的设计极其复杂，简单说就是把银行的房贷这一块重新打包，分级别出售。这个级别如何分，为什么要分，我们后面再讲。总的来说，CDO 原本的用意是分担银行风险，但银行自己也参与 CDO 的投资，造成了金融市场中错综复杂的风险弥漫。分担风险变成了一旦风险实现，大家一个都跑不了的局面。

所以在金融危机之后，2010 年，民主党人在奥巴马总统的倡议下，对美国金融系统进行了全面的改革，通过了 Dodde-Frank 法，加强了金融系统的稳定性，阻止银行进行过分贪婪的投资，同时也对金融评级机构加强了监管。要知道在那一次危机中，13000 多个 CDO 违约，而它们全部是 AAA 级的证券。顺便说一下，共和党人一直致力于废除 Dodd-Frank 法，他们认为这一法案阻碍了经济的发展。政府的手伸得太长了。

这一改革之后，确实银行的稳定性和对风险的抗击能力得到了增强。但是，银行的本性使得他们会尽一切可能获得最大利润。当然，我们知道，获利越大，风险承担就越高。但是没有关系，2008 年的金融危机告诉银行们，即使出现这样的风险崩盘，政府还是会用美国纳税人的钱救他们的。唯一能控制他们的风险偏好的，只能是政府的监管。但是，银行是非常聪明的。

现在，CDO 是不受欢迎了，因为要接受太多的监管。但是，另一种类似的金融衍生品成了银行的新宠，它就是 CLO（collateralized loan obligation）。简单说，CDO 就是把银行放出去的房贷，重新打包成金融产品出售。而 CLO 则是将企业贷款做同样的处理。请注意一点，优质的企业贷款一般不需要打包为 CLO，因为银行风险很小，没有必要去做次级衍生产品，被做成 CLO 的产品，基本上都是难以正常借到银行贷款的困难企业。CLO 本质上就是企业贷款的次贷产品。

目前在市场上大约有一万亿这样的高杠杆贷款存在，而其中绝大部分就是以 CLO 的形式存在。

CLO 和 CDO 高度相似，它们都是重新打包的产品。打个比方。在一条大河边有很多居民，各自承担的水灾的风险不同。而这种次贷产品呢，就相当于把所有这些处于风险之中的居民整合起来，盖一栋大楼，低楼层，中楼层，高楼层分开出售。低楼层风险大，所以价格很低；中楼层一般价格，而高楼层因为面临水淹的风险小，所以价格最贵。请注意，在水完全淹没低楼层之前，是不会影响高楼层的，这一概念需要记住。另外还需要记住的是，引发 2008 年金融危机的 CDO，也是这样设计的。

目前，CLO 的市场规模，已经大大高于 CDO 当年的顶峰时期的总值。国际结算银行估计，2007 年顶峰时期的 CDO 大约有 6400 亿美元。而 2018 年的 CLO 呢？7500 亿美元。正如房地产市场在 CDO 导致的廉价房贷引起了房地产价格的飙升，大规模的 CLO 也导致了美国长达 10 多年的大牛市，陷入 CLO 的公司数量猛增。

但是，美联储和美国财政部似乎对此并不担心。他们表示说，CLO 是有风险，但风险不在银行系统内部。这是因为，银行购买的 CLO，基本上都是评级很高的（AAA）的 CLO，也就是那栋大楼中的顶层。在水把低楼层完全淹没之前，处于顶层的银行们，不会有风险。

但国际结算银行的评估显示，银行所持有的 CLO 在 2018 年就已经达到了 2500 亿，而且越来越多的证据显示，由于 CLO 设计的复杂性，很多真实的 CLO 被掩盖而没有得到统计。金融稳定董事会 (FSB) 是一家监控全球金融系统的国际机构，它报告说，2019 年有 14%，超过 1000 亿的 CLO 并未被记录在案。

作者自己的调查也显示，银行实际拥有的 CLO 产品，远远不是美国财政部所说的"毫无风险"，事实上他们在银行内部所占比例并不低。在 FSB 公布的全球最重要的 30 家银行中，平均的所持资产中有 60%来自杠杆贷款和 CLO 产品。比如花旗现在有大约 200 亿，JPMorgan350 亿，而一些中小银行甚至全部投资了 CLO。一旦 CLO 出现风险，整个银行系统将面临巨大的震动。

银行之所以敢于如此投入 CLO，就是因为他们对自己居住在风险最小的顶层十分有信心。从历史上看，这种企业的杠杆债务最糟糕的违约率也不过 10%，而如果违约 10%，就等于是说大水只能淹到一楼，而银行们住在三楼，不会受到影响。一般来说，银行所持有的 CLO 的安全级别，可以抵御 30%的违约率。

他们是怎么知道自己住在三楼的呢？这就来源于评级机构的 AAA 评级。顶层的，最优质的 AAA 是风险很小的债券。所以，你一定认为 AAA 的 CLO 是非常优质的债券了吧？等一等，你是不是忘记了一点？所有 CLO 均来自那些有还债问题的企业。如果他们的信誉很好，银行就会直接贷款给他们，而根本不用去打包做 CLO 啦。

我们来看看 CLO 的真实情况。Fitch Rating（惠誉）调查了 1745 家借款企业，其中 67%的评级在 B 级。B 级的意思是，在经济情况不好的时候，这种级别的债务很可能违约。另外还有 15%更糟糕，他们甚至是 CCC 或者更低的评级。一旦经济下滑，他们基本上铁定违约。

所以，虽然你看到银行持有的 CLO 都是 AAA 级的，但他们真实拥有的那些企业贷款，却甚至连 A 级都没有。对，很可能是一个都没有。

请注意，这一现象和当年的 CDO 极其相似。掌握上层 AAA 的 CDO 的银行都觉得自己不会有风险，因为房地产都是地方性的，某个地方违约，也就是底层的 CDO 遭受损失，而自己顶层的 CDO 不会受影响。但他们忘了次贷 CDO 本身面对的几乎全部客户，都是贷款超过自己收入能力范围的客户。最终导致大量违约出现，CDO 市场崩溃，房价跌掉了 30%。

那么今天的企业次贷 CLO 会不会出现当年 CDO 的情形呢？历史上从不超过 10%违约的 CLO 在目前的经济情况下，会不会出现意外呢？我们明天接着讲。

第二次金融危机（续）

6 月 11 日

在昨天，我介绍了 CLO 产品的概念。这是一种非常类似次级房贷 subprime-CDOs 的金融衍生品。CDO 是把劣质的房贷打包重新作为证券销售，而 CLO 则是把低品质的企业贷款做同样处理。由于 CLO 可以通过各种复杂金融计算和对冲使得顶层的 AAA 级 CLO 的安全性提高，那么理论上来说，银行持有大量 AAA 级的 CLO 也是安全性比较高。但是请记住，同样从历史数据来看，以房地产做抵押品的 CDO 也是最优质的次贷，违约率也非常低，但却导致了 2008 年的金融危机。而目前市场上的 CLO 规模，已经大大超过了爆发金融危机之前的 CDO 的市场规模。

本文作者 Partnoy 教授提醒说，不要去在意金融评级是不是很高，而应该去看这些债务的本质。CDO 和 CLO 一样，接受贷款的对象，都属于还款能力较差的贷款者。真正接受 CLO 贷款的企业，可能连一个 A 的信用评级，都达不到。

在 Fitch Ratings 的报告中，越来越多的规模较大的企业，都被列入了"还款有问题 loans of concern"的名单。而且，这个名单中的一些企业，原本还属于不容易受到经济波动影响的较为稳固的大企业。

教授认为：我们正在经历的经济危机，不是一个传统意义上的经济下滑。他很吃惊地看到，有两家公司被 Fitch 报告指出背负巨大债务，这两家是 Envision Healthcare 和 Intelsat。前者是一家医疗服务承包商，后者则是一家卫星宽带接入服务公司。另外，还有 Hoffmaster，餐饮业外卖材料提供商。这三家企业按道理来说，都应该从这次 Covid19 危机中获益，至少不至于被影响太大。但是，真实的情况是他们也受到了巨大影响。这说明什么呢？

这说明这次危机影响的不仅仅是人们生活习惯的改变，他们的真实需求，开始下降。即社会的整体需求，开始下降，而美国经济的最核心动力，就来自需求。

同时，一份来自德克萨斯大学和波士顿学院 2017 年的联合报告，就已经指出，很多 CLO 的评级由于计算错误，严重低估了债务人的违约可能。其中一位作者 John Griffin 金融学教授五月份对 Partnoy 教授说，"我担心这些 AAA CLOs 已经很久了，它们将会引发的金融危机会比我预测的还要可怕得多。"

我们来看看一些具体的情况。AMC 有线电视欠了 20 亿的债务，它们被分散在 224 个 CLO 中。Party City，北美最大的 Party 用品零售连锁，欠了 7.19 亿，分散在 183 个 CLO 中。而请注意，这些情况还是发生在 Covid19 疫情，社会隔离令之前的。这次疫情可能会使得这些社交活动永远不会回到原来的水平了。

美联储对于是否拯救 CLO 的态度模糊。在三月份，大家认为美联储不会救 CLO，于是 AAA 的 CLO 价格开始崩溃。但紧接着美联储表态说，2.3 万亿的刺激计划中包含 CLO 贷款。但这是不是又会侵占了之前经营情况健康的小企业应该获得的贷款帮助呢？现实的情况是，一直到五月中旬，还没有一个 CLO 得到美联储的投资。

更加令人不安的是，随着 CLO 价格的下跌，银行开始大量买进 CLO。花旗集团 CITIGROUP 买入了 20 亿 AAA CLO。美国银行 BOA 甚至开始买入低等级的 CLO 了。在行情反弹之后，它们都大量获利。

但与此同时，违约已经开始。今年四月份已经达到历史最高水平，而专家预测说六月份就会打破历史记录，今年夏天会更加糟糕。

那么如果这种违约潮继续下去，会给我们的宏观经济带来什么样的后果呢？

目前看来，银行系统还是稳定的。这种情况很类似 2007 年夏天，一些证券开始违约，但总体上银行系统非常稳定。Partnoy 教授根据经验分析，得出这样的预测：

在今年夏天晚些时候，杠杆贷款的违约率会明显上升。大量企业会开始申请破产（五月份已经有三家大型的服装和奢侈品企业 J. Crew, Neiman Marcus, and J. C. Penney 申请了破产）。紧接着，银行会开始感到压力。不止银行，像 AIG 这样巨型保险公司（请记住，它们在 2008 年投资了大量的 CDO）持有超过 90 亿美元的 CLO。整个美国人寿保险集团中，大约有 1/5 的资产，是购买 CLO 的。另外，养老基金，共同基金，交易所基金(ETF) 等，都大量投资了杠杆贷款和 CLO。我们前面提到过，目前银行所持 CLO 的数量，实际上比它们自己认为的要高很多。一旦 CLO 违约开始，它们会发现损失难以控制。到了年底，银行们会发现四季度它们的损失超过自己的预计。

一开始的损失还不至于影响到 Dodd-Frank 法中规定的银行必须的准备金。但银行面临的可不仅仅是 CLO 的违约，它们还持有大量的各种商业公司贷款。一旦经济继续下滑，银行的准备金就可能出现像雷曼兄弟和花旗集团在 2008 年面临的准备金枯竭的情况，它们只能大量抛售资产，反过来又拉低了资产价格，从而形成一个急速向下的螺旋，最终谣言四起，银行崩溃。这就是 2008 年发生的情况。只是这次会更加严重。

因为这一次，对银行的救赎会面临更大的公众压力。两党恐怕都不会同意。Dodd-Frank 法也限制了美联储购买某些高风险的资产。如果是这样，那么明年，我们将会堕入金融深渊。

请记住，这是因为银行没有从上一次金融危机中吸取教训，它们依然乐于冒险投资，乐于将大量债务隐藏入复杂的金融工具中，躲避监管。如果再一次金融危机爆发，我们还能第二次原谅它们吗？如果这一次我们很幸运地没有爆发我所预言的金融危机，那么我们是不是还应该继续对金融系统进行彻底的改革呢？

经济牌不好使了

6 月 12 日

川普一直认为美国的经济表现是他执政以来最拿得出手的政绩。确实如此，事实上除此以外，民调显示在其他各方面川普的执政都乏善可陈，大幅度落后于自己的竞争对手，民主党的 Joe 拜登。燃鹅，随着美国目前经济的表现，川普的这张经济竞选牌，出现了深深的皱褶。

我们来看看几任总统的经济治理方面的表现。克林顿总统，不用说了，他是唯一一位能够把美国经济带高而且还能让联邦政府预算有盈余的总统，这是自 1970 年代一直到今天唯一的能让联邦政府有盈余的总统，因此对克林顿总统在经济上的表现，无论民主党还是共和党，均给与了超过 80%满意度的评价。而小布什总统任内，由于反恐战争和次贷危机，对他的经济表现满意度逐年下降，在他离任的时候，已经下降到最低点，只有 18%左右的满意度。

奥巴马总统上任时，正是美国金融危机最严重的时候。奥巴马总统在 2009 年的经济表现满意度只有 20%出头的满意度。但经过他的八年执政，美国走出了金融危机阴影，2016 年奥巴马总统的经济表现满意度为 40%。

川普接手的时候，美国经济一片繁荣。因此他在 2017 年的经济满意度达到了 55%。但有趣的事情发生了，随后三年，虽然美国股市依然高歌猛进，失业率依然很低，但民调出现了两个不同趋势的反馈。共和党人对川普的经济表现满意度迅猛上升，达到了 80%，而与此同时，民主党人和无党派人士对他的经济表现满意度则开始下降，降到了 38%和 50%。注意一点，川普之前的民调中，两党，包括无党派人士的民调数据虽然不同，但趋势是相同的。到了川普任内，由于美国出现严重的意识形态上的撕裂，共和党和民主党及无党派人士的发展趋势，相背而驰。

在盖洛普民调中，美国人认为自己国家面临的最大的问题，还不是 Covid10 的疫情和经济的崩溃，而是联邦政府缺乏领导力。一位 51 岁的高中英语教师表示说，"虽然我 2016 投票给了川普，但这一次不会了。虽然川普展示出他处理经济的能力不错，但我对他发的那些推特非常失望，我认为这些东西不利于我们国家伤痕的愈合。"

川普真的具有处理经济的能力吗？对于一般老百姓来说，当他们看到经济增长迅速，失业率下降，工资上升，自然会觉得经济情况不错。但他们往往并不知道负债的情况。这就是说，一片繁荣如果是在负债的情况下实现的，这相当于用信用卡上的钱去买一辆法拉利。

我们来对比一下奥巴马总统和川普。奥巴马总统接手美国的时候，正值金融危机高峰期，毫无悬念地，随着美联储的量化宽松政策，2009 年联邦政府的赤字从 4600 亿增加了近 1 万亿美元到 1.4 万亿。但随着经济的恢复，政府赤字逐渐缩水，到奥巴马最后一年的时候，联邦政府的赤字已经基本回到了他就任时的水平，（4400 亿/2015，5800 亿/2016）

那么川普呢？在他接手的时候，美国经济一片欣欣向荣。而他却在 2017 年将联邦赤字上升到了 6660 亿，2019 年上升到了 9840 亿，而今年则会达到 3.7 万亿。如果我们排除 Covid19 的影响，那么即使一切正常，川普上任后美国联邦政府赤字依然会达到 1.02 万亿，川普拉高了 74%。而如果考虑 Covid19 疫情，这一赤字则被拉高了 500%。而因此，联邦债务将首次超过美国年度 GDP 的水平。

借钱买法拉利，这看上去不是一个好主意。但如果你来开车，还债却让下一任总统去担心。这看上是一个非常不错的选择。对于川普这样毫无责任心的人来说。最终，美国老百姓为这辆法拉利买单。

在民调中有这样的问题。谁更可能结束美国的这种政治僵局，拜登领先川普 5%。谁更有能力和效率执政？拜登领先川普 9%。谁能更好地应对 Covid19 的流行，更好改革美国医疗系统，和更好地解决少数民族问题，拜登均领先川普 10%以上。

有趣的是，有 54%的无党派人士认同川普处理经济的能力。但其中 45%到 35%却表示他们会投票给拜登。这说明经济能力并不能决定一切。而更要命的是，经济这张牌已经不那么好打了。

失业率已经达到 16%，而黑人的失业率更高。川普在最近的一次访谈中表示，"我们第三季度的经济会表现得非常强劲。而第四季度则会出现不同寻常的现象级的增长！"

但非党派的技术部门 CBO（Congressional Budget Office，议会预算办公室）则表示他们将调低对未来经济的预测，美国经济大约要在 2029 年四季度，即九年后才能摆脱这一次疫情的负面影响，回到正常轨道上。

与此同时，美国联邦政府 10 年期债券的贴现率从四月份开始就一直低迷。贴现率和价格是成反比的，这就意味着越来越多的资金开始购买债券进行风险规避，尤其在昨天美国股市暴跌 1800 点之后，10 年期债券贴现率甚至一度跌破 0.65.这说明两件事情，第一，资本市场并不看好未来的美国经济；第二，未来较长时间内，美联储都只能维持极低利率。

Brooks 枪杀案引发讨论

6月15日

美国警察对黑人歧视吗？

佐治亚州首府Atlanta，周末爆发大规模抗议活动，Atlanta 警察局长 Erika Shields 辞职，警官 Garrett Rolfe 被解雇并面临谋杀罪指控，Atlanta 市长 Keisha Bottoms 表示这是一次警察不恰当的使用致命武器事件。

上周五晚间 10:30。警官 Devin Brosnan 接到报警，称有人在汽车里睡着了，挡住了其他一些车辆的行进。Brosnan 警官在现场发现 27 岁的黑人 Rayshard Brooks 在 Wendy 餐厅的 Drive through 道上睡着了，于是敲窗将其唤醒。Brooks 对于警官的询问表现配合，将车停到了旁边的停车位中，并下车接受警官调查。一度 Brosnan 警官不确定 Brooks 是否只是打了个盹，是否应该立刻放他走。他请求警局调另一名更有经验的警官来看看情况。于是 Garrett Rolfe 警官来到了现场。

Rolfe 警官要求 Brooks 接受清醒度和酒精呼吸浓度的测试。Brooks 配合测试并承认自己喝了酒。Brooks 没有通过清醒度测试，但表示说他可以把车留在停车场，然后步行去附近的妹妹家。他刚刚从那里出来，他们一起庆祝了 Brooks 女儿的生日，在他妹妹家，Brooks 喝了酒。

两位警官和 Brooks 的对话持续了 30 分钟，始终在友好平静的气氛下进行着。到近 11:30，Rolfe 警官表示 Brooks 呼吸测试中酒精含量过高，并准备将他铐起来。

这个时候，Brooks 开始反抗。两位警官努力想压制住 Brooks。但 Brooks 挣脱了，Rolfe 警官反复警告 Brooks 他们可能会电击他，但 Brooks 抢走了 Brosnan 警官掏出的电击枪并打了 Rolfe 警官一拳。Rolfe 警官使用自己的电击枪，但并没有能阻止 Brooks 逃跑。相反，Brooks 在逃跑过程中反身用电击枪向 Rolfe 警官开火。

Rolfe 警官随即丢掉了自己的电击枪，而拔出手枪，从背后向 Brooks 开了三枪。Brooks 倒地，随后被送医院并被宣布了死亡。

Brooks 被查无犯罪记录，品行记录良好。这一天确实是他 8 岁女儿的生日，Brooks 是出来给孩子买晚餐并在自己妹妹家庆祝孩子的生日。

两位涉案警察均为白人。

同情警察的意见表示，Brooks 确实有反抗拒捕的行为，而且还攻击了警察并持有危险性（虽然非致命）武器。而反对者认为，即使如此，这一情景并未威胁到警察的生命，也不是危险性的犯罪现场。对于正在逃跑的犯罪嫌疑人，警察是否应该使用致命性手段来阻止逃跑行为？

请注意一点，在背后向逃跑的罪犯开枪，一直是美国警察的禁忌区。在1985年通过的 fleeing felon rule 中，对严重犯罪的（felony）的罪犯在逃跑中，即使使用非致命武器，都是受到很多限制的。而对于致命武器，法官的判词是致命武器不应该被使用，除非警官有理由相信逃跑中的嫌疑人会给警察或其他人带来明显的生命安全威胁。

（deadly force may not be used unless necessary to prevent the escape and the officer has probable cause to believe that the suspect poses a significant threat of death or serious bodily harm to the officer or others.）

在美国，警察使用致命性暴力的几率极大。在 2018 年，超过 1000 人被美国警察用枪打死。而同一时间段内，德国只有 11 人，英国只有 3 人。如果按人口比例来说，每 1000 万人口中，美国有 31 人死于警察枪击，而德国只有 1 人，英国只有 0.5 人。那么为什么美国警察如此热衷于使用致命性武器？分析原因大约有以下三条：

第一，美国枪支泛滥。美国警察所面对的拘捕对象中，持有枪的可能性远大于欧洲同事。所以他们接受的训练要求他们要尽可能快速反应，简单说，先拔枪射击。

第二，美国警察可以使用致命武器的行动标准，远低于欧洲警察。

第三，美国警察接受教育的时间，远低于欧洲警察。美国警察一般只接受20周的课堂教育。而欧洲警察呢？至少两年。所以欧洲警察在对法律的熟悉方面，和人沟通的技巧方面，自我防护的尺度方面，对不同文化的认知方面，均强于美国警察。

那么美国警察系统在实践中，到底有没有系统性的对黑人的歧视呢？

这方面美国最权威的人士可能要数Phillip Goff教授。他是专门研究警察和种族关系的心理学家，毕业于斯坦福大学，John Jay犯罪公正学院（纽约城市大学）首任教授，警察公正中心（CENTER FOR POLICING EQUITY）的奠基人和CEO。

Goff教授使用非常严谨的对比法，将黑人的高犯罪率，高贫困率均考虑在内，但数据依然显示警察在面对黑人的时候，使用了不成比例的，更多的暴力。警察的执法本身也有倾向性，比如说，毒品同样被使用在校园，华尔街，和黑人集聚区。但针对毒品的调查和逮捕却不成比例地集中在黑人聚集区，校园和华尔街的Parties几乎公开的吸毒活动并不会引起警察的注意。

Goff教授提到美国在这方面研究的被引用最多的50份研究报告，其中，只有一份显示警察执法中有针对白人的歧视，其余49份均显示美国警察执法中存在对黑人的歧视。教授说："在气候研究中，如果98%的报告显示全球气候变化和人类活动有关，而只有2%的报告显示全球气候变化和人类活动无关。你说你相信哪一个的结论呢？"

川普做了好事民调依然低迷

6 月 16 日

周二，川普签署了一项总统行政令，以鼓励警察部门加强对警察的培训，这主要是针对警察的暴力使用并加强对警察错误行为的数据库跟踪。

川普曾经在 2017 年一次对纽约警察的讲话中说："把那些嫌犯扔进警车后箱就好啦，粗暴一点，别对他们太好了！你们把那些嫌疑犯押进警车的时候，还用手去保护他们的头部不至于被车门撞了。我说，你们把手拿开好吗？这些人刚刚杀了别人，你还担心他们的头被撞了？"

这一鼓励警察暴力的讲话在当时也受到了广泛的批评。但那时候川普刚刚上台，根本不在乎。川普不是一个正常的政客，他往往以自己的粗鄙为荣。

现在情况不同了。今年是大选年，川普必须考虑在人民广泛抗议警察暴力的时候，如何保住自己的选票。可以说，是选票压迫了川普，让这个狂妄的地产商终于抵下了傲慢的头。

当然，川普还是希望做一点点微弱的狡辩。他说："其实降低犯罪和提高执法标准并不矛盾嘛。所以我希望这个行政令能够鼓励各州提高自己警察的职业标准。"

今天的另一个好消息是，周一最高法院以 6—3 的罕见比例通过了 Bostock vs Clayton County 案的表决。这一案件起源于 Gerald Bostock 在为县政府工作时无意透露出自己同性恋取向而被开除。Bostock 以县政府违反"任泉法案"第七条反歧视法为由提出起诉，但巡回法庭表示任泉法案中没有规定对工作职位和性取向的歧视相关的内容而驳回。周一的最高法院意见为："任泉法案"中的反性别歧视条款可以延伸到反对针对性取向的歧视。

值得注意的是，川普提名的保守派大法官 Neil Gorsuch 投了赞成票，而一贯在性方面态度保守的首席大法官 John Roberts 也投了赞成票。要知道在 5 年前，美国最高法院通过了同性恋婚姻合法的决定时，Roberts 大法官投的是反对票。

6—3 的比例也说明了性取向的平权，已经在美国深入人心，成为了美国文化主流的一部分。

但对于川普来说，更为严峻的则是自己的民意支持情况。现在看起来情况正在变糟。

两周前密执根州爆出的拜登支持率高出川普 12 个百分点的新闻震惊了整个新闻界。要知道密执根州就是 2016 年把川普送进白宫的三个主要摇摆州之一。另外两个是宾夕法尼亚和威斯康星。

周二揭示的最新民调显示，拜登在密执根州的领先正在扩大，现在已经到了惊人的 16 个百分点领先于川普。一月份拜登领先 6 个百分点，到五月底领先 12 个百分点，到现在领先 16 个百分点，这个趋势是非常明显的。

另外，这一现象是普遍存在的。

比如爱荷华州，2016 年川普超过希拉里 9 个百分点，直到三月份他还领先 10 个百分点，而上周民调川普只领先了一个百分点。

威斯康星州，也是在 2016 年支持川普的摇摆州，今年一月份民调拜登领先 5 个百分点，而现在已经扩大到领先 9 个百分点。

而深红色的得克萨斯，佐治亚等州，甚至川普和拜登的差距缩小到了 1% 左右。

从全国的统计来看，包括福克斯新闻做的民调在内的多个民调显示，拜登的领先优势在随着时间而扩大。

美国最权威的盖洛普民调同时显示，川普的支持率又跌倒了最低点 39%。请注意，这是美国历史上唯一一个有支持率调查以来，支持率从来没有超过 50% 的美国最高领导人。

禁止出版物

6 月 17 日

最近一起官司引起了新闻界的注意。司法部向法院申请禁止出版令，要求禁止前国家安全顾问约翰·博尔顿出版自己的白宫回忆录。

白宫安全顾问属于美国总统私人府邸的幕僚，而不是美国国家官员。约翰·博尔顿是川普的第四任国家安全顾问，也是迄今为止为川普服务最长时间的国家安全顾问，他一共在任 520 天。现在的国家安全顾问 O'Brien 已经是川普的第六任国家安全顾问了。需要我提醒你川普只在白宫住了三年半吗？

我强调过很多次，一个局外人突然进入权力核心，他马上面临的问题就是无人可用。在现代政治中，政治家的一个基本工作就是团结和整合各种政治力量来和自己协作，一个伟大英雄在政坛单打独斗，在现代社会往往意味着灾难，而不是成功。但对一个外来者来说，他没有在政客圈子里长期工作过，也就缺乏这方面的人脉。他既不知道哪些人有能力有意愿和他一起工作，协作双方也无法快速建立信任关系。这一点充分地体现在了川普的人事任免上。

短短三年半时间里，川普换了三任白宫幕僚长，五任新闻通讯主任，四任白宫新闻发言人。白宫幕僚中，一开始的 65 人中，已经被替换了 57 名，替换率为 88%。这还没有提美国国家官员，两任国务卿，四任国防部长，三任 FBI 局长，三任司法部长等等。这样一个人事上极不稳定的政府，别说行政效率，哪怕是正常履行政府职能，都是很困难的。这也是为什么美国 Covid19 处理上极其混乱的原因之一。顺便说一句，川普的家人，女儿女婿的位置，则稳如泰山。

我们好像走题了。

　　我们提到了约翰·博尔顿。注意，他是一名坚定的新保守派人士，美国资深外交家，曾经成为川普的国务卿人选之一。在博尔顿的新书"白宫传记 A White House Memoir"，博尔顿以亲历人的身份，记叙了他眼中的白宫生活。

　　白宫高级幕僚，在出书之前，都必须将内容送交白宫审查，以防止泄露国家机密或敏感信息，这是可以理解的。博尔顿在上任前，也和白宫签署了这样的保密协议。所以博尔顿从去年底开始，将书稿送交了白宫的审查官员 Ellen Knight。在经过长达四个月的审查后，Knight 的结论是："已完成审查，书稿不包含保密信息。"博尔顿的"白宫传记"遂进入了出版阶段。

　　但一周前，突然白宫的一位情报官员 Michael Ellis 提出异议，他认为书稿中仍然包含保密信息，要求法院立刻中止其出版。川普则出来表态说，他认为任何和总统的谈话都是高度保密的（当然，这又是一个政治外行对美国行政体制的误解），所以不能被出版。

　　一般认为，这种起诉可能无法阻止博尔顿出版新书（但可能拖延）。因为法律上来说博尔顿已经通过了保密审查，白宫已无权再要求审查。另一个因素更为重要：美国法院不支持在言论发表之前就禁止言论的做法。

　　请大家记住这样一个历史。在越战中，纽约时报获取了属于五角大楼的军事机密情报。尼克松政府就试图阻止纽约时报公开这一情报内容。最终最高法院认为所谓国家安全，如果不是立刻可见的严重危害，不能和第一修正案关于言论兹有的精神相违背，纽约时报最终发表了这一越战真相的内容。这就是美国司法历史上著名的1971年纽约时报诉美利坚合众国政府案。

　　所以，川普政府试图禁止博尔顿说话的企图，成功的可能性不大。白宫会不知道吗？但也许白宫只是为了拖延。为什么拖延？因为大选。博尔顿说出的内幕，很可能不利于川普的大选。

　　博尔顿可能说出什么呢？我们不知道。但华盛顿邮报透露的内容却可能来自博尔顿即将出版的新书。

　　据华盛顿邮报报道，博尔顿的白宫记事中透露，2019年六月在日本举行的 20 国峰会中，中国的席曾向川普抱怨说，来自美国的对中国的批评太多了，不利于两国友好。有趣的是，博尔顿写道"川普立刻以为席是在抱怨民主党，并肯定地说来自民主党的对中国的恶意确实很大。"（一个政治外行有时候根本听不懂那些资深政客在说什么……）然后，博尔顿接着写道："令人吃惊的是，川普立刻把话题转到了美国大选上。暗示中国，以中国的经济实力，完全可以影响未来的选战。他请求席帮助他获胜。"

"川普强调了美国农民的重要性，如果中国增加进口美国的农产品，会影响到美国大选的结果。"博尔顿在书中说："我原打算把川普的原话写出来。但白宫的审查不允许我这样做。"

博尔顿还提到，川普赞扬了席在心江的做法，认为"那是完全正确的。"（exactly the right thing to do）

华盛顿邮报的这个报道印证了我的一个猜测。我认为中国是希望川普连任的。虽然有贸易争端，但这个争端是贸易不平衡发展到一定阶段必然出现的结果。但像川普这样大规模缩小美国在世界上的影响力，破坏西方阵营的一体性，甚至破坏西方的核心价值观，却是难得的送给中国的大礼。我相信中国是不愿意失去这个千载难逢的历史机会的。

最后。博尔顿的新书计划出版的日期是：6 月 23 日，也就是下周三。

最高法院的另一个判决

6 月 18 日

Brooks 为什么要逃跑？

对于那些从小被父母带来美国的非法移民来说，今天是一个好日子。

星期四上午，最高法院以 5—4 的投票结果否决了川普政府试图废除奥巴马总统签署的 DACA 法令。这意味着，目前超过 65 万幼年来到美国的非法移民，可以继续追求他们的美国梦了。

是的，他们被叫做"追梦人"Dreamers。他们幼年随父母非法来到美国。他们中绝大多数人对自己的母国没有印象，他们的整个成长经历，都在美国。美国就是他们的故乡。遣返这些 Dreamers 显然是不人道也是不公平的。2012 年，奥巴马总统签署了 DACA 法令。

DACA 规定，在抵达美国时年龄在 16 岁以下，2007 年之后一直在美国居住，高中毕业或以上教育程度，无犯罪记录者，可以申请两年内免受遣返，且这一申请在符合条件的情况下可以续签。在他们留在美国期间，可以合法工作，之后也可以合法申请美国的居留权甚至公民权。到目前为止，受益于 DACA 的非法移民后裔，超过 88 万人。

终止 DACA，除了道义上的不恰当以外，最明显的一个后果就是会导致这些人立刻潜入地下，成为美国境内的隐形人，增加犯罪率，不利于美国社会的稳定。

现实的情况是：90%的 DACA 保护下的 Dreamers 有工作，45%在上学接受更多教育。他们中间有 3 万多人在医疗系统工作，帮助美国与 Covid19 作战。在犯罪率方面，Dreamers 的犯罪率低于美国本土出生的孩子们。

民调显示，在注册选民中，75%的人支持 DACA，只有 12%认为 Dreamers 应该被遣返。

在最高法院的投票中，四名进步派法官支持 DACA，四名保守派法官反对 DACA，而最关键的一票来自首席大法官 John Roberts，他被认为是一名有进步倾向的保守派。最高法院认为政府没有提供足够的理由要废除 DACA，也缺乏废除 DACA 之后对 Dreamers 的影响的评估。Roberts 大法官在判决书中说，"我们并不决定 DACA 是否是一个好的政策。我们只看国土安全局是否遵循了正确的程序，是否对他们的行动有足够的解释。"这是为了表明美国司法部门不干涉行政的态度。

川普对此判决的反应是发了以下的推特：

"这是一个最高法院的可怕的，被政治驱使的判决，这是对我们这些自豪地宣称自己是共和党人或者保守党人的脸上轰了一枪。我们需要更多（我们的）大法官，要不然我们就会丢到宪法第二修正案（持枪权）或其它什么。2020 年选我川普啊！"

川普在任上向美国最高法院输入了两名保守派大法官。值得提出的，其中一名大法官的空缺，是奥巴马总统任内出现的，本应该由奥巴马总统来提名。但共和党把持的参议院拒绝审核奥巴马总统的提名，拒不执行宪法规定的参议院职责，一直将名额拖到了川普任内。这是共和党对美国民主实践的又一次践踏。

今天的另一个消息来自亚特兰大。

上周打死黑人 Rayshard Brooks 的警察 Garrett Rolfe，周四主动投案。他将面临 11 项指控，其中包括蓄意谋杀。如果谋杀罪成立，Rolfe 最高可能被判死刑或终身监禁并不得假释。蓄意谋杀的指控主要是因为当时 Brooks 只是逃跑，并不对警官和公众造成致命威胁，这使得从背后向 Brooks 射击显得毫无必要。

最新的证据显示，当 Rolfe 从背后向 Brooks 连开三枪后，两枪击中了 Brooks，另一枪击中周围的一辆汽车，而汽车中还有三个人。

当 Brooks 倒地后，Rolfe 冲上去对着倒地的 Brooks 连踢数脚。而另一名在场警官 Devin Brosnan 则把脚踩在 Brooks 的肩膀上。在其后的两分钟内，两位警官都没有对 Brooks 做任何救护，这也是不符合警察行为条例的。Brosnan 则面临恶性攻击等三项控罪。

包括我在内，很多人会不理解为什么 Rayshard Brooks 会突然挣扎，不配合警察的拘捕呢？今天，这个问题有了答案。

最新找到的资料显示，今年 2 月，Brooks 在一次电视采访上表达了自己对美国司法系统的困惑。Brooks 曾因为非法拘禁和信用卡欺诈而入狱一年，目前在缓刑期间 Probation，且面临巨额罚款。在采访中，Brooks 表示："我并不想放弃自己，我努力尝试，但找工作非常困难，我和我的家庭都背负着似乎永远还不完的社会惩罚。"

Brooks 为什么突然要逃跑呢？我们现在已经无法再问他了。但最大的可能是，根据佐治亚州的法律，在缓刑期间，只要你再有任何的被警察拘捕记录，则立刻会被投回监狱。Brooks 如果再次入狱，他的生活可能会完全垮掉，他逃跑很可能是怕再去坐牢。在接受采访时他说："坐监狱的经历毁了我的精神，也使我变得冷酷。社会又无法再接纳我，这对于一个人来说，负担太重了。"

目前很多人开始讨论美国的缓刑和假释制度。这些制度的设计初衷应该是帮助曾经犯罪的人重回社会，但目前看起来这些制度还有很多需要改进的地方。

两个纪念日

6 月 19 日

在进入正题之前，我们先来看这样一个消息。

美国政府中目前可能是职位最高的黑人，Mary Elizabeth Taylor，美国助理国务卿，负责法律方面的事务。星期四，递交辞呈。

Taylor 女士在辞呈中说："总统在对于种族问题的不公正和黑人问题上的表态，深深地伤害我的核心价值观和信念。我必须服从我良心的指令，辞去助理国务卿职务。"

今天，是美国的一个特殊日子。

有多少美国人知道 Juneteenth 这个日子的来历？似乎并不多，因为大多数美国历史教材中没有强调这一日子的特殊性。

在美国南北战争之后，1865 年 6 月 19 日，北方联军将军 Gordon Granger 在德克萨斯州的 Galveston 宣布了林肯总统在 1862 年签署的"废奴宣言"Proclamation 95（请注意，废奴宣言并非解放全美国的黑奴，而仅仅是解放南方叛乱州的黑奴。全面解放黑奴要等到宪法第 13 修正案通过之后。）。这使得蓄奴州中最保守的一个大州德克萨斯州结束了自己的奴隶制历史。

从 1866 年开始，这一日子成为了黑人的解放日（Freedom Day，Jubilee Dayor Liberation Day）。目前大多数美国州都将这一日子作为州节假日。

川普似乎并不太清楚这一天是什么意思。在接受华尔街日报采访时，记者问他是否知道 Juneteenth 的意义。他含糊地说："我干了件好事，是我让 Juneteenth 这一天变得有名了（？），这是很重要的一天，但没有人听说过这一天。"有人提醒川普说，去年白宫还就这一天发表过声明。川普说："哦？真的吗？我们发过声明？好，好，这很好。"

川普将在周六在俄克拉荷马州的 Tulsa 举行自己的竞选活动（虽然这一行为被很多人批评，因为室内的竞选演讲将增加 Covid19 的传播几率）。他似乎很担心自己会在 Tulsa 遇到抗议活动，因此在周五的推特中，川普威胁道：

"任何抗议者，无政府主义者，鼓吹者，抢劫犯或者低贱的生命们 lowlifes，你们想去俄克拉荷马？请你们明白，你们不会像在纽约、西雅图、或者明尼**阿波利斯**这些地方一样受到同等待遇，你们会得到相当不同的招待！"

赤裸裸的独裁者威胁。但这就是目前美国的政治现状。但我们提到，还有一个纪念日。这一刚刚过去的纪念日就发生在 Tulsa。

1921 年 5 月 31 日到 6 月 1 日，白人种族主义者袭击了 Tulsa 的黑人区 Greenwood，他们甚至调用了私人飞机，摧毁了这一地区的 35 个街区。Greenwood 是什么地方呢？这是当时黑人最富裕最繁华的地区，号称是"黑人的华尔街"。

这一事件的起因是一名 19 岁的黑人 Dick Rowland 被控在电梯里袭击了一名 17 岁的白人女性电梯操作员 Sarah Page，在法庭外的黑人和白人聚集起了冲突并相互射击，10 名白人，2 名黑人死亡。这引起了白人世界的暴怒，他们扫荡了整个 Greenwood 地区，焚烧房屋，抢劫商店，殴打黑人。导致 10,000 名黑人无家可归，打死的人数没有确定数据，被估计在 100—300 人之间，而被打伤入院的超过

800 人。第二天中午州国民卫队才控制了情况。黑人财产损失情况据估计高达 75 万美元，相当于今天的 3225 万美元。但黑人没有得到任何赔偿，这件事立刻被当地政府弹压，没有调查，没有解释，没有起诉。这件事情神奇地在当地历史中消失了（所以根本没有人知道到底死了多少人）。

而最后那位声称自己被袭击的 17 岁的白人女性 Sarah Page 呢？她最终向检察官承认根本没有受到袭击。Rowland 当时只是在电梯里绊倒了，和 Page 的身体发生了碰撞。这一幕被旁边的一名白人女性看到，立刻认为是黑人在强暴白人，马上报了警，最终酿成惨祸。

请回放一下这个镜头，但这一次，如果是一个白人男性不小心绊倒在黑人女性身上，你认为会发生什么事情？你是否还觉得美国没有系统性的对黑人的歧视呢？

直到 1996 年，才成立了一个调查委员会调查此事。2001 年得出结论：这是一起白人暴民针对黑人的迫害事件。其后，俄克拉荷马州通过法律，开始设立一些奖学金项目资助 Tulsa race massacre 事件中受害者的后裔，并帮助 Greenwood 地区的经济发展，建立了纪念公园。到 2020 年开始，这一大屠杀事件才被写入了俄克拉荷马州的历史教科书。

不知道历史，就无法理解现实。那些认为美国黑人在无理取闹的人们，请静下心来，读一读历史吧。

博尔顿揭示的真正问题

6 月 22 日

白宫试图阻止前国家安全顾问约翰·博尔顿出版自己的新书"白宫记事"的努力宣告失败，巡回法院裁定博尔顿的新书的出版受宪法第一修正案的保护。此书将于本周二面世,目前已成为 Amazon 上订购量最大的待出版新书。

博尔顿的新书中很多内容已经在新闻界广泛传播,而且其中一些事实是我们都已经知道的。比如川普对外交事务的无知,甚至不知道英国是一个核武器国家,芬兰不是俄罗斯的一部分等等。在外交方面,川普没有自己的原则,显得随意性很大。一度他打算入侵委内瑞拉,但很快又对这个国家失去了兴趣。但这些随意性之下,博尔顿的新书却揭示了川普各种行为的一个核心目标。

川普看上去基本上是拥抱保守主义的共和党理念,包括为富人减税,减少政府对银行的监管,提名保守派大法官和大量的军备投入。他和里根总统最大的两个不同点在于:移民政策和贸易政策。目前的共和党已经被川普改造成了限制移民,接受关税,政府补助和重商主义(Mercantilism。注重贸易差额,强调国家干预贸易,强调国家产业自立不依赖外国供应。简单说,重商主义的核心是国家主义,而不是资本主义。这是一个 16—18 世纪中盛行的经济理论)

但和川普的政策相比,博尔顿揭示的更加令人担心的是川普的素质。川普是一个极度关注自己的人,他个人的利益,个人的政治地位是被优先考虑的。体面,道德,甚至法律,都排在他个人利益的后面。博尔顿不是第一个揭示这一问题的人,事实上,前任国务卿 Tillerson,前任国防部长马蒂斯将军,前任白宫幕僚长 John Kelly 将军,对川普的评价都是类似的。但博尔顿给我们提供的,是更多的细节。而正是这些细节,使我们更加担心。

这些细节包括:川普单方面答应土耳其领导人 Erdogan 放弃调查土耳其的 Halkbank。这一银行被怀疑突破了美国对伊朗的制裁令,一些土耳其高官被指控秘密通过阿联酋向伊朗运送黄金以交换伊朗的石油和天然气,这一金额高达 200 亿美元。这其中牵涉到一些重要的中间人,包括川普集团在土耳其的经办人 Zarrab 和川普的私人律师 Rudy 朱利安尼。那么,在美国主持这一调查的是谁呢?就是川普下令要解雇的纽约南区检察官 Geoffrey Berman,川普说他是奥巴马的人,而不是自己人,所以要解雇他。但今天川普又表示说自己根本不知道这事，是司法部长巴尔要解雇他的。但巴尔同时也表示自己没能解雇得了 Berman，是川普下令解雇的。这就是今天美国的政坛。

还有关于乌克兰丑闻中，川普以扣住对乌克兰的军事援助为要挟，逼迫乌克兰调查乔·拜登和希拉里·克林顿。博尔顿表示说，他和国防部长曾经努力劝说了川普近十次，要求川普发放给乌克兰的军事援助，因为俄罗斯正在和乌克兰作战。但川普全部拒绝了。

但博尔顿揭露的最严重的事，可能还应该算是川普和中国的交易。谁都知道美国和中国的关系是如此重要，这甚至可以说是涉及全球和平还是战争的问题，事关美国巨大的利益的问题。但川普处理美中关系的全部目的，似乎完全就是他个人的政治利益。

博尔顿描述了川普表示愿意和席拉近关系，不惜取消美国对中国的一些指控和惩罚。他多次表示愿意降低关税，以求得中国大量购买农产品，以在 11 月大选中使川普赢得中西部的农业州。他甚至表扬席在心江的政策，最近又否决了国会提议的惩罚中国官员的提案。同时值得注意的是，中国完全明白他们在和谁打交道，也积极配合着。奚表示他希望看到川普再次连任。而川普的回应是："他们都说，美国总统只能连任两届的限制应该对我免除掉。"

博尔顿关于川普和中国，乃至整个川普外交政策的结论，令人倒吸凉气。他说，"川普将个人利益和国家利益纠缠在了一起，这不仅仅表现在贸易问题上，而是表现在整个国家安全问题上。在我整个白宫的日子里，我很难说出任何川普的主要决定，不是来自他自己竞选连任的考量。"

对于那些川普的支持者们来说，无论你们支持的是川普的那一个政策，博尔顿的书都会告诉你，代价太大了。这代价就是美国最基本的核心价值观，民主和奉献。川普为了自己个人的利益，愿意付出任何代价，达成任何交易，甚至破坏任何法律。这代价实在太大了。

另外再说两件事。

周六在 Tulsa 川普举行的竞选活动，被证明是一次巨大的失败。川普竞选团一再对外宣称超过 100 万人订了他们的票，结果出席的人不到 6200 人。有人说这是因为大量青少年故意捣乱，网上订票而不去出席。但这一说法遭到川普竞选团的否认。他们表示订票是要和合法的手机号码挂钩的。同时更重要的是，订票并没有上限，这不是按位置就座的订票，而是先来先进，人满以后就转到场外。体育场本身可以容纳 2 万人。所以出席者只有 6200 人并不能完全用青少年捣乱来解释。川普在后台怒气冲冲高声责骂自己的工作人员甚至可以被前场的记者们听到。

另外我觉得川普团队的组织能力也成问题。如果出席的只有 6200 人，而场地可以容纳 2 万人，那么为什么不立刻实施"社交距离"呢？绝大多数川普的支持者们都拒绝戴口罩，那么如果组织者可以迅速让他们保持 6 英尺社交距离，即提高了安全系数，又会使体育场内显得满满当当。而且新闻界也无法因此嘲笑来支持川普的人太少，因为这毕竟是抗疫期间。这也是一个侧面折射出川普团队的无能。

另一件事来自以色列。

内塔尼亚胡政府突然加快了吞并约旦河西岸的动作。以色列前总理 Ehud Olmert 在接受采访时表示，这可能显示出以色列政府开始对川普连任失去了信心，他们希望赶在川普下台之前能得到更多的既成事实。

第二波疫情？你想多了

6 月 24 日

周二，美国一天之内出现了 35000 多名 Covid19 阳性患者。这是四月以来的最高单日阳性数，也是自疫情爆发以来第三高的单日出现阳性患者数字。

随着美国经济重启的步伐，在 20 多个州中，患者数字开始重新上升，西部和南部州尤为严重。佛罗里达周三出现破纪录的 5508 例，德克萨斯也破了之前的纪录，单日超过 5000 例；亚利桑那，没有问题，也破了纪录，单日增加 3600 例。原来已经开始稳定下降的华盛顿州，病例数也开始重新抬头。

川普在周末的竞选活动中表示："我们病例数多了是因为我们测试得太多了。我告诉他们，你们应该放慢测试速度。"川普的支持者们狂热地挤在一起，几乎没有人戴口罩。他们相信伟大领袖的光辉一定能保佑他们百毒不侵。但是，需要指出的是，在白宫内部，所有工作人员几乎每天都要接受测试，以保证伟大领袖不会被感染。

阳性人数的升高是不是因为测试增加？要明白这个问题其实很简单，只需要看受测试者中的阳性比例就可以了。如果阳性比例下降，但总人数增多，那么没有问题，这是因为测试数多了的缘故。但如果在接受测试的人群中，阳性患者的比例增高，则肯定意味着病毒的传播开始加剧。以佛罗里达为例，六月初的测试阳性率基本上在 5%左右，而现在已经超过 10%，翻了一倍。其余各州都是类似的情况，更重要的是，医院又开始挤不下，甚至一些儿童医院已经开始收成年患者。得克萨斯州超过 4000 名患者入院，这是六月初数字的两倍以上。

休斯顿市长 Sylvester Turner 表示："我强烈感觉到我们在往糟糕的方向发展，而且速度很快。"休斯顿市的 ICU 病床已经满员达到 97%。

纽约州，新泽西州和康奈迪克州都宣布，从以下九个州来的游客必须接受两周隔离。这九个州是：阿拉巴马州，阿肯萨斯州，华盛顿州，佛罗里达州，南、北卡罗来纳州，犹他州，德克萨斯州和亚利桑那州。因为这些州超过 10%的测试结果为阳性，或者在连续七天内 10 万人口中有超过 10 个病例。

但什么也不能阻止伟大领袖追求自己的连任。周二晚间，川普再次在亚利桑那州首府凤凰城举办了自己的竞选活动，3000 多人挤在狭小的教堂里，几乎没有一个人戴口罩。请注意，这是美国目前几乎唯一的室内大规模人群聚集活动。而亚利桑那州的情况事实上从两周前就开始恶化，每日阳性患者人数从 1000 人逐渐上涨到了 3000 人，住院人数也达到了疫情以来的最高。其州长 Roy Cooper 不得不下令暂停经济重启三周并要求戴口罩。但没有关系，伟大领袖要竞选，州长的防疫措施必须让步。照样室内聚集 3000 人，照样不戴口罩。选票，比生命重要，当然，这里指的是别人的生命。

但即使如此，多个民调显示，在亚利桑那这样的深红州，拜登居然领先 Trump1—7%。这是不可想象的事。要知道亚利桑那州自尼克松总统时代就是一个深红州，到现在近 50 年间 12 次总统投票中，只有一次把选票给 Bill 克林顿（1996）。这样一个州出现民主党候选人的民调领先，确实需要川普做出极大的努力才能做到。

从全国来看，拜登的支持率达到了 50%。请注意，在总统大选之前的民调中，很少有人能达到 50%支持率的。而川普呢？又创造了历史新低，36%。

从各州情况来看，拜登比较有把握的选举人票有 198 张，而比较可能赢得州选举人票有 89 张，总共 287 张，已经超过了 270 的关口。而川普比较有把握的州选票有 115 张，比较有可能赢的有 27 张，总共 142 张。另外目前较难判断的票数有 109 张。其中，宾夕法尼亚州 20 张选举人票较有可能归拜登。还有一点需要提醒的是，每次总统大选，赌博公司都会开出赔率。这些真金白银赌胜负的公司，其预测能力是不可小看的。直到 5 月份，川普的赔率还是负数（即赢的金额少于投注的金额），但现在已经为正数（目前是赌$100 川普赢，如果川普真赢了，你能赢$130）。而拜登则从正数变为了—160。（即赌 160 美元，如果拜登赢，你也只能赢 100 美元）

又说跑题了。

在疫情方面，中国目前面临的问题是第二波疫情可能反扑。但鉴于中国在第一波疫情上的表现，控制第二波疫情问题不会太大。有人问美国目前抗疫的实际总指挥 Tony 福奇医生。他说："请你们不要想多了，我们现在还在第一波疫情期间。"欧盟由于疫情控制成功，平均每日新增病例已控制在 5000 人以下，预计将在 7 月 1 日有限地开放边境。但据估计，允许进入欧盟的名单中，不会包含美国。因为美国目前日平均新增病患人数还在 25000 人左右。

美国为什么在疫情的控制方面表现得如此糟糕？只要看一看那些疯狂的以不戴口罩向川普表示效忠的美国革命群众们，就知道答案了。

媒体的力量推倒的雕像

6 月 25 日

人们都在希望知道，为什么美国的抗疫如此糟糕，已经付出了 12 万人的生命，而且目前还有新病例数继续上升的趋势？以下是一个角度不同的调查。

多家学术机构同时开始调查美国媒体在这次抗疫活动中起到了什么样的作用。他们发现，右翼媒体上传播的大量错误信息和阴谋论一类的内容，和受众们的高发病率和高死亡率相关。

哈佛大学的一项调查显示，福克斯新闻的王牌主持人 Sean Hannity 的节目收视率高的地区，显示出更高的感染率和死亡率。哈佛大学肯尼迪学院的 Irene Pasquetto 表示："我们得到了非常多的研究资料和数据显示，极右翼的媒体和社交媒体的接受率，和轻视病毒传播有相关性。"

四月份，Annenberg 公共政策中心的 Kathleen Jamieson 和伊利诺斯大学的 Dolores Al 巴尔 acin 发表了一篇研究报告，研究美国媒体的观点和公众对新馆病毒的认识之间的相关性。他们调研了 1008 名受访者，发现关注主流媒体（在美国，主流媒体基本上偏左派）的人更倾向于准确地理解疫情的严重性和他们自己受感染的危险程度。而倾向于看保守派媒体，如福克斯新闻或 Rush Limbaugh 这一类极右翼媒体的人，则更相信阴谋论和一些错误观念，比如多吃

Vc 可以防止感染，中国政府制造了新馆病毒，CDC 在夸张疫情以迫使川普下台等。这一研究做了政治倾向，教育程度，性别和年龄的对照，即排除这些因素的影响，以更可靠地建立保守派媒体和错误认知方面的关联性。

五月份，国家经济研究所（National Bureau of Economic Research）调查了这些错误的观念是否真的影响到公众的行为呢？很有趣的是，他们调查的是一个地区的手机漫游状态和这个地区福克斯新闻这样的媒体都收视率。他们发现，福克斯新闻的收视率每上升 10%，这个地区公众对卫生部门建议的服从度，就下降 1.3%。这一研究的第一作者 Andrey Simonov 表示"这一效应可能来自福克斯新闻长期以来传给公众的一个信息，就是主流媒体都在骗人，都有政治企图。这降低了公众对体制和专家的信任。这当然包括医学专家。"

这一结论也得到了来自芝加哥大学的一群经济学家的研究报告的支持。他们也发现福克斯新闻的观众群更不愿意和公共卫生系统给出的指令合作。他们也发现这一行为模式的不同在一些地区造成了病毒传播率的提高和死亡率都上升。即使在福克斯新闻台内部，相对重视 Covid19 疫情的 Tucker Carlson 和相对轻视疫情的 Sean Hannity 各自的观众群，行为模式都有所不同。而结果是，Hannity 的观众群患病的比例比 Carlson 观众群患病比例高 23—32%。

这里需要指出的是，以上所有研究表明的都只是相关性，而不是因果关系。保守主义媒体给出的错误信息，是否构成观众行为改变的原因。或者正因为这些观众本身就不信任体制和专家，不信任人类的理性结论，所以才倾向于去看福克斯新闻这样的媒体。这个结论需要前瞻性研究来做出，而这是不现实的。这些研究的结论，仅仅是这种保守主义媒体给出错误信息，和公众错误行为之间，是有相关性的。而这种错误行为本身，确实导致了病毒的传播加剧和死亡率的上升。

最后针对一些担心美国历史雕像被推倒的朋友说两句。

推倒历史雕像，对有中文文化背景的人来说，很容易联想起闻阁中破四旧，打倒孔家店这一类的行为。在任何群众孕动中，都会有一些过激行为，这是一个正常现象。但一个孕动的本质，是来自它的核心诉求。闻歌的核心诉求是彻底否定自己的传统文化，建立所谓无产阶级新文化。而 BLM 晕动的诉求则是黑人摆脱被社会系统性歧视，整个黑人族群长期处于美国社会底层的现状。

在和一位朋友的对话中，我提到，在外人看起来是美国精神象征的一些人物，在那些受害者看来，也许感受并不一样。比如哥伦布是美洲的发现者，他为白人发现了新大陆，但同时他也是奴隶贩子和美洲原住民的迫害者。那么在黑人和美洲原住民看来，他们为什么要认同欧洲人或者世界其他地方人对哥伦布的看法呢？我们可以用中国历史来做对比。女真人入侵中原之后，汉人被迫剃头留辫。200 年后，确实很多汉人都习惯了，让他们剪去辫子反而遭到他们的反对。但确实也有很多汉人提出了"驱逐鞑虏"的主张。这就是说，曾经迫害过他们的异族，并没有得到他们的原谅。一个汉族人对女真族伟人的看法，是和一个满族人不一样的。

那么如果中国人可以理解为什么汉族 200 年后依然反满，你能不能理解黑人和美洲原住民数百年来依然无法原谅当年的白人殖民者呢？事实上汉族在清朝已经基本上和满人社会地位相等，而美国的黑人却依然在各种社会指标上，远远落后于白人。大清，是汉族人的大清吗？那么，美国，是黑人和美洲原住民的美国吗？

这种情感是真实存在的。但这不意味着需要发展到暴力改变现状。事实上白人在很大程度上是意识到这个问题，也愿意做出让步和修正的。双方是一个程度上的讨价还价，而不是一个原则上的你死我活。加拿大在民族和解上，做得比美国好很多。

我们来看看那些被破坏的雕像到底是哪些呢？这是很关键的问题。这可以看出这次晕动是否过激了。这一资料可以在维基百科中查到。

其中大部分被摧毁的雕像来自美国南北战争期间的南部联盟州。那是一些长期以来存在争议的雕像。一个雕像之所以在那里，是为了向后世传达一定的价值观。那么南北战争期间为保卫奴隶制而战斗的那些南方将军们的雕像，传达的是什么价值观？这是需要好好想一想的。

这里需要强调的是，任何晕动都有一个度的分界。但这个度，不是天上掉下来现成的，而是在双方力量博弈中不断商讨，不断较量中产生的一个双方都可以接受的程度。所以从这个意义上来说，大家都来讨论雕像是不是应该被移除，是有益的。但有一个现实的需要是，黑人长期处于美国社会底层这一现状，确实是需要得到修正了。否则的话，这种晕动会无休无止，美国的历史伤疤会反复被揭开。

在很多华人看来，不平等是一种自然状态。但现代文明认为，不平等虽然无处不在，但需要得到纠正。一个长期不平等的社会是无法平稳的。这一规律对于中国适用，对于美国，也适用。

ACA 之战

6 月 26 日

周四晚间 10:30，川普政府向最高法院提出要求判处 ACA 非法，"ACA 必须完全推倒"白宫的文件中说。而在周四这一天，约有 50 万失业者，他们失去了来自雇主的健康保险，开始申请政府的 ACA。

同时，如果 ACA 被推翻，将有 2300 万美国人，失去全部的医疗保险。

ACA 是奥巴马总统最主要的政绩之一。美国的医疗卫生体系可以说是发达国家中最糟糕的一个。奥巴马总统上台之初，美国有近 5000 万人没有任何医疗保险，对于他们来说，进一次医院往往意味着倾家荡产。ACA 在 2010 年的通过，使得其中的 2400 万美国人得到了基本的医疗保险。ACA 由于保基的扩大，参加保险的人数增多，CBO（Congressional Budget Office，相当于美国政府的总会计师，无政治倾向的技术部门）多次给出报告，由于 ACA 的实施，降低了美国政府的预算赤字。CBO 还指出，由于 ACA 的实施，一定程度缓解了美国的贫富差距，1%最高收入人群相当于对 40%最低收入家庭每家资助了 600 美元。

ACA 最受争议的两点是，强迫加入保险。这是因为如果健康人不参加保险，那么保基就无法扩大，也就无法总体上降低费用。因此一些美国人认为这侵犯了公民自由。另一条是保险公司不得以参保人已有疾病来拒绝他们投保或提高他们的保费。ACA 对于健康人和中产阶级来说，他们的保费有所增加。

公众对 ACA 的态度有一个转变过程，在 2013 年，大多数民调显示公众不支持 ACA，但在 2017 年之后的民调中，则大多数民众支持 ACA。最近的一次 Gallup 民调显示，民主党人 94%支持 ACA，无党派独立人士 53%支持 ACA，而共和党人只有 11%的人支持 ACA。总支持率 52%，反对率 47%。但这是在疫情之前的民调，在一些其他民调中，最近这一差别达到 10 个百分点。

这也是为什么川普政府在 2017 年共和党同时控制参众两院的绝对优势情况下，依然无法废除 ACA 的主要原因。很多民众跑到议员办公室去静坐和抗议，最终保护了 ACA 的存在。

但共和党把持的众议院在 2017 年通过修改税法，废除了 ACA 的基石之一：强迫入保条款。这使得 ACA 的保费来源成了问题，因此增加了联邦的开支。而这一次川普政府试图说服最高法院的，就是 ACA 既然已经没有了资金来源的保障，他们希望最高法院判决彻底否定掉 ACA。这是川普政府和共和党第三次向最高法院提出推翻 ACA，前两次都失败了。

民主党则抓住此机会立刻宣布将于下周一投票扩大 ACA 使用的范围，此举被理解为向公众传达明确信息以区别民主党和共和党在公共福利上的南辕北辙。民主党相信 ACA 的受欢迎程度有助于他们的选战。

南希·佩洛西在周四晚间的讲话中说，"如果川普得逞，那么 1.3 亿已存在健康问题（pre-existing condition）的美国人将失去 ACA 的保护，而 2300 万美国人将完全失去任何健康保险。"

在美国有 18 个共和党主导的州，联合反对 ACA。而 17 个民主党主导的州联合众议院，支持 ACA。这一试图推翻 ACA 的法律诉讼也引起了医院和医生们的反对，美国医学协会写信给法庭表示："在我们的医疗系统正在艰难对抗疫情的时候，这样做是自找伤害，而这一伤害会延续数十年才能愈合。"

悬 赏

6 月 29 日

最近几天媒体一直在报道俄罗斯鼓励塔利班战士击杀美军，在每一个被杀死的美军身上，塔利班战士可以得到来自俄罗斯的现金奖励。这一情况，美国情报部门最早于今年一月份已有所觉察。

最早引起美军注意的是，在美军攻占的塔利班的据点里，发现了大量美钞。通过对俘虏的审问，美国情报部门确认了至少在 2019 年，俄罗斯已经开始对塔利班战士支付赏金，讽刺的是，俄罗斯支付的是美元。

这种悬赏是否对美军造成实际的伤害呢？情报部门认为答案是肯定的。因为美国和塔利班已经于 2 月份签署了停战协议，之后塔利班就没有再攻击美军。但四名美国人死于塔利班之手。

纽约时报的报道援引数位不愿透露姓名的情报部门官员的说法，川普政府于今年三月得到了情报部门就此情况的多次汇报，这包括三月底的一次白宫内部的国家安全部门间会议中的讨论。在这一次会议中，大家讨论了美国应该如何对俄罗斯的这种行为做出回应，包括外交抗议，警告，和经济制裁。

而川普和白宫则极力否认，说他根本没有得到任何情报部门的汇报。而 CIA 则拒绝就此新闻报道的内容发表看法。

包括数名共和党议员在内的多名众议员通过各种渠道发声，要求调查真相。首先，是否有这样一个情报；其次，这一情报是否汇报给了白宫，是否出现在总统简报中。但大多数重要的共和党人，比如众议院的共和党党领Kevin McCarthy，参议院的Marco Rubio等，都拒绝表态。

参议院共和党首领，一般认为是华盛顿第二号人物的米奇·麦康奈尔表示，长期以来他就认为俄罗斯在侵蚀美国在中东和西南亚的利益。他反对川普从叙利亚和阿富汗撤军。

"美国需要优先考虑我们的防务资源，保持足够的地区军事存在，必须使那些威胁我们和我们盟友的人得到严肃的对待。"麦康奈尔说。

参议院共和党的二号人物司法委员会主席林赛·格雷厄姆，川普的亲密战友之一，也通过推特表示："我希望川普政府认真对待这一指控，尽快告知国会这一报道的准确性。"格雷厄姆认为俄罗斯悬赏击杀美国士兵是一件非常严肃的事情，这一态度和川普只关注自己选战的态度形成鲜明对比。

川普则不仅否认自己得到过简报，他还直接质疑情报部门这一情报的准确性，将之称为"所谓的俄罗斯向我们部队的攻击。"。他认为这可能又是一个hoax（恶作剧，川普曾表示Covid19的流行就是民主党编造的一个hoax），他还认为纽约时报里援引的那些不愿透露姓名的内部人士其实根本不存在。

当然，在川普眼里，国家利益并不重要。因此在他的表态中没有一条是涉及如何应对俄罗斯这一举动的。他更关心的是这一丑闻会不会影响他的选战。顺理成章地，川普将矛头转向了拜登，又开始攻击拜登儿子腐败的问题。川普大概认为，只要把拜登也抹黑了，自己就会显得不那么难看。而我们知道，拜登儿子是否涉嫌腐败，除了各种阴谋论猜测外，没有任何实质性的证据。

而美国情报部门要求不公布姓名的多位官员表示，在情报界，俄罗斯暗地支持塔利班是一个公开的秘密。但悬赏塔利班击杀美国士兵的事虽已经流传很久，但存在证据的问题。而这一次通过对俘虏的审问，美国情报部门可以确定至少有一名美军是被塔利班击杀并领取赏金的。

即使在俄罗斯和美国表面合作的时候，俄罗斯也没有忘记复仇。一名要求匿名的情报官员说，这种复仇的动机来自 2018 年 2 月 7 日，在叙利亚美军打死了百多名叙利亚人和俄罗斯人雇佣军的 Khasham 之战。

尽管川普一再宣称自己的政府对俄罗斯很强硬，但我们看到的却是川普一直以来希望将俄罗斯重新请回 G8 峰会。俄罗斯曾经是 G8 的成员但因入侵乌克兰的克里米亚而被驱逐。川普在支持乌克兰方面并不积极，扣住国会早已通过的对乌克兰的军事援助以要挟乌克兰宣布调查拜登儿子的腐败案。同时，拒绝明确表示支持乌克兰对抗俄罗斯。前国家安全顾问约翰·博尔顿认为，普京并不把川普作为一个严肃的对手，而将之玩弄于股掌之间。而反过来，川普则对普京极为推崇，多次在国际场合表示他信任普京，普京是一个强有力的领导人等。

俄罗斯政府也对这一指控表示否认。

天不怕地不怕就怕川普打电话

6 月 30 日

就昨天关于俄罗斯向塔利班士兵悬赏击杀美国人的报道，今天的后续情况是，尽管川普和白宫一再否认川普知道这一情况，周一的纽约时报还是援引了两位不愿透露姓名的情报官员称，在二月晚些时候，这一情况是用书写的形式写在给总统的每日简报中的。这一情况也得到了 CNN 和美联社的证实。白宫发言人也开始改口说："总统没有得到对他个人的简报（not personally briefed）"而拒绝回答是否在给总统的每日简报中包含这一情报。

这里需要注意的是，来自白宫内部的传言一直以来批评川普不习惯看给自己的每日简报，甚至引起有人说川普有阅读困难。很有可能川普根本没有看这一简报，而盲目强调没有人向自己汇报。我们看到，这位地产商已经住进白宫三年多了，依然不知道如何做一位总统。

今天 CNN 的一篇长篇报道援引了多位白宫内工作或工作过的人员的回忆，描述了川普在于外国元首通话时的一些情况。

你能相信吗？川普经常性地对普京和土耳其的 Erdogan 说："小布什和奥巴马狗屁不懂（They didn't know BS）"川普喜欢对普京，金郑嗯，Erdogan 和沙特王储 MBS 吹嘘自己是多么有钱，多么天才，多么成功，他直接告诉这些人，和我 Trump 打交道你们会有好果子吃（far more fruitful），他喜欢骂美国的前任总统们是"傻X"（idiocy）。

提供这些信息的白宫内部工作人员超过 12 名，CNN 对他们的采访时间超过四个月。这些电话内容也得到了前国家安全顾问约翰·博尔顿的确认，还得到了德国和法国大使馆旁听电话官员的确认。土耳其，俄罗斯则对此拒绝置评。总的来说，这是一则可信度较高的报道。

白宫内部官员说："如果国会的人听到这些电话的准确内容，或者看到这些电话的记录，即使是那些资深的共和党人都无法再对总统抱有信心了。"一些人表示川普和外国元首的谈话很像他对 Covid19 疫情的表态"充满了随意性，不准确和误导性的信息，不切实际的幻想和缺乏准备。大多数时候他是在凭自己的直觉说话。"

川普最大的特点有两个，一是对美国的盟友极度粗鲁甚至霸凌，二是对美国的敌对国家或者有毒才倾向的土耳其这样的国家领导人非常热乎。我们慢慢来讲。

川普在电话里对美国盟友的领导人非常粗鲁，这包括法国总统马克龙，加拿大首相特鲁多，澳大利亚首相 Morrison 等。给川普打电话最多的是土耳其的 Erdogan，有时候甚至一周打两次，而且可以直接接通川普。其次就是法国的马克龙，他试图劝说川普回到气候协议和伊朗核协议里来。但据白宫工作人员透露，川普非常讨厌马克龙，用很私人化的语言"抽打"他。

但是，这不是最糟糕的。川普攻击得最厉害的是德国总理 Merkel 和英国首相 May。是的，川普对于有权力的女性有特别的一种仇恨，这几乎是一个公开的秘密。白宫多名工作人员说，"这是一种近乎虐待狂（near-sadistic）的攻击。你根本无法相信他对 Merkel 说了什么，他骂她 stupid。"你，能相信吗？

这些电话得到了德国官员的确认。他们表示川普对待 Merkel 的行为相当粗暴，相当不寻常。Merkel 的态度则相当冷静，她对川普的各种威胁性用词没有给予回应。"就像水从鸭子背上滑过一样"，德国官员如是说。

但英国首相则没有那么从容。Theresa May 在受到如此不寻常的攻击后显得很"困惑和紧张"。白宫内部人员表示说"川普就是想威胁她。"而英国政府没有正面回应 CNN 的采访，亦没有否认这一指控。

而反过来，对于普京，川普异乎寻常地友好。但这不是最让白宫工作人员感到担心的。他们真正担心的是，川普似乎从来没有准备好和普金对话，经常随性胡说。他们非常担心因为俄罗斯也有电话的录音，这些电话录音可能于将来对美国不利。

白宫工作人员说，川普在和普京的对话中，大多数时间是在吹嘘自己，说他自己是史无前例地成功地繁荣了美国经济，以嘲讽地口气告诉普京自己比前任美国总统们要聪明太多了，美国前任总统（尤其是奥巴马）是 imbeciles（蠢蛋）和 weakling（弱鸡），还吹嘘自己在莫斯科搞的一些活动非常成功。川普似乎非常希望得到普京的赞许和肯定。白宫官员说，普京的回应对比起川普的幼稚来说，就好像一个象棋大师在玩弄一个业余选手。在普京致力于让西方变得更为不稳定的时候，川普却在希望普京能够赞赏他自己的商业成功。

这些电话令在旁听得国家最高安全官员感到恐慌，川普极力讨好普京的态度和不断的自我吹嘘，甚至很多情况下使得双方安排好的重要议题无法得到足够时间和重视，这包括人泉议题，武器控制议题等。

在和普京的电话之后，川普的女儿女婿极力夸赞川普的表现，而一些专业人士，比如国家安全委员会中的俄罗斯专家Fiona Hill试图给川普提供一些实际的评估，却被他打断。川普更愿意听别人对他的吹捧。这使得当时的几位重要人物，国务卿Tillerson，Fiona Hill和国家安全顾问McMaster将军感到非常沮丧。他们认为川普和俄罗斯的沟通是无效的，因为川普不信任自己的外交专业团队的安排，几乎从来不去读专业外交团队和CIA，NSC为他拟定的电话讨论清单，而只是即兴地完全玩个人演出。这将使得普京认识到美国根本没有人在指挥。在这种情况下，俄罗斯也不会认真对待美国。

川普给出的一个解释是：美国的盟友侵占了美国太多的利益，因为"美国第一"，所以美国必须从盟友身上要回这些利益。而为什么对俄罗斯那么好呢？川普说这是因为俄罗斯是世界的主要玩家，和俄罗斯建立良好关系是符合美国利益的。他非常迷信他个人和普京的关系就可以改善美国和俄罗斯的关系。川普一直认为他个人的智慧超过所有人，即使在一些他从没有涉足过的领域。

对此话题，两位白宫内高级官员表示：川普幼稚地（naively）过高估计了俄罗斯，这是一个只占世界GDP4%的国家。"川普放弃了我们艰难地赢得的冷战的结果，给了俄罗斯他们梦寐以求的地区霸权。俄罗斯是一个衰落中的国家，而川普给予了他们生命线。川普在玩一些自己不理解的事儿，他实际上给了俄罗斯更大的权力和利益。"一位高级官员说。这两位高级官员都认为，从叙利亚撤军相当于把美国在这个地方的小店儿全盘给了土耳其和俄罗斯。

而土耳其的Erdogan则更显得极其高明。甚至白宫一些官员认为土耳其的情报部门已经获得了川普的时间安排和议程安排内容。因为Erdogan的电话总是来得那么时机恰到好处。

白宫官员表示，川普对叙利亚乃至整个中东的历史知识极其匮乏，很多时候不知道该如何表态。Erdogan像一个导师一样慢慢地按照自己的安排来引导川普。"Erdogan took him to the cleaners"（好像家长拉着孩子去洗手那样）一位白宫官员说。他们表示，美国从叙利亚撤军，背叛自己的盟友Kurds而将昔日并肩作战的战友交到了他们的敌人土耳其人手中，在叙利亚问题上淡化 NATO 的作用，这些都和 Erdogan 对川普的电话教育有关。

这里也得提到土耳其国家银行 Halkbank 的案子，这个在我们之前的美政中提到过。川普直接下令解雇了美国负责调查 Halkbank 的美国检察官 Geoffrey Berman。白宫内部人士表示，这也是在 Erdogan 一再电话要求下做出的决定。约翰·博尔顿认为这一行为是违法的，而白宫匿名官员则认为他们至少可以在"川普没有能力，不适合总统一职"上同一博尔顿的论断。

"没有什么美国在你对话。川普需要强调的是，'我'在和你对话 Just Me！美国消失了。"白宫官员说。

很多人批评川普是一个坏的政治人物。但我总觉得他只是一个沐猴而冠的牺牲品。川普在参加 2016 年总统大选的时候，从一开始的竞选团人事安排上看，他根本没有想真的当选。但这个人的自大使得自己在看到有可能当选的时候立刻兴奋起来，换了竞选班子，认真对待选举。结果在民粹泛滥的情况下，一个完全不合适的人进入白宫。之后，又自大到觉得自己什么都懂，自己的智慧比所有多年来运行美国内政外交的专业官员都要高明得多，结果弄出来许多的笑话和悲剧。

川普也许是一个混蛋，也许是一个傻叉。但如果他呆在自己地产商电视真人秀的位置上，没有人会觉得他过分。但是，美国总统这个位置，确实不适合他。他来了，给人的感觉是"孙猴进了蟠桃宴，泥腿子上了金銮殿"，是一种角色的错位。刘邦，朱元璋，李自成基本上都做过类似的荒唐事。不过和川普相比，这些人多少还能听进去一些旁人的建议。

tags for guests either on clothing or on their beverage? Clean only the parts of your home that are absolutely necessary. Do not try to make your home look like a "model" home. Trust me; your guests will enjoy it just as it is. Entertaining is about socializing, not displaying.

The day before the party, set the table and decorate. Prepare any necessary food items. Set aside time to "chill." Pat yourself on the back and admire the job you have done.

On the day of your party, remember that you are the hostess, not the servant. Guests want to talk with you; they are perfectly capable of asking if they need something. When in doubt, make the bar and the food self-service. Tell yourself that you are at a lovely party, given by a close friend, and you are going to help out whenever you get a chance. Talk, eat, and enjoy!

My wedding reception for 200 was held in my parent's home. I convinced my mother that she was attending a delightful party in someone else's home. When the coffee urn was left running on her carpet she mentioned to a friend, "Oh, I'm sure the homeowner will just replace that little spot in the carpeting next week."

The During-The-Party Check List

Bars:
Keep filled with:
ice
orange juice
cokes
alcohol (beer, wine, other)
cups & napkins
other mixers
lemon slices

Food Baskets
Keep food baskets full with chips, pretzels, candy, etc. around the party area.
Add more dip when needed to dip bowls

Buffet Table
Keep spilled food off buffet table
Replenish as needed
Provide plenty of serving utensils

<u>Bathrooms</u>
Keep extra toilet paper in the bathrooms
Keep hand towels dry or provide extra paper hand towels
Check toilets for backing up.
Keep air freshener or lit candle in all bathrooms

<u>Atmosphere</u>
Keep all candles lit (indoor and outdoor), replace candles when used up
Keep house lights inside dim
Keep music playing on stereo or TV. If using a band, discuss what type of music you prefer, and have additional music ready to play during "break times."

<u>Trash</u>
Keep trash cans ready for more trash
Put full trash bags in the garage

<u>Phone</u>
Designate someone to answer the phone to help with directions to your home for "lost" party guests or to handle emergencies

<u>Teen Parties</u>

Believe it or not, parties for teenagers can be fun for both the adults and teens. The key is to set up clear guidelines and stick to them. Plan a full schedule, as if it was a "lesson plan" for a teacher. When I turned sixteen, I held a party for my whole grade (125 friends) at my home in the evening. It worked! Here are the details:

1. Make a guest list, send invitations and collect RSVP's; email.

2. Ask your parents for a budget and stick to it. Splurge on items that are really important to you (like good music) and scrimp on things that don't matter as much (decorations).

3. Notify your immediate neighbors a few days in advance about your party. Provide them with the beginning and ending time and the approximate number of additional cars you expect on the street. Thank them in advance for their understanding.

4. Plan lots of activities going on at the same time. I had poker tables, dancing, a buffet dinner, and a photo booth all going on simultaneously. (Later my friend's Dad showed an old scary movie on DVD outdoors using a large bed sheet as a screen like in the drive-in theaters.